ullstein

Das Buch

Mehr als 3000 Menschen wählen in Berlin die 110 – jeden Tag. Ihren Schicksalen begegnet Cid Jonas Gutenrath auf sehr persönliche Weise. Eine liebeskranke Psychologie-Studentin ist kurz davor, sich aus dem Fenster in den Tod zu stürzen. Ein Homosexueller wird während seines Notrufs niedergestochen und verblutet fast. Ein Mann schluchzt unentwegt »Sie ist nicht von mir« ins Telefon, nachdem er herausgefunden hat, dass seine Tochter aus einem Seitensprung seiner Frau stammt. Ein Drogendealer will wissen, in welche Zelle sein Bruder gerade eingebuchtet wurde. Gutenrath schenkt all den Bedrohten und Verzweifelten, den Zornigen und den Wichtigtuern sein Ohr und zeigt uns, wie Menschen in Ausnahmesituationen reagieren. Nebenbei vermittelt er einen exklusiven Insiderblick in das Schaltzentrum der Hauptstadtpolizei. Seine authentischen, dialogreichen Geschichten sind zutiefst menschlich und psychologisch raffiniert, mal zum Lachen und mal zum Weinen – und brillant erzählt.

Der Autor

Cid Jonas Gutenrath, geboren 1966, war Heimkind, Türsteher, Marine-Taucher, Bundesgrenzschützer, Streifenpolizist und Zivilfahnder, bevor er ein Jahrzehnt lang Notrufe in der Berliner Einsatzzentrale entgegennahm. Er lebt mit seiner Frau und seinen drei Kindern vor den Toren Berlins.

CID JONAS GUTENRATH

110
Ein Bulle hört zu

Aus der Notrufzentrale der Polizei

Ullstein

Besuchen Sie uns im Internet:
www.ullstein-taschenbuch.de

MIX
Papier aus verantwortungsvollen Quellen
FSC® C083411
FSC www.fsc.org

Ungekürzte Ausgabe im Ullstein Taschenbuch
1. Auflage Mai 2013

Umschlaggestaltung: Sabine Wimmer, Berlin
Titelabbildung: Hans Scherhaufer
Satz: Pinkuin Satz und Datentechnik, Berlin
Gesetzt aus der Minion
Papier: Holmen Book Cream von
Holmen Paper Central Europe, Hamburg GmbH
Druck und Bindearbeiten: CPI – Clausen & Bosse, Leck
Printed in Germany
ISBN 978-3-548-37437-6

Was immer Sie gleich lesen oder denken werden:

Ich trage das Vereinstrikot der schwarzen Bären und werde es verteidigen und ehren.

Ich bin ein Polizist.

Gewidmet meinen Karatelehrern

Günther Kogucik (Sensei)

und

Geert Lemmens (Shihan)

(ohne die ich mit Sicherheit im Gefängnis gelandet wäre)

Vorwort

Ein weiteres Buch aus der Reihe »Bücher, die die Welt nicht braucht«? Schon wieder ein Bulle, Marke »außen hart, innen weich«, der sich in Selbstbeweihräucherung und Selbstmitleid ergießt und an der Realität zu zerbrechen droht? Oder, noch schlimmer, einer, der alles richtig macht, uns mit seinen Moralvorstellungen nervt und zu allem Überfluss auch noch den Hemingway in sich entdeckt?

Falsch. Alles falsch.

Es geht nicht um mich. Es geht um uns. Um uns alle.

Es geht um die Art, wie wir miteinander umgehen, was wir uns gegenseitig antun oder auch nicht. Es geht darum, was wir bereit sind, von uns preiszugeben. Darum, wie weit wir gehen. Wie weit wir gehen, um zu helfen oder um zu schaden. Und genau darin liegt die Faszination, das eigentlich Unbeschreibliche.

Kurz: Es geht um die Wirklichkeit.

Dieses Buch hat vielen anderen etwas voraus: Es ist nicht frei erfunden. Die künstlerische Freiheit hält sich stark in Grenzen und setzt spätestens dort ein, wo der Datenschutz es notwendig macht. Die unterschiedlichsten Menschen werden darin finden, was sie finden wollen: Für den notorischen »Bullenhasser«, der sich darüber freuen wird, wie vortrefflich man die Idioten in Grün am Telefon verarschen kann, wird etwas dabei sein, genauso wie für die Trümmerfrau oder Polizistenwitwe, die in einsamen Nachtstunden anruft, um, wenn auch nur kurz, mit jemandem zu reden, der sie nicht auslacht oder an ihr Geld will. Ebenso für den Akademiker, der in juristisch unanfechtbaren Verbalattacken sein Mütchen kühlt an dem vermeintlich einfach gestrickten Vertreter der Exekutive am anderen Ende der Leitung. Aber auch für die alleinerziehende Mutter, die von ihrem fünfzehnjährigen Sohn geschlagen wird und dankbar ist für jeden Rat und einen Augenblick des Zuhörens. Selbst der Kreuzberger Deutschtürke, der sich sicher ist, dass die Grünen jeden Einsatz mit Migrationshintergrund aus rassistischer Motivation verzögern, hat am Ende vielleicht seinen Spaß daran, sein Klischee bestätigt zu sehen oder sich zu wundern, dass der Bulle am Telefon weiß, was »Freund« auf Türkisch heißt. Letztlich wird der Alt-68er, dem wir zu rechts sind, ebenso wie der Neonazi, dem wir zu links sind, genau das in diesen Zeilen entdecken, was er will. Oder eben auch nicht …

Wir werden all diesen Menschen auf den folgenden Seiten begegnen. Diesen und noch ganz anderen Zeitgenossen, deren Geschichten und Sichtweisen uns die Falten auf die Stirn treiben werden. Falten des Zornes und des Mitgefühls, ich bin sicher.

Was das Ganze bringen soll? Nun, im untersten Ansatz soll es einfach bereichern. Wenn der eine oder andere Leser unwillkürlich ein Lächeln aufsetzt – über wen oder was auch immer –, hat es sich schon fast gelohnt. Wenn darüber hinaus manch einer, und sei es auch nur für Minuten, zum Nachdenken verführt wird, würde mich das sehr freuen.

Eines steht jedoch fest: Ganz sicher bin ich kein Enthüllungs-Journalist à la Wallraff, der vorgibt zu sein, was er nicht ist, sich in Systeme schleicht und unter Menschen mischt, um diese dann medienwirksam bloßzustellen. Chorknabe oder gar Weltverbesserer bin ich aber leider auch nicht, sondern eigentlich nur jemand, dessen Alltag und Kopf angefüllt sind mit Geschichten, die er teilen möchte und irgendwie auch muss.

Machen Sie etwas daraus.

Willkommen in der Anstalt

»Hell's Kitchen« – okay, kein Amtsdeutsch. Aber ein Begriff, der die Atmosphäre an diesem Ort recht treffend beschreibt. Mein Arbeitsplatz, korrekt »Dienststelle«, ließe sich als Mischung zwischen Operationszentrale eines Kriegsschiffes und Bahnhofshalle bezeichnen. Offiziell trägt er das schlichte Kürzel »PELZ«, was für den Zungenbrecher Polizeieinsatzleitzentrale steht.

Stellen Sie sich einen Raum vor, der in etwa halb so groß wie ein Fußballfeld ist und ansonsten den Charme eines Arztpraxiswartezimmers aus den achtziger Jahren versprüht. Inklusive Holztäfelung und Bepflanzung – Gummibäume natürlich. Besagte Holztäfelung, habe ich gehört, sei eigentlich eine Schall und Temperatur absorbierende Spezialbeschichtung. Muss ein Gerücht sein. Obwohl, wir wollen fair sein: Man darf insgesamt schon von einem gewissen Maß an »Hightech« sprechen, wenngleich beispielsweise die ständig verwirrte Klimaanlage (weil einer der grünen Deppen wieder mal ein Fenster geöffnet hat) ausschließlich dafür da ist, dass sich die Computer wohl fühlen.

Der Saal hat zwei einander gegenüber angeordnete Sektionen, die man grob als Notrufannahmeplätze (ANP = Annahmeplatz) und Funkplätze (ELP = Einsatzleitplatz) bezeichnen kann. Intern gern »Bäckerei« und »Konditorei« genannt, wobei die Meinungen darüber, was was ist, stark auseinandergehen. Insgesamt gibt es knapp vierzig Tische, gespickt mit Elektronik, quäkenden Lautsprechern und altmodischen schwenkbaren Schirmlampen. Jeder dieser Plätze ist mit einem Grünling besetzt, der am Einsatzleitplatz seine Schwierigkeiten hat, Funk, Telefon und Computer gleichzeitig zu bedienen, es aber meist irgendwie trotzdem schafft.

An einem solchen Arbeitsplatz sieht man sich vier Computermonitoren, drei getrennten Telefonanlagen, diversen Tastaturen, einer Raumgegensprechanlage sowie etwa hundert verschiedenfarbig blinkenden Tasten ausgeliefert. Um ein Maximum an Verwirrung zu stiften, ist alles komplett vernetzt. Das Highlight der Ausstattung ist ein ergonomisch geformter, rollbarer Bürostuhl, der, genau genommen, niemals richtig kalt wird. Denn hier herrscht Dauerbetrieb, 24 Stunden am Tag, sieben Tage die Woche.

Die Menschen an diesen Tischen, die bei all der Technik fast deplatziert wirken, lassen sich je nach Gemüt und Auftragslage in panischer Betriebsamkeit oder souveräner Gelassenheit beobachten. Es gibt viele Raucher, einige Herzattacken pro Jahr – und doch ist dies für Adrenalinfreunde, Computerfreaks und Strategiefans ein schöner Platz. Wir haben übrigens auch einen Defibrillator an der Wand hängen …

Anzuführen wären noch diverse angeschlossene Alarmsysteme, auf die ich aber nicht näher eingehen kann. Erstens sind sie schrecklich geheim, und zweitens bin ich schlicht zu dämlich und kenne mich damit kaum aus. Es gibt auch ein an der Decke montiertes Blaulicht von der Sorte, die wir sonst auf den Einsatzwagen spazieren fahren. Legt immer genau dann los, wenn eine der in Berlin zahlreichen mobilen Einheiten einen speziellen Alarmknopf drückt, was so viel heißt wie: »HILFE – HILFE – HILFE! Ich kann nicht mehr sprechen und mich auch nicht verteidigen.« Hat in der Regel eine massive Polizeischau zur Folge, wird aber nicht selten bloß durch zu dicke Finger ausgelöst.

Das Ganze hat etwas von einer geschlossenen Anstalt. Wir Schutzpolizisten werden nämlich beschützt von speziellem Wachpersonal. Rein kommt man nur durch eine der zahlreichen Sicherheitsschleusen mit codiertem Chip. Argwöhnisch belinst durch neugierige Kameras. Der Saal an sich, die »Käseglocke«, ist eingefasst mit Panzerglas. Manche behaupten hartnäckig, all der Aufwand wird nur getrieben, damit wir hier nicht abhauen können …

Im Zentrum befindet sich die sogenannte »Mittelinsel«. Dort thront die Führung, inklusive Hofstaat. Regiert wird dieser Bienenstock von einer Frau. Zumindest die Schicht, in der ich mich befinde. Sie ist der lebendige Beweis dafür, dass eine Frau in diesem Land alles erreichen kann. Sie benimmt sich wie John Wayne, sieht allerdings mehr aus wie Kirk Douglas. Rote Haare, vorgeschobenes, energisches Kinn und wache, gefährliche Augen. Typ Raubvogel halt. Sie führt mit eiserner Hand circa sechzig Männer, von denen einige regelrecht Angst vor ihr haben. Herrlich! Man mag über sie sagen, was man will, aber: Sie ist in der Lage, unangenehme Entscheidungen zu treffen. Eine Eigenschaft, die heutzutage selten ist. Außerdem fährt sie dieses Schiff »Berlin« recht souverän. Zwar gibt es, auch in den Abend- und Nachtstunden, Instanzen über ihr; zunächst aber ist sie – egal ob Bombendrohung, Massenschlägerei oder Amoklauf – der organisatorische Boss.

Und doch, ich mag sie nicht. Obwohl ich ihr das, gleich zu Anfang ihrer Dienstaufnahme in meiner Schicht, ins Gesicht gesagt habe, bin ich immer noch hier. Das sagt eigentlich sehr viel über die Frau aus. Wäre es doch zumindest theoretisch im Bereich ihrer Möglichkeiten, mich als Streifenpolizist in das schöne Kreuzberg versetzen zu lassen. Fakt ist: Sie verdient Respekt. Egal, ob man auf Kirk Douglas mit Ohrringen steht oder nicht.

Vielleicht noch ein paar Eckdaten: Aus circa 3000 Notrufen pro Tag in Berlin werden durchschnittlich 1500 Polizeieinsätze gebacken, die dann mit mehr oder weniger Erfolg serviert werden. Glaubt man den Medien, kommen ausschließlich Heldentaten oder Mist dabei heraus. Meistens Mist natürlich.

Und doch haben all die vielen kleinen, vermeintlich belanglosen Fälle dazwischen nicht nur ihren Unterhaltungswert, sondern gehen auch mal ans Herz. Wenn man denn eins hat.

Der geschilderten Szenerie entsprechend geht es in dieser Höhle nicht gerade wie in einem Meditationsraum zu. Der normale Lärmpegel dürfte locker bei 70 Dezibel liegen, wobei wir ja leider nicht von einem konstanten Geräusch sprechen. Außerdem schreit eigentlich fast immer gerade irgendjemand. Damit meine ich nicht nur die Anrufer, die aus Angst, Aufregung oder Wut nicht selten ins Telefon brüllen. Nein, auch der »grüne Mülleimer« ist nach dem zehnten »Arschficker« oder »Nazischwein« gelegentlich mal voll und steigt mit ein. Meist vortrefflich in dieser Art der Kommunikation trainiert. Sind doch mehrere Jahre Schutzmannerfahrung auf der Straße sowie Fremdsprachenkenntnisse für den Job hier gefordert.

Aus Verzweiflung wird auch manch einer der Grünen zuweilen laut, weil der Anrufer im Alkoholdunst oder Todeskampf einfach seinen Standort nicht verständlich herausbringt. Dann gibt es noch jene Unsympathen in Uniform, die manchmal Menschen anbrüllen, die es weder verdient haben noch im Moment verkraften können. Solche Polizisten verschwinden aber glücklicherweise mittelfristig wieder, aufgrund natürlicher Auslese. Womit wir tief im Thema Qualifikation beziehungsweise Eignung stecken. Die Begriffe klingen ähnlich, umschreiben aber trotzdem nicht das Gleiche. Man kann durchaus qualifiziert sein und sich trotzdem nicht eignen, wie ich finde. Hat maßgeblich mit Emotion und Fingerspitzengefühl zu tun, was für den Job ja eigentlich Grundvoraussetzung ist.

Dennoch gibt es den einen oder anderen Lehrgang, der uns für den Job als Polizei-Telefonistin fit machen soll. Herausheben möchte ich eigentlich nur einen, den sogenannten »Erstsprecherlehrgang«. Dieser folgt dem Prinzip, dass derjenige, der den Bombendroher oder Selbstmörder als Erster am Telefon hat, auch bei ihm bleibt, bis die Sache ausgestanden ist. Mit welchem Ausgang auch immer. Selbst wenn das in letzter Konsequenz bedeutet, dass man unter dem Tisch in eine Flasche pullert oder, zivilisierter, auf ein Funkgeschirr umschaltet.

Allzu viel darf ich aus verständlichen Gründen nicht aus dem Nähkästchen plaudern, aber ein bisschen wird wohl erlaubt sein. Man bekommt vom Dozenten zum Beispiel gesagt: »Fixieren Sie einen beliebigen Punkt an der Wand, und halten Sie einen exakt dreiminütigen Monolog zu dem Thema Kopfsalat. Nicht länger, nicht kürzer, ohne sich zu wiederholen. Ansatz beliebig.« Da waren sie bei mir, dem dreifachen Vater und geübten Gutenachtgeschichtenerzähler, natürlich genau an der richtigen Adresse. Obwohl, den Kopfsalatkönig nach genau drei Minuten sein Reich zurückerobern zu lassen war dann doch nicht so leicht. Aber Sie verstehen schon, oder? Es geht um Lösungsansätze, um Kommunikation, um Manipulation, Fingerspitzengefühl und Einfühlungsvermögen. Allerdings rührend, wenn nicht gar naiv der Gedanke, dass solche Fähigkeiten Menschen einfach beizubringen sind.

Böse ausgedrückt, ist unser Ziel also, sich verbal in das Vertrauen eines Menschen zu schleichen, um ihn von seinem Vorhaben abzubringen oder etwa einen Zugriff zu ermöglichen. Positiv ausgedrückt, ist unser Ziel, die Beweggründe und den Charakter eines Menschen auszuloten, um ihm zu helfen. Und sei es nur, indem man ihn daran hindert, etwas zu tun, was er nie wieder rückgängig machen kann, sosehr er es vielleicht auch möchte. Klingt gleich viel netter, was? Ob ich zum Erreichen dieses Zieles nun der Michael bin, der selbst seit drei Jahren trockener Alkoholiker ist, oder der Lars, dem aufgrund des Schichtdienstes die Frau abgehauen ist und sogar die Kinder mitgenommen hat, ist doch mit Verlaub gesagt scheißegal.

Für alle verschreckten Beamtenseelen: Diese Sicht der Dinge oder Berufsmoral ist natürlich auf meinem eigenen Mist gewachsen. Die Firma hält mich selbstredend nicht zum »Lügen« an. Aber ich lasse niemanden sterben, ohne alles versucht zu haben. Steht der Gesprächspartner unter Drogeneinfluss oder hat er große Angst oder Schmerzen, wird die Sache schwieriger, ist aber auch nicht aussichtslos. Aussichtslos ist sowieso überhaupt gar nichts. Zu Ende ist es erst, wenn es knallt.

Es geht bei den Notruf-Gesprächen also, salopp gesagt, ums Quatschen. Und dabei reicht es leider nicht, wenn wir den alten Psychiatertrick anwenden, der da lautet: immer den letzten Teilsatz des anderen wiederholen, um den Redefluss in Gang zu halten. Es sei denn, man spielt taktisch auf Zeit. Ein reiner Monolog bringt uns meistens nicht weiter. Nein, es ist ein Hin und Her. Schließlich willst du das Ganze in eine bestimmte Richtung lenken. Dazu muss man was können? Richtig! Gut quatschen. Und ich bin gut. Gelegentlich und bei Bedarf eine regelrechte Quasselstrippe. Fast so etwas wie ein Verkaufstalent. Ich bin ziemlich sicher, dass ich Ihnen einen Raumluftbefeuchter verkaufen könnte, obwohl Sie eigentlich eine Stereoanlage wollten. Idealerweise würden Sie mit beidem gehen. Die Frage, die sich irgendwann einmal jeder stellt, ist aber: Wie wollen wir unsere Talente nutzen? Wollen wir Immobilien verkaufen oder Leben retten? Kein Geld der Welt kann das Gefühl toppen, wenn jemand am anderen Ende der Leitung atemlos sagt: »Alles klar, wir haben das Baby. Sie hat es nicht von der Brücke geworfen …«

Genau da sind wir am Punkt. Es muss Herz mitschwingen! Niemand ist ein so perfekter Lügner, dass das Tier Mensch nicht irgendwann instinktiv den Braten riecht. Eine Prise Ehrlichkeit muss hörbar, ja fast fühlbar sein. Sonst entgleiten sie einem.

Bei aller Abgeklärtheit habe ich mir einen Rest Sentimentalität bewahrt und muss oft an das jüdische Sprichwort denken: Wer ein Leben rettet, rettet die ganze Welt!

Es wird sogar noch schlimmer: Selbst Tierleben sind mir nicht schnuppe. Regelmäßig lege ich mich hier mit Typen in Uniform an, die der Meinung sind, dass der hochoffizielle Einsatzanlass TIN, also Tier in Notlage, schlicht vernachlässigt werden kann. »Sollte man alles die Natur regeln lassen«, meinen solche harten Männer. Ich sage dann gerne: »Wenn du einen Blinddarmdurchbruch hast, sollte man das auch die Natur regeln lassen!« Nicht gerade der ideale Weg, sich Freunde zu machen. Aber mal ehrlich: Scheiß auf Freunde, die nach der Devise leben: weich zu sich selbst und hart zu anderen.

Ansonsten leben hier alle ein wenig von dem, was sie so mitbringen. Das sind zwar bei jedem die erforderlichen und sicherlich vielschichtig verlaufenen Jahre als Schutzpolizist im Streifendienst. Ob diese aber beispielsweise als Volkspolizist der DDR oder in Berliner Stadtteilen wie Kreuzberg oder im Zehlendorfer Villenviertel erlebt werden, hat Einfluss darauf, wie verschieden die Sichtweisen und die Reaktionen auf die einstürmenden Probleme sein können. An Exoten mangelt es allerdings ebenso wenig. Wir haben in Ehren ergraute oder weggelobte Personenschützer genauso wie religiös motivierte Friedenstauben des sogenannten Antikonfliktteams.

An dieser Stelle ist vielleicht auch ein offenes Wort über denjenigen angebracht, der gerade zu Ihnen spricht. Ich bin nicht das, was Sie vermutlich erwarten. Schon lange vor meinem zehnten Geburtstag wusste ich, wie die »Reeperbahn nachts um halb eins« aussieht. Auch mit dem Begriff »Transe« konnte ich dank des illustren Freundeskreises meiner Mutter früh etwas anfangen. Später war ich Türsteher und Geldeintreiber. Doch zum einen habe ich weder meinem Gewissen noch meinem Strafregister etwas aufgebürdet – sonst hätte ich schließlich nicht Polizist werden können. Und zum anderen finde ich, dass man auch vermeintlich unanständige Berufe mit etwas Anstand ausfüllen kann.

Jetzt spiele ich auf jeden Fall im Team der »Guten«, und der Hammer ist – sie lassen mich mitspielen! Warum auch nicht! Schließlich haben sie damit jemanden in der Mannschaft, den sie so niemals hätten züchten oder ausbilden können. Der sich aber auch schlecht biegen lässt. Letztlich kann man sagen: Ich verfüge über ein gerüttelt Maß an Lebenserfahrung. Trotzdem vergeht hier kein Tag, an dem ich nicht mindestens einmal herzhaft lache, an meine Grenzen stoße oder einfach nur still froh bin, dass es meiner Familie gutgeht.

Zurück zu der bunten Mischung derer, die sich hier, unterstützt durch Gummimäuse, Zigaretten und Kaffee, verdingen. Gut möglich, dass vom Uniformträger neben einem plötzlich fließendes Englisch, Türkisch oder Russisch zu vernehmen ist. Gut möglich aber auch, dass Sächsisch, Bairisch oder Plattdeutsch erklingt. Oder einfach haarsträubender Unsinn. So wie unlängst bei einem unserer Verbalakrobaten. Hatte einen Geiselnehmer in der Leitung, welcher androhte, er würde jetzt damit beginnen, jede halbe Stunde eine seiner sechs Geiseln zu erschießen. »Na, dann haben wir das Ganze ja in drei Stunden überstanden«, fiel ihm dazu ein. Klingt cool, was? War aber nicht cool, sondern dämlich. Der Anrufer ist nämlich kein Spinner gewesen. Unsere Koryphäe hat den Verhandlern vor Ort damit nicht unbedingt den Job erleichtert.

Aber selbst bei Banalitäten wie einer entlaufenen Katze trennt sich schon die Spreu vom Weizen. Wenn ein Mensch sein ganzes Herz an so ein Felltier hängt, ist das nun mal sein Kumpel. Und wenn Muschi oder Mohrle nun auf Liebespfaden wandelt oder vom Nachbarhund gefressen wurde, also weg ist, ist das für ihn, verdammt noch mal, ein Notfall. Was also vergebe ich mir, wenn ich durch ein paar Mausklicks brauchbare Informationen herbeizaubere oder wenigstens die Hoffnung in ihm wachhalte. Nichts! Durch sarkastische Sprüche über sieben Katzenleben oder Ähnliches helfe ich ihm keinen Millimeter. Im Gegenteil. Vielleicht trampele ich auf einer Seele herum, die nur noch den letzten Tritt braucht, um ganz kaputtzugehen. Es gibt hier tatsächlich auch, sosehr es mich schmerzt, dies zu schreiben, Schnittlauch: außen grün, innen hohl. Manche Kollegen sind sich nicht einmal zu schade, über »Springer« Witze zu reißen. Unfassbar, oder? Nun ließe sich trefflich über Auslöser und Ursachen solcher Gefühlskälte philosophieren. Kompensation schlimmer Erlebnisse, Stressbewältigung und dergleichen. Aber ich bin kein Psychiater. Für mich sind das Cretins.

Das andere Extrem, leider fast genauso selten, verdient aber auch geschildert zu werden. Jene kostbaren, fast magischen Momente, wo im fahlen Licht, mitten in der Nacht, ein Kopf mit Sprechgeschirr sich senkt, jemand innehält und nur still lächelt. Sei es aus Freude, etwas erreicht zu haben, oder einfach, weil er etwas gehört hat, was ihn berührt. Er redet nicht darüber, man kennt den Grund nicht. Sein Gespräch war viel zu leise. Aber du weißt: Quatsch ihn jetzt nicht an, lass ihm den Moment. Auch hierbei kann es sich übrigens um einen »harten Kerl« handeln …

Jetzt ist jeder halbwegs im Bilde, denke ich. Jeder mit einem bisschen Phantasie und Gefühl für das, was man grob als »Troubleshooting« umreißen könnte.

Los geht's.

Tommy

Montagnacht, 23:44 Uhr. Zu spät für die »Normalos«, zu früh für die Nachtschwärmer.

Es ist ruhig. Ruhig heißt, es blinkt, weil es immer blinkt, aber eben im Moment auf geringer Frequenz. Ich lege meinen Finger auf eines der rot aufleuchtenden Felder im Touchscreen und bin in der Leitung.

»Notruf der Berliner Polizei, Gutenrath, guten Abend.«

Dünne Stimme: »Hallo.«

»Ja, Polizei Berlin, hallo.«

Leise, mit fragendem Klang: »Hallo?«

»Ja, hier ist die Polizei, bitte sprechen Sie.«

Schweigen.

Ich entschließe mich, das Wort »Polizei« wegzulassen, und frage mit ruhiger, freundlicher Stimme: »Wer ist denn da?«

Auf der anderen Seite holt jemand zittrig Luft, so als würde er all seinen Mut zusammennehmen, und sagt dann: »Tommy.«

»Hallo, Tommy.«

»Hallo«, antwortet er mir, irgendwie erleichtert.

In meinem Kopf entsteht ein Bild von einem kleinen Jungen, und ich sage aufmunternd: »Tommy, was los?«

Zögerlich und nachdenklich kommt: »Mama is weg.«

»Mama ist weg? Wo ist Mama, arbeiten?«

»Mama ist im Himmel – sagt Papa.«

Ich atme tief durch, stelle meine Stuhllehne zurück und frage: »Tommy, wie alt bist du?«

»Fünf.«

»Wo ist Papa?«

»Schläft.«

Gut, denke ich, er ist nicht allein in der Wohnung, obwohl mich ein wenig beunruhigt, dass er lieber mit mir spricht, statt seinen Papa zu wecken.

»Is Papa lieb?«, frage ich.

»Schon, aber immer müde«, klingt es etwas gelangweilt. Dann kommt ungefragt: »Hab Bauchweh.«

»Du hast Bauchweh? Schlimm?«

»Geht.«

Und dann sprudelt es plötzlich aus ihm raus: »Früher hat mir Mama dann immer den Bauch gestreichelt oder leise gesungen, bis ich eingeschlafen bin … Bis sie krank geworden ist.«

»Bis sie krank wurde?«, wiederhole ich und lasse ihn reden.

»Ja, als sie krank wurde, konnte sie nicht mehr so gut. Da hab ich dann manchmal für sie gesungen oder mit ihr zusammen bunte Kopftücher ausgesucht …«

Scheiße, Krebs, denke ich und muss unwillkürlich an meine eigenen Zwerge denken. Und dann kommt sie, die Frage, vor der ich schon die ganze Zeit Bammel habe und trotzdem noch keine gute Antwort parat.

»Is Mama wirklich im Himmel?«

»Wenn Papa das sagt«, antworte ich und komme mir blöd dabei vor.

Mehr hast du nicht drauf, Großmaul?, denke ich und schäme mich ein wenig. Aber was sagst du so einem kleinen Kerl, der offensichtlich seine Mutter hat sterben sehen? Irgendwas vom »großen Weltgefüge« und dem »Masterplan vom lieben Gott«? Lieber Gott! Als damals mein kleiner Bruder vor meinen Augen überfahren wurde und nach drei Tagen Koma starb, hat meine Mutter vom

Pfarrer auch nicht erfahren können, wieso. Ich war so zornig, dass ich mich jahrelang geweigert habe zu beten. Wenn ich als Großer, der Menschen hat sterben und auf die Welt kommen sehen, nicht viel kapiert habe, wie erkläre ich es dann Tommy?

Wir haben für kleine, traurige Menschen extra Teddys in Uniform, und ich überlege kurz, ob ich ihm einen bringen lasse. Aber dafür ist es zu spät. Außerdem, verdammt, will er kein Plüschtier, sondern seine Mama! Die kann ich ihm nicht wiedergeben, aber einen neuen Anlauf kann ich nehmen. Und ich entschließe mich, alle Register zu ziehen: »Ja, Tommy, ich glaube, dass deine Mama im Himmel ist. Aber beweisen kann ich's dir nicht, auch wenn ich Polizist bin. Es ist nämlich, leider, noch nie jemand von dort zurückgekommen. Aber dass es diesen Ort dort oben nicht gibt, das kann auch keiner beweisen. Genauso spannend ist aber die Tatsache, dass deine Mama gar nicht wirklich weg ist.«

»Wieso?«, haut er erstaunt raus, und ich ärgere mich ein bisschen über meinen letzten Satz.

»Das werd ich dir sagen«, mache ich weiter. »Mama und Papa haben dich gemacht, richtig?«

»Glaub schon«, kommt leicht enttäuscht.

»Du bist also ein Teil von Papa und von Mama, und wenn du dich mal vor den Spiegel stellst, wirst du ganz sicher irgendetwas entdecken, was genauso aussieht wie bei Mama. Deine Nasenspitze, ein Muttermal oder vielleicht irgendetwas an deinen Händen.«

»Jaaaaaa«, poltert er los, »ich hab einen schiefen Zeigefinger, genau wie Mama!«

Er spricht von ihr nicht in der Vergangenheit, das finde ich gut und fahre fort: »Und das ist noch lange nicht alles. Du siehst die Dinge und deine Welt mit ihren Augen, und wenn du dich freust oder etwas Schönes siehst, fühlst du wie sie. Selbst deine Kinder, später einmal, werden noch etwas von ihr in sich tragen. Und genau das ist es, kleiner Mann, was uns Menschen tatsächlich unsterblich macht.«

Das muss er erst mal verdauen und schweigt. Ich höre es förmlich ticken, in seinem kleinen Köpfchen, und schiebe noch hinterher: »Sie ist nicht weg. Sie wird immer bei dir sein.«

Das war zu viel. Ich höre ihn schniefen und überlege angestrengt, wie ich den Kurzen wieder auf Spur kriege. Mir fallen die Kinder der im World Trade Center gebliebenen Polizisten und Feuerwehrmänner ein und die Luftballons. Also schwenke ich noch mal um und frage hastig: »Tommy, kennst du den großen Rummel, der gerade in Zehlendorf ist?«

»Ja«, antwortet er knapp und zieht ein bisschen Rotz hoch.

»Zu dem gehst du am Wochenende mit Papa hin. Und vorher, vorher schreibst du an Mama einen Brief. Papa hilft dir bestimmt dabei.«

»An Mama?«, unterbricht er mich.

»Ja, an Mama! Schreib rein, was du ihr gerne sagen möchtest. Und schreib auch was Lustiges mit rein, damit sie etwas zu lachen hat.«

»Und dann?«, hakt er nach.

»Dann geht ihr zu dem Rummel und kauft einen schönen, großen Luftballon. Einen, von dem du glaubst, dass er Mama auch gefällt. An den bindet ihr dann ganz fest den Brief, sucht euch eine große Wiese und lasst ihn aufsteigen. Mitten in den Himmel!«

»Und das kommt an?«, fragt der kleine Skeptiker.

»Da bin ich ganz sicher«, lüge ich so ehrlich, wie ich nur kann.

»Und schreib einen Gruß an Tim Bär mit rein«, bitte ich ihn. »Das ist mein Bruder. Ich glaube, er ist auch da oben. Vielleicht kennt sie ihn ja.«

»Okay«, murmelt er nachdenklich, und ich spüre, ich hab ihn.

Nachdem ich ihn einen Augenblick den Gedanken habe durchkauen lassen, sage ich: »So, und jetzt gehst du ins Bett, okay?«

»Okay«, antwortet er.

Und während ich kurz darüber sinniere, dass er es schon irgendwie schaffen wird, seine Mutter bei sich zu behalten, ob nun über Religion oder Biologie, reißt er mich aus meiner rosaroten Wolke: »Du bist kein Arschloch.«

Gleich einem Schlüsselreiz folgend, entweicht es mir sofort: »Wie war das?«

»Mein großer Bruder sagt, ihr seid alles Arschlöcher. Du bist kein Arschloch!«

Allerspätestens jetzt hat *er* mich, und ich merke, es ist Zeit, das Gespräch zu beenden.

»Du gehst jetzt ins Bett, und weißt du was, Tommy?«

»Was denn?«, fragt er artig.

»Danke, dass du mich angerufen hast. Gute Nacht.«

»Gute Nacht«, höre ich ihn sagen und gehe mit meinem Finger auf das graue Touchscreenfeld, auf dem in großen schwarzen Buchstaben ein Wort steht: TRENNEN.

Das Bernsteinzimmer

Habe Kopfschmerzen und Fransen an den Ohren. Den letzten drei Anrufern heute ist es gelungen, ihre Bagatelle zum Problem hochzustilisieren – und das ließen sie mich sehr deutlich miterleben. Trotzdem wurde, wie immer, im Rahmen des Machbaren schnellstmögliche Abhilfe zugesagt und veranlasst. Es war aber, wie immer, nicht genug. Wobei – »wie immer« ist nicht fair. Es gibt durchaus Menschen, die nach einfühlsamer Erklärung verstehen, dass die Polizei nicht bei jedem Fall in zwei Minuten vor Ort sein kann, und dieses Schicksal mit Würde oder gar Humor ertragen. Manchmal.

Bin also leicht angefressen. In Erwartung des nächsten gutsituierten Jaguarfahrers, dem irgendeine Proletenkutsche zu dicht auf das Blechkleid gerückt ist, steche ich mit meinem Zeigefinger zu und höre: »Ich weiß, wo das Bernsteinzimmer ist.«

»Na, dann sind wir ja schon zwei«, haue ich raus und hab damit den erwarteten Erfolg: RUHE.

Als der Anrufer sich etwas gesammelt hat, stammelt er: »Wie … was?«

»Is 'ne Disco in Tempelhof«, stelle ich nüchtern fest. »Ü 30 und so. Ich fürchte, wir zwei haben sogar noch ein paar Mitwisser.«

»Disco Ü 30?«

Der alte Mann ist überfordert. Leicht brüskiert beginnt er erneut: »Ich habe das Bernsteinzimmer gefunden. Interessiert das irgendjemanden?«

Im Prinzip noch in derselben Laune, halte ich die Spur: »Ja, mich! Sagen Sie mir, wo. Wir machen das Zeug zu Geld und brennen durch nach Südamerika. Die liefern nicht aus.«

»Ich weiß«, kommt es leise und nachdenklich, »ich habe lange Zeit in Argentinien gelebt.«

Irgendetwas klickt in meinem Kopf. Führt aber leider zu nichts, wie so oft. Während ich das unangenehme, undefinierbare Gefühl abschüttele, das seine letzte Bemerkung hinterließ, denke ich über die Optionen nach. Will er mich verscheißern? Ist er einer der vielen Verrückten, die hier anrufen, oder – hat er das Bernsteinzimmer gefunden? Ich krame in meinem Hirn nach dem, was ich so über dieses Thema weiß. Das ist nicht viel. Trotzdem beschließe ich, ihn mit meinem soliden Halbwissen zu beeindrucken, und sage: »Sie waren im Urlaub in Sankt Petersburg, stimmt's?«

Sehr aufgeräumt und mit kräftiger Stimme kommt daraufhin: »Ich rede doch nicht von dieser billigen Kopie. Ich rede vom Original!«

Langsam geht mir der Opa auf den Keks, was ich ihn spüren lasse: »Sagen Sie, was Sie zu sagen haben. Dies ist der Notruf der Polizei. Wir brauchen unsere Leitungen!«

»Sie sind unhöflich, junger Mann«, weist er mich zurecht.

»Ich bin nicht unhöflich, ich bin zielorientiert«, labere ich seicht, wie ein Politiker.

»Sie sind unhöflich! Und das, wo Sie für Ihren Berufsstand einmal einen Schwur geleistet haben«, beschwert er sich.

Was will er denn nun, denke ich genervt und überlege, ob ich mir eine Kopfschmerztablette reinpfeife.

»Ich habe auch einmal die Hand gehoben«, fährt er fort, und dann sagt er langsam und stolz: »Meine Ehre heißt Treue!«

»SS«, schießt es mir durch den Kopf, und sofort bin ich hellwach.

»Diesen Vergleich verbitte ich mir!«, entgegne ich scharf.

»Sohn, Sie waren niemals Soldat«, spricht er belehrend in väterlichem Ton, und bevor er fortfahren kann, rede ich dazwischen: »O doch, ich war Soldat! Sogar Elitesoldat, doch schon in der Grundausbildung habe ich gelernt, keinen Befehlen zu folgen, die ein Verbrechen sind. Und Ihr Sohn bin ich ganz sicher nicht! Ich hatte mich zu Beginn des Gespräches vorgestellt. Mein Name ist Gutenrath. Jonas Gutenrath!«

Stille.

Als ich nach einer Weile schon denke, dass er aufgelegt hat, kommt für mich völlig unerwartet: »Welche Waffengattung?«

Weil ich die Frage nicht sofort kapiere, frage ich gereizt: »Wie, welche Waffengattung?«

»Bei welcher Waffengattung waren Sie Angehöriger?«, wiederholt er ruhig.

»Marinetaucher«, sage ich knapp, »und das war ich nicht nur, sondern das werde ich in meinem Herzen ewig bleiben!«

Diese Antwort war ein schwerer taktischer Fehler. Wenn ich's nicht besser wüsste, würde ich sagen, ich hörte den alten Mann beim Zuhören lächeln. Er glaubt, bei mir einen Fuß in der Tür zu haben: »Kamerad, du weißt, was es heißt, jemandem bedingungslos zu vertrauen. Stolz zu sein, dazuzugehören. Außergewöhnliches zu leisten.«

Ich unterbreche ihn erneut. Klar weiß ich, wovon er redet, aber mir passt der Vergleich oder besser: das Ziel seiner Ausführungen nicht.

»Wir sind keine Kameraden!«, haue ich die Axt dazwischen. »Und Sie scheinen meinen Namen nicht verstanden zu haben. Ich will mal ein wenig ausholen: Wie allen hier, hat man mir schon als Kind Filme gezeigt mit gequälten und ausgehungerten Menschen. In einem dieser Filme sah ich, wie einer Ihrer ›Kameraden‹ nach einem kleinen Jungen trat. Ein stolzer SS-Mann trat einen kleinen

Jungen! Seltsamerweise habe ich ausgerechnet diese Szene niemals vergessen. Nun, ich habe einen kleinen Jungen, und ihr hättet ihn getreten, nur weil er den falschen Namen trägt. Schande über euch! Wir sind keine Kameraden, alter Mann. Ganz sicher nicht!«

»Ich habe keine Kinder getreten«, antwortet er gebrochen und doch kalt. »Und ich habe auch nicht …«

»Will ich nicht hören«, fahre ich dazwischen. »Ich will keine Erklärungen, Ausflüchte oder Entschuldigungen hören«, sage ich, wohl wissend, ihm damit jeden Weg zu einem versöhnlichen Wort abgeschnitten zu haben. Folgerichtig und von mir in dieser Form auch erwartet, richtet er sich auf und sagt: »Ich bitte für gar nichts um Entschuldigung. Außer vielleicht dafür, versagt zu haben.«

Wie die Floskeln sich ähneln … Ohne genau zu wissen, warum, lasse ich ihm einen Rest Würde und höre mich selbst sagen: »Genau das habe ich auch oft so oder so ähnlich gebrüllt. Meistens in der Version ›Ich bitte nicht um Entschuldigung, sondern um eine gerechte Strafe‹. – Also, alter Mann, ich weiß nicht, was Sie getan haben, und schon gar nicht, warum. Und ich bin auch nicht Ihr Richter. Aber wenn Sie vor Ihren Richter treten, wann und wo auch immer, bitten Sie nicht um Entschuldigung, sondern um eine gerechte Strafe.«

Ein Geräusch wie ein leises Knurren ist zu hören. Dann sagt er: »Leb wohl, Kamerad«, und legt schnell auf, noch ehe ich etwas erwidern kann.

Ich muss an meinen Adoptivvater denken, der mir seinen Namen gab und inzwischen als Letzter seiner oder besser »unserer« Familie starb …

Ach ja, sorry … Wir werden wohl nie erfahren, wo das Bernsteinzimmer geblieben ist.

Mein Freund, der Baum

Zum Thema Nachbarschaftsstreit ließen sich ganze Bücher füllen. Es ist schier unglaublich, mit welcher Gemeinheit, ja Boshaftigkeit und zum Teil krimineller Energie die Menschen manchmal gegeneinander vorgehen, sobald es um das eigene Territorium geht. Da mutiert so manch biederer Beamter oder Rentner zum trickreichen Fallensteller und autodidaktischen Elektronikspezialisten. Es muss uns Menschen etwas Fundamentales, Naturgegebenes innewohnen, das Kultur und Bildung verblassen lässt, sobald es um die Feuerstelle, Höhle oder eigene Rasenkante geht. Wer weiß, vielleicht hätten wir es anders auch nicht zur vermeintlichen Spitze der Evolution geschafft.

Wie Sie inzwischen bemerkt haben dürften, ist für mich nicht nur Anlass, sondern vor allem auch Wirkung ein wichtiges Kriterium für einen mutmaßlichen Notfall. In unserer Zeit und meiner Firma ist diese Sichtweise der Dinge jedoch nicht allzu populär. Lassen sich doch die Ergebnisse solcher Notruf-»Bearbeitungen« nicht immer in wettbewerbstaugliche Kosten-Nutzen-Statistiken pressen und öffentlichkeitswirksam auflisten. Trotzdem leiste ich mir diesen Luxus. Nicht nur, weil ich ein sentimentaler Querulant bin. Sondern weil ich exakt darin die große Chance sehe, in den Herzen und letztlich auch irgendwann in den Köpfen der Menschen zu landen: ein Bewusstsein dafür zu schaffen, dass wir besser sind als unser Ruf. Also PR-Arbeit im besten Sinn. Außerdem macht's Spaß …

Das Herz des nächsten Zeitgenossen hängt an etwas, was nicht »Danke« sagen kann. Nicht einmal mit Mimik oder wenigstens

Motorik. Obwohl der Anrufer uns sicherlich erklären würde, dass ihm der bloße Anblick dieses Lebewesens durch die Jahreszeiten und die Gewissheit, sich jederzeit daran, »anlehnen« zu können, Dank genug sei. Aber lassen wir ihn selbst zu Wort kommen …

Wie immer sage ich mein Sprüchlein auf. Wie immer bin ich gespannt, was kommt.

»Guten Tag, Kretschmer, verzeihen Sie bitte die Störung«, höre ich einen Mittfünfziger sagen, dem sein Anliegen jetzt schon etwas peinlich zu sein scheint.

»Sie stören nicht«, mache ich ihm Mut, »ich hab auf Ihren Anruf gewartet.«

Er muss lachen. »Sehr sympathisch und gut gelogen! Tja, wie fange ich am besten an«, druckst er herum.

»Mit einfachen Worten und kurzen Sätzen«, witzele ich weiter, um ihn aufzulockern.

»Mein Problem ist mein Nachbar – oder, nein, anders«, setzt er neu an: »Vor vielen, vielen Jahren habe ich einen Baum gepflanzt …«

Alles klar, denke ich – Standard – und krame in meinem Kopf schon mal nach den Antworten zu den häufigsten Fragen. Aber ich unterbreche ihn nicht. Er redet weiter: »Ich wusste, was ich tat. Ich wusste, was ich pflanze, und der Ort dafür war sorgfältig ausgesucht. Mitten in meinem Garten. Ich habe einen großen Garten. Weit weg von der Grundstücksgrenze. Außerdem gab es damals noch gar keinen Nachbarn. Das ist jetzt leider anders. Im Laufe der Jahre und Jahrzehnte wurde aus diesem unscheinbaren Setzling ein großer, prachtvoller Baum. Eine wundervolle, wunderschöne Kastanie! Ich wollte, ich könnte Ihnen Bilder zeigen. Ich habe sie malen lassen!«

»Verzeihen Sie, kommen Sie bitte zum Kern der Sache. Letztlich sind wir hier der Notruf«, unterbreche ich ihn.

»Selbstverständlich«, klingt es ein wenig enttäuscht. »Ich weiß, es geht ja nur um einen Baum. Ich wollte halt nur, dass Sie verstehen … Mein Vater gab mir dieses Bäumchen und lebt in ihm jetzt weiter. Für mich zumindest. Aber so etwas kann jemand wie Sie natürlich nicht verstehen.«

Leicht angeschubst durch diese Formulierung und mit der Absicht, ihn ein wenig zu verblüffen, frage ich: »Woher wollen Sie das wissen?«

»Woher will ich was wissen?«, fragt er erstaunt.

»Woher wollen Sie wissen, dass mir nicht klar ist, was Ihnen dieser Baum bedeutet? Ich habe drei Kinder. Nach jeder Geburt habe ich einen Baum gepflanzt. Eine Birke, eine Weide und einen Mammutbaum. Niemand sollte versuchen, diesen sechs wundervollen Wesen etwas anzutun!«

»Verzeihen Sie bitte«, sagt er, offensichtlich gerührt.

»Ihr Problem kenne ich aber immer noch nicht«, bohre ich weiter.

»Mein Nachbar«, klingt es verzweifelt, »ein junger Mann, sagt, der Baum nimmt ihm die Sonne. Und im Herbst regen ihn die Blätter auf. Seit Jahren droht er mir, und gestern stand er mit der Motorsäge auf meinem Grundstück.«

»Ein eingefriedetes, sprich: umzäuntes Grundstück?«, werfe ich ein.

»Sicher«, antwortet er resigniert, »aber ich habe diesem jungen Mann nichts entgegenzusetzen. Ich werde eines Tages aufwachen, und mein Baum wird gefällt sein. Das Recht ist auf meiner Seite, ich habe mich erkundigt. Aber was nützt mir das schon. Er wird bezahlen, wozu man ihn verurteilt. Mit einem Lächeln! Meinen alten Freund bringt mir das nicht wieder.«

»Gut, Problem erkannt«, stelle ich nüchtern fest, um ihn auf das nächste, wenig zufriedenstellende Statement einzustimmen: »Sie werden verstehen, dass ich Ihnen keinen Funkwagen vor Ihrer Gartentür postieren kann, um Ihren Baum zu bewachen.«

»Das habe ich auch nicht angenommen«, sagt er da leise. »Und trotzdem habe ich irgendwie auf Hilfe gehofft. Naiv, was? Ist unser Gespräch damit beendet?«

»Nein, nein, nein, so lasse ich Sie nicht gehen. Vielleicht habe ich noch ein, zwei Pfeile im Köcher«, mache ich ihm Mut. Ich höre ihn sehr deutlich aufatmen und fürchte, dass ich ihm zu viel Hoffnung gemacht habe. »Zunächst einmal: Glauben Sie, Ihr Nachbar würde Ihnen gegenüber gewalttätig werden?«

»Ich denke nicht. Sich an einem wehrlosen Baum zu vergreifen ist schon etwas anderes als an einem Menschen. Ausschließen möchte ich es aber nicht.«

»Ich möchte noch einmal feststellen«, beruhige ich ihn, »dass die Polizei im akuten Fall in wenigen Minuten bei Ihnen ist. Das Problem wird sein, diesen akuten Fall rechtzeitig zu erkennen. Nun wäre es natürlich möglich, mit erheblichem finanziellem Aufwand eine private Sicherheitsfirma mit dem Schutz Ihres Baumes zu beauftragen, von sporadischen Streifen bis zu einer hochkomplizierten Alarmanlage. Was mir vorschwebt, ist allerdings eine preiswertere und unkonventionellere Lösung.«

»Aha«, sagt er interessiert, und ich habe ein wenig Angst, Mist zu bauen.

»Haben Sie ein Händchen für Hunde?«, frage ich behutsam.

»Eigentlich schon«, sagt er. »Meine Tochter hatte als Kind einen Cocker.«

»Gut«, stelle ich erleichtert fest und diktiere ihm: »Sie brauchen etwas Kleines, Aufmerksames. Am besten etwas mit Spitzblut. Denen entgeht nichts, das sind schreckliche Kläffer. Ich weiß das aus Erfahrung. Die Bundeswehr nennt so etwas ›Biodetektor‹. Beibringen müssen Sie dem eigentlich gar nichts. Der kümmert sich ungefragt um alles. Nur die nötigen Nerven müssen Sie natürlich mitbringen. Die Nachhut sollte dann ein Kaliber nicht unter vierzig Kilo sein. Ein Ausputzer halt. Welche Rasse genau, das sollten Sie Ihrem Gefühl überlassen. Nur Optik und Durchsetzungskraft sollten Ihrem Nachbarn klare Zeichen setzen. Dem Boliden müssen Sie natürlich mit Geduld und Bestechung klarmachen, dass Ihr Baum ein Familienmitglied ist, das es zu verteidigen gilt. Das sollte machbar sein. Und wenn Sie mir persönlich einen Gefallen tun wollen, quasi als ›Beratungshonorar‹: Holen Sie die beiden aus dem Tierheim. Kein leichter Weg, aber eine erwägenswerte Strategie. Oder was meinen Sie?«, frage ich ihn gespannt.

»Das hört sich eigentlich ganz gut an«, sagt er, »außerdem ist es den Einsatz allemal wert!«

Ich wünsche ihm Glück bei seinem Unterfangen, verabschiede mich und hoffe, dass ihm die beiden Racker den Baum nicht totpinkeln oder dass Schlimmeres passiert.

Wer Frieden will, muss sich für den Krieg rüsten, denke ich mit ein wenig schlechtem Gewissen und habe die düstere Vision folgender Schlagzeile: »Mastino Napoletano beißt jungem Mann den Unterarm durch – trauriges Ende eines Nachbarschaftsstreits.«

Aber hey, was soll's. Meine Kinder sagen immer: »Papa, die Bäume, die machen die Luft wieder gut, damit wir Menschen besser atmen können.«

VBH

Um nicht den Eindruck zu erwecken, dass jeder Anruf tatsächlich erzählenswert ist, nehmen wir einmal das vermeintlich banale »Tagesgeschäft« unter die Lupe. Wir werden feststellen, dass es das eigentlich gar nicht gibt! Weil nämlich jeder 110-Kunde sich logischerweise als den Nabel der Welt empfindet und seinem Charakter und Temperament entsprechend agiert. Das gilt auch bei den Fällen, die intern als VBH bezeichnet werden. Ein Kürzel für Verkehrsbehinderung und ein geflügeltes Wort für alles oder nichts – von Kondom bis Falschparker. Hören wir mal rein:

»Notruf der Berliner Polizei, Gutenrath, guten Tag.«

»Bulthaupt mein Name, Doktor Bulthaupt!«

»Herr Doktor …«

»Warum betonen Sie das so merkwürdig?«

»Hab ich gar nicht.«

»Haben Sie sehr wohl.«

»Nein. Ich dachte nur, wenn Sie es so hervorheben, freuen Sie sich vielleicht, wenn Sie es noch einmal hören.«

»Seien Sie nicht so spitzfindig. Ich warne Sie!«

»Gut, ich bin ab jetzt besonders vorsichtig.«

»Ich habe hier so eine Rostlaube vor meinem Grundstück und bestehe darauf, dass die sofort entfernt wird.«

»Jawohl, sofort – wo wohnen Sie denn?«

»Lassen Sie das!«

»Wie, jetzt doch nicht?«

»Sie wissen genau, was ich meine. Diesen sarkastischen Ton.«

»Kunst entsteht im Auge des Betrachters.«

»Wie soll ich denn das nun wieder verstehen?«

»Wie haben Sie es denn verstanden?«

»Als Frechheit!«

»So war es natürlich nicht gemeint.«

»Passen Sie bloß auf, ich bin bestens bekannt mit einigen Ihrer Kollegen aus dem gehobenen Dienst.«

»Und ich hatte mal eine Schnappschildkröte.«

»Was hat denn das jetzt damit zu tun?«

»Eigentlich nichts. Genau wie Ihre zahlreichen Bekanntschaften.«

»Zahlreiche Bekanntschaften?!«

»Das möchte ich selbstverständlich keinesfalls sexuell verstanden wissen.«

»So, jetzt reicht es mir! Ihre Dienstnummer, und zwar schnell.«

»Die alte oder die neue? Die neue ist etwas länger.«

»Was?«

»Man hat hier neue Personalnummern eingeführt, ich habe quasi zwei. Die alte wäre etwas kürzer. Wo Sie es doch eilig haben …«

»Sie halten sich wohl für sehr witzig, was?«

»Wenn man bedenkt, dass wir zwei hier eine Notrufleitung blockieren, ist mir eigentlich nicht zum Lachen.«

»Ach, jetzt bin ich wohl schuld, dass Sie es nicht verstehen, Ihren Job zu machen?«

»Na ja, beim letzten Gespräch konnte ich noch alles.«

»Was halten Sie von einer Dienstaufsichtsbeschwerde?«

»Was halten Sie von einer Strafanzeige wegen Missbrauchs von Notrufen?«

»Das wagen Sie nicht!«

»Och, Polizisten sind mutig, gehört zum Berufsbild.«

»Na, dann lassen wir es doch einmal darauf ankommen, junger Mann.«

»Und was ist jetzt mit Ihrer Rostlaube?«

»Das ist nicht meine Rostlaube!«

»Na dann eben: Was ist mit Ihrem Problem?«

»Ich habe kein Problem!«

»Dann haben Sie mich also tatsächlich völlig grundlos angerufen?«

»Ich sage Ihnen was: Wir beenden jetzt an dieser Stelle das Gespräch, und dann wollen wir doch mal sehen, wer von uns beiden zuletzt lacht.«

»Auf Wiederhören und einen schönen Tag noch, Herr Doktor Bulthaupt.«

Um es kurz zu machen: Ich habe nicht zuletzt gelacht. Vierzehn Tage später sehe ich mich auf der »Besetzungscouch« meinem Chef und Dr. Bulthaupt, beide in großen Ledersesseln thronend, gegenüber. Er sieht aus wie ein Duzfreund von Rudi Dutschke oder mindestens Joschka Fischer, nachdem der seinen Turnschuhlook gegen Maßanzüge getauscht hat. Als ich höre, dass Herr Doktor Psychiater ist, frage ich spontan, ob ich mich auf die Couch legen soll, woraufhin er sofort mit Blickrichtung zum Boss sagt:

»Sehen Sie, das ist genau das, was ich meine!«

Scheiße, denke ich, schöne Steilvorlage. Langsam wittere ich die Gefahr. Wie bei stumpfen Tieren wie Bullen üblich, viel zu spät.

»Jetzt mal hübsch vorsichtig«, murmele ich vor mich hin, »sonst fallen die Weihnachtsgeschenke für die Kinder dieses Jahr recht spärlich aus.«

Ich hocke also in dem durchgesessenen, vollgefurzten Sofa, gefühlte fünfzig Zentimeter tiefer als die beiden, und lausche, was da kommt. Und dann ergießt es sich über mich, langsam und zähflüssig. Es predigt und lamentiert über Mangel an Professionalität und Respekt. Über versteckte Aggressionen und verdrängte Feindbilder, und ich sitze nickend da, mit glasigen Augen, und denke an ein großes, kaltes Störtebeker Schwarzbier – »das Bier der Gerechten«. Weder alkoholfrei noch kalorienreduziert! Dass das Ende des Vortrags gekommen ist, merke ich eigentlich nur daran, dass mich mein Chef und Herr Doktor Bulthaupt beide plötzlich schweigend und mit fragenden Augen anblicken. Jetzt soll er kommen, der große Moment, wo der Elefant sein Wasser lässt … Während ich darüber nachdenke, wie herrlich der Herr Doktor wohl quieken würde, wenn man ihn nur ein bisschen an der Innenseite seiner speckigen Oberarme kneifen dürfte, und ich mich hemmungslos dieser exzessiven Gewaltphantasie hingebe, fragt Herr Doktor scheinheilig, in der Hoffnung, dass ich mich noch ein letztes Mal aufbäume: »Und, was sagen Sie dazu?«

»Jaaa, das kann sein …«, erwidere ich Interesse heuchelnd und in Unkenntnis dessen, was alles so erzählt wurde.

Das reicht ihm natürlich nicht, und seinen blitzenden Augen entnehme ich, dass er schon wieder grübelt, ob er gerade verscheißert werden soll. Mir kommt der, wie ich finde, genauso blöde wie saukomische Spruch der 68er in den Sinn: »Wer zweimal mit derselben pennt, gehört schon zum Establishment …« Jetzt sind sie unterwegs in Schlüsselpositionen oder zumindest wirtschaftlich erfolgreich, und während er mir in seinem Armani-Anzug gegenübersitzt, denke ich: Junge, wer von uns beiden ist denn nun der Spießer? Ich jedenfalls brauche keinen Papa an meiner Seite, weil mir einer die Zunge rausgestreckt hat.

Für einen ganz kleinen Moment spiele ich mit dem Gedanken, das schöne Eddy-Murphy-Zitat zu bringen: »Wie war das noch gleich im Mittelteil?« Aber natürlich verkneife ich mir das. Er würde hochgehen wie ein Sektkorken, und wer hier Chef im Ring ist, steht ja wohl außer Frage. Also setze ich an zu dem Kniefall, den er sehen will. Schließlich liegt er ja auch gar nicht so weit daneben. Wenn man zum Beispiel an die schlimme Gewaltphantasie von eben denkt. Oder daran, dass Herr Doktor meine Kindheit bestimmt als verkorkst bezeichnen würde …

Los geht's, meinen Kindern zuliebe: »Wenn subjektiv der Eindruck entstanden ist, dass ich es an der nötigen Professionalität und/oder Ernsthaftigkeit habe fehlen lassen, tut mir das natürlich leid«, leiere ich herunter.

Er zieht eine Augenbraue hoch, und ich weiß, dass ihm das Wort »subjektiv« nicht schmeckt. Sollte es auch nicht. Aber immerhin endete der Satz mit »tut mir leid«. In dem Bewusstsein, dass das alles ist, was er bekommt, weil ich juristisch in dieser Sache nicht angreifbar bin, und mit dem schönen Gefühl, dass ich mich letztlich ja doch irgendwie entschuldigt habe, sonnt er sich in seinem Sieg und setzt noch einmal zu einem Monolog an. Den lasse ich wortlos abtropfen, weil ich weiß, dass alles, was ich dazu sagen würde, egal was, neuen Ärger gäbe. Zum Abschluss reicht er mir die Hand, und für den Bruchteil einer Sekunde sind wir uns fast sympathisch. Fast.

Lieber Doktor, für den Fall, dass Sie diese Zeilen lesen: Ich bin geläutert – und danke für die kostenlose Analyse!

Coco und Kiki

»Notruf der Berliner Polizei, Gutenrath, guten Tag.«

»Hach, was für eine angenehme Telefonstimme«, haucht es mir in ähnlich tiefer Tonlage wie der meinen entgegen.

Was ist denn das Leckeres, überlege ich mit einem Grinsen im Gesicht und höre zu.

»Pass mal auf, Süßer, ich hab da ein Problemchen.«

Okay, schwul, denke ich. Keine große Sache. Schon gar nicht in Berlin. Wo wir doch in der Welthauptstadt der Schwulen leben, wenn man mal von San Francisco absieht. Und welche Stadt kann sich schon mit einem Bürgermeister brüsten, der es nicht nur zugibt, sondern sogar stolz darauf ist, schwul zu sein. Inzwischen hatte Hamburg zwar nachgezogen, aber wer weiß, vielleicht war das ja nur ein PR-Gag der CDU.

Als ich in Berlin als Polizist anfing, aus Hamburg kommend, mit einer, sagen wir mal, »weltoffenen« Erziehung und Lebensphilosophie, hielt ich mich eigentlich für ein tolerantes Kerlchen. Als ich aber dann den ersten offiziellen Flyer der Berliner Polizei in den Händen hielt, mit dem Aufruf: »Schwule, haltet euren Tiergarten sauber«, und zweimal, dienstlich, die Ehre hatte, in Zivil beim Christopher Street Day für Sicherheit sorgen zu dürfen, klappte mir schon das eine oder andere Mal die Kinnlade herunter. Wenn ich »zivil« sage, meine ich übrigens weder halbnackt noch mit blauer Perücke, Strapsen oder Federboa im Schritt! Übrigens ganz im Gegenteil zu den Kollegen auf dem am CSD teilnehmenden Wagen der »schwulen und lesbischen Berliner Polizisten«.

Meine Mutter hatte mich schon in frühester Jugend in Clubs mitgeschleppt, wo es bunte Fabelwesen gab, die sich für Liza Minelli oder Marilyn Monroe hielten, nur mit etwas mehr Haaren an den Beinen. Eine gute Freundin von Mama war jahrelang Geschäftsführerin eines der namhaftesten Hamburger Varietés. Glauben Sie mir: Es gibt keinen verrückteren Ort auf dieser Welt als die Garderobe einer Travestieshow.

Dabei habe ich die Erfahrung gemacht, dass diese Menschen sehr herzlich und selbstlos sein können. Meist aber auch hochsensibel und nah am Wasser gebaut. Humorvoll und unterhaltsam sowieso. Selbstredend reicht auch hier die bunte Palette von »Schlampe« bis »Diva«. Dennoch habe ich erheblich mehr kultivierte Menschen unter diesen Paradiesvögeln kennengelernt als unangenehme. Doch zurück zu unserer mutmaßlichen Schönheit am Telefon.

»Was denn für ein Problemchen, und wie ist Ihr Name?«, frage ich ihn, sie, es.

»Ich bin die Coco.«

»Und wie weiter? Chanel?«, stichele ich ein wenig.

»Dubroix«, kommt es leicht pikiert. »Coco Dubroix!«

»Sieh an. Wie kann ich helfen?«

»Der Hausmeister, das brutale Schwein, hat meine Kiki getreten!«

»Wer ist denn bitte Kiki?«

»Kiki ist meine kleine Chihuahua-Dame.«

»Aah, ja … Hat er sie verletzt?«

»Ich weiß nicht. Ich glaub nicht. Aber lieb von dir, dass du nachfragst.«

»Schon okay, ist mein Job. Wieso hat er sie getreten?«

»Ach, der Blödmann behauptet, die Kiki würde ihm ständig vor seinen Zaun machen.«

»Und? Stimmt das? Sei ehrlich!«, fordere ich sie auf.

»Na ja, vielleicht ein ganz klein wenig«, gibt sie zu. »Schau, Süßer, ich arbeite nachts. Und wenn ich jetzt nur mit meinem Morgenmantel schnell Gassi gehe, kann ich doch nicht durch den Park wandern.«

»Das wäre im Morgenmantel wohl nicht so gut.«

»Genau! Siehst du, du verstehst das.«

»Tja, dann musst du aber die Krümel von deiner Kiki mal aufheben. Wie wär denn das?«

»Ja, ja, hast ja recht. Das ist aber noch lange kein Grund, nach meiner kleinen, zarten Kiki zu treten. Wenn er sie noch mal erwischt, bringt er sie um, sagt der Mörder! Stell dir das mal vor! Dieser widerliche behaarte Affe.«

»Das darf er natürlich nicht, aber …«

Plötzlich unterbricht sie mich mit einem kurzen, spitzen Aufschrei und wird hektisch.

»Da kommt er! Da kommt er! Oh, nein … Kiki, komm her! Komm her, meine Süße. Mein Gott, was mach ich denn jetzt, was mach ich denn jetzt? Kiki, kommst du wohl her!«

»Coco, wo bist du?«, frage ich langsam, um sie zu beruhigen. »Straße und Hausnummer!«

»Kiki, komm her, komm her. Komm zu Mama«, höre ich nur.

»Wo bist du?«, sage ich im Befehlston. »Los, Straße und Hausnummer!«

»Bülow, Bülow 38«, antwortet sie zittrig.

Schöneberg. Passt, denke ich, während ich sie kreischen höre: »Gehst du weg! Gehst du von meinem Mädchen weg, brutales Schwein!«

Und dann höre ich es klatschen. Zweimal. Recht heftig. Coco legt los, wie eine Sirene. Auweia, denke ich und sehe sie förmlich vor mir. Die Frisur ist hin, die Schminke läuft und die Nase wohl auch. Wenn sie nicht sogar anschwillt …

»Coco? Coco, red mit mir. Was ist los? Hast du die Kiki?«, frage ich, aber sie gibt immer noch Gas.

»Coco, red mit mir! Beruhige dich. Hast du die Kiki?«

Sie antwortet verwaschen. Mist, das gab auf die Lippe, denke ich.

»Ich hab sie. Ich hab sie auf dem Arm. Aber er hat mich gehauun … ins Gesiiiicht …«, heult sie, »und jetzt steht er drohend vor mir! Hilf mir!«

»Coco, pass auf, hör mir genau zu: Du drehst dich jetzt langsam seitlich weg, mit der Kiki auf der von ihm abgewandten Seite. Guck ihm nicht in die Augen, nicht ins Gesicht und halt ihm am langen, ausgestreckten Arm dein Handy entgegen, wie eine Waffe. Und Coco, halt durch. Ich lass mit Blaulicht anfahren, wir sind gleich da!«

»Okay«, schluchzt sie tapfer, und ich hoffe, es haut so hin, wie ich es mir vorstelle.

»Was soll der Scheiß«, flucht der Hausmeister gut hörbar. Dann grabscht er nach dem Handy, denn ich höre ihn sagen:

»Wer ist da, verdammt?«

»Die Einsatzleitzentrale der Berliner Polizei, Gutenrath. Schön ruhig bleiben, Hausmeister.«

»Ruhig bleiben, ruhig bleiben … Die Dreckstöle scheißt mir hier alles voll«, motzt er los.

»Dann können Sie die Frau anzeigen oder …«

»Die Frau, dass ich nicht lache«, unterbricht er mich. »Das is keine Frau, das is ’n Freak!«

»Noch lange kein Grund draufzuhauen«, fahre ich ihn an, und weil ich das Horn unserer Leute höre und den Ball nicht mehr flach halten muss, schiebe ich noch nach: »Was übrigens keine große Heldentat ist.«

Wenn er jetzt noch mal zuckt, liegt er gleich gefesselt am Boden. Hoffe ich zumindest. Dann sagt jemand, untermalt von dem ständig hörbaren Gekläffe Kikis: »Schröder, Abschnitt 34, kannst auflegen. Alles im Griff.«

»Danke, Jungs, schönes Arbeiten«, antworte ich und gehe aus der Leitung.

Sie werden ihr bestimmt gefallen, unsere »strammen Schutzmänner« …

Die Axt

Es wird Zeit für härteren Stoff. Ich denke, Sie sind so weit. Zumindest habe ich mir alle Mühe gegeben, Sie darauf vorzubereiten. Zarteren Gemütern empfehle ich, die nächsten Seiten zu überblättern. Auch Kindern bitte die folgenden Zeilen nicht zugänglich machen, die sollen sich mit etwas Schönerem beschäftigen. Solange sie noch können.

Es ist Mittag. Ich sitze vor meinen Monitoren und schaue in den Hof. Der Himmel ist strahlend blau, und die Äste der prächtigen Eichen wiegen sich sanft im Wind. Mitten auf der Wiese, in der Sonne, sitzt unser »Hausfuchs« und putzt sich ungeniert. Meine Kinder sind in der Schule, hoffe ich zumindest, und meiner Frau wird es um diese Uhrzeit auch gutgehen. Bis jetzt hatte ich noch keinen Anruf, der tiefer zu mir durchgedrungen wäre. Mit anderen Worten: Alles okay so weit. Gut gelaunt und lässig tippe ich mit dem kleinen Finger auf eines der blinkenden Felder, in Erwartung eines Ladendiebes oder Falschparkers. Im allerbesten Johnny-Walker-Sound sagt da ruhig und gefasst eine Männerstimme zu mir: »Ich hab die Schlampe kaltgemacht.«

Schon beim ersten Satz habe ich kein gutes Gefühl. Noch hoffe ich aber auf einen Wichtigtuer oder Verrückten, deshalb schweift mein Blick zunächst über die Bildschirme, und ich versuche herauszubekommen, von wo der Anruf eingeht. Um Zeit zu gewinnen, frage ich: »Wie bitte?«

»Du hast schon richtig gehört. Das war's«, höre ich im gleichen ruhigen Tonfall wie zuvor.

Kein Irrer, kein Wichtigtuer. Dafür ist er zu wortkarg. Scheiße! Und meine schlaue Maschine lässt mich auch im Stich.

»Sagst du mir deinen Namen?«, frage ich ihn.

»Hah, meinen Namen? Heiner, Heiner Pritorra«, blafft er.

Während ich den Namen auf die Reise schicke, probiere ich es weiter: »Wo bist du, Heiner?«

Er sagt mir tatsächlich seine Straße und die Hausnummer. Das ist kein gutes Zeichen. Ich habe zwar, was ich will, aber, verdammt, das ist kein gutes Zeichen! Ich lasse das volle Programm rollen. Die Grünen und die Roten. Mit Eile. Jetzt nehme ich mir die Zeit und frage ihn: »Heiner, was ist passiert?«

»Passiert« ist wichtig. Dinge »passieren«. Das ist eben so. Keiner ist schuld, wenn was »passiert«. Sie reden besser, wenn etwas »passiert« ist. Aber bei ihm sind solche Feinheiten überflüssig. Ruhig, ja fast zufrieden, erzählt er: »Das Miststück hat mir in den Knast geschrieben, dass sie 'nen neuen Stecher hat. Fotze! Aber ab heute, ab heute bin ich im Freigang. Wegen guter Führung«, sagt er gedehnt. »Also bin ich hergefahren, hab den Kellerverschlag eingetreten, mir die Axt geholt und ihr in den Schädel gedroschen. In den Hinterschädel, das feige Vieh wollte abhauen.«

Scheiße, Scheiße, Scheiße, denke ich, während ich hektisch den Haken in das Feld für die Eigensicherung mache und den Kollegen übermitteln lasse, dass sie mit einer Axt rechnen müssen. Hoffentlich noch rechtzeitig, denke ich, und ändere von RTW (Rettungswagen) auf NAW (Notarztwagen). »Lebt sie noch?«, frage ich sofort.

»Weiß ich nich«, antwortet er, immer noch genauso ruhig. »Die Nutte hat's bis ins Badezimmer geschafft. Da liegt sie jetzt, in ihrer Suppe. Aber warte, du hast recht …«, setzt er an und geht offenbar mit dem Telefon in Richtung Badezimmer, denn ich höre plötzlich dieses Geräusch … Eines von den Geräuschen, die man nie wieder vergisst.

Der Tod hat nicht nur ein Gesicht und vor allem einen Geruch, den man nicht so leicht wieder loswird, nein, er hat auch einen Klang. Fast jeder von uns hier hat schon die weit heraushängende Zunge eines Strangulierten gesehen, der eigentlich viel schneller sterben wollte, und die Pfütze unter seinem Körper. Oder musste mal in einer übelriechenden Wohnung ermitteln, in der eine verweste Leiche gelegen hatte. Oder noch schlimmer, Stunden bei ihr Wache stehen. Die meisten Streifenpolizisten tragen ständig ein Fläschchen China-Öl bei sich. Aber dann ist es wenigstens schon vorbei. Ganz anders beim Geräusch des Todes. Das kann das Aufschlagen eines Körpers auf dem Asphalt sein oder, wie hier, ein Röcheln im Todeskampf.

Sie lebt noch! Vielleicht hat sie noch 'ne Chance. Er kommt also, dem lauter werdenden Geräusch nach zu urteilen, dem Badezimmer immer näher, und sagt: »Ich geb dem Miststück jetzt den Rest!« – Und ich hab ihn noch auf die Idee gebracht.

Verflucht! Denk nach, denk nach, Junge!, hämmert es durch meinen Kopf. Was kannst du sagen, was machen, was ihn stoppt?

»Hey, Heiner ..., Heiner ..., HEINER«, werde ich lauter, und dann rufe ich ins Mikrophon: »Ich hab im Lotto gewonnen«, in der Hoffnung, dass er damit irgendetwas assoziiert, was ihn innehalten lässt. Aber zu spät oder einfach der falsche Satz.

Ich höre, wie er zutritt. Viermal. Und vor jedem Tritt brüllt er jeweils die Worte:

»DU – FICKST – NIE – WIEDER!«

Dumpf schlagen die Treffer in den wehrlosen Körper ein. Gott, wie furchtbar, denke ich. Dann höre ich ein Knacken und dann – Ruhe.

»So, im Lotto hast du gewonnen«, kommt nach einer ganzen Weile, als wäre nichts gewesen. »Herzlichen Glückwunsch, Wichser. Gib dir keine Mühe, ich hab ihr das Scheißgenick durchgetreten.«

Ich glaube ihm.

Ich sammele mich kurz … Schadensbegrenzung, denke ich, Schadensbegrenzung – was für ein Scheiß! Es ist aus.

Aber ich hab meine Leute in Anfahrt. Was hat er vor? Will er kämpfen? Will er abtreten?

Er löst das Rätsel selbst auf, indem er ungefragt antwortet: »Die Wohnungstür ist angelehnt. Ich setz mich jetzt aufs Sofa und warte auf die Schmiere. Dann könnt ihr mich mitnehmen. Und weißt du was, Alter? Wenn ihr mich das nächste Mal rauslasst, greif ich mir ihren Stecher.«

Ich sitze da, schaue in den Hof und versuche mir einzureden, dass der Genickbruch der bessere Tod war.

Heini

Früher Vormittag. Mein Magen nimmt mir noch das mexikanische Restaurant von gestern Abend übel. Nie wieder Chili. Am besten überhaupt nie wieder essen. Aua! »Lass uns doch mal wieder so richtig romantisch essen gehen«, hatte sie gesagt, meine Holde. Romantisch. Beim Mexikaner! Jetzt sitze ich hier und stinke romantisch vor mich hin. Die bösen Blicke der Jungs um mich herum sind dabei noch mein kleinstes Problem. Weil ich nämlich das habe, was der Bayer verharmlosend »Wanstrammeln« nennt. In dieser Verfassung gehe ich gequält grinsend und leicht unkonzentriert in die Leitung, melde mich und höre: »Tach auch, … halloooo!«

Hört sich wenigstens nicht unbedingt wie ein Selbstmörder an, mit dem ich die nächsten Stunden hier am Tisch verbringen müsste. Ohne die Gesichtsmuskulatur zu entspannen, sage ich leicht genervt: »Jaa, ich höre?«, und bekomme wieder nur ein albernes »Hallooo!« zurück.

»Ja, Mann, hier spricht die Polizei. Was wollen Sie?«

»Heey, wat machsu denn fürn Unenspannten?«, kommt es breit.

»Verzeihung. Ich habe eine Magenverstimmung«, sage ich knapp und bin froh, dass ich in meinem leicht gereizten Gemütszustand nicht mit einem indischen Diplomaten über ein Parkplatzproblem diskutieren muss.

»Ma-gen-ver-stimm-ung?«, leiert es schon wieder in vertrauter Mundart. »Du has Flitzkagge, meinsu?«

Ich muss lachen. Das wirkt sich über die Bauchmuskeln aber

nicht unbedingt förderlich auf meinen Gesamtzustand aus, und ich versuche es zu unterdrücken. In einer Mischung aus Lachen und Weinen frage ich erneut leicht erschöpft: »Was bitte kann ich für Sie tun?«

»Na sissu, das tut doch schon gans anners klingen«, freut er sich.

»Was gibt es?!«, platzt es aus mir heraus. »Jetzt!«

»Ja, ja, geht ja los, geht ja looos. Mann, Mann, Mann, Mann, Mann … Aber watte, ich will mich ersma vorstellen: Ich heiß Hein, meine Freunde nennen mich Heini. Du darfs Heini zu mir sagen.«

»Da bin ich aber froh«, werfe ich ein.

»Kannsu auch, kannsu auch. Darf schließlich nich jeder. So – wo war ich?«

»Heini, komm zur Sache, sonst leg ich auf«, drücke ich aufs Gas.

»Ohauahauaha. Wie kann man wegen so 'n büschen Scheißerei nur so 'n Anjepissten machen. Gut. Pass auf! Ich wollt mir grad anner Beusselstraße-Tanke Frühstück holen. Legger Hansen-Rum un 'n Blondes. Da steht vor mir anner Kasse so 'n lüdden Rotzlöffel un kauft auch Hansen.«

»Wie alt?«, unterbreche ich wortkarg.

»Wat weiß ich. Keine Haare am Sack. Grün hinner 'n Ohren. Lümmel, dat!«

»Also ein Minderjähriger«, übersetze ich.

»Ja, ja, ja genau. Aber pass auf, jetzt kommt dat. Da bin ich nu, un da sacht die Tussi anner Kasse zu mir: ›Hallo, Heini. Tut mir leid, das war die letzte Flasche Hansen.‹«

Er macht eine taktische Pause, als erwarte er, dass ich lautstark in seine Entrüstung mit einsteige. Tatsächlich aber kapiere ich jetzt erst, worum es ihm eigentlich geht, und muss schon wieder lachen.

»Wat lachs' du denn da, du Pflaumenschmeißer. Hat dir die Flitzkagge dat Hirn vernebelt? Dat is nich lustig. Schiet is dat. Ganz großen Schiet!«, klagt er sein Leid.

»Jo, versteh schon, Hansen is alle«, verfalle ich in seinen Slang.

»Genauuu! Jetz hassus. Un glaubsu, die Mistöle geht ma ins Lager oder so, nachschauen? Nix da! Alle is alle, Heini, sacht die. Un der Rotzlöffel grinst mich auch noch blöde an! So, un du machs jetz ma fix 'n Überfallkommando flott, un dann greift ihr euch den Drecksbüddel. Hassas?«

»Und du krichs dann die letzte Buddel Hansen, richtig?«, ergänze ich.

»Genauuu. Sissu, geht doch! Weiß ganich, was die immer alle gegen euch ham«, freut er sich und schweift kurz ab:

»Sach ma, bissu 'n Fischkopp? Hörst dich büschen so an.«

»Jo, Hummel-Hummel«, sage ich, und er jault: »Hambuuurch, klasse Sache das. Jetz sach nich auch noch Barmbek?«

»Nee, Billstedt«, enttäusche ich ihn. Ist aber kein Stück nobler, die Gegend, und er erkennt in mir natürlich sofort seinesgleichen.

»Sieh an, sieh an. Un was hat dich hier innie Schwuchtelstadt verschlagen? Oder bissu etwa auch 'n warmer Bruder?«

Mein Magen meldet sich schon wieder, und ich muss zum Ende kommen, auch wenn ich das Geleier von ihm eigentlich ganz gerne höre.

»Nee, Heini, geht nix über 'ne seute Deern. Aber gib mir doch ma die Kassiererin ans Telefon, wenn du kannst.«

»Geht los, mien Schietbüddel«, sagt er und brüllt durch den ganzen Laden: »Frau Tankwart, die Polizei möchte mit Sie sprechen – un zwar flott!«

Sie nimmt tatsächlich sein mutmaßlich Hartz-IV-gesponsertes Handy und fragt unterkühlt: »Ja, bitte?«

»Nicht erschrecken, ich will nur ganz kurz wissen, ob der letzte Hansen-Rum-Kunde volljährig war«, beruhige ich sie.

»Selbstverständlich«, zickt sie. »Ich habe mir sogar seinen Ausweis zeigen lassen!«

»Das war's schon«, bedanke ich mich artig und lasse mir Heini zurückgeben.

Der hatte eigentlich erwartet, dass ich sie ordentlich zusammenfalte, und drängelt sofort: »So, was jetz? Geht dat jetz hier los, oder wat?«

»Heini, du weißt, mir geht's nich so gut. Sach die Wahrheit. Hat die Kassiererin sich von dem Bengel den Ausweis zeigen lassen?«

Widerwillig gibt er zu: »Jau, hat sie ... Aber is doch sicher falsch, dat Ding. Stecken doch alle unner einer Degge. Du liest wohl keine Zeitung, wat?«

»Heini, ich glaub dat nich. Weißt wat? Du steichst für heut ma auf 'ne annere Maake um. Davon gehssu mir auch nich ein, un ich geh jetz ma für kleine Polizisten, bevor hier Land mitkommen tut, einverstanden?«, biete ich ihm an.

»Na gut, Wachmeißer«, sagt er, leicht enttäuscht, »bevor du mir innie Hose scheißen tust.«

Ich bin erleichtert und verabschiede mich: »Heini, du bissn Kumpel. Bleib aufrecht. Hummel-Hummel!«

»Mooors-Mooors!«, brüllt er und legt auf.

Sie wissen nicht, wie das ist …

»Sie wissen nicht, wie das ist«, sagt die alte Dame und stöhnt.

Sie hat recht. Ich weiß nicht, wie das ist. Eine blasse Ahnung habe ich vielleicht. Maximal.

Mit Mitte vierzig und bedingt durch Raubbau an meinem Körper, hauptsächlich durch Leistungssport und allerlei Unsinn in meinen jungen Jahren, komme auch ich morgens schlecht aus dem Bett. Bandscheibenvorfall, Hörverlust, chronische Nierenprobleme und so weiter. Aber ich schaffe es bis jetzt noch jeden Tag, dagegenzuhalten. Bekämpfe Schmerzen mit Schmerzen. Uraltes Prinzip, aber es funktioniert. Geradezu panische Angst habe ich vor dem Tag, an dem ich aufgeben muss. An dem die Mechanik versagt. Oder die Zentrale, der Kopf. Wer weiß, was schlimmer ist. Kommen wird dieser Tag, so viel ist sicher. Für uns alle.

Genau genommen habe ich erst mit Anfang dreißig begriffen, dass ich überhaupt sterblich bin. Nicht dass ich bis dahin kein Krankenhaus von innen gesehen hätte, im Gegenteil. Aber Nasenbein, Rippen und Mittelhandknochen, ja selbst der Ochsenknochen im Oberschenkel heilen wieder. Manche dieser Stellen sind paradoxerweise nach dem Bruch sogar stabiler als vorher. Irgendwie war ich aber immer selbst schuld daran, mehr oder weniger. Und wusste, was passiert war und wieso. Als sich aber ab dreißig die Muskelfaserrisse und eingeklemmten Nerven häuften, war ich zum ersten Mal in meinem Leben zutiefst verunsichert. Was war denn das? Wie konnte mir so etwas passieren? Wo doch bis dahin auf meinen Körper immer Verlass gewesen war! Als dann die Diagnose auch noch »Bandscheibenvorfall« lautete und ich plötzlich links weder Arm noch Bein bewegen konnte, habe ich mein Leben in Askese und Masochismus verflucht und mir fest vorgenommen, das Rauchen und Saufen anzufangen …

Gut, ich habe mich wieder eingekriegt. Habe meine Wirbelsäule mittels Muskelkorsett wieder einsatzfähig bekommen. Kettenraucher oder gar Alkoholiker bin ich auch nicht geworden, aber geblieben ist die verstörende Erkenntnis, dass die Uhr tickt und dass eiserner Wille viel, aber nicht alles verändern kann. Hinzugekommen ist allerdings auch eine gewisse Dankbarkeit, dass der Leichtsinn der vergangenen Jahre niemals zur wirklichen Katastrophe geführt hat. Wie oft habe ich zum gesprungenen Drehkick angesetzt, bin auf dem Skateboard aus der Halfpipe rausgeschossen oder habe mich mit dem Motorrad zu tief in die Kurve gelegt, ohne mir auch nur eine Sekunde über das Danach Gedanken gemacht zu haben. Über nicht wiedergutzumachenden Gelenk-, vielleicht sogar Genickbruch. Habe mich Baseballkeulen und Messern entgegengestellt oder bin als Taucher ins eiskalte Wasser gesprungen, obwohl ich wusste, dass mein Luftvorrat nicht reicht. Unfassbar bescheuert, aus der heutigen Distanz betrachtet.

Nie werde ich das vertraute Gesicht meines Trainers und die Geborgenheit vergessen, wenn ich nach einem Knockout in seinen Armen wieder aufwachte. Stets von demselben Ritual begleitet. »Wie heißt du, mein Junge? Erkennst du mich? Wer bin ich? Ich bin bei dir! Es ist alles in Ordnung.« Noch heute dafür: Danke, Sensei.

Die Taucherarztgehilfen, sprich: speziell in Tauchermedizin geschulten Rettungssanitäter der Bundesmarine haben mich insgesamt dreimal wieder zurück ins Leben geholt. Danke, Jungs, auch im Namen meiner Kinder. Ihr seid für uns Helden!

Morbiderweise verbinde ich aber auch Angenehmes mit dem

Abtreten unter Wasser. Es hat etwas von »nach Hause kommen«, von »überstanden haben«. Ein Hineingleiten in Schwere- und Sorglosigkeit. Ich spreche nicht von Todessehnsucht und will niemandem Mut zum Freitod machen. Was ich sagen will, ist, dass ich zumindest Verständnis dafür aufbringe, wenn jemand an einen Ort möchte, wo Gemeinheit und Schmerz keinen Platz haben. Als ich hinter den großen Vorhang schauen durfte oder besser musste, war eben leider auch nichts anderes mehr da. Zumindest erinnere ich mich an nichts. Den lieben Gott habe ich übrigens auch nicht getroffen. Wenn ich ihn getroffen haben sollte, hat er mich wohl »geblitztdings«.

Es gibt einfach zu viel Schönes und Wichtiges im Hier und Jetzt, als dass Menschen einfach freiwillig gehen sollten. Das ist meine feste Überzeugung. Leider gibt es sehr viele Menschen, die dies, mit teilweise entwaffnenden Begründungen, ganz anders sehen, wie wir in den nächsten Zeilen und im weiteren Verlauf dieses Buches noch sehen werden.

»Siebenundachtzig Jahre bin ich jetzt auf dieser Welt«, sagt sie in einer ruhigen, besonnenen Art und vor allem in einem Tonfall, der mir unter die Haut geht. »Ich habe viel gesehen, viel erlebt, durfte glücklich sein und traurig, stolz und ganz oft auch naiv. Habe Liebe erfahren und gegeben, hatte Freunde und Musik, doch jetzt geht meine Sonne unter.«

Die Art, wie sie spricht, geht mir deshalb unter die Haut, weil etwas über die Worte hinaus in ihrer Stimme ist, was ich, ganz pathetisch ausgedrückt, mit Weisheit verbinde. Haben Sie einmal einem alten Tiger, einem alten Wolf oder jemand Vergleichbarem in die Augen geblickt? Ja? Können Sie sich an dieses Gefühl erinnern? Exakt dieses Gefühl habe ich beim Klang ihrer Stimme. Sie wird eine Akademikerin sein, auf jeden Fall eine gebildete Frau, die in ihrem Leben mit Sicherheit etwas bewegt hat. Wahrscheinlich mehrfache Mutter. Jemand, den zu kennen eine Ehre ist und dessen Meinung und Urteil Gewicht haben. Genau das ist mein wunder Punkt: dass das Resümee eines solchen Menschen mir nicht Mut, sondern Angst macht! Aber lassen wir sie sprechen …

»So viele liebe Menschen habe ich gehen sehen und mich stets gefragt, warum ausgerechnet ich noch bleiben durfte«, sagt sie. »Doch das vermeintliche Glück wich der bitteren Erkenntnis, dass nicht jene, die gemeinsam und friedlich sterben durften, die Beklagenswerten sind, sondern die, die mit Einsamkeit und zunehmenden Schmerzen zurückblieben. Glauben Sie mir, junger Mann, Sie wissen nicht, wie das ist. Wenn die einfachsten Dinge zu unlösbaren, schmerzhaften Problemen werden. Wenn Sie Ihre Selbständigkeit verlieren und die wichtigsten und schönsten Erinnerungen Ihnen wie Sand durch die Finger rinnen. Ich mag nicht mehr … Ich kann nicht mehr!«

Na super, denke ich. Da haben wir den Salat! Genau das meine ich. Was soll ich ihr sagen? Ich bin halb so alt wie sie. An Lebenserfahrung und Bildung steht sie weit über mir. Mit »Das wird schon, Muttchen« ist es nicht getan. Warum ruft sie mich überhaupt an? Bin fast sauer. Ich brauche niemanden, der mir erzählt, dass am Ende alles scheiße ist! Weiß ich selbst. Ich will gefälligst belogen werden. Wenigstens ein bisschen!

Okay, komm mal runter, sage ich mir selbst. Es geht schließlich nicht um dich. Also fange ich an, über mögliche Strategien nachzugrübeln … Könnte versuchen, sie zum Lachen zu bringen. Mir fallen ein paar Alzheimer-Witze ein. Brüllend komisch – würde ihr nicht gefallen, fürchte ich. Könnte natürlich auch versuchen, nach ein paar lebendigen Erinnerungen zu graben, für die es sich zu leben lohnt. Enkel, zum Beispiel.

»Weswegen rufen Sie mich an? Was kann ich für Sie tun?«, frage ich sie, nach einer Inspiration ringend.

»Helfen Sie mir, ich will nicht mehr«, kommt es kraftlos.

»Meine Möglichkeiten, Ihnen objektiv zu helfen, sind sehr eingeschränkt«, sage ich etwas zu sachlich. »Bei akuten gesundheitlichen Problemen kann ich Ihnen medizinische Hilfe schicken oder Ihnen die Telefonnummern verschiedener weltlicher oder religiöser Krisenberatungen anbieten. Ansonsten bleibe nur ich …«

»Ich nehme Sie«, sagt sie gelassen und mit einem leichten hörbaren Schmunzeln.

»Das ehrt mich, aber ich sage Ihnen vorsichtshalber, dass unser Gespräch aufgezeichnet wird. Wenn Sie also von mir Rat zur Sterbehilfe erwarten, müssen Sie mich in Ihrem Testament bedenken, weil ich dann nämlich hier rausfliege.«

Sie lacht! Mein Gott, sie lacht.

»Wieso glauben Sie, junger Mann, dass ich etwas zu vererben habe?«

»So schätze ich Sie ein. Sie sind jemand, der etwas weitergibt. Ideell und materiell.«

»Nach den wenigen Sätzen, die wir gewechselt haben, glauben Sie das zu wissen?«, stichelt sie, leicht amüsiert.

»Sie werden es vielleicht für vermessen halten, aber ich rede hier mit vielen Menschen. Mit sehr vielen Menschen. Und im Laufe der Jahre habe ich ein recht gutes Gehör und Gespür dafür entwickelt, mit wem ich gerade spreche«, gebe ich an.

»So so – und wer bin ich?«, fragt sie fast kokett.

Sie ist gerade gut drauf, und ich möchte diesen Weg nicht mit irgendwelchen schwermütigen Themen verlassen, wenn ich nicht muss. Also gehe ich auf ihre Offerte ein. Weil ich denke, dass sie um ihren Gesundheitszustand genau weiß und deshalb so verzweifelt ist, sage ich: »Sie sind Ärztin. Ärztin und zweifache Mutter. Sie waren Ihr ganzes Leben lang für andere Menschen da, und darauf können Sie stolz sein.«

»Ein netter Versuch. Auf jeden Fall hübsch formuliert«, antwortet sie etwas hochmütig. »Ich bin, nein falsch, ich war selbständige Unternehmerin und ja, ich bin Mutter. Dreifache Mutter.«

»Na also, genau das habe ich doch gesagt«, unterbreche ich sie frech.

»Haben Sie nicht. So vergesslich bin ich nun auch wieder nicht!«

»Stimmt. Aber ich weiß jetzt, dass Sie Kinder haben. Wo sind Ihre Kinder?«

»Ach, meine Kinder«, seufzt sie. »Ich habe so gut für ihre Ausbildung gesorgt, dass sie sich in der ganzen Welt verteilt haben.«

Mist, denke ich, keine Enkel in der Nachbarschaft, und dass ich langsam Schluss machen muss, weil gerade die Frequenz der Notrufe wieder ansteigt.

»Hören Sie, ich möchte Sie und vor allem Ihre Intelligenz nicht mit irgendwelchen Oberflächlichkeiten von Blumen und Schmetterlingen beleidigen, aber ich bin sicher, dass es auch in Ihrem Leben etwas gibt, wofür es sich zu leben lohnt.«

»Sie wollen mich loswerden«, bringt sie es präzise auf den Punkt. Beeindruckende Frau.

»Nein, ich will Sie nicht loswerden«, versuche ich mich herauszureden. »Im Gegenteil, ich möchte, dass Sie noch lange dableiben! Aber mein Monitor flammt gerade auf, und hinter jedem einzelnen roten Licht könnte sich ein Mensch verbergen, der gerade das verzweifelt behalten möchte, was Sie weggeben wollen.«

»Ich verstehe«, sagt sie in einem milden, lieben Ton und fügt hinzu: »Sie sind sympathisch, junger Mann.«

»Das hätten Sie nicht sagen sollen«, schiebe ich meinen Fuß in die Tür, »denn wenn das stimmt, bitte ich Sie um den ganz persönlichen Gefallen, dass Sie mir versprechen, weiter durchzuhalten. Nicht nur für sich, sondern auch für mich. Los!«, setze ich sie ein wenig unter Druck.

»Ich verspreche es«, sagt sie leise.
»Leben Sie wohl«, höre ich mich sagen und eine Sekunde später:
»Notruf der Berliner Polizei, Gutenrath, guten Tag …«

Helden und Hornochsen

Es hat einen von uns erwischt.

Er ist rein, mit seinen Jungs, in die Wohnung, ohne zu wissen, was ihn erwartet. Nur dass es schlimm wird, das hat er wohl geahnt. Und es wurde schlimm! Sofort haben sie das Feuer auf auf unsere Männer eröffnet, und er brach zusammen. Tödlich getroffen.

Seine Lebensgefährtin und sein kleines Mädchen müssen jetzt ohne ihn auskommen. Die Polizisten haben nicht zurückgeschossen. Soweit ich weiß, wurde von Seiten der Polizei nicht ein einziger Schuss abgegeben. Nicht einer.

Keine Angst, ich gehöre nicht zu den Klugscheißern, die alles besser wissen, obwohl sie gar nicht dabei waren. Trotzdem habe ich Schwierigkeiten zu verstehen: Hätten diese Schüsse nicht verhindert werden können? War es nicht möglich oder ratsam, die Waffe zu ziehen? Sind sie angewiesen worden, Schusswaffengebrauch unter wirklich allen Umständen zu vermeiden? Oder sind die Jungs vom SEK tatsächlich so kaltblütig und perfekt ausgebildet, dass sie sich zutrauen, gegen Kugeln zu marschieren? Wer weiß …

Wer weiß auch, was einen jungen Mann dazu treibt, sich durch ein hartes Auswahlverfahren und die Ausbildung beim Sondereinsatzkommando zu quälen. Geld kann keine Rolle spielen. Das bisschen mehr reicht nicht mal für eine adäquate Zusatzversicherung. Ruhm und Ehre sind auch nicht wirklich zu haben. Schon aus eigenem Sicherheitsinteresse sind die Jungs vom SEK gut beraten, sich über ihre Arbeit bedeckt zu halten. Was für eine Sorte Mann fühlt sich also angezogen von so etwas? Mit Minderwertigkeitskomplexen beladene Adrenalin-Junkies, die auf Cocktailpartys augenzwinkernd mit ihrem Beruf kokettieren und dafür alles in Kauf nehmen? Oder Idealisten, die durch gesunden Ehrgeiz motiviert ihren selbstlosen und am Ende vielleicht tödlichen Dienst an der Gesellschaft leisten? Wer weiß? Muss man ein Held oder ein Hornochse sein, um sich freiwillig in Situationen zu begeben, die sich nie hundertprozentig kalkulieren lassen und enden können wie oben beschrieben? Wer weiß?

Und wer, verdammt, maßt sich an, darüber urteilen zu wollen?

Der zitternde, aber unverletzte Familienvater, der von ihnen glücklich aus der überfallenen Bank geholt wird? Oder die Hausfrau, die morgens zu Tode erschreckt in ihrem Bett aufwacht, vor dem fünf schwarzvermummte Männer stehen, die sich einfach nur in der Hausnummer geirrt haben? Ganz sicher aber sollte sich dies niemand anmaßen, dessen Kraft und Disziplin nicht einmal ausreichen, um auch nur das Rauchen aufzugeben, und dessen Erfahrungsschatz in puncto Schmerz sich auf Sonnenbrand und einen überfüllten Magen beschränkt.

Man braucht ohne Frage eine Menge Mut für diese Art von Arbeit. Aber was genau ist Mut? Das beeindruckendste Statement zu diesem Thema habe ich von einem Soldaten gehört, der in meiner Gegenwart von seinem Ausbilder aufs übelste geschliffen wurde. Am Rande seiner physischen und psychischen Grenzen antwortete er Nase an Nase mit dem Ausbilder auf die gebrüllte Frage: »Wissen Sie, was Mut ist, Mann?«, leise und schlicht: »Ja. Auch einmal nein zu sagen.« Das fand ich tapfer, und nicht nur, weil ihm klar war, dass er danach gehen musste. Carl Eduard Prinz von Sachsen-Coburg und Herzog zu Sachsen war sein Name, und ich bin bis heute von diesem Mann beeindruckt. Aber wir drehen uns im Kreis …

Letztlich brauchen wir Leute, die willens und imstande sind, uns rauszuholen, wenn wir uns selbst nicht mehr helfen können.

Und wir sollten froh sein, dass es solche Männer gibt. Jeder von uns muss – wie so oft im Leben – ganz für sich allein entscheiden, wie er solche Männer und deren Arbeit beurteilt. Ich habe mich entschieden. Schon vor langer Zeit. Und ich werde nach all diesen provokanten und offenen Fragen auf keinen Fall ein feiges Fragezeichen stehenlassen.

Ich neige mein Haupt in Respekt, Demut und Dankbarkeit vor jenen Männern, die bereit sind, ihr Leben zu riskieren, um das meiner Kinder, meiner Frau oder sogar mein eigenes zu schützen.

Aus diesem Grund, und weil ich es versprochen habe, möchte ich von folgenden Anrufen berichten:

»Guten Tag. Wir sind die Wilhelmis. Manfred, Simone, Pascal und Susi Wilhelmi. Wir möchten Ihnen sagen, dass es uns sehr leid tut, was mit Ihrem Kollegen geschehen ist, und dass wir ihn und seine Familie in unsere Gebete mit einschließen.«

Danke, Familie Wilhelmi.

»Hallo, hier is Ali. Is nich korrekt, was mit dein Kollega passiert is, weissu. Wollte das nur sagen, un wir sind nich alle so!«

Ich weiß, Ali. Danke.

»Juten Tach. Wir sin Kollejen aus Wuppertal un sin mit ner Reisejruppe hier. Wollten euch nur sachen, dat es uns mächtig anne Nieren jeht, wat mit eure Jung jelaufen is.«

Danke, Kollegen.

»Ich heiße Björn, mein Nachname ist egal. Ich bin Hool und hab mich schon reichlich mit euch gefetzt. Aber abknallen ist gegen den Kodex, find ich echt scheiße!«

Alles klar, Björn. Wir sehen uns.

»Radicke, guten Abend. Ich habe in dritter Generation ein Blumengeschäft in dieser Stadt. Es wird irgendwie alles immer schlimmer. Mein aufrichtiges Beileid, für Ihren gefallenen Kollegen.«

Danke, Herr Radicke.

»Bastian und Moni aus Lichtenrade wollen euch nur sagen, dass es uns ganz doll leid tut, dass sie den Polizisten totgeschossen haben.«

Danke, ihr Zwei.

»Frau Kämmerer, guten Tag. Ich weiß nicht, ob Sie religiös sind junger Mann …? Aber ich denke, dass der Polizist, den Sie verloren haben, sein Leben für andere gegeben hat. Und so jemand kommt ganz bestimmt in den Himmel, da können Sie ganz beruhigt sein!«

Wollen wir's hoffen. Danke für Ihren Anruf, Frau Kämmerer.

»Jakob Rosenthal, guten Abend. Ich möchte mich ganz persönlich bei Ihnen und Ihren Kollegen dafür bedanken, dass Sie täglich, teilweise unter Einsatz Ihres Lebens, helfen, diese Stadt ein Stück weit sicherer zu machen. Und ich möchte Ihnen mein Beileid aussprechen, zum Verlust Ihres Kollegen. Shalom.«

Shalom.

Dies sind nur ein paar Stimmen zu diesem traurigen Anlass. Es gab, wie könnte es anders sein, leider auch hässliche Anrufe von Menschen, denen ich zumindest an dieser Stelle kein Sprachrohr verleihen will. Aber die überwiegende Mehrheit derer, mit denen ich zu diesem Thema sprach, äußerte sich mitfühlend und herzlich und hat bewiesen, dass es Berlin nicht gleichgültig war.

Danke, Berlin!

A.C.A.B.

Um die Katze gleich aus dem Sack zu lassen: A.C.A.B. ist das besonders in internationalen Rockerkreisen, beliebte Kürzel für den schlichten, aber tiefgründigen Satz »All Cops Are Bastards«. Hübsch, was?

Wahrscheinlich wird's für mich Ärger geben, aber ich muss es einfach loswerden: Ich habe viel Spaß an dieser »ultimativen Weisheit«! Fast schon brüllend komisch finde ich die Art und Weise, wie mit diesen vier Lettern umgegangen wird. Dabei weiß ich nicht einmal, wer mich mehr amüsiert: die eigene Firma, will heißen die allermeisten Polizisten, die recht angespannt bis hysterisch auf die paar kleinen Buchstaben reagiert (da kann es am Rande von Demonstrationen schon mal vorkommen, dass Teilnehmer aufgefordert werden, entsprechende Tätowierungen mit Heftpflaster zu überkleben, sonst geht's nicht weiter) oder der grimmige Rocker, der auf seiner bierbauchschützenden Lederweste stolz neben seinen Farben das A.C.A.B.-Patch trägt und glaubt, dass er mich damit tödlich beleidigt. Ich könnte mich vor Lachen einpullern, ehrlich. Über beide!

Gut, ich gebe zu, dass ich vielleicht nicht unbedingt stellvertretend für die meisten Polizisten stehe, aber für mich ist »Bastard« eher Auszeichnung als Schimpfwort. Sind es nicht die Bastarde unter den Hunden, die am zähesten sind und auch am längsten leben? Was glauben denn die harten Jungs mit ihren lustigen Aufnähern, wie der Bullterrier entstanden ist? Durch Inzucht? Außerdem ziehe ich mir persönlich den Schuh ohnehin komplett an. Wie wir inzwischen ja alle wissen, bin ich nicht gerade mit dem goldenen Löffel im Mund geboren worden. Wer in den 60er Jahren als uneheliches Kind zur Welt kam, war in den Augen der gutbürgerlichen Nachbarschaft durchaus ein Bastard. Aber ihre Kinder haben sich auf dem Schulhof nicht getraut, mich so zu nennen. Höchstens die aus den höheren Klassen, in Gruppen …

Um dem Ganzen noch das Sahnehäubchen aufzusetzen, gestehe ich freimütig, dass ich im Straßenverkehr auch das bin, was mancher einen Bastard nennen würde. Allerdings nur, wenn ich auf dem Motorrad sitze. Es ist irre, und ich kann es nicht erklären, schon gar nicht entschuldigen, aber sobald ich auf einem Motorrad sitze, drehe ich durch. Der Hauptgrund, weswegen ich kein eigenes Motorrad mehr besitze. Selbst heute noch, wenn ich mich mit dem vergleichsweise moderaten Motorrad meiner Frau sonntags morgens davonstehle, versuche ich auf der Landstraße in 90-Grad-Kurven die Knie auf den Boden zu legen. Genau deshalb lässt sie mich inzwischen nicht mehr fahren. Versteckt die Schlüssel, der Satansbraten! Immer woanders, verdammt …

Kommen wir zu einem ganz anderen Motorradfahrer. Irgend so eine Keule eines Biker-Clubs, dessen Namen ich hier nicht nennen will, weil ich ein wenig Muffe habe, mich mit der ganzen Truppe anzulegen. Dieser Typ hat nichts Besseres zu tun, als mich per 110-Notruf bis ins Mark mit »All Cops Are Bastards« zu beleidigen, um mich anschließend auch noch in Todesangst zu versetzen, mit der wunderbar plastischen Ansage: »Wir hängen euch alle an Fleischerhaken auf!«

Nun gibt es, wie immer, diverse Optionen, wie man auf derlei formlose Anträge reagieren kann. Frischlinge von der Polizeischule (gibt's ja bei uns nicht) oder charakterliche Tiefflieger (gibt's bei uns schon) könnten sich bemüßigt sehen, daraus per Handyortung und SEK-Einsatz ein Ding zu basteln, das man am nächsten Tag in der Zeitung wiederfindet. Die Gattung des gemeinen Menschenverstehers und Weltverbesserers wiederum, die bei uns auch vorkommt und von der ich ebenfalls ein bisschen Blut in mir habe, neigt zum Ergründen der armen, gequälten Seele, die so einen Scheiß rauskörpert. Muss ja wohl eine üble Kindheit dahinterstecken oder Liebeskummer oder, für einen Biker fatal, vielleicht Hämorrhoiden. Weil ich mich akut in keine der genannten Fraktionen ganz einfühlen kann, sage ich zu Atze ganz spontan: »Wo wollt ihr denn die 16000 Fleischerhaken herkriegen? So viele sind wir nämlich allein in Berlin. Und überhaupt ist so 'n Durchschnittsbulle ganz schön fett. Den hängst du nich mal eben mit einem Arm auf'n Haken. Hört sich schwer nach Akkordschlachtung an. Das packt ihr gar nicht!«

Dann muss ich über meinen eigenen Blödsinn lachen, und für einen Augenblick habe ich das Gefühl, er auch. Aber schließlich bin ich ja sein Feindbild. Er legt folglich mit seiner durch Roth-Händle, Schwarzer Krauser oder Billigwhisky getunten Stimme vielsagend nach: »Noch lachst du, Bulle.«

»Klar«, sage ich, »warum auch nicht? Soll ich mich etwa einkäckern, weil du mich ausbluten lassen willst wie 'n koscheren Hammel? Glaubst du, ich hör hier so 'n Scheiß nicht öfter? Nebenbei gesagt, nicht mal besonders originell, dein Vortrag. Mich wollte heute einer schon mit Benzin übergießen und anzünden, und ein anderer wollte mir den Schwanz abschneiden. Du liegst also bestenfalls auf Platz drei, und der Tag ist noch jung. Weiß eigentlich dein Presi, dass du hier wie 'n Pennäler nach Schulschluss die 110 anrufst, um den Bullen ganz tapfer durchs Telefon die Zunge rauszustrecken? Kann ich mir gar nicht vorstellen.«

»Was du dir vorstellen kannst oder nicht, geht mir am Arsch vorbei, Drecksbulle!«, antwortet er sauer, weil er sich nicht recht ernst genommen fühlt, und droht dann gleich wieder: »Wir machen euch alle platt!«

»Ja, ja … Haut die Bullen platt wie Stullen. Auch nicht wirklich neu. Ich komm aus'm Zittern gar nicht mehr raus«, werde ich lakonisch. Weil ich mich über Bulle überhaupt nicht, über Drecksbulle aber schon ein wenig ärgere, sage ich zu ihm: »Pass mal auf, Atze. Ich bin nicht der Typ von der Verkehrspolizei, der dir die Tüte an deiner Harald-Detlefsen gestrichen hat, weil sie 'n paar Dezibel zu viel hat, und ich gönn dir auch den Ape-Hanger an deiner Mühle. Meinetwegen kannst du deine blutleeren Arme so breit und weit in den Himmel strecken, bis dir die Gashand komplett einpennt und auch der letzte Passant vor Lachen zusammengebrochen ist. Es gibt also gar keinen Grund, mich hier zu belöffeln. Im Gegenteil. Wahrscheinlich ham wir uns auf der Avus sogar schon gesehen. Du mich aber nur von hinten.«

Mit so einem Eimer kaltem Wasser hat er nicht gerechnet. Nicht von 'nem Bullen. Nachdem er einen Augenblick verdaut hat, fragt er nur: »Woher willst du wissen, dass ich 'ne Harley fahr?«

»Wat denn sonst, 'ne Vespa vielleicht?«, stichele ich.

Jetzt muss er aufpassen, dass das Gespräch nicht kippt und ich ihm, wenigstens ansatzweise, sympathisch werde. Schließlich bin ich der Drecksbulle, A.C.A.B. und so weiter. Er kann auf jeden Fall nicht anders und gibt zu: »Jo, hast recht.«

»Harley, na super«, sage ich, »fahr'n doch nur noch Berufssöhne, Rechtsanwälte, Zahnärzte und Kleinkriminelle. Wat bist du, Zahnarzt?«

Der Damm ist durch, und er fragt lachend: »Wat bist du denn für 'n Spinner?«

»Der, den du killen willst, obwohl du ihn gar nich kennst, du Nase«, werde ich pädagogisch.

»Nu hab dich man nicht so«, wiegelt er ab und fragt: »Wat fährst du denn für 'ne Karre?«

»Die von meiner Frau. Wenn sie mich lässt«, sage ich kleinlaut.

Das macht ihm Spaß! Richtig Spaß, und er brüllt: »'n Muschimotorrad! So 'ne große Fresse, und dann biste unterwegs mit'm Muschimotorrad. Wieso das denn?«

»Weil ich zu pleite bin und zu durchgeknallt für 'ne eigene Mühle. Sagt zumindest meine Frau«, stehe ich ihm Rede und Antwort.

Er lacht sich kaputt! Auf meine Kosten. Aber das ist schon okay, weil ich jetzt nämlich von ihm wissen will: »So, und nachdem wir uns jetzt schön vor Lachen die Oberschenkel blutig geklopft haben, verrate mir doch mal, wieso du mich hier mit so 'nem Mist volltextest. Wenn's Probleme gab, hat man das früher mit 'ner Runde Armdrücken geregelt oder mit 'ner anderen sauberen Sache. Zückt man heutzutage in euren Kreisen das Designerhandy und quatscht Scheiße?«

»Ach, ich bin sauer, Mann. Ihr Pisser habt mir die Karre weggeschleppt, und ich weiß nicht, wohin«, beklagt er sich.

»Dann musst du deinen Hobel entweder schlauer wegstellen oder 'n paar Manieren an den Tag legen, wenn du rauskriegen willst, wohin deine Freunde und Helfer das Gerät gebracht haben, und hier nicht rumzicken, wenn du für beides zu dusselig bist. Ende der Predigt.«

»Freunde und Helfer! Du Kacker!«, motzt er.

»Schön vorsichtig, sonst erzähl ich dir gleich, dass deine Mühle in Einzelteilen nach Polen unterwegs ist, oder mir fällt einfach der Hörer aus der Hand«, drohe ich ihm. »Dann kannst du deinen Charme beim nächsten Anruf an einem von uns testen, der garantiert weniger Humor hat als ich. Da freu ich mich jetzt schon drauf!«

»Is ja gut, is ja gut, Alter, tut mir leid«, lenkt er ein.

Wow, er hat sich entschuldigt. Allerdings habe ich ihn ja auch fast dazu gezwungen. Auch wenn man nicht unbedingt von resozialisieren reden kann, erlöse ich ihn mit den Worten: »Ich stell dich jetzt zu unserer Umsetzkartei durch. Wenn du da 'n bisschen bitte und danke sagst, verraten die dir bestimmt, wo deine Kiste ist. Und wenn du das nächste Mal so einen Mist erzählst, dann gefälligst mit einem besseren Grund und ins Gesicht statt durchs Telefon. Ich hab 'nen Vollbart, bin tätowiert und hab mich mindestens so oft geprügelt wie du. Außerdem gibt es da, wo ich herkomme, einen Ehrenkodex, der strenger ist als eurer. Das kannst du glauben oder kannst es lassen. Auf jeden Fall hast du mit deinem Vortrag eben deinen Farben keine Ehre gemacht. So, und jetzt überlass ich dir das letzte Wort. Weil ich dir 'ne Chance geben will für 'nen sauberen Abgang. Versau's nicht!«

Alles, was ihm dazu einfällt, ist: »Zeig du mir 'nen Bullen, der sauber tickt, und ich zeig dir 'nen fliegenden Elefanten!«

»Schon mal was von Dumbo gehört, Keule?«, sage ich etwas enttäuscht und stell ihn durch.

Liebe

Es ist Weihnachtszeit. Hochkonjunktur für Selbstmörder. Ja, ja, ich weiß, liebe Kollegen: »Selbstmörder« ist ein an sich falscher Begriff. Interessiert aber keinen. Außer euch.

Nicht nur Spendenaufrufe aller möglichen Couleur nehmen zum Fest der Liebe dramatisch zu, sondern auch die Zahl derer, die aus dem Leben scheiden wollen. Gesetzmäßigkeiten könnte ich trotzdem nicht verbindlich nennen. Klar, es gibt schon so etwas wie »klassische Gründe«, die von Menschen genannt werden, die keine mehr sein wollen: Liebeskummer, Kündigung, Tod eines geliebten Menschen.

Statistische Werte lassen sich davon aber nicht ableiten. Überhaupt sind Statistiken bei solchen Themen großer Mist. Sorry. Aber da besagt zum Beispiel eine solche Erhebung, dass Frauen den Suizid häufiger androhen, Männer es hingegen wesentlich öfter wahrmachen. Was bitte soll das denn heißen? Mir hilft das nicht. Soll ich den lebensmüden Frauen einen lustigen Kinofilm empfehlen und den Männern einen Notarzt schicken? Nein, die Probleme und Sichtweisen sind so unterschiedlich wie die Menschen selbst. Ich habe Leute erlebt, die sich lachend umbrachten, und andere, die sich schluchzend mit Flüssigseife das Leben nehmen wollten. Doch selbst da stellt sich die Frage: Wo steht geschrieben, dass man nicht auch an Flüssigseife ersticken kann, wenn man nur genug davon in sich hineinkippt? Ist halt alles nicht so einfach. Und ich als Berufsklugscheißer habe leider auch kein Patentrezept.

Es ist also Weihnachtszeit. Vorweihnachtszeit, um genau zu sein.

Die Tage sind dunkel und kurz. Jeder Zweite auf der Straße sieht sowieso aus, als ob er gerade heult, weil er nämlich Schnupfen hat oder seine Kreditkartenabrechnung in der Post war. Die Menschen sind oft gereizt und doch irgendwie gefühlsduseliger als sonst. In meiner Familienkutsche leiern seit Anfang Dezember Weihnachtslieder, sobald ich den Zündschlüssel drehe. Meine Frau hat die Bude in einen rot-grünen LSD-Trip verwandelt, und meine Kinder singen mir immer neue Varianten von »Leise pieselt das Reh gelbe Spur'n in den Schnee« vor. Kurzum: Ich bin voll in Weihnachtsstimmung. So sitze ich also, beseelt von Vorfreude auf das Fest der Liebe, in unserem kuscheligen Großraumbüro, in dessen Mitte eine Plastiktanne prangt, tippe mit meinem Finger auf eines der bezeichnenderweise rot blinkenden Felder vor grünem Hintergrund und höre einen Engel zwitschern: »Glauben Sie an Liebe?«

Keine Ahnung, welcher Teufel mich ständig reitet, aber ich hatte schon wieder auf den Lippen: Ja, aber nur ohne Kondom! Gerade noch rechtzeitig kann ich mich bremsen und sage einfach nur: »Ja.«

Eine Antwort, mit der mein Weihnachtsengel offensichtlich nicht gerechnet hat, denn sie fragt ungläubig: »Jaaa?«

»Ja«, wiederhole ich knapp.

Daraufhin sie, ganz entrückt: »Wie schöööön.«

Na super, denke ich. Haschkekse gefuttert oder den Matetee zu lange ziehen lassen, oder was soll das hier werden? Am liebsten würde ich ihr an den Latz knallen: Puschel, ich bin schon vergeben, und Zeit hab ich auch keine, aber irgendwas lässt mich innehalten. Ich halte also erst mal meine große Klappe und höre zu.

»Das hat er mir auch gesagt«, kommt es zaghaft.

»Wer ist ›er‹?«, unterbreche ich etwas ungeduldig.

»Dominique«, haucht sie.

Bei »Dominique« fällt mir die singende Nonne aus den sechziger Jahren ein, und ich hab schon wieder Schwierigkeiten, ernst zu bleiben. Um das zu überspielen und ihren Redefluss in Gang zu halten, wiederhole ich nur: »Dominique?«

»Ja, das Schwein«, stellt sie fest.

»Ups, was für ein schlimmes Wort.«

»Zerstört hat er mich, das Schwein«, beklagt sie sich.

Gut, die Sache nimmt Formen an, analysiere ich messerscharf in meiner unermesslichen Überheblichkeit. Das Mäuschen hat Liebeskummer. Kriegen wir schon hin. Fingerübung. Von wegen. Mist! Großer Mist! Mäuschen überrascht mich nämlich mit dem Satz: »Aber das wird ihm noch leidtun, wenn ich erst tot bin!«

Okay. Touchscreen-Monitor runterfahren, Lautstärke hochdrehen und konzentrieren. In neuer Tonlage bitte ich sie um ihren Vornamen.

»Mandy«, sagt sie bereitwillig.

Mandy ... Oststadtteil, versuche ich abzuschätzen. Was natürlich ziemlicher Quatsch ist, weil die Mandys, Cindys und Jennys inzwischen überall sind.

»Mandy, hast du irgendwas genommen?«, will ich wissen. Die Antwort beruhigt mich nicht gerade.

»Noch nicht. Wieso?«

»Mandy«, schmeichele ich mich ein und frage: »Darf ich dich duzen?«, was ich ja schon die ganze Zeit mache. Aber entweder schafft die Frage eine persönliche Basis oder hilft mir zumindest, ihre Einstellung mir gegenüber auszuleuchten.

»Klar, wie heißt denn du?« Sie wird zutraulich.

Ich gebe ihr den Jonas. Weil er häufiger vorkommt und auch weicher klingt als mein erster Vorname. Außerdem habe ich bei bibelfesten Anrufern damit gelegentlich einen Treffer.

»Mandy, wo bist du?«, versuche ich weiter mein Glück.

»Das sag ich dir nicht«, zickt sie und dann: »Oder doch, ich sag dir, wo ich bin. Ich sitz auf der Fensterbank und schau in die Sterne.«

Ziemlich unüberlegt hau ich spontan raus: »Mädchen, mach keinen Mist!«

Und kriege auch sofort die Quittung: »Mädchen? Mädchen? Ich bin kein Mädchen! Ich studiere Psychologie, arbeite nebenher und finanziere mir mein Studium, meine Wohnung, einfach alles selbst. Ich bin kein Mädchen!«

Meine Freude darüber, dass sie eine Meldeadresse hat, ich also wahrscheinlich nur noch ihren Nachnamen brauche, ist getrübt durch ihr Studienfach. Psychologie. Super-GAU! Psychologie-, Pädagogik- und Jurastudenten, das sind die Schlimmsten. In dieser Reihenfolge. Kein Witz! Zum einen fühlen sich diese jungen Leute aufgrund ihrer Schulbildung und in verschiedenen Stadien befindlicher Fachkenntnisse, manchmal zu Recht, dem gemeinen Polizisten weit überlegen. Zum anderen neigen sie zum Hinterfragen und Ausdiskutieren der glasklarsten Selbstverständlichkeiten. Das kann amüsant bis erbaulich sein, wird aber auch schnell lästig bis gefährlich. Speziell Psychologiestudenten haben dazu auch noch »das dritte Auge« und durchschauen sofort jeden, nur sich selbst nicht. Also bin ich erst einmal vorsichtig, stelle mich auf eine Art MTV- oder besser VIVA-geprägte Juliane Werding ein und versuche nicht allzu plump zu wirken.

»Wie lange kennst du Dominique schon?«, lenke ich ab.

»8 Monate, 21 Tage und 4 Stunden«, zwitschert sie beseelt.

»Au weia, das wird nicht einfach«, flüstere ich vor mich hin. Da mein Minimikrophon mir fast im hohlen Backenzahn klemmt, kriegt sie das mit und fragt sofort, als hätte sie in die Steckdose gefasst: »Was hast du gesagt?«

Ich beiße mir auf die Unterlippe und versuche abzubiegen:

»Ja, das ist nicht einfach.«

»Wasss?«, zischelt sie gefährlich.

»Jemanden nach so langer Zeit vielleicht zu verlieren«, höre ich mich sagen und bin froh, dass mir überhaupt etwas eingefallen ist. »So lange Zeit, acht Monate« – was für 'n Blödsinn. Wenigstens habe ich »vielleicht« gesagt. Das lässt Optionen offen und zieht nicht noch weiter runter. Hoffentlich nimmt sie mir den Satz ab. Bis jetzt hab ich nur Mist gebaut, so viel ist sicher.

»Jaaa, das stimmt«, kommt von ihr, schon wieder ziemlich entrückt.

Puh! Das war knapp. Offensichtlich hat sie's mir nicht nur abgekauft, sondern sogar mit Mitgefühl verwechselt. Ich bin wieder im Spiel.

»Wie habt ihr euch kennengelernt?« Ich versuche, sie auf dem Level zu halten.

»Auf einer Studienreise. Dominique ist Kunststudent. Ein wundervoller Mensch«, schwärmt sie.

Klasse, denke ich, vor zwei Minuten war er noch ein Schwein. Und überhaupt: Kunststudent. Was für eine Konstellation! Psychologie trifft Kunst. Red Bull auf Wodka. Das musste ja die größte Liebe werden seit »Vom Winde verweht«. Während ich noch darüber sinniere, dass große Lieben stets tragisch enden, erinnert sie mich an meine Aufgabe und redet weiter.

»Doch dann kam das Aus.«

Allein die theatralische Formulierung macht mir schon Sorgen. Es wird allerhöchste Zeit, dass mir etwas einfällt, wie ich sie vom Fenstersims kriege, bevor sie endgültig zu den Sternen möchte …

»Aus? Was meinst du mit Aus?« Ich verschaffe mir noch etwas Zeit zum Nachdenken.

»Ach, er geht nicht einmal mehr an sein Handy«, klagt sie verzweifelt.

»Handy«, murmele ich und kraule mir meinen Bart. »Gib mir doch mal seine Handynummer.«

»Wieso das denn?« Ihre Stimmung kippt schon wieder.

»Kann ich dir sagen«, lüge ich unverblümt, »ich weiß, dass zwei Provider heute Nacht Netzprobleme haben. Wenn du mir die Handynummer gibst, überprüfe ich das. Vielleicht kann er gar nicht ans Telefon gehen, weil er nicht weiß, dass du ihn erreichen willst.«

»Glaub ich nich«, sagt sie trocken.

»Mandy, was vergibst du dir, wenn du mir eine Chance lässt, kurz nachzugucken, ob er vielleicht in Wirklichkeit mit dir reden will und bloß nicht kann?«, raspele ich Süßholz und hoffe auf ihre gegen jede Logik ausgerichteten Emotionen.

Und tatsächlich: Kurz, abgehackt und kommentarlos diktiert sie mir eine Handynummer.

»Danke, Mandy!«, sage ich und bettele gleich weiter: »Mandy, du merkst, dass du mir nicht gleichgültig bist. Ich check das jetzt für dich und bin sofort wieder bei dir, okay?«

»Okay«, sagt sie, aber das reicht mir nicht. Ich brauche etwas mehr, um anhand der Formulierung oder des Tonfalls wenigstens ein Gefühl dafür zu bekommen, ob sie die Leitung halten wird. Also bedränge ich sie: »Mandy, versprichst du mir, dass du einen Augenblick auf mich wartest? Das hab ich doch verdient, oder?«

»Ja, hast du. Ich werde warten, versprochen«, sagt sie, und das muss mir reichen.

In Wahrheit lasse ich sie ja auch gar nicht allein. Sie bleibt auf meinem linken Ohr. In voller Lautstärke. Ich höre sie summen … Mein kleiner Sternengucker.

So, jetzt aber schnell. Ich hacke auf meinem Touchscreen die Handynummer ein, stelle auf einen der Handapparate um, nehme den Fuß von meiner Mikrophontaste und habe ein Freizeichen. So weit, so gut. Warum soll's nicht klappen? Mit unterdrückter Kennung im Display geht er vielleicht ran.

Nach mehrmaligem Klingeln meldet sich ein junger Mann artig

mit Vor- und Nachnamen. Bingo! Er ist es. Ich halte mich nicht lange mit Floskeln auf und frage direkt ihre Adresse inklusive Lage und vor allem Höhe der Wohnung ab. Während ich dort einen Einsatz veranlasse, weise ich ihn ein und lasse mir sagen, wo er ist. Er ist nicht allzu weit entfernt von ihr. Also diktiere ich ihm: »Sie gehen jetzt runter vors Haus, wo Sie in wenigen Minuten von einem meiner Funkwagen abgeholt werden, der Sie dann mit Tatütata zu Mandy bringt, wo wir leise vorfahren und das Mädchen gemeinsam vom Fenster wegquatschen. Alles klar?«

Da sagt der: »Nein.«

»Wie, nein?«, frage ich entgeistert.

»Nein«, wiederholt der Bengel, »mach ich nicht.«

Nun passiert, was selten vorkommt. Sehr selten. Ich werde pissig und förmlich und fauche ihn an: »Jetzt passen Sie mal auf, junger Mann: Mir ist völlig egal, was das für eine Beziehungskiste ist und wie es morgen früh weitergeht. Fakt ist, dass heute Nacht niemand sterben wird, der sich in meiner Telefonleitung und meinem Verantwortungsbereich befindet. Nicht, solange ich auch nur irgendetwas dagegen unternehmen kann. Falls doch und falls es Ihre Schuld ist, sorge ich dafür, dass Sie das sehr schmerzlich zu spüren bekommen. Und wenn schon nicht im Herzen, dann woanders! Da können Sie Gift drauf nehmen! Habe ich mich klar ausgedrückt?«

»Ja«, kommt wesentlich weniger selbstbewusst.

»Und noch was«, lege ich nach. »Wehe, mein Funkwagen ist vor Ihnen unten vor der Tür!«

»Hallo, Mandy?«

»Hallo, Jonas«, verscheißert sie mich und schiebt ein keckes »Na?« hinterher.

Ich atme durch und freue mich, dass sie noch da ist. Im doppelten Wortsinn.

»Wie steht's mit deiner Geschichte von den verwirrten Handynetzen?«, will sie wissen.

Mann, sie hat's mir keine Sekunde abgekauft. Egal, ich bleibe meinem Konstrukt treu und lüge nicht einmal: »Es lag leider nicht am Handynetz, Mandy.«

»Ich weiß«, sagt sie traurig. »Tja, es ist Zeit zu gehen.«

»Zu gehen? Wohin willst du gehen?«, unterbreche ich sie.

»Na, nach da oben«, weint sie plötzlich und singt leise: »… man sagt, da oben gehört jedem von uns ein Stern, ob der, den ich mag, noch frei ist, wüsste ich gern …«

Verdammt, ich kenne das, glaube ich. Das ist von irgendeinem deutschen Liedermacher, der Name fällt mir nicht ein. Der Song, in dem es um Eifersucht geht oder so, endet jedenfalls damit, dass der Typ vom Balkon springt. Super! An dieser Stelle mal ein Seitenhieb für die singende Zunft: Nicht unbedingt sehr hilfreich, diese Suizid-Mucke! Fällt euch nichts Besseres ein?

Was soll's, so kurz vor der vermeintlichen Ziellinie gebe ich ganz sicher nicht auf! Schließlich muss ich sie nur noch ein bisschen beschäftigen, dann sind unsere Leute da, mit ihrem Prinzen im Schlepptau. Also fordere ich sie auf, weil mir im Moment nichts Besseres einfällt: »Erzähl mir doch erst einmal, was eigentlich los ist. Was ist denn überhaupt passiert?«

»Was soll denn schon groß passiert sein?«, seufzt sie und atmet tief durch. »Ausgenutzt hat er mich. Ausgenutzt und dann betrogen. Dabei hätte ich alles für ihn getan. Alles! So sehr habe ich ihn geliebt, dass es schon fast weh getan hat. Ich glaube, ich liebe ihn immer noch. Bescheuert, was?«

Fragen sind mir in diesem Stadium gar nicht so recht. Schon gar nicht solche. Die Wahrheit oder besser meine Meinung zu dem Typen kann ich ihr eh nicht sagen. Eine kleine Unachtsamkeit meinerseits oder eine zu spontane oder irgendwie falsche Antwort und sie stößt sich ab und springt. Denke ich zumindest. Selbst eine Frage von mir, zu ihrer genauen Position zum Beispiel, ist jetzt tabu. Ablenken heißt die Devise. Ich probiere es mit einer nichtssagenden Plattitüde.

»Ach, das mit der Liebe ist so eine Sache.« Immer wieder gerne genommen.

»Das klingt aber nicht gerade nach einem Fachmann«, reißt sie das Zepter an sich, das schlaue Mädchen. Gut, Hauptsache, es vergeht Zeit. Sie zwingt mich zum Antworten, und das tue ich: »Ich habe nicht gesagt, dass ich ein Fachmann bin. Ein Fachmann in Sachen Liebe! Wer ist das schon?«, gebe ich den Ball zurück.

In diesem Moment steht einer unserer Jungs vor mir und hält einen DIN-A4-Zettel hoch, auf dem in großen schwarzen Buchstaben steht: WOHNUNG GEÖFFNET – NEGATIV!

So sind wir: schnell, präzise – und erfolglos. Ich schmeiße meinen Knetgummistressball hinter mich, beiße die Zähne zusammen und mache ein Geräusch, als ob mir der Arzt eine Pferdespritze ins Kniegelenk verpasst. Kacke. Die letzte unbefriedigende Option wäre dann wohl eine Handy-Ortung.

»Na, mein Jonas, hast du gerade herausgefunden, dass ich nicht zu Hause bin?«, höre ich sie sagen.

Okay, ich muss mich neu ordnen. Ich werde aus dieser Nummer ohne eine Portion Seelenstriptease meinerseits nicht herauskommen, fürchte ich. Ich balle die Fäuste unterm Tisch, sage einmal leise »Ich pack das« und setze den Fuß wieder auf die Mikrophonleiste.

»Mandy, was machst du mit mir? Hast du das so geplant?« Ich appelliere an ihr Gewissen.

»Nein, verzeih mir bitte!«

»Okay«, sage ich und hoffe, dass sie jetzt mitzieht. Also traue ich mich. »Mandy, wo bist du?«

»Das kann ich dir nicht sagen«, ziert sie sich immer noch.

»Warum denn nicht?«, bohre ich weiter.

Schluchzen. Mehr nicht. Ich lasse sie kurz was sagen, nur um sicherzugehen, dass sie nicht kippt. »Mandy?«

»Ja?«, kommt es dünn.

Dann nehme ich Anlauf und lege mein Blatt auf den Tisch.

»Mandy, du hast mich gefragt, ob ich an Liebe glaube. Ja, hab ich gesagt, du erinnerst dich?«

»Mhm.«

»Das habe ich nicht gesagt, weil es sich gut anhört, sondern weil es stimmt. Das ist das Einzige, was zählt! Schau, ich habe den richtigen Menschen gefunden. Für diese Suche habe ich aber mehr als dreißig Jahre gebraucht. Was ich damit sagen will, ist: Du hast noch so viel Zeit, und dieser Kunststudent kann nicht der Richtige sein, vertrau mir.«

»Woher willst du das wissen? Du kennst ihn doch gar nicht!«, unterbricht sie mich.

Gern würde ich ihr erzählen, für was für eine Pfeife ich ihren Dominique halte und warum. Aber ich fürchte, das bringt uns im Moment nicht weiter. Also backe ich kleine Brötchen und setze wieder an: »Ich weiß gar nichts, und ich will dir auch nichts vorschreiben. Ich hasse Menschen, die immer alles besser wissen. Ich erzähle dir nur von mir, das ist alles.«

»Ich bin aber nicht du«, wird sie schnippisch.

»Nein, aber es wäre schade um dich«, versuche ich sie zu beruhigen.

»Auch das kannst du nicht wirklich wissen!«

»Doch, ich glaube schon. Und ich kann dir auch sagen, warum, wenn du mich lässt.«

»Warum?«

»Erstens ist es schade um fast jeden, und zweitens bist du eine intelligente junge Frau, die ihr Studienfach gewählt hat, damit sie später einmal anderen Menschen helfen kann. Schließlich könntest du auch BWL studieren oder irgendeinen anderen Mist, der nur dazu dient, dir irgendwann die Taschen zu füllen. O ja, um dich wäre es schade!«

Selbstzufrieden erwarte ich, dass sie ein wenig geschmeidiger wird, aber weit gefehlt.

»Fast? Schade um fast jeden? Du unterscheidest also lebenswertes und lebensunwertes Leben?«, greift sie mich an.

Mann, Mann, Mann, ich hab's geahnt, als mir das »fast« rausrutschte. Mein Fehler. Psychologiestudentin halt. War klar, dass sie das Haar in der Suppe aufgreift. Da ich jetzt keinen Sinn in einer solchen Grundsatzdiskussion sehe und wohl auch argumentatorisch einen schlechten Stand hätte, ignoriere ich ihre Frage einfach und sage stattdessen:

»Mandy, warum machst du es mir so schwer? Ich will doch nur, dass du dir selbst eine Chance gibst, und zwar, weil du sie verdient hast.«

»Warum sollte gerade ich es verdient haben?«, nörgelt sie weiter, und ich kriege langsam Hunger. Mir kommt diese bescheuerte Schokoriegelwerbung in den Sinn: Wenn's mal wieder etwas länger dauert …

»Was ist mit all den Menschen, die in dieser Sekunde schuldlos und qualvoll sterben? Haben die es nicht verdient?«, ereifert sie sich.

Sie ist 'ne harte Nuss. Langsam bekomme ich Panik, es könnte schiefgehen. Mit dem Spaß ist es lange vorbei, außerdem ist sie nicht der Typ dafür. Wenn ich jetzt versuche, mich witzig aus der Affäre zu mogeln, oder irgendetwas ins Lächerliche ziehe, war's das. Also gehe ich noch mal auf die Gefühlsschiene und hoffe, dass ich endlich ein wenig Glück habe.

»So kannst du da nicht rangehen. Ich weiß nicht, wer oder was die Geschicke dieser Welt lenkt, aber du hast mich angerufen. Du bist im Moment der wichtigste Mensch! Es gilt, um dich zu kämpfen, und ich meine, dass sich das lohnt. Ich bitte dich, mir das zu glauben. Ich mach das hier nicht erst seit gestern und auch nicht nur wegen des Geldes.«

»Glaube ich dir«, lenkt sie unerwartet ein.

»Na also.« Ich fasse Hoffnung und bleibe dran: »Ich habe einen kleinen Jungen, der mich jedes Mal, wenn ich von der Arbeit komme, mit großen Augen fragt: Papa, erzähl mir, was hast du gemacht? Auch morgen früh, wenn ich nach Hause komme und mich an sein kleines Bett setze, um ihn zu wecken, wird er mir einen Kuss geben und mich genau das als Erstes fragen. Und ich werde ihm sagen, dass mich eine traurige junge Frau angerufen hat. Er wird ganz sicher fragen: Und, konntest du ihr helfen? Mandy, ich bitte dich von Herzen, für ihn, für mich und für dich, lass mich mit ›Ja‹ antworten.«

»Du bist lieb!«, sagt sie traurig und nach einer kurzen Pause: »Wenn dein Sohn alt genug ist, bitte ihn für mich um Entschuldigung. Ich danke dir.«

Dann kommt ein »klack«, das ich als Weglegen des Handys deute.

Ich brülle: »Mandy? … Mandy! … Mandyyyy …«

Dann höre ich einen weit entfernten, kurzen, schrillen Schrei.

Dann höre ich nichts mehr.

Der Koi-Karpfen

»Passen Sie mal auf«, sagt er, und ich habe ihn sofort in mein Herz geschlossen. Als ob ich sonst nicht aufpassen würde?!

»Passen Sie mal auf« – eine bevorzugte Redewendung von selbsternannten oder tatsächlichen Führungskräften, die mit dem Düsenjet durch die wirklich wichtigen Fächer ihrer Ausbildung gerauscht sind. Ich tue ihm also den Gefallen und antworte: »In Ordnung. Jetzt passe ich mal auf.«

»Sehr gut«, sagt er und beginnt mit den Worten: »Es mag jemandem wie Ihnen ja banal vorkommen, aber es geht vordergründig nur um einen Fisch …«

Ahhh, zauberhaft, denke ich mir. »Jemandem wie Ihnen …«, was mögen uns diese Worte sagen? Und es geht um einen Fisch! Ich freue mich jetzt schon auf dieses Gespräch.

»… es geht aber eben nicht um irgendeinen x-beliebigen Fisch«, fährt er fort, »es geht um einen Koi-Karpfen! Verstehen Sie das?«

Mhhhh, mal überlegen. Verstehe ich das? Die Frage ist eher: Will ich das verstehen … Mit Blick auf die zurzeit entspannte Einsatzlage entscheide ich mich spontan für nein. Ich antworte ihm also mit einem belebenden: »Wie bitte?«

»Hach«, stöhnt er und sieht sich veranlasst, weiter auszuholen: »Passen Sie mal auf« – da war's wieder –, »ich lebe nicht wie Sie in einer Mietskaserne, sondern in einem großen Haus. Ich habe auch keinen Garten, sondern eine parkähnliche Anlage. In diesem Park habe ich keinen Tümpel, sondern einen See. Und in diesem See züchte ich japanische Koi-Karpfen. Klar so weit?«

Völlig klar. Und um ihm das deutlich zu signalisieren, antworte ich mit: »Stimmt, meine Zweiraumwohnung ist wirklich ein bisschen eng.«

»Wie, was, Zweiraumwohnung? Sind Sie Ossi?« Er wird langsam nervös.

»Na, zumindest östlich von Frankfurt«, setze ich ihn präzise ins Bild.

»Ach herrje«, entweicht es ihm, und er sieht sich gezwungen, noch deutlicher zu werden: »Das sind sehr teure Tiere. So ein Koi-Karpfen ist mehr wert als Ihr Auto!«

Dieses wundervoll plastische Beispiel aufgreifend, führe ich aus: »Aber ich habe einen Ford Capri! Tiefergelegt, mit verbreiterten Kotflügeln, Alufelgen, Fünffach-Lackierung und sogar einem Wurzelholz-Armaturenbrett. Zugegeben, etwas alt, das Ganze ...«

»Bitte verschonen Sie mich«, fleht er, wahrscheinlich den nächsten wichtigen Termin im Nacken.

»Na, Sie haben doch angefangen, von meinem Auto zu reden«, entgegne ich keck.

»Könnten wir bitte zum Punkt kommen«, fragt er streng.

»Darauf warte ich doch schon die ganze Zeit«, gehe ich mit viel Gefühl auf ihn ein.

»Man hat mir letzte Nacht einen Karpfen gestohlen.«

Voilà, geht doch, denke ich mir.

»Endlich sagen Sie, worum es geht«, mache ich ihm Mut und frage nach: »Was heißt gestohlen?«

»Gestohlen, geklaut, weg«, zählt er auf, inzwischen wohl sicher, dass ganze Sätze mein intellektuelles Fassungsvermögen übersteigen.

»Na, da wollte sich wohl jemand einen ganz besonderen Silvesterkarpfen gönnen, was?«

»Nein«, zwängt er durch die Zähne, »man hat mir einen männlichen Kohaku gestohlen. Da wollte sich jemand bereichern!«

»Oh, verstehe. Da würde ich aber etwas unternehmen.«

Wie ein Roboter antwortet er daraufhin: »Mach ich ja gerade. Ich rufe die Polizei an!«

»Genau. Gute Entscheidung!«, lobe ich ihn.

»So, und was gedenken Sie jetzt zu tun?«, fragt er fordernd.

Um nichts zu überhasten und ihm das Gefühl von Anteilnahme und kompetenter Betreuung zu vermitteln, lasse ich mir Zeit mit den Worten: »Tja, da wollen wir doch mal überlegen.«

»Ich wäre Ihnen dankbar, wenn Sie das beschleunigen könnten«, kommt von ihm in einem Ton, der mich vermuten lässt, dass er meine Bemühungen nicht recht zu würdigen weiß. Folglich entschließe ich mich, natürlich nur, um eventuelle Missverständnisse auszuräumen, erst einmal zu einem klärenden: »Was beschleunigen?«

»Ihren Entscheidungsfindungsprozess«, sagt er, obwohl mich dieses Scrabble-Wort doch eigentlich überfordern müsste.

»Ah, ja. Verstehe.« Ich bestätige ihm, dass wir auf einer Wellenlänge liegen, und schlage dann vor: »Na, dann kommen wir doch mal zu Ihnen hin.«

»Ich bitte darum«, quittiert er schmal und versteigt sich dann doch noch zu folgender, sicherlich gutgemeinter Anmerkung: »Mein Gott, was heutzutage so alles als Polizist eingestellt wird ...«

Da ich das selbstverständlich als Kompliment auffasse, gebe ich ihm noch einen guten Ratschlag mit auf den Weg: »Achten Sie doch mal auf Fischreiher am Horizont. Oder gibt es eventuell streunende Katzen, einen Labrador oder einen Neufundländer in der Nachbarschaft? Vielleicht hatte Ihr Fischräuber doch nur Hunger.«

Die kleine Pause lässt mich vermuten, dass er von der Plausibilität dieses Gedankengangs überrascht ist. Als er sich gefangen hat, höre ich: »Vielen Dank! Glauben Sie, ich hätte solche Eventualitäten nicht überprüft, bevor ich die Polizei anrufe?«

»Oh, Verzeihung«, entschuldige ich mich artig.

Da die roten Felder auf meinem Monitor allmählich wieder anfangen zu blinken und ich auch keine Lust mehr habe, mit ihm zu sprechen, nehme ich noch seine Adresse auf und beende dann das Gespräch. Aber natürlich nicht, ohne ein abschließendes Wort des Trostes für ihn zu finden: »Wenn es Ihnen tatsächlich, was ich schlimm genug finde, nur um den materiellen Wert dieser Tiere geht, dann seien Sie froh, dass Sie nur einen Kohaku und nicht einen weiblichen Shiro Utsuri oder gar Kin Ki Utsuri verloren haben. Wenn ich es nicht besser wüsste, würde ich sagen, Ihr Koi hat Sie verlassen. Die Polizei wird in Kürze bei Ihnen erscheinen. Auf Wiederhören und einen schönen Tag noch …«

Der Berber

Die Nächte sind kalt in Berlin. Das gilt nicht nur für die Temperatur. Aus Gründen, die ich nicht begreifen kann, häufen sich offenbar in den letzten Jahren Übergriffe auf die Schwächsten in unserer Gesellschaft, Obdachlose, Behinderte und alte Menschen. Besonders nachts. Unfassbar, oder?

Auf keinen Fall will ich hier auch nur einem einzigen Leser Angst machen. Natürlich rede ich nur von meinen eigenen, subjektiven und höchst persönlichen Eindrücken. Natürlich will und darf ich hier nicht behaupten, Berlin sei nicht sicher. Erstens wäre das, so ausgedrückt, nicht richtig, und zweitens säße ich wohl morgen vorm Polizeipräsidenten.

Trotzdem geschieht es, dass sich speziell Jugendliche an offensichtlich wehrlosen Obdachlosen vergreifen. Ob nun als »Mutprobe«, alkoholvernebelt oder aufgrund mangelnden Mitgefühls und Hirns kann ich nicht sagen.

Merkwürdige Zeiten. Wer oder was treibt junge Menschen dazu, so etwas zu tun: sich ausgerechnet an denen zu vergreifen, die ohnehin schon ganz unten sind. Ich weiß es nicht. Trotzdem hege ich tiefes Misstrauen all den vermeintlichen Fachleuten gegenüber, die uns erklären wollen, dass unter anderen »klassischen« Faktoren eine kaputte Kindheit Grund genug hierfür sein könnte. Eine Patchworkfamilie, Ego-Shooter spielen, Actionfilme gucken und Fastfood essen machen einen zum Opakiller? Kann ich mir einfach nicht vorstellen.

Wie immer, wenn es um Schuldzuweisung und Fehler geht,

denke ich zuerst über mich selbst nach. Ich bin damit immer gut gefahren, weil die eigenen Fehler manchmal helfen, auch die von anderen besser zu verstehen.

Als junger Türsteher hatte ich an meinen Cowboystiefeln rasiermesserscharfe Metallspitzen, mit denen ich einen Menschen mit einem oder zwei Tritten hätte töten können. Trotzdem konnte fast jeder nach wenigen Minuten wieder stehen. Eine andere Einstellung hätte mein Karatetrainer nicht zugelassen. So fies die auf Show ausgelegte Nummer auch gewesen sein mag, genau das ist entscheidend: Mein Trainer hätte ausufernde niedere Regungen in mir mit allen Mitteln rigoros unterbunden. Wäre ihm das nicht gelungen, hätte er mich, sicherlich schweren Herzens, fallenlassen, bevor ich eine Gefahr geworden wäre. Insofern hatte ich ein »gutes Zuhause«, nur dass in meinem Wohnzimmer halt Matten lagen und es nach Schweiß stank. Es gab einen »guten Geist«, und darauf kommt es an, denke ich.

Übrigens soll hier nicht der Eindruck entstehen, ich hätte jeden Fight gewonnen! Der eine oder andere Cut in meinem Gesicht spricht eine deutlich andere Sprache. Auch wenn ich mich damit auf Glatteis begebe, will ich nicht verhehlen, dass ich meinen Sport zu einem nicht geringen Anteil doch aus niederen Beweggründen betrieb. Ich rede von archaischen, animalischen Instinkten. Nie werde ich das Gefühl vergessen, meinen Gegner – im legalen, sportlichen Wettkampf genauso wie auf der Straße – nicht nur zu dominieren, sondern regelrecht in Schrecken zu versetzen. Und es kommt noch widerlicher: Selbst wenn ich ganz offensichtlich unterlegen war und bereits mein eigenes Blut metallisch im Mund schmeckte, wollte ich, von Adrenalin und Endorphin betäubt und zugleich getrieben, auch an das Blut des anderen kommen, solange es meine Sehnen, Muskeln und Knochen zuließen. Sogar noch danach … Es gab Zeiten in meinem Leben, da schien mir Kämpfen wichtiger als Sex zu sein. Klingt schlimm, was? Aber ist es das auch? Pervers, abartig, abnorm?

Nun, ich bin kein Evolutionsforscher, sondern nur Telefonistin, aber ich wage mich so weit aus dem Fenster zu behaupten: Es steckt in uns allen! Sicherlich in verschiedener Ausprägung, aber doch in jedem einzelnen von uns. Haben Sie einmal eine Mutter gesehen, wenn sie über alle Schranken hinweg ihr Kind vor einer Gefahr beschützt? Sie wären auch entsetzt darüber, was ein halb Verhungerter zu tun imstande ist, um an Nahrung zu gelangen. Selbst ein Ertrinkender mutiert zur Kampfmaschine, wenn er sich an sein Leben klammert. Es ist ein Tier in uns. In jedem. Wir sind Säugetiere. Ob nun die Krone der Schöpfung oder nicht, sei mal dahingestellt. Die große Frage ist am Ende: Können wir ehrlich genug sein, uns selbst zu akzeptieren, und diese Regungen und Triebe kanalisieren? Genau das ist es doch, was uns von unseren vierbeinigen Brüdern unterscheidet, oder besser: unterscheiden sollte.

Weswegen ich mich nun in epischer Breite und Selbstbesudelung über dieses Thema auslasse? Ganz einfach. Ich weiß, was niedere Instinkte sind. Ich weiß es, weil sie mir innewohnen. Schockierend für den geneigten domestizierten Leser? Na, dann klappen Sie mal das Visier runter für den nächsten Satz und seien Sie trotzdem gewiss: Wir sind uns ähnlicher, als Sie es sich im Moment vielleicht eingestehen wollen. (Nein? Warten Sie einfach auf Ihr Schlüsselerlebnis.) Wenn also ein Jugendlicher sein Mütchen an einem wehrlosen Mitmenschen kühlt, kann ich mich in dessen Gefühlswelt, vorsichtig formuliert, reintasten. Was ich nicht verstehen kann und will, ist, warum es solchen Typen nicht gelang und gelingt, derlei Neigungen in gesellschaftlich akzeptierte Bahnen zu lenken. Es erfordert, verdammt noch einmal, weder Kraft noch Courage, einen schlafenden Obdachlosen zusammenzutreten oder gar anzuzünden. Was soll das? Was ist das? Sadismus? Sensationsgeilheit?

Oder schlichtweg das Ergebnis eines reizüberfluteten und mühelosen Lebens ohne wirkliche Probleme und Schmerzen, wodurch man kein Gefühl dafür hat, wie schrecklich der Kummer und die Schmerzen anderer sind? Ich weiß es nicht. Sollte Ihnen die Lösung des Problems einfallen, teilen Sie es uns doch bitte mit. Die Berliner Polizei vergibt für gute bis geniale Einfälle schöne Buchpreise, mit Titeln wie »Ikebana für Anfänger«, »Binnenschifffahrt des 19. Jahrhunderts« oder ähnlich ...

Jetzt aber erst einmal zu dem Auslöser für meine Wichtigtuerei auf den letzten Seiten: Mein Anrufer hat Angst!

Als Gustav Hirsemann stellt er sich mir vor. Während ich darüber nachdenke, dass das ein passender Name für einen Politiker wäre, erzählt er mir, er sei einmal Ingenieur gewesen. Na bitte! Ein studierter Mann, hab's geahnt. Doch jetzt ist Gustav ein Berber. Politisch korrekt: ein Obdachloser, also jemand ohne feste Meldeadresse. Im Volksmund nennt man sie auch »Penner«, was sie natürlich nicht gern hören. Einen Berber Penner zu nennen ist vergleichbar damit, eine Hure als Nutte zu titulieren.

Gustav »macht Platte« am ICC, dem Internationalen Congress Centrum direkt an der Stadtautobahn. Er hat dort eine überdachte Stelle gefunden, die auch noch durch einen Schacht mit warmer Abluft versorgt wird. Ein wahres Luxusdomizil in seinen Kreisen und heiß umkämpft. Sie würden staunen, lieber Leser, was für eine Subkultur in dieser Stadt existiert. Mit eigenen Wertmaßstäben, Gesetzen und natürlich Ängsten. Ich habe mir schon lange abgewöhnt, diese Leute pauschal von oben herab zu behandeln. Erstens ist, wie in diesem Fall wohl auch, der eine oder andere dabei, dessen IQ deutlich höher als meiner ist. Und zweitens meistern diese Menschen einen Alltag, dem der durchschnittliche McDonald's-Kunde sicher nicht gewachsen wäre. Außerdem sind sie, entgegen dem landläufigen Klischee, an ihrem Schicksal nicht immer nur alleine schuld.

Ich spreche Gustav also mit »Herr Hirsemann« an, was ihn hörbar rührt, und frage, was denn nun genau der Grund für seinen Anruf ist.

»Sie haben hier in letzter Zeit Freunde von mir ganz übel zugerichtet, und ich trau mich nicht mehr, meine Augen zuzumachen«, klagt er.

»Wer sind ›sie‹?«, will ich wissen.

»Keine Ahnung«, sinniert er. »Glatzen, Betrunkene, Jugendliche aus den umliegenden Clubs. Direkte Abgesandte des Teufels.«

Ein wenig schockiert über die letzte Formulierung frage ich ihn: »Herr Hirsemann, was heißt übel zugerichtet?«

»Ach Junge, hör auf«, wirft er ein, »danke für das bisschen Respekt, aber du kannst mich Gustav nennen.«

»Gut, Gustav«, nehme ich sein Angebot an, »was meinst du mit übel?«

»Bestenfalls fetzen sie unsere Tüten und Taschen auseinander und verstreuen die Klamotten überall«, beklagt er sich schüchtern.

»Und schlimmstenfalls?«

»Schlimmstenfalls wirst du gehauen und getreten oder sogar mit Benzin übergossen. Ist neulich einem Kumpel von mir passiert. Wenn die nicht gestört worden wären, hätten sie ihn gegrillt. Und Junge, bist du schon mal mit einem Tritt in die Rippen geweckt worden? Das wünsch ich dir nicht! Wenn du jemand wie ich bist, kannst du dann nicht mal am nächsten Morgen einfach zum Arzt gehen und dich kurieren lassen.«

»Okay, Gustav. Ich nehme an, unsere Standardantworten kennst du alle?«

»Ja, die kenne ich.«

»Auf die Gefahr hin, mich zu wiederholen: Ich kann dir sagen, wo der Kältebus kreist. Ich kann dir sagen, welche U-Bahnhöfe heute Nacht für euch aufhaben, und ich kann dir aus meinem Computer ein paar Obdachlosenheime ziehen, wo du vielleicht noch ein Bett kriegst. Was hältst du davon?«

»Is lieb von dir, Junge, aber das hilft mir alles nicht richtig.«

Während ich, wie so oft, darüber nachdenke, warum es so schwer ist, auf solche Angebote einzugehen, schaue ich mir die Einsatzübersicht rund um sein »Zuhause« an und habe eine Idee.

»Hab ich mir schon gedacht, Gustav, aber pass mal auf. Ich sehe gerade, dass in dem Bereich, wo du deine Schlafstelle hast, zivile Kräfte unterwegs sind. Ich werde anleiern, dass die sich da mal ein bisschen auf die Lauer legen. Wenn wir in Zehlendorf aufpassen, dass die Mercedesse nicht in Flammen aufgehen, können wir auch auf euch aufpassen. Außerdem werde ich den zuständigen Polizeiabschnitt bitten, die nächsten Wochen dort im Bereich verstärkt und demonstrativ die Funkwagen Streife fahren zu lassen. Das sollte helfen, damit ihr zumindest vorerst ohne Angst einschlafen könnt.«

»Du bist nett, Junge. Danke.«

»Und du gehörst nicht unter die Brücke, Gustav.«

Er atmet aus und antwortet mir dann: »Seitdem ich vor sechzehn Jahren bei einem Autounfall meine Frau und meine beiden kleinen Mädchen verloren habe, glaube mir, gehöre ich nirgendwo mehr hin.«

Bevor es mir an die Nieren geht, werde ich das Gespräch beenden, nehme ich mir vor und sage zu ihm: »Verstehe«, obwohl das gelogen ist. Denn beim bloßen Gedanken daran, dass es mir ähnlich gehen könnte, bekomme ich schon einen glasigen Blick! Dafür hat er sich tapfer gehalten, denke ich und verabschiede mich mit den Worten: »Gustav, ich muss weitermachen. Wenn dir auch nur jemand zu nahe kommt, der dir nicht geheuer ist, wählst du die 110, okay?«

»Ja«, sagt er leise, »dann nehm ich mein Handy und rufe dich an. Mach's gut, mein Junge. Und danke, dass du mich gesiezt hast.«

Felix, der Glückliche

Kennen Sie das? Gebrauchter Tag! Vom Start weg scheiße. Montagmorgen um 4:00 Uhr früh klingelt der Wecker. Schon beim Aufstehen verreiße ich mir das unterkühlte Genick, weil meine Frau nachts wieder heimlich das Fenster aufgerissen hat. Weil's ja so gesund ist! Auf dem Weg in die Küche latsche ich barfuß in einen Haufen Hundekacke, gesäumt von einem gelben See. Fluchend hüpfe ich auf einem Bein weiter, begleitet vom leisen Kichern meiner Kinder, die, weiß der Teufel, wie sie mit so wenig Schlaf auskommen, oben auf der Treppe stehen und sich über die Nummer amüsieren. Nachdem ich sie ins Bett gescheucht habe, stelle ich fest, dass die Kaffeemaschine verkalkt ist und beknackte Geräusche macht, aber keinen Kaffee. Als ich den Fußboden saubergemacht habe, hüpfe ich ins Bad, um mich sauberzumachen, und erkläre mich selbst zum Idioten, weil das die falsche Reihenfolge war. Zurück in der Küche, finde ich einen Schimmelfleck auf dem Toastbrot und das Nutellaglas, das ich aus dem Regal nehme, leer vor. Haben die Kinder mit dem Löffel ausgelutscht, jede Wette. Ich frühstücke also einen Schluck Aldi-Cola und eine Vitamin-C-Tablette. Man ernährt sich ja schließlich bewusst. Als ich meine Jacke anziehe, steht der Hund schwanzwedelnd vor mir und will Gassi gehen. Ich schaue ihn an und sage: »Pepe, du hast mir in mein Wohnzimmer geschissen, du brauchst nicht mehr raus.« Da legt der Typ wie eine Comicfigur den Kopf zur Seite, zieht die Mundwinkel nach unten und kneift ein Auge zu, als wollte er sagen: »Alter, hab dich nicht so, du musst mich liebhaben.« Also gehe ich Gassi.

Als ich losfahren will, springt die Dreckskarre nicht an, weil über Nacht die Batterie verreckt ist. Beim Versuch, die Kiste anzuschieben und reinzuspringen, rutsche ich auf der gefrorenen Pfütze vorm Haus aus und falle auf die Fresse. Der Nachbar erscheint im Pyjama am Fenster und fragt, ob das Ganze um diese Uhrzeit nicht vielleicht etwas leiser ginge, und ich bin froh, dass ich meine Dienstpistole nicht zu Hause aufbewahre.

Als ich die Kiste endlich in Gang gekriegt habe und langsam lostuckere, merke ich, dass ich durch die gefrorenen Scheiben kaum was sehen kann, und fahre, ganz aus Versehen, erst einmal die Mülltonne vom Nachbarn um. Ganz leise natürlich! An meiner frierenden Flosse, die im Handschuhfach nach einem Eiskratzer oder etwas Ähnlichem wurschtelt, klebt ein gebrauchter Lolli. Schmeckt eigentlich ganz gut. Waldmeister, glaube ich. Am Ziel angekommen, gibt's keinen Parkplatz, sondern mitleidige Blicke von den Kollegen. Allesamt wohl kinderlos, sind die Herren mit BMW und Mercedes vorgefahren. Mit Standheizung und eingebautem Parkplatz. Beim Umziehen reißt mir ein Schnürsenkel, und den ersten fünf Schleimern, die mir mit Krawatte und im frisch gestärkten Hemd einen guten Morgen wünschen, könnte ich zur Begrüßung eine reinhauen. In der Höhle oben angekommen, stinkt's schon jetzt nach dem Mittagessen. Es gibt Fisch oder gebratenen Dreck oder was weiß ich …

Die Chefin fragt mich beim Handschlag, ob ich so ein Gesicht ziehe, weil ich zu Hause rausgeflogen bin. Ich sage »Ja, genau«, nehme mir einen lauwarmen Kaffee und schlurfe zu meinem Platz. Die ersten Stunden ziehen sich wie Kaugummi. Ich bin gefühlte hundert Jahre alt und wundere mich, dass ich noch keinen angebrüllt habe. Nach diversen ebenfalls übellaunigen Montagmorgenanrufern höre ich, nachdem ich mit halbgeschlossenen Augen in die Leitung gegangen bin und mich gemeldet habe, folgendes Geräusch: »Aaooooo!«

Hmmhhhh, denke ich, was ist denn das jetzt wieder, sage aber: »Hier ist die Polizei Berlin. Wer spricht dort?«

Und wieder : »Aaaooooo!«

Eigentlich will ich auflegen, aber berufsgeschädigt, wie ich bin, sage ich mir: Wer weiß, vielleicht erstickt da gerade jemand an seinem eigenen Blut, kann kaum noch reden, und ich schmeiße ihn aus der Leitung! Zu dem Tag würde es passen! Also versuch ich's noch mal mit: »Hallo, wer ist denn da?«

... Und irgendetwas antwortet: »Aaooo, hi issa Elix!«

Super, denke ich, genau das hat mir jetzt noch gefehlt. Trage ich einen weißen Kittel, steht vielleicht Logopäde auf meinem Ärmel, oder was!? Ich will auf die Toilette oder mal kurz raus, aber es brabbelt weiter: »Aaooo, bissu daaa?«

»Ja, ich bin da«, sage ich. Und ich kann auch nicht weg, denke ich.

»I eissu enn?«, will er wissen.

Für einen Augenblick fasse ich den Plan, zu hyperventilieren und einfach umzufallen. Aber der Anruf wird ganz bestimmt ganz wichtig sein. Außerdem kauft mir die Nummer hier ohnehin keiner ab, also antworte ich, weil ich glaube, dass er wissen will, wie ich heiße, mit: »Jonas.«

»Aaooo, Onas!«, freut er sich.

In mein Schicksal ergeben, sage auch ich jetzt: »Aaooo!«

Da er mich schon mehrfach geduzt hat, sind wir ja bereits Kumpel, und ich frage ihn in seiner Sprache: »Was wissu denn?«

Er freut sich erst noch mal eine Runde und macht mir dann ein Kompliment: »U is ieeb.«

Ich muss lachen, das erste Mal heute, und wiederhole: »Ja, ich bin lieb, aber was wissu denn?«

Dann kommt ein Satz, an dem ich zu knacken habe: »I a ei Uddeliff aut!«

Okay, keine Panik, kann nicht allzu schlimm sein. Dafür ist er viel zu gut drauf. Ich darf mir also Zeit lassen mit der Entschlüsselung des Codes. Nebenbei gefragt: Hätten Sie eine Idee?

Weil mir nichts Besseres einfällt, frage ich also ganz langsam: »Wie bitte?«

»A, a ei Uddeliff astelt!«, kommt leicht entrüstet.

Beim besten Willen, ich hab's noch nicht. Deshalb setze ich noch mal ein bisschen tiefer an, schon um mich etwas reinzuhören: »Du heißt Felix, richtig?«

»Eauuuuuu, hi issa Eelix«, freut er sich schon wieder wie Bolle, und langsam wirkt das ansteckend.

»Gut, Felix«, fordere ich ihn auf, »sag noch mal: Was hast du gemacht?«

Weil ich ja offensichtlich etwas schwer von Begriff bin, sagt auch er jetzt langsam, sehr geduldig und so deutlich er kann: »Elix a ei uddeliff astelt. Aest uu?«

Mit zusammengekniffenen Augen kommt mir dann plötzlich die Erleuchtung, und ich wiederhole laut: »Felix hat ein Buddelschiff gebastelt«, und er brüllt:

»Eauuuu!«

Ich habe zwar keine Ahnung, weshalb er deswegen die Polizei anruft, aber ich glaube, sein Buddelschiff wird ihn große Mühe gekostet haben. Wir freuen uns beide ganz doll. Über unsere gelungene Kommunikation, über das Buddelschiff und überhaupt! Bevor ich mich jedoch auf unserem Verständigungserfolg ausruhen kann, setzt er den nächsten Code ab: »Elix a ei Uddeliff astelt, ü Ama, ü Buttaach!«

»Ahh«, sage ich wissend.

»Aaa«, sagt er stolz.

Mir ist es peinlich, aber ich muss nachhaken: »Wofür?«

»Ü Ama, ü Buttaach«, wiederholt er geduldig.

Ha, ich hab's: »Für Mama, zum Geburtstag!«

»Eauuu!«, brüllt er wieder, und wir lachen beide. Ich weiß nicht einmal genau, warum. Auch wenn ich nicht unbedingt glaube, dass ein Buddelschiff für die meisten Mamas das ideale Geburtstagsgeschenk ist, bin ich doch ziemlich sicher, dass sich Felix' Mama sehr freuen wird. Also lobe ich ihn: »Das finde ich aber ganz schön lieb von dir, Felix.«

Dann höre ich eine sympathische Frauenstimme im Hintergrund: »Felix, was machst du denn da?«

Es ist der gleiche Tonfall, in dem Katzenliebhaberinnen mit ihren Vierbeinern reden. Man mag das für »überkandidelt« halten, es zeugt aber irgendwie von einer großen Herzlichkeit. Gleich darauf nimmt sie das Telefon und erschrickt, als sie hört, dass die Polizei dran ist: »Oh, verzeihen Sie bitte. Mein Junge ist behindert, das war keine böse Absicht.«

»Überhaupt kein Problem«, beruhige ich sie und füge hinzu, weil ich ihr eine Freude machen möchte und weil es die Wahrheit ist: »Im Gegenteil, das war der bis jetzt angenehmste Anruf heute. Wir haben ordentlich miteinander gelacht, festgestellt, dass wir beide Schiffe mögen, und ein kleines Geheimnis haben wir auch.« Dann frage ich sie: »Wie alt ist Felix, und ist er immer so gut gelaunt?«

Sie ist leicht verwundert und erzählt mir, dass er schon 21 Jahre alt ist, und sagt: »Ja, er hat immer gute Laune. Er ist mein Sonnenschein! Es ist nicht leicht. Er wird immer vier Jahre alt bleiben, und ich weiß nicht, wie lange ich noch kann. Aber jeder Tag mit ihm beginnt und endet mit einem Lachen.«

»Felix ist ein Prachtbursche«, stelle ich fest und füge hinzu: »Wie schön, dass die Feindiagnostiker vor 21 Jahren noch nicht so weit waren wie jetzt.«

»Wer sagt Ihnen denn, dass ich nicht wusste, was das Schicksal bringt?«, entgegnet sie da leise und stolz. Etwas beschämt mache ich ihr das Kompliment: »Verzeihung. Menschen wie Sie machen den Job hier erträglich. Auf Wiederhören – und darf ich bitte noch einmal kurz den Felix sprechen?«

»Gerne! Auf Wiederhören«, verabschiedet sie sich und übergibt den Hörer.

»Aaooo, Ooonas!«, ruft er, und obwohl ich nicht genau weiß, wie gut er mich versteht, muss ich es loswerden: »Mama ist lieb, und du bist ein toller Kerl. Deinetwegen habe ich jetzt gute Laune. Danke für deinen Anruf, mach's gut, tschüs.«

»Tüüüüs, Ooonas«, brüllt er in den Hörer, lacht und legt auf.

In der Reihe vor mir sitzt einer der fünf Schlipsträger von heute Morgen, dreht sich um und sagt zu mir: »Na klasse! Der ruft jetzt jeden Tag an.«

»Hoffentlich«, fauche ich ihn an, »und wehe, du bist nicht nett zu ihm …«

Zwang

Angeblich hat jeder vierte Mensch in seinem Leben einmal eine psychische Krise durchzustehen. Zählen Sie mal durch, schauen Sie sich mal um …

Mag schon was dran sein, wenn man die ganze Palette der Möglichkeiten von der kleinen Macke bis zur lebensbedrohlichen Depression in Betracht zieht. Was allerdings wie zu bewerten ist und wie schwerwiegend die Folgen für den oder die Betroffenen sind, darüber scheiden sich die Geister.

Was mich in diesem Zusammenhang sehr beschäftigt, ist die Frage: Darf man über Verrücktheiten lachen? Und wenn ja, über was und ab wann besser nicht mehr? Ich habe meine Schwierigkeiten damit. Ist es generell im politisch ach so korrekten Deutschland verboten, über jemanden zu schmunzeln, der ernsthaft vor seinem eigenen Schatten davonzuhüpfen probiert? Oder wird es erst pietätlos, wenn er dies tut, weil sein Schatten ihn totzuhetzen versucht?

Also, ich kann Ihnen verbindlich sagen: Meine Familie hat über meine Marotten schon Tränen gelacht! Allerdings muss man ehrlicherweise sagen, dass mein »Beknacktheitsgrad« auf einem verhältnismäßig niedrigen Level rangiert. Kennen Sie das nicht auch, dass man unwillkürlich zu einer Art Selbstgespräch ansetzt, wenn man sich mit einem Problem beschäftigt? Oder dass Sie, bevor es in den Urlaub gehen sollte, noch einmal kurz umgekehrt sind, nur um zu überprüfen, ob die Herdplatten auch wirklich aus sind? Ich gehöre zu den unzähligen, hoffe ich zumindest, Türrüttlern, Lichtan-und-aus-Machern, Handbremsenüberprüfern und Reißverschlussobservierern. Voll der Checker (hab ich von meinen Töchtern). Nur dass ich halt, so die beiden, eben nichts checke. Zum Beispiel, dass ich mir das Checken eigentlich sparen kann. Wird langsam kompliziert, was? Und genau da stecken wir auch schon mitten in der Materie.

Als ein Beispiel der eher harmloseren Sorte wäre anzuführen, dass ich die Pausenbrottaschen meiner Kinder mit der gleichen Akribie zu packen pflege wie einen Fallschirmrucksack, als hinge ihr Überleben davon ab. Meine drei Anarchisten stehen dabei in der Regel feixend hinter mir und beglücken mich mit Kommentaren wie: »Papa, hast du in unsere Trinkflaschen überall gleich viel eingefüllt? Wenn nicht, wäre das nämlich ungerecht!« Das klingt lustig, birgt aber schon eine gehörige Portion Boshaftigkeit, ja fast Sadismus in sich. Außerdem beschleunigt es die Prozedur nicht unbedingt.

Lästig ist auch die Sache mit den Zahlen, und ich habe noch Glück. Meine Zahl ist die 3. Ich kenne jemanden – nein, er ist kein Polizist –, dessen Zahl ist die 16! Glauben Sie mir, es macht einen großen Unterschied, ob Sie 3-mal oder 16-mal an jeder Tür rütteln. Der Tag hat schließlich nur 24 Stunden …

Vermutlich wird einem der Hang zu so etwas schon mit in die Wiege gelegt, und zwar von jemandem mit einem ziemlich schrägen Humor. Den Rest besorgen dann eine merkwürdige Erziehung oder einschneidende Erlebnisse. Es geht ja schon damit los, dass einem als Kind dauernd gesagt wird: »Mach dich nicht dreckig. Setz dich mit deiner frisch gewaschenen Hose nicht auf die schmutzige Parkbank«, obwohl das Ding doch, verdammt noch mal, zum Draufsetzen da ist. Man kapiert's nicht, lässt es aber besser sein, wenn man Ärger aus dem Weg gehen will.

Meine auslösenden Momente verdanke ich, zumindest was die Grundsteine angeht, meinem Karatetrainer, dessen Toleranz hinsichtlich Unpünktlichkeit oder gar Unsauberkeit des Karate-Anzugs nicht einmal im Promillebereich auszudrücken wäre. Er hielt drakonische Strafen bereit für geringste Verfehlungen auf diesem Gebiet. Den Rest in puncto Pedanterie gab mir dann die Marine. Und zwar gründlich! Dass man dort mit der traditionsbeladenen Uniform einen noch weit komplizierteren Umgang pflegt als die Karatekämpfer mit ihrem vergleichsweise simplen Gi, muss ich wohl nicht näher erörtern.

Dann hatte ich auch noch die Ehre, nach diversen Auswahlverfahren bei einer Einheit zu landen, in der sogenannte Kollektivstrafen, sonst bei der Bundeswehr verboten, tägliche Praxis waren. Einmal ließ man uns, weil einer in der Gruppe die Lederriemen nicht korrekt festgezurrt hatte, mit denen das Tauchermesser am Unterschenkel befestigt wird, in der gleißenden Sonne und schwarzen Neoprenanzügen so lange Leibesübungen machen, bis ich die Besinnung verlor. So etwas prägt sich ein. (Für alle Friedenstauben, die dies für unangemessen halten: Von diesem Messer können Leben abhängen.) Auch unerlaubter Traubenzucker oder Müsliriegel, die man im Rucksack oder Tauchersicherungskragen versteckt hatte, weil man befürchtete, die anstehende Distanz nicht zu schaffen, wurden vom Ausbilder gerne mal mit einem Backstein vertauscht.

Wir halten also fest: Ich hab 'ne Macke. Da die aber für andere lediglich lästig ist und ich damit gut klarkomme, mitunter dafür ausgelacht zu werden, ja sogar über mich selbst oft lachen muss, nehme ich mir manchmal das Recht heraus, solche Spinner wie mich auch lustig zu finden. Natürlich möchte ich hier nicht bagatellisieren. Ich habe Geschichten auf Lager von Menschen, die sich so oft die Hände wuschen, bis nur noch rohes Fleisch übrig war, und selbst dann noch weitermachten. Auch von Tinnitus-Geschädigten könnte ich erzählen, deren kleiner Mann im Ohr sie zwang, für immer Ruhe zu suchen.

Doch jetzt wollen wir zunächst Frau Meier zuhören und darüber nachdenken, ob sie uns leidtut. Oder vielleicht ihr Ehemann …

»Hach, der Kerl ist so schmutzig«, flötet sie mir ins Ohr. »Können Sie den nicht abholen?«

Und wohin dann mit ihm? Auf die Mülldeponie?, würde ich sie am liebsten fragen.

Frau Meier dürfte Ende vierzig sein, redlich, sauber, fleißig. Mit Betonung auf »sauber«. Und »der Kerl« ist ihr Ehemann. Das Problem ist, dass ihr Mann ein Mensch ist. Mit all diesen unangenehmen Eigenschaften. Er muss schlafen, essen, trinken, und manchmal schwitzt er sogar. Igitt! Von den anderen Abfallprodukten seines Körpers ganz zu schweigen. Apropos Schweiß.

»Der sitzt auf dem Polstersessel und schwitzt alles voll. Ich werde noch wahnsinnig!«, beschwert sie sich.

»Da gibt es doch diese tollen dicken Plastiküberzüge, bei den Amerikanern besonders beliebt«, fällt mir ein.

»Hab ich doch längst«, sagt sie barsch, »aber auf den Dingern schwitzt der ja noch mehr. Und aus dem Hals tut der stinken, als würde ich ihm puren Mist zu essen geben«, lamentiert sie weiter.

Tja, Domestos-Suppe gibt's noch nicht, denke ich, behalte es aber für mich, weil ich ihr zutraue, dass sie ihm sonst so etwas ins Essen mischt.

»Pfefferminzdrops sollen da helfen«, versuche ich es weiter gutmütig.

»Ach, ich habe ihm die stärksten Pastillen gekauft«, wiegelt sie wieder ab, »nützt gar nichts. Er behauptet, er bekäme Durchfall, wenn er so viel davon essen muss.«

Autsch, Durchfall, denke ich, wir nähern uns der Demarkationslinie.

»Der darf sowieso nur noch die Gästetoilette benutzen, die habe ich in einer Stunde wieder fertig«, und dann lamentiert sie weiter:

»Neuerdings lehnt er weiße Unterhosen ab, will bunte, wie angeblich alle. Wie soll ich denn die vernünftig kontrollieren, frage ich Sie?«

Geruchstest, möchte ich ihr anbieten, denn langsam tut der Kerl mir leid und ich spüre ein wenig Sadismus in mir aufkeimen.

»Ich fürchte, die Polizei kann Ihnen, auch speziell in der Unterhosenfrage, nicht helfen«, versuche ich abzuwiegeln, bevor sie mir noch mehr Informationen gibt, die ich nicht haben will.

»Sie müssen jetzt was unternehmen! So geht das hier nicht weiter!« Sie lässt nicht locker.

»Und was schwebt Ihnen da so vor?« Ich behalte mühsam die Contenance.

»Was schwebt mir vor, was schwebt mir vor? Was weiß ich!«, giftet sie vor sich hin. »Sie sind doch die Polizei! Kann man ihn nicht wenigstens zwingen, öfter zu duschen?«

»Wie oft duscht er denn so?«

»Viermal«, verblüfft sie mich.

»Pro Woche?«, will ich wissen.

»Pro Tag natürlich!«, antwortet sie entsetzt.

Obwohl ich ja fast jemand bin, den sie in ihrer hoffentlich vorhandenen Selbsthilfegruppe hätte kennenlernen können, sinniere ich darüber, dass ich mich aus Rache nur noch von Chili con Carne ernähren würde, wenn sie die Meine wäre. Während ich mich an diesem scheußlichen Gedanken labe, kommt mir plötzlich die zündende Idee. Kann einfach nicht widerstehen. Außerdem muss da wirklich was passieren, glaube ich.

»Frau Meier«, setze ich scheinheilig an, »wissen Sie was? Ihr Mann ist ein Goldstück, und Sie sollten ihn hegen und pflegen. Ich will Ihnen mal was über mich erzählen. Ich dusche dreimal. Aber nicht pro Tag, sondern pro Woche! Meine Zähne putze ich überhaupt nicht. Zur Zahnpflege kaue ich hin und wieder mal ein Kaugummi. Meine Unterhosen und Socken wechsele ich erst, wenn sie drohen durchzubrechen, und ernähren tue ich mich ausschließlich von Fisch und Bier. Nur manchmal gibt's Spaghetti, und auf die streu ich dann keinen Parmesankäse, sondern die geraspelte Hornhaut von meinen extrem schwieligen Fußhacken.«

Obwohl ich noch ein bisschen hätte weitermachen können, in dem wohligen Gefühl, ja schließlich etwas Gutes zu tun, schreit sie schrill auf, und ich höre jemanden im Hintergrund fragen: »Hanni? Hanni, was machst du denn da schon wieder?«

Auweia, jetzt gibt's Ärger, denke ich. Kurz darauf kommt ihr Mann ans Telefon und weiß wohl schon, wer dran ist, denn er sagt mit ruhiger, lieber Stimme: »Entschuldigen Sie bitte vielmals die Störung. Sie müssen wissen, sie war nicht immer so, und sie bleibt ja trotz allem meine Frau. Ich werde versuchen, weitere Anrufe zu unterbinden.«

Wow, denke ich, da sag mal einer, Deutschland habe keine Helden mehr! Das muss wahre Liebe sein. Was für ein sympathischer Mann. Ich schäme mich ein wenig, weil ich gerade versucht habe, mit Boshaftigkeit und der Brechstange zu richten, was er wohl schon seit Jahren mit Liebe versucht, und so sage ich dann auch: »Überhaupt kein Problem!« Und füge hinzu: »Ich finde Ihre Einstellung sehr ehrenwert. Auf Wiederhören.«

Und während er sich verabschiedet, nehme ich mir fest vor, beim Nachhausekommen den Sandkasten, den mir die Kinder wieder in die Bude geschleppt haben, zu ignorieren und den Lippenstiftabdruck an der gerade aus der Spülmaschine geholten Kaffeetasse toll zu finden …

Jennifer

Nach dem ersten Satz wusste ich schon, wer da spricht. Kein Zweifel!

Als ich Jennifer zum ersten Mal sah, fanden wir sie auf einem verdreckten Brachgelände in der Frobenstraße in Berlin-Schöneberg, hinter einem hölzernen Bauzaun. Mitten auf der Wiese, von den umliegenden Mietskasernen frei einsehbar und ironischerweise in unmittelbarer Nähe einer Kirche, hatte der letzte Freier sie einfach liegen gelassen wie ein Stück Müll. Mit halbgeöffneten Augen und unterhalb der Hüfte komplett entblößt, sah man deutlich die zahlreichen eitrigen Ekzeme, verursacht durch die ständigen Einstiche der unsauberen Injektionsnadeln. Der letzte Widerling hatte offenbar mit Stoff bezahlt, denn sie lag dort, schmutzig und breitbeinig, den Kopf auf der Seite, und die Nadel steckte ihr noch in der Leiste. Als ich ihr den hochgeklappten Minirock über den geschundenen Unterleib zog und sie ansprach, konnte sie mir nicht einmal antworten. Höchstens vierzig Kilo, schätzte ich, und kein halbes Jahr mehr zu leben.

Mit der flachen Hand klopfte ich gegen ihre Wange, und plötzlich schreckte sie wie elektrisiert auf. Wir waren in Zivil unterwegs, und in der ersten Sekunde wird sie gedacht haben, ich sei das nächste Monster, das sich an ihr vergehen will. Als sie meine Waffe sah und begriff, dass sie ausnahmsweise, wenn auch nur für kurze Zeit, in Sicherheit war, ließ sie den Kopf wieder sacken und schloss die Augen ganz.

Eigentlich hatte ich zu diesem Zeitpunkt bereits gedacht, in Sachen Prostitution schon so ziemlich alles gesehen zu haben. Für die Bundespolizei war ich am längsten Straßenstrich Europas, in Treplice/Tschechien, unterwegs gewesen. Ein ekliges Pflaster, das in Bezug auf Menschenhandel und die Gefährlichkeit des dort agierenden internationalen Zuhältertums kaum zu toppen ist. Fahrzeugkontrollen wurden dort generell mit MP im Anschlag durchgeführt. Wenn man sich so etwas im liberalen Berlin erlauben würde, wäre man wahrscheinlich von heute auf morgen im Innendienst. In der Einsatzleitzentrale zum Beispiel.

Ebenfalls für die Bundespolizei, die sich damals noch Bundesgrenzschutz nannte, hatte ich das zweifelhafte Vergnügen, mir die Bahnhofsviertel von Städten wie Bremen oder Frankfurt am Main näher ansehen zu dürfen. Und in meiner Heimatstadt Hamburg wusste ich ohnehin schon seit frühester Jugend, dass am Hausfrauen- und Kuriositätenstrich am Fischmarkt, wo der Platz eben kein Standgeld kostet, nach Sonnenuntergang die schönsten Leckerlis mit Chanel N° 5 gegen den Gestank ankämpfen. Was aber Berlin-Schöneberg rund um die Kurfürstenstraße in puncto Tragödie, Ekelfaktor und Unglaublichkeit aufzubieten hatte, war schon einer Hauptstadt würdig …

Doch zurück zu Jennifer, die sich dieses Pseudonym auch nur als »Künstlernamen« ausgesucht hatte, frei nach einem Lied der Eurythmics, wie sie mir einmal erzählt hatte, als sie halbwegs klar war. Im Grunde noch ein Kind, war sie, fast standardmäßig, aus einer Kleinstadt kommend ihrem Traum in das ach so tolle Berlin gefolgt. Es wurde ein nicht enden wollender Alptraum! So schrecklich und gemein, dass Christiane F.s Biographie dagegen wie ein Kinderbuch erscheint.

Eine Zeitlang habe ich Jennifer begleitet, wobei ich abwechselnd Engel und Teufel für sie gewesen sein muss. Ich erinnere mich zum Beispiel, wie ich einmal in einer dreckigen Tiefgarage ein glatzköpfiges 100-Kilo-Schwein von ihr herunterzerrte, unter dem sie hilflos zappelnd um ihr Leben schrie. Noch heute spüre ich Mordgelüste, wenn ich daran zurückdenke, dass dieses Vieh die Stirn hatte, mit der Hose in der Kniekehle sein Geld zurückzufordern. Als ich sie da in ihrem Blut liegen sah, war ich plötzlich recht froh, dass auf einmal noch andere Menschen aus ihren Löchern gekrochen kamen, die mein einwandfreies polizeiliches Handeln fachmännisch überwachten …

Andererseits war es genau dasselbe zierliche Wesen, das kurze Zeit später in einem Treppenhaus mit einer Spritze vor mir stand und schrie: »Wenn du mir zu nahe kommst, Bulle, steck ich dich mit Hep und Aids an!«

Die absolute Krönung jedoch war, als sie meinen damaligen Passmann Raiko anspuckte und, ob nun gewollt oder nicht, direkt in den Mund traf. Was das bedeutet, kann sich wohl jeder vorstellen. Der gute Raiko hat sich quasi stundenlang annähernd ununterbrochen übergeben, sich für den Rest des Tages krankgemeldet und fast ein Jahr lang gewartet auf die zum Glück negativen Ergebnisse der entsprechenden medizinischen Tests. Um unsere Stimmungslage und Mentalität zu dieser Zeit kurz und prägnant zu schildern: Wir haben uns monatelang darüber totgelacht!

Genau dieses längst totgeglaubte Fabelwesen Jennifer habe ich nun am Telefon. Am Klangbild ihrer Stimme, genauer gesagt an der langgezogenen Art des jeweils letzten Wortes eines jeden Satzes, bilde ich mir ein herauszuhören, dass sie auf Droge ist. Immer noch oder schon wieder. Fast wie ein Anruf aus dem Reich der Toten, so kommt es mir vor. Gar nicht so unpassend, der Gedanke. Wenn ich je in meinem Leben Menschen sah, die Zombies wirklich ähnelten, dann waren es die ausgemergelten Drogenhuren aus Berlin-Schöneberg.

»Jennie, bist du das?«, frage ich ungläubig.

»Wer will das wissen?«

»Na, wen hast du denn angerufen?«

»Die Bullen.«

»Na, siehst du.«

»Bist du 'n Freier, oder was?«

»Nein. Nur einer von den Polizisten, die da waren, als du sie brauchtest oder manchmal auch nicht gebrauchen konntest.«

»Was?«

»Ach, egal. Ich freu mich, dass du noch am Leben bist!«

»Glaub ich dir nich.«

»Jennie, was willst du?«

»Ey, was is das für 'n Scheiß, Alter! Woher kennst du mich?«

»Ich hab dich vor zehn Jahren ein paarmal aus der Scheiße gezogen. Aber wie es scheint, steckst du immer noch drin.«

»Vor zehn Jahren, Alter? Das is aber lange her.«

»Stimmt. Und du hast nicht gut ausgesehen, glaub mir. Aber immerhin hast du überlebt.«

»Ja, Alter, ich war 'ne Weile weg. Hat aber nich funktioniert. Alles scheiße.«

»Das höre ich. Was willst du?«

»Na, eure Hilfe, verdammt.«

»Wobei?«

»Wobei, wobei … Das Dreckschwein is mit meiner Kohle abgehaun!«

»Wie, mit deiner Kohle?«

»Na, in den Arsch hat er mich gefickt, und seinen Dreck hat er mir ins Gesicht gespritzt, und jetzt is er mit meiner Kohle abgehaun!«

»Uhhh, das sind eindeutig zu viele Informationen für mich. Aber sag mal, du bist doch 'n großes Mädchen und müsstest wissen, dass ohne Vorkasse nichts läuft.«

»Willst du mich verarschen, Bulle? Der hat mir eine reingehauen und mir die Kohle wieder abgenommen!«

»Bist du verletzt? Brauchst du einen Krankenwagen?«

»Ich will keinen Scheißkrankenwagen, ich will meine Kohle!«

»Okay, okay ... Kannst du mir sagen, wie er ausgesehen hat?«

»Wie 'n Stück Scheiße!«

»Aha. War er mit einem Auto da? Kannst du mir ein Kennzeichen nennen?«

»Ja.«

»Was, ja?«

»Ja, verdammt! Hielt sich für schlau, der Penner. Hat um die Ecke geparkt. Aber ich hab's gesehen.«

»Was gesehen?«

»Na, das Nummernschild, Mann!«

»Klasse! Kannst du gehen?«

»Kannst du gehen, kannst du gehen ... Ich kann dir einen blasen, Alter.«

»Nein, danke. Ich sehe gerade, ich hab was bei dir in der Nähe. Froben, richtig?«

»Ecke Bülow.«

»Okay, wir sind gleich da.«

»Will ich hoffen, Alter.«

»Mach's gut und bleib am Leben.«

»Ja, ja ...«

Zugegeben, ein freudiges Wiederhören klingt anders. Aber wir waren ja auch nie Freunde. Immerhin kann sie noch telefonieren und: Sie hat das Kennzeichen! Was mir wirklich gut gefällt.

Wie die Ehefrau von dem Kotzbrocken, die es erfahrungsgemäß höchstwahrscheinlich gibt und die sicher auch einen Briefkastenschlüssel hat, wohl findet, was ihr Gatte so treibt? Dennoch ist meine Freude leicht getrübt, weil diese Frau wohl die einzig unschuldige Leidtragende sein wird. Denn wie ich das Jennifer-Schätzchen kenne, hat dieser Mann möglicherweise einen weit höheren Preis zu zahlen, als er sich überhaupt vorstellen kann …

Sie ist nicht von mir …

Er heult, ist rotzbesoffen und wiederholt immer wieder denselben Satz: »Sie ist nicht von mir … Sie ist nicht von mir …«

»Nun beruhigen Sie sich erst einmal«, sage ich und weiß doch, dass dieser Satz so überflüssig ist wie nur irgendetwas. Meistens erreicht man damit paradoxerweise sogar das Gegenteil. Nur dann, wenn man die Aggression auf sich selbst ziehen will, ist diese Floskel sinnvoll. Weit entfernt von solchen taktischen Winkelzügen, war es also gerade einfach nur bescheuert von mir, so etwas zu sagen. Bevor ich etwas Schlaueres versuchen kann, reagiert er wie befürchtet: »Beruhigen, beruhigen!? Mein ganzes Leben ist wie ein Kartenhaus in sich zusammengebrochen, und ich soll mich beruhigen!?«

Er flucht nicht. Benutzt keine Fäkal- oder Kraftausdrücke, kein »Scheiße«, kein »Verdammt«. Das finde ich gut, wenngleich die Erfahrung mich gelehrt hat, dass das keine Rückschlüsse darüber zulässt, wie gefährlich die Situation ist.

»Wie heißt sie?« Ich will ihn von seinem Trip herunterbringen und zum Kern der Sache vordringen. Nach einer Weile kommt von ihm, in fast zärtlichem Ton: »Lara.«

»Ein schöner Name«, finde ich, dann kommen mir die Worte »Wo ist das Problem?« über die Lippen.

Der nächste Fauxpas. Allein das Wort »Problem« ist schon tabu. Gemäß einem japanischen Sprichwort gibt es keine »Probleme« (die ziehen einen schließlich bloß runter), sondern nur Lösungen.

»Wie alt ist Lara?«, versuche ich mein Glück, bevor er sich den nächsten Kübel Selbstmitleid über den Kopf gießt. Zu spät.

»Problem? Ich bin das Problem«, sinniert er. Doch dann wird er plötzlich zutraulich: »Sie ist acht. Darf ich Sie duzen?«

Er braucht einen Kumpel. Offensichtlich. Also werde ich die nächsten paar Minuten sein Freund sein und gebe ihm grünes Licht:

»Na klar. Was ist denn los?«

»Stell dir mal vor«, holt er aus, »du hast eine wunderschöne Frau, die dir ein wunderschönes kleines Mädchen schenkt. Dein Job ist prima, selbst dein Auto ist toll. Der liebe Gott ist gut zu dir und lässt euch in einem gemütlichen kleinen Haus leben. Aber eines Tages kommst du durch einen dummen Zufall darauf, dass weder die wunderschöne Frau noch der kleine Engel wirklich zu dir gehören. All die Jahre warst du so naiv und so glücklich, dass du nichts gemerkt hast. Wie würdest du das finden?«

»Ich würd mich besaufen«, sage ich spontan.

»Ja«, lacht er, »hab ich gemacht. Es ändert aber nichts. Sie ist nicht von mir …«

»Erstens: Weißt du's genau? Und zweitens: Glaubst du, es war ein Ausrutscher?« Ich zwinge ihn, logisch zu denken.

»Tja«, kommt traurig, »ich habe einen Vaterschaftstest machen lassen. Und ja, ich glaube, es war so etwas wie ein Ausrutscher. Was mache ich denn jetzt, alle umbringen?«

Er wird ein Büromensch sein, denke ich. Zumindest halte ich ihn für gebildet, sympathisch und zivilisiert. Deshalb traue ich mich zu sagen: »Quatsch, so bist du nicht!«

»So bin ich nicht?«, fragt er erstaunt. »Woher weißt du denn das?«

»Ganz einfach«, erkläre ich ihm, »wenn du von deiner Tochter redest, höre ich Liebe und Stolz heraus. Du bist kein böser Mensch. So bist du nicht!«

»Von meiner Tochter …«, wiederholt er nachdenklich.

»Ganz genau«, hake ich ein, »deine Tochter! Du hast sie in den Arm genommen, als sie auf die Welt kam, wahrscheinlich warst du sogar bei ihrer Geburt dabei. Du hast sie gewindelt, gefüttert und getröstet bei Bauchweh und Gewitter. Du hast dich über ihr erstes Wort gefreut, vielleicht war's ja sogar ›Papa‹, ihr Fahrrad fahren und schwimmen beigebracht und bei ihrer ersten Schulvorführung stolz in der vordersten Reihe gesessen. Sie denkt wie du, sie spricht wie du – sie ist deine Tochter! Und mit ein bisschen Glück macht sie dich sogar einmal zum Großvater. Du wirst niemals alleine sein, wenn du jetzt keinen Fehler machst.«

»Was immer sie dir bezahlen, es ist zu wenig«, sagt er da und verblüfft mich, weil ich mit einer sentimentalen Antwort gerechnet hatte. Nur allzu gern würde ich eine flapsige Bemerkung draufsetzen. Aber ich möchte herauskitzeln, ob der Vortrag bei ihm angekommen ist, und frage ihn: »Habe ich nicht recht?«

»Natürlich hast du recht«, gibt er zu und mir gleich die nächste Nuss zu knacken, indem er fragt: »Und was ist mit meiner Frau?«

»Was soll schon mit ihr sein?« Ich gebe mir weiterhin Mühe. »Du hast es doch gerade selbst gesagt: Sie ist immer noch deine Frau! Wenn es stimmt, was du sagst, und es nur ein Ausrutscher war, hat sie einen Fehler gemacht, klar. Aber die Folge dieses Fehlers heißt Lara. Glaub mir, ich habe hier täglich mit viel schlimmeren Folgen von Fehlern zu tun als mit kleinen Engeln, die ihren Papa lieben! Du hast mir ahnungslose, aber glückliche Jahre geschildert. Das kann kaum funktioniert haben, wenn deine Frau nicht die Richtige wäre. Stell sie zur Rede, lass sie ein bisschen büßen, was weiß ich. Kauf dir ein Motorrad, mach einen Fallschirmkurs oder stell irgendeinen anderen harmlosen Blödsinn an, gegen den sie schon immer strikt gewesen ist – und dann rauft euch zusammen. Denn, mal ehrlich, wir beide sind doch auch keine Chorknaben. Wir haben beide schon mit geschlossenen Augen fremdes Parfüm geschnuppert und darüber nachgedacht, die Blume von der Nachbarwiese zu bestäuben. Aber schau dich mal ernsthaft um: Wie schwer ist es, jemanden zu finden, von dem man nach acht Jahren immer noch so redet wie du von ihr!«

»Das ist deine Meinung?«, fragt er, und ich werde etwas unsicher.

»Ja, das ist meine Meinung. Und wenn du mal in Ruhe darüber nachdenkst, liege ich gar nicht so falsch, oder?«

»Wird schon stimmen, aber es tut trotzdem weh«, beklagt er sich.

»Natürlich tut das weh, aber so etwas unterscheidet halt Jungs von Männern«, werde ich theatralisch.

»Was meinst du?«, will er wissen.

»Die Fähigkeit, mit Schmerzen umzugehen und Entscheidungen zu treffen«, höre ich mich sagen. »Aber du schaffst das, ich traue dir das zu!«

»Lernt man so etwas eigentlich auf der Polizeischule?« Er ist schon wieder zu Späßen aufgelegt.

»Ja, genau. Und gleich gebe ich dir noch meine Kontonummer, damit du mein Gehalt ausgleichen kannst«, steige ich darauf ein.

»Na, eins steht fest«, sagt er und atmet durch. »Wenn der Barkeeper hier in dieser Bar nur halb so gut wäre wie du, hätte ich den edlen Chivas Regal nicht in mich hineingekippt wie Wasser.«

»Ach, das war schon ganz okay«, verabschiede ich mich von ihm. »Hauptsache, du vergisst nicht, was wir besprochen haben, wenn du wieder nüchtern bist. Mach's gut, und grüß mal deine beiden Schönheiten von mir, wenn du magst.«

»Danke, Polizist, hast mir geholfen«, sagt er, und es klingt albern, aber irgendwie fühle ich mich gut bezahlt.

Isch ficke deine Mutter, Alter

Murat ruft an. Mit Höflichkeitsfloskeln hält er sich nicht lange auf, kommt gleich zur Sache: »Wo habt ihr Aschlöcher mein Bruder hingebracht?«

Ich tue so, als hätte ich nicht verstanden, als hätte das Gespräch noch gar nicht begonnen. Also: »Notruf der Berliner Polizei, Gutenrath, guten Tag.«

»Wo ihr Aschlöcher mein Bruder hingebracht habt, will ich wissen!«

Okay. Er will oder er kann nicht anders. Ich könnte das Gespräch sofort beenden. Wäre aber zu einfach und auch langweilig. Außerdem besteht ja zumindest die Möglichkeit, dass sein Bruder bessere Umgangsformen hat und Hilfe braucht. Theoretisch.

Das Gespräch wird aufgenommen, so viel steht fest. Für ihn als jungen Mann mit mutmaßlichem Migrationshintergrund, der sich in einer emotionalen Ausnahmesituation befindet und eventuell unter Kommunikationsschwierigkeiten aufgrund von sprachlichen Defiziten leidet, heißt das gemäß der Linie der Firma: gar nichts. Für mich, sofern ich mich im Ton oder Vokabular vergreife oder einen falschen Paragraphen zitiere, heißt es: EDEKA – Ende der Karriere.

Was das angeht, befinde ich mich allerdings ohnehin am selbstgewählten Karriereende und habe mir damit den Luxus erkauft, die Dinge so anzugehen, wie ich es für richtig halte. Wenn man diese Hürde einmal limbomäßig genommen hat, kann man selbst in diesem Beruf ein ausgeglichener und gutgelaunter Mensch sein.

Diese Philosophie hat allerdings auch zur Folge, dass man öfter mal dem Chef gegenübersitzt.

Jedenfalls treibt mir ein simples »Arschloch« ganz sicher keine Schweißperlen auf die Stirn. Womit wir wieder bei unserem Freund Murat wären, der auf der Suche nach seinem Bruder ist. Um ihm etwas Brauchbares zu entlocken, zwitschere ich erst einmal: »Was ist denn überhaupt passiert?«

Selbstsicher und in der Gewissheit, mich schon mit seinen ersten Sätzen eingeschüchtert zu haben, diktiert er: »Pass auf, Alter. Ihr wart eben Hermannplatz und habt Mehmet mitgenommen, obwohl der hat nix gemacht, Alter, gar nix!«

Während ich mit meiner Playstation herumspiele und mir anschaue, was in der letzten Stunde am Hermannplatz so gelaufen ist, frage ich scheinheilig: »Wann war das denn genau?« Er hat nun wirklich schon genug Geduld mit mir gehabt und platzt heraus:

»Hörst du nich zu, Alter? EBEN, eben grade. WO IS MEHMET?«

Als ich bereits ziemlich sicher bin, dass Mehmet nach mutmaßlichem BTM-Handel und Widerstand während verweigerter Personalienfeststellung mit einigen seiner Kollegen in einer »Wanne« (berlincharakteristisches vergittertes Einsatzfahrzeug einer Gruppenstreife, mit einer Kapazität von bis zu vierzehn Mann) sitzt und bislang unverletzt, aber sicher schlecht gelaunt auf dem Weg in die »GESA Süd« (Gefangenensammelstelle der Polizeidirektion 5) ist, frage ich Murat nach seinem Nachnamen.

»Scheißegal, Alter«, kommt wie erwartet.

»Wenn ich Mehmets Nachnamen nicht habe, kann ich ihn im Computer nicht finden«, lasse ich ihn ganz sachlich wissen.

»Aydin, Mehmet Aydin«, kommt es übellaunig.

Bingo. Als ich darüber nachdenke, ihm wenigstens eine Chance auf eine brauchbare Information zu geben, erwacht mein Interesse daran, was er selbst mit der Sache zu tun hat, also frage ich ihn.

»Du legst mich nich rein, Scheißbulle.« Er bekommt wieder Oberwasser. Und dann legt er nach: »Penner, isch ficke deine Mutter, Alter!«

Ich würde ja gern behaupten, dass man diesen Satz bei uns selten oder so gut wie nie zu hören bekommt. Stimmt aber nicht. Es kommt sogar so oft vor, dass wir hier schon Standardantworten parat haben. Beliebt ist zum Beispiel: »Hallo, Papa. Schön, dass du dich mal meldest.« Immer wieder gern genommen wird auch: »Okay, aber dann musst du sie erst ausbuddeln. Meine Mutter ist nämlich schon lange tot.« Mein persönlicher Favorit ist: »Na ja, ich finde, ihr solltet erst einmal essen gehen.« Da das alles aber in der Regel sowieso nicht bis zum Empfänger durchdringt, spare ich mir diese Nummer meist ganz. Im Normalbetrieb weitermachend, frage ich ihn harmlos: »Sag mal, was soll das eigentlich?«

Ich duze ihn inzwischen, schließlich sind wir ja fast verwandt. Er aber ist ein ganzer Mann und lässt sich durch derlei Frauenfragen nicht aus dem Konzept bringen. Wenn ich ehrlich bin, habe ich auch nicht erwartet, dass wir beide über ein tiefgreifendes zwischenmenschliches Gespräch zu einem Konsens finden, um uns dann als Freunde zu trennen.

»Aschlecken, Alter. Isch hau dir auf die Fresse, wenn du mir nich sofort sagen tust, wo mein Bruder is. Isch mach dich kalt, Alter!«

Beleidigung, Nötigung, Bedrohung … – Mann, Schnucki, denke ich, hoffentlich bist du nicht der schlauere von euch beiden Brüdern! Oder will Murat im Knast nur in Ruhe seinen Hauptschulabschluss nachmachen und quatscht mir deshalb das halbe Strafgesetzbuch aufs Band? Nun spüre ich doch einen kleinen Stachel. Die Beleidigung, geschenkt – aber verprügeln und auch noch umbringen muss ja nun wirklich nicht sein.

Inzwischen weiß ich längst, wo die Aydin-Brüder wohnen. Ich habe trotzdem keine große Lust, gegen ihn einzuspannen. Bevor er allerdings noch etwas über meine Familie oder meine Kinder sagen kann – Drohungen gegen meine Kinder sind zugegebenermaßen meine Achillesferse –, beschließe ich, ihn noch ein wenig zu ärgern und dann vom Haken zu lassen. Also hole ich zu einem sauberen Schwinger aus und sage: »Wenn du mal groß bist und dich traust, mir das alles ins Gesicht zu sagen und nicht bloß durchs Telefon, können wir mal 'ne Runde Sparring machen. Bis dahin sieh zu, dass du klarkommst oder wenigstens weiterhin schneller rennst als unsere jungen Polizisten. Mehmet hat's heute nicht geschafft.«

Bevor er mich und meine Mutter noch ein halbes Dutzend Mal verbal penetriert und über die Klinge springen lässt, beende ich das Gespräch und freu mich auf mein Bett …

PS: Wenn sie das Band abhören, spannen sie wahrscheinlich ein – gegen mich, wegen Strafvereitelung im Amt …

An dieser Stelle noch einen lieben Gruß an die ehemalige Berliner Ausländerbeauftragte. Ich hatte schon mehrmals die Freude, sie persönlich zu treffen. (Unter anderem – kurioserweise perfektes Timing – war sie zufällig anwesend während eines Einsatzes in den Straßen Berlin-Schönebergs, der ganz ähnlich ablief wie der, der unserem Mehmet gerade widerfahren ist.) Gerne hätte ich hier über Hans und Franz geschrieben. Es war mir aber leider nicht möglich.

Der Kartäuser

Wenn ich noch einmal zur Welt kommen sollte, dann bitte als Katze.

Unabhängig, kraftvoll und selbst im freien Fall meist noch Herr der Lage. Toll! Jahrtausendealte Legenden ranken sich mit Recht um diese sonderbaren Tiere, die ihre Geheimnisse bis zum heutigen Tag bewahrt haben. Oder wissen Sie vielleicht, warum sie schnurren oder wie dieses mystische Geräusch genau entsteht? Oder woher sie die geradezu meditative Geduld bekommen, stundenlang reglos vor einem Mauseloch auszuharren, um dann bei Bedarf trotzdem frisch und blitzschnell zu reagieren, nur um die Maus dann gelangweilt freizugeben, wenn sie gestellt wurde? Auch nicht? Macht nichts.

Sie befinden sich in guter Gesellschaft. Weiß nämlich niemand. Natürlich gibt es eine Menge Wissenschaftler und Katzenflüsterer, die uns glauben machen wollen, sie hätten Durchblick und Schnurren sei pures Wohlbefinden. Wer sich jemals die Mühe gemacht hat, eine Katze länger zu beobachten, oder gar mit einer zusammenlebt, ahnt, dass die Bartträger jedoch viel komplizierter gestrickt sind.

Wie kompliziert, lässt sich wunderbar an meiner eigenen Katze verdeutlichen.

Charly ist so etwas wie eine mir auferlegte Prüfung. Anders als bei Hunden bin ich bei Katzen davon überzeugt, dass sie ihre Menschen erziehen und nicht umgekehrt. Wenn der alte Kater, der inzwischen 19 Jahre auf dem Buckel hat, nicht sein tägliches Maß an Zuwendung bekommt, kackt er mir konsequent auf den Dachboden. Dort und im ersten Stock, bei den Kindern, wohnt er. Wobei »wohnen« der falsche Ausdruck ist, er »residiert«. Die Kinder werden von ihm nur geduldet. Ich glaube nicht einmal, dass er sie wirklich mag. Schließlich war er zuerst da. Nach unten kommt er eigentlich überhaupt nicht, weil er Pepe nicht leiden kann, unseren Hund. Der kam auch lange nach ihm. Überhaupt sind ihm diese ganzen hektischen Wesen in seinem Haus suspekt. Jetzt, im Alter, erst recht. Selbst ich bin mir manchmal nicht sicher, ob er in mir mehr sieht als eine Art fleischgewordenen Dosenöffner. Wenn seine tägliche Streicheleinheit zehn Minuten übersteigt, wird es ihm lästig, und er fängt an, mich zu beißen. Liebesbisse, sagt der Tierarzt. Witzbold, der Mann.

Meine Frau hat Charly vor Ewigkeiten angeschleppt, als ihn, weder besonders schön noch selten, jemand einfach ertränken wollte. Nun kann man sich natürlich fragen, warum man ein solches Wesen bei sich duldet und was man davon hat. Man hat eben nichts davon. Zumindest nichts, womit man sich über andere erheben kann, gleichgültig in welcher Weise. Aber wenn ich Magenschmerzen habe, legt er sich auf meinen Bauch. Habe ich mir die Schulter verrissen, finde ich ihn in meinem Nacken wieder. Bin ich erschöpft eingenickt, umkreist von kreischenden zweibeinigen Satelliten, sorgt er dafür, dass man mir nicht zu nahe kommt. Und wenn ich traurig bin, blickt er mich an und stellt wortlos meine Werte in Frage, die ich in vermeintlicher Unordnung sehe. All dies, ohne dass ich ihn jemals darum gebeten hätte. Von Gewalt oder Bestechung ganz zu schweigen. Er ist mein Freund. Es ist mir eine Ehre, dass er in meinem Hause lebt, in dem ständig alle Türen offen stehen. Er könnte gehen, wann er will und auch wohin er will, doch er bleibt bei mir. Er ist mein Freund.

Sie mögen mich belächeln, aber von dem Stubentiger geht für mich tatsächlich so etwas wie Weisheit aus. Es stecken Fähigkeiten und Wahrheiten in dem kleinen, inzwischen abgemagerten Kerl, die so viel älter sind als Verbrennungsmotor, Schwarzpulver und Edelstahl. Ich bin gespannt, wie lange er noch durchhält. Charly traue ich sogar zu, dass er den Zeitpunkt, an dem er einschläft, selber wählt, weil ihm das Ganze einfach zu mühsam wird. Wahrscheinlich begleitet von einem letzten versöhnlichen Schnurren, wie sie es immer machen, bevor sie gehen …

Wen wundert es also, dass ich im Gegensatz zu vielen passionierten, auch uniformierten Katzenhassern ein offenes Ohr habe, wenn Mohrle, Muschi, Titus oder Susi verschwunden oder in Not geraten sind. Wer an Merkwürdigkeiten wie Feng-Shui glaubt, wird auch verstehen, dass es Leute gibt, die Nervosität, Schreibblockaden oder schlichtes Unwohlsein damit in Verbindung bringen, dass ihre Katze eben nicht zur gewohnten Zeit an ihrem Platz liegt und sich putzt. Manchen sind die Fellbündelkotzer sogar ein Partner- oder Kinderersatz, meist für Frauen. Ob aber nun komisch oder nicht: Es ist eben so! Dass die Tierfreunde es als akute Notlage empfinden, wenn ihre Katze in Gefahr ist, versteht sich von selbst.

Sie können sich nicht vorstellen, welche kuriosen Geschichten und Gespräche schon durch das dünne Kabel meines Kopfhörers geflossen sind. Vom Katerkopf im Gullydeckel bis zum Katzensuizid durch Sprung in einen Hundezwinger war eigentlich schon alles dabei. Wahllos herausgegriffen, hier die Geschichte von Richie:

Richie ist ein Kartäuserkater, großer Herzensbrecher und natürlich ein Prachtexemplar, meint Richies Mensch, Herr Randolf. Er hat mich angerufen, weil Don Juan von seiner Nachtrunde nicht zurückkam. Das bringt mich zunächst nur zu der gelangweilten Frage: »Warum lassen Sie denn so eine teure Rassekatze über Nacht raus?«

Gemäß den anzunehmenden Charaktereigenschaften meines Anrufers hätte ich's natürlich besser wissen müssen und lande durch diese Frage in einem whirlpoolgroßen Fettnapf. Ich muss mir also anhören: »Was soll das denn heißen? Weil er es will, natürlich! Weil er es braucht! Außerdem, was spielt es denn für eine Rolle, ob er eine Rassekatze ist oder nicht?«

Auch schon nicht mehr ganz frisch, atme ich mit hängenden Augenlidern tief durch und denke: Richie, du Blödmann, konntest du nicht pünktlich nach Hause kommen? Herrchen ist anstrengend.

»Stimmt. Eigentlich haben Sie recht«, sage ich gequält, woraufhin er sich aber leider immer noch nicht einkriegt.

»Wieso eigentlich? Selbstverständlich habe ich recht!«, geifert er.

Da er mir jetzt schon zum zweiten Mal doof kommt, liebäugele ich mit dem Gedanken, ihm die These zu unterbreiten, dass Richie wahrscheinlich vom Nachbarshund gefressen wurde und die Polizei jetzt auch nichts mehr daran ändern könnte. Da mich Charly mindestens ein halbes Jahr mit Verachtung straft, wenn er von dieser Gemeinheit hört, die sich in der Katzenwelt sicher irgendwie herumspricht, lasse ich es. Also beweise ich Geduld, eine meiner wenigen Stärken (ich bin Widder), und fordere ihn auf: »Sagen Sie mir, was kann ich für Sie tun?«

»Für mich gar nichts, aber Richie braucht Ihre Hilfe«, setzt er erneut an in seiner verdrehten Sichtweise, die mir doch eigentlich gar nicht so fremd sein dürfte.

»Ach, vielleicht ist er nur verliebt oder hat irgendwo verschlafen«, nehme ich das nächste Fettnäpfchen ins Visier.

»Nein, nein, nein, nein, nein«, platzt es aus ihm heraus, »ich weiß ja, wo er ist.«

»Na klasse, dann ist der Fall ja gelöst.«

»Eben nicht! Er ist beim Nachbarn, und der lässt ihn nicht wieder frei!«

»Ist er ein wehrhaftes Kerlchen?«, will ich wissen.

Die Frage wird Sie verwundern, aber die kleinen Kerle können zuweilen eine enorme Kampfkraft an den Tag legen. Ich kannte in Hamburg auf St. Pauli einen Perserkater, der sein Leben in einer dieser Kneipen verbrachte, die niemals wirklich schließen, sondern in denen nur einmal am Tag Sägespäne gestreut werden. Dort thronte er meist auf einem gepolsterten Brett und versperrte den Zugang zum Büro der Besitzerin. Nur wirklich hartgesottene St. Paulianer trauten sich ungebeten an ihm vorbei und zahlten zuweilen auch Blutzoll.

Richie hingegen scheint mehr der Antonio Banderas der Katzenwelt zu sein, denn sein Zweibeiner antwortet auf meine Frage:

»Nein, er ist ein Feingeist. Das Grobe überlässt er anderen.«

Feingeist, na toll! Ein Grund mehr, ihn abends nicht rauszulassen. Die Nacht ist für die harten Jungs.

»Schade«, stelle ich trocken fest und frage weiter: »Und was soll das? Was will der Nachbar von ihm?«

»Na ja«, rückt er endlich mit der Sprache raus, »seitdem der Typ einmal nach ihm getreten hat, pinkelt Richie ihm fast täglich auf seinen Fußabtreter.«

Tja, Rache ist süß, obwohl in diesem Fall wohl eher ätzend. Es gibt wahrscheinlich kaum einen übleren Geruch als jenen, der von Katzenpusche ausgeht. Da kann man schon mal die Nerven verlieren, als Mensch und Nachbar. Richie, du Ratte! Das haben wir gern: Erst sich selbst in Schwierigkeiten bringen und dann um Hilfe maunzen!

»Aber egal«, fährt Herrchen fort, »wir brauchen hier dringend Ihre Hilfe! Ich steh hier vor der Tür von dem. Passen Sie mal auf ...«

DING-DONG, höre ich, und dann brüllt jemand, dem Klang nach durch die geschlossene Tür: »Verschwinde, du Penner! Ich schneid das Mistvieh in Streifen! Ich stopf die Pissnelke in die Mikrowelle!«

Oh, oh, sieht schlecht aus, Richie. Hört sich gar nicht gut an. Ich überlege krampfhaft, was ich jetzt für einen Einsatz stricke und vor allem wie. Richie muss geholfen werden, das steht fest. Schließlich haben wir alle mal, als wir klein waren, unserem gemeinen Nachbarn einen Haufen Kacke in brennendem Zeitungspapier vor die Tür gelegt, haben geklingelt, bevor wir wegrannten, und sind dafür nicht gleich in die Mikrowelle gesteckt worden, wenn man uns erwischt hat. Ich befürchte allerdings, dass sich Klein-Richie schon längst als matschiger Haufen hinter der Glasscheibe im Kreis dreht, bevor der erste Polizist eintrifft, wenn ich in meinen Computer tippe, dass es »nur« um eine Katze geht. Also muss ich mir schon irgendetwas einfallen lassen, wenn ich eine Eilanfahrt anschubsen will, bei der ich nicht nur das ach so teure Einsatzmittel Funkwagen riskiere, sondern eventuell auch noch das wirklich wertvolle Leben der beiden Polizisten oder anderer Verkehrsteilnehmer. Knifflig.

Lügen durch Weglassen, was dann ja gar kein Lügen mehr ist, würde vielleicht gehen. Ich könnte schlicht aussparen, dass Richie ein Vierbeiner ist, und später behaupten, ich hätte »Kartäuser« für eine Nationalität oder ethnische Minderheit gehalten. Klappt nicht, fürchte ich. Spätestens wenn sie die Bänder abhören, fliege ich in Schallgeschwindigkeit um die Lampe.

Da kommt mir der Geistesblitz! Ich werde auf den hohen materiellen Wert dieser Rassekatze hinweisen, die per Definition und laut Gesetz ja immer noch so etwas Ähnliches wie eine »Sache« ist, und auf der Schiene »Sachbeschädigung gewärtig« reiten. In Zeiten, wo Steuerhinterzieher härter bestraft werden als Kinderschänder, kriege ich das vielleicht leichter durch. Selbst wenn ich Tierquälerei anführe oder »Töten eines Wirbeltieres«, habe ich meine auf Erfahrung basierenden Bedenken, dass die Rettung pünktlich eintrifft, bevor Richie Katzenragout ist.

Was soll's, hilft alles nichts. Jetzt mal schön bis zu den Knien aus dem Fenster gelehnt und einen Eileinsatz in die Tastatur gehackt. Ich werde das Ding verantworten und hoffen, dass in der Kette, in der es weitergereicht wird, keine Katzenhasser sitzen. Um selbst die kaltzustellen, werde ich den Fall zwar TIN, Tier in Notlage, nennen, aber gleichzeitig behaupten, dass die Eskalation zwischen Katzenliebhaber und Katzengourmet unmittelbar bevorsteht. Vielleicht ein bisschen geflunkert, aber nur ein bisschen – und es bleibt ja unter uns …

Während also das grüne Katzenrettungskommando durch die späte Nacht rauscht, versuche ich Herrn Randolf zu beruhigen, indem ich ihm sage, dass er mit unserer vollen Unterstützung rechnen kann und Hilfe schon so gut wie da ist. Nebenbei flechte ich die Frage ein, ob er vielleicht einen Job für mich hat, falls ich demnächst arbeitslos bin. Für solche unwichtigen Nebensächlichkeiten hat er jetzt aber keinen Sinn. Spätestens seit der Sache mit »in Streifen schneiden« und »in die Mikrowelle packen« ist er mir ein wenig hibbelig geworden.

Inzwischen ist Herr Randolf über die Phase des Bettelns hinaus und hämmert mit beiden Fäusten gegen die Tür des potentiellen Katzenkillers. In einer Faust sein Handy. So hört es sich jedenfalls an. Ich reiße mir mein Sprechgeschirr von der Rübe, weil das Ganze wie Paukenschläge in meinem hohlen Kopf nachhallt. Als die Frequenz nachlässt, halte ich das Ding mit zusammengekniffenen Augen wieder vorsichtig an mein linkes Ohr und höre ein ebenfalls durch das Treppenhaus hallendes »Hallo! Hallo, lassen Sie das!«

Hurra, die Polizei ist da!

Dann sagt die gleiche Person, jetzt ebenfalls mit der Faust gegen die Tür schlagend: »Aufmachen, Polizei!«

Mit mir redet kein Mensch. Muss auch nicht sein. Ich lausche gespannt wie ein Flitzebogen, wie es Richie geht. Nach der zweiten, noch lauteren Aufforderung öffnet sich wohl die Tür, denn ich höre ein »Klick«, und anschließend leiert Herr Randolf los: »Oh, Schatziiii, gottseidaaaaank!«

Dann ist die Verbindung plötzlich weg.

Bitte, gern geschehen, denke ich und bin zufrieden mit mir und meiner Welt. Dem kleinen »Pisser« geht's gut, meine Leute sind unbeschadet angekommen, und ich kann wohl auch weiter die Rechnungen vom Kieferorthopäden meiner Töchter bezahlen.

Und ob Sie es mir nun glauben oder nicht: Als ich an diesem Morgen müde nach Hause komme, liegt Pepe eingeschüchtert blinzelnd in seinem Korb, und Charly schläft nicht im Dachstuhl, sondern erwartet mich, kerzengerade sitzend, zwei Meter hinter der Haustür und schaut mich an. Als ich meinen Rucksack ablege, kommt er zu mir, streift mir schnurrend um die Beine und ist mir einmal mehr ein bisschen unheimlich …

Ein Streifenpolizist

Es ist nicht, wie uns Fernsehen und Kino weismachen wollen, der Kripobeamte, der mit seinem Spurensicherungspinsel wedelt oder Vernehmungen durchführt. Es ist auch nicht der SEK-Mann, der als Erster den Tatort betritt. Nein, es ist der Streifenpolizist, der meist als Erster vor Ort ist und damit zwangsläufig die größte Gefahr kennt und auch Erfahrung hat. Er findet die Leiche oder sieht sich unerwartet, eigentlich zu einer harmlosen Ordnungswidrigkeit gerufen, plötzlich einem Messer oder einer Pistole gegenüber.

Übrigens an dieser Stelle eine gutgemeinte Warnung. Man sollte niemals, gleichgültig ob Millionär, Obdachloser, Preisboxer oder Zwerg, die Macht von zwei kompetenten und gut eingespielten Streifenpolizisten unterschätzen. Hilflose Versuche der Polizeibehörde, diese Macht zu beschränken, indem man etwa durch Rotationsverfahren versucht, eingespielte Streifenteams nicht entstehen zu lassen, sind nicht nur nutzlos, sondern kontraproduktiv bis gefährlich.

So ein Streifenpolizist kriegt viel zu sehen und muss viel verarbeiten. Da Polizisten angeblich Menschen sind, so das Gerücht, gelingt das gut bis gar nicht. Selbst robusteste Naturen sind auf Dauer einer gewissen »Erosion« unterworfen. Die Berliner Polizei unterhält eigens eine gutdotierte Truppe, bestehend aus Autodidakten, die eine schwere Lebenskrise erfolgreich überstanden haben und das Talent besitzen, ihr »Rezept« weiterzugeben, sowie ausgebildete Psychologen, die sich um »Angeknackste« kümmern. Es kann eine Leiche zu viel sein oder der Anblick eines schwerverletzten Kindes, addiert mit einer eventuell untreuen Ehefrau, die den Schichtdienst ihres Mannes auf ihre eigene Weise kompensiert – und der, der eigentlich helfen soll, kann sich nicht einmal mehr selbst helfen. So ein Exemplar haben wir jetzt am Telefon.

Matze ist fertig. Merkt man schon daran, dass er die 110 gewählt hat. So etwas machen Polizisten eigentlich nicht. Schon gar nicht in eigener Sache. Dabei ist er nicht einmal betrunken. Einfach nur alle.

»Ich kann nicht mehr«, sagt er, und ich mache mir ernsthaft Sorgen. Mir wäre viel lieber, wenn er stinkbesoffen oder zumindest emotionaler rüberkommen würde. So klingt es einfach nur ernst.

»Matze?«, sage ich, und er antwortet müde:

»Ja?«

»Matze, hast du deine Dienstpistole zu Hause?«, will ich wissen.

»Wieso, hast du Angst, dass ich es mir erstmal in Ruhe durch den Kopf gehen lasse?«, geht er zynisch auf meine Befürchtung ein.

Zynismus, Ironie und vordergründige Gefühlskälte sind etwas, was man häufig bei seinesgleichen, nein, falsch, bei unseresgleichen antrifft. Dabei sind wir oftmals die verletzlichsten Weicheier. Ich bin mal durch eine dämliche Fügung des Schicksals, zivil, aber im Dienst, als Erster bei einem Verkehrsunfall an der Ecke Potsdamer Straße/Bülowstraße gewesen. Allein, zu Fuß, mit einem noch verpackten Cheeseburger in der Hand, bog ich um die Ecke und sah eine Radfahrerin unter einem Lastwagen liegen. Ich rannte hin und musste feststellen, dass einer der hinteren Zwillingsreifen über ihren Kopf gerollt war. Ihr Kopf war, im wörtlichen Sinn, geplatzt, und das Gehirn lag nahezu unversehrt einen halben Meter neben ihr. Ich steckte meinen Cheeseburger in die Jackentasche, nahm mein Funkgerät vom Gürtel und versuchte ihr mit der rechten Hand den Puls zu fühlen. Den Puls zu fühlen! So ein Schwachsinn.

Als Raiko, mein Passmann, kurz darauf dazukam, hielt ich ihre Hand, die ich erst wieder losließ, als ein alter, grauhaariger Feuerwehrmann eine Decke über sie legte und zu mir sagte: »Komm mit, Junge, ist gut.«

Als ich wieder in unserem Z-Wagen saß, biss ich cool in meinen kalten Cheeseburger. Abends jedoch, zu Hause auf dem Sofa, sah ich jedes Mal, wenn ich meine Augen schloss, diesen kleinen, glänzenden Klumpen Fleisch.

»Hast du oder hast du nicht, Matze?«, beharre ich auf einer Antwort.

»Hab ich nich«, kommt es genervt und dann ganz leise: »Leider.«

»Was'n los, erzähl mal«, fordere ich ihn erleichtert auf.

»Ach, hör auf. Alles Scheiße. Ich hab ehrlich keinen Bock mehr«, leiert er runter, und es schwingt fast ein wenig Hass mit.

»Hast du's vielleicht etwas genauer?«, fordere ich ihn unsentimental auf, denn die gefühlvolle Nummer würde nicht bei ihm ziehen. Die hat er selber oft genug gemacht. Wie so ähnlich von mir erwartet, kommt dann prompt: »Ob ich's genauer hab? Ja, hab ich: Ich kann gar nicht so viel essen, wie ich kotzen möchte!«

Grinsend lobe ich ihn: »Sehr schön anschaulich, Matze. Bringt uns aber nicht viel weiter.«

»Mann, du müsstest mich sehen«, klagt er. »Ich sitz hier in Socken, Boxershorts und ärmellosem Unterhemd mit 'ner Bierflasche auf meinem abgewetzten Sofa und gebe den Proletenbullen, wie in 'nem schlechten Film.«

»Vor dir 'ne kalte Pizza und neben dir 'ne aufblasbare Puppe?«, spinne ich weiter.

»Nee, aufheitern is nich«, wehrt er meinen Versuch ab.

»Na los, erzähl mal, du weißt doch, ich bin vom Fach«, probiere ich es noch einmal.

»Ach, verknackt hamse mich«, fängt er endlich an, »und alles nur, weil ich so 'n Muttchen vor ihrem eigenen Zögling beschützt hab! Dabei ist die bekiffte Rotznase, weil er sich dämlich angestellt hat, durch 'ne Glasscheibe marschiert. Jetzt sieht er überall aus wie 'ne geplatzte Bockwurst, und ich soll zahlen bis ans Ende meiner Tage. Ich meine, verdammt, es war nicht meine Mutter, und ich wollte da auch nicht hin, und jetzt tun die Spinner so, als wär das alles meine Privatsache gewesen!«

»Ist das alles?«, frage ich ihn, wohl wissend, dass fast jeder engagierte Schutzmann solche Geschichten parat hat, auch wenn sie wohl meistens finanziell glimpflicher ausgehen.

»Nein, das is nich alles, du Stimmungskanone.« Er ist leicht sauer auf mich und macht weiter: »Außerdem hat mir meine Göttergattin heute Abend eröffnet, dass sie die Scheidung will, hat ihre Koffer gepackt und ist samt unserer Jungs zu ihren Eltern. Mit einem ›Versager‹ wie mir sieht sie keine ›Zukunftsperspektiven‹, sagt das Miststück. Versager! Zieh dir das mal rein. Gut, ich hab vielleicht nicht dieselbe Besoldungsstufe wie der Polizeipräsident, die Pfeife, aber ich hab mir im Gegensatz zu ihm jahrzehntelang den Arsch aufgerissen für die Bekloppten in dieser Stadt. Hab Leben gerettet und mir zum Dank dafür Krankheiten und Ärger eingefangen. Es gibt bei uns zu Haus ganz sicher keine goldenen Wasserhähne, aber wir haben uns auch nie schämen müssen. Miststück!«

»Sonst noch was?«, frage ich lakonisch.

»Sonst noch was? Na, du hast Humor«, wundert er sich nun doch ein wenig und legt nach: »Gut, ich hab auch ein bisschen Scheiße gebaut, aber wo steht eigentlich geschrieben, dass wir immer alles richtig machen müssen?«

»In der PDV 100«, hau ich raus und muss jetzt langsam aufpassen, dass ich ihn nicht wirklich verprelle.

»Sag mir mal deinen Dienstgrad«, fordert er mich auf, weil ihm zumindest der letzte Spruch sauer aufgestoßen ist.

»Ich bin garantiert ’ne flachere Flachzange als du«, beruhige ich ihn. »Aber mal im Ernst, du bist zwar recht gebeutelt im Moment, aber glaubst du nicht, dass die meisten von uns nicht auch schon Ähnliches an der Hacke hatten?«

»Mag ja sein«, sagt er da traurig, »aber weißt du, was mir wirklich an die Nieren geht? Dass meine Jungs weg sind. Das halt ich nicht durch. Die beiden sind mein Ein und Alles. Der einzige Grund, weshalb ich mich jeden Tag durch diese Scheiße wühle.«

Jetzt tut er mir dann doch ein wenig leid, und ich mache den Versuch, ihm ein wenig Mut zuzusprechen: »Wenn du an die beiden auch nur einen Teil der Werte weitergegeben hast, für die du selber jeden Tag den Kopf hinhältst, dann kommen deine Jungs von allein zu dir zurück, wenn sie so weit sind.«

»Nachdem die Ziege sie zehn Jahre lang versaut hat? Das glaubst du doch selber nicht!«, schnauzt er mich an.

»Doch, das glaube ich«, verteidige ich mich, »was sie in der Brust tragen, lässt sich nicht versauen durch Playstation und Hetzreden gegen dich!«

Der Gedanke scheint ihm zu gefallen, denn er sagt daraufhin in einem zumindest halbwegs beruhigten Ton: »Ach, Scheiße«, was mich trotzdem veranlasst, ihn zu fragen:

»Wie isses, Matze, soll ich dir die Herrschaften von Dez. P7 schicken?«

»Nee, nee, nee, lass die Warzenbesprecher mal, wo sie sind. Die sollen sich mal fein selber therapieren«, lehnt er entschlossen ab.

»Gut«, schlage ich vor, »dann ziehen wir morgen wieder unsere Uniformen an und lassen uns beschimpfen für das, was wir machen, und das, was wir sind, okay?«

»Meinst du?«, sagt er und atmet tief durch.

»Ja. Und weißt du was, Matze?«, versuche ich ihn ein wenig einzustimmen.

»Was?«, klingt es erwartungsvoll.

»Deine Jungs wollen keinen Versicherungsvertreter oder Bankkaufmann zum Vater, sondern einen Schutzmann, der mit sich selber klarkommt und darüber hinaus noch in der Lage ist, anderen zu helfen!«

»Hast wohl recht.« Damit gibt er mir, was ich hören will.

»Mach's gut, Matze, wir hören uns. Und grüß mal deine Jungs von mir. Bestell ihnen Grüße von einem Polizisten, der viel feiger ist als ihr Vater. Ihr Vater traut sich nämlich jede Schicht wieder aufs Neue auf die Straße!«

Für ein Schmunzeln, glaube ich, hat es gereicht.

»Mach's gut, wir hören uns!«, sagt er und legt auf.

Der liebe Gott

»Sind Sie ein religiöser Mensch?«, möchte er von mir wissen.

Solche Fragen machen mich nervös. Nicht, weil ich Angst hätte. Farbe zu bekennen, sondern weil meist etwas dahintersteckt, was schwierig oder gar nicht in den Griff zu kriegen ist. Menschen, die so etwas fragen, haben entweder etwas Schlimmes erlebt oder etwas Schlimmes vor. Oder beides. Selten, dass jemand so einen Satz einfach so dahinsagt – und wenn ja, lässt sich die Frage, Blasphemie hin oder her, recht amüsant abarbeiten. Natürlich immer mit dem nötigen Fingerspitzengefühl, denn Religion ist für manche tödlich ernst. So wissen wir ja alle inzwischen nur zu gut, dass etwa eine Karikatur die muslimische Welt dermaßen erzürnen kann, dass sich der Urheber in Lebensgefahr begibt. Aber auch eine Renaissance christlicher Kreuzzüge scheint sich anzukündigen, angesichts erfolgreicher Filme und Fernsehserien, die prügelnde Mönche zum Helden haben. Dagegen muten die martialischen Zirkuskunststückchen chinesischer Kuttenträger fast harmlos an. Obwohl der Dalai-Lama das sicherlich anders sehen dürfte. Gleichgültig, ob nun wehrlose Tiere für koscheres Fleisch ausbluten müssen oder sich irgendein indischer Fakir Nägel in den Schniedel haut: Religion ist ein Thema, über das man tunlichst keine unbedachten Worte verlieren sollte. Auch und gerade in meinem Geschäft. Deshalb bin ich bei der Gretchenfrage bisweilen vorsichtig bis feige. Nicht nur, weil es eben keine handfesten Fakten und einheitlichen Maßstäbe gibt, sondern weil selbst klare, gutgemeinte Worte durch absichtliche oder ungewollte Fehlinterpretationen katastrophale Folgen haben können. Folglich versuche ich zunächst abzuwiegeln.

»Sie wissen, wen Sie angerufen haben? Ich könnte Ihnen, wenn Sie möchten, die Nummer einer kirchlichen Krisentelefoneinrichtung geben.«

»Ich weiß sehr wohl, wen ich angerufen habe«, lässt er mich ruhig und sachlich wissen. »Ich wiederhole meine Frage: Sind Sie ein religiöser Mensch?«

»Muss ich mit Ja oder Nein antworten?«, versuche ich abermals zu flüchten.

»Ich bitte darum.« Er bleibt hartnäckig.

»Ja«, sage ich knapp und hoffe, dass das die richtige Antwort war.

»Gut, dann erzählen Sie mir bitte, wie Sie es mit dem Alten Testament halten.«

Wissen Sie, was eine Zwickmühle ist? Was immer ich ihm jetzt antworte, ich kann nur danebenliegen. Zwar glaube ich zu wissen, worauf er hinauswill, weil ich es hier öfter höre, »Auge um Auge, Zahn um Zahn« und so. Aber ich habe keine Lust, mich entweder als richtungslosen Heuchler oder als reaktionären Hardliner hinstellen zu lassen. Bin ich beides nicht. Scheiße, ich will das nicht.

Wie alle Feiglinge, die sich chancenlos sehen, versuche ich das ganze Brett samt Steinen umzuwerfen und es dabei auch noch wie ein Versehen aussehen zu lassen.

»Wenn Sie mir von Ihrem Problem erzählen, kann ich Ihnen sicherlich bessere Antworten geben«, biete ich ihm an.

»Bessere Antworten gibt es nicht, sondern nur richtige und falsche«, überrascht er mich da und trifft meinen Geschmack, aber leider nicht die Realität.

»Ach, wenn die Welt doch nur so einfach wäre«, höre ich mich laut denken. Auch darauf hat er sofort eine Feststellung parat:

»Die Welt ist so einfach oder kompliziert, wie wir sie machen.«

Auch das gefällt mir. Hört sich wirklich gut an, aber ich habe für so etwas keine Zeit. Außerdem fühle ich mich irgendwie unwohl. Denn wo auch immer das hier hinführen soll: Ich glaube nicht, dass ich am Ende damit zufrieden sein werde. Deshalb versuche ich, die Sache abzukürzen oder wenigstens die Gesprächsführung wieder zu übernehmen.

»Hören Sie, ich bin für theologische Grundsatzdiskussionen der Falsche, und zwar was Kompetenz und Kapazität angeht …« Doch bevor ich auch nur den Satz zu Ende bringen kann, unterbricht er mich.

»Jeder Mensch ist kompetent, die richtigen Entscheidungen zu treffen«, haut er als nächste unumstößliche Wahrheit raus.

Langsam fängt er an, mich zu nerven. Ja, schick!, denke ich. Was soll das hier werden, ein Philosophier-Wettbewerb? Andererseits möchte ich ihn auch nicht unbedingt vor den Kopf stoßen. Es gefällt mir ja schon, was er sagt. Und außerdem werde ich das unangenehme Gefühl nicht los, dass etwas Wichtiges dahintersteckt.

»Wie dem auch sei, wir sollten zum Punkt kommen. Meinen Sie nicht?«, frage ich ihn und ärgere mich, dass ich viel zu devot rüberkomme.

»Der Punkt ist der, dass Sie mir ständig ausweichen«, führt er aus. »Ich kann Sie nicht einschätzen. Sie sagten eben, Sie sind religiös. Was verstehen Sie darunter?«

»Also gut«, platzt mir der Kragen, »ich tue Ihnen den Gefallen: Ich bin in der evangelischen Kirche, habe aber meinen eigenen Deal mit dem lieben Gott. Ich bete jeden Abend, weil ich das Gefühl habe, mich bedanken zu müssen. Gleichwohl habe ich aber auch im Petersdom gestanden und bin heute noch beschämt über all den Prunk und Reichtum, mit dem sich so viel Schmerz und Hunger lindern ließen. So, und jetzt sagen Sie mir, weshalb Sie anrufen!«

Nach einer kurzen Pause stellt er die nächste Frage: »Sind Sie nicht auch der Meinung, dass man Gleiches mit Gleichem vergelten sollte?«

In der Hoffnung, dass wir uns dem Ziel nähern, antworte ich ebenfalls mit einer Frage: »Reden wir von Gutem oder Bösem?«

»Von Bösem«, klingt es verbittert.

»Privat ja, beruflich nein«, rutscht es mir heraus.

»Wie können Sie das mit sich vereinbaren?«, empört er sich.

»Keine Ahnung. Ich krieg's hin. Ich bin ein Zauberwesen«, ziehe ich es ins Lächerliche, wie so oft, wenn ich in Verlegenheit gerate, beschimpft werde oder traurig bin. Da ich am Ende meiner Geduld angelangt bin und vor allem weitere Notrufe annehmen muss, setze ich ihm folgendes Ultimatum: »Schluss jetzt! Entweder Sie erzählen mir jetzt, worum es geht – oder ich beende das Gespräch!«

Ohne weitere Umschweife spult er daraufhin ab: »Ich befinde mich hier vor dem Haus des Mannes, der meine Tochter vergewaltigt hat. Sie ist noch ein Kind! Er hat ihr damit das Leben zerstört, und jetzt werde ich sein Leben beenden.«

Oh, oh, ich hab geahnt, dass da was dran ist. Ein kleiner Stromstoß geht durch meinen Kopf, und ich sortiere schnell das Blatt, das ich auf der Hand habe. Während ich die Dinge tue, von denen ich Ihnen nichts erzählen darf, weil dieses Buch sonst nie veröffentlicht wird, quassele ich auf ihn ein: »Ich bitte Sie, machen Sie das nicht!«

»Nennen Sie mir einen Grund, warum ich ihn nicht schnell und sauber töten sollte. Und seien Sie ehrlich«, verlangt er von mir.

Da ich ihm ja schlecht sagen kann, dass er den Typen stattdessen lieber langsam in Salzsäure versenken sollte, hat sich's wohl erst einmal erledigt mit »ehrlich«. Obwohl, wenn ich bislang nicht den Eindruck gewonnen hätte, dass er ein wenig weltfremd ist, könnte ich glatt versuchen, ihn mit Ehrlichkeit zu entwaffnen. Um meine Möglichkeiten auszuloten, taste ich mich an ihn heran.

»Ich habe Ihnen offen sehr persönliche Fragen beantwortet. Nun bitte ich Sie, mir zu sagen: Glauben Sie an den lieben Gott?«

Er lässt sich Zeit. Tja, Schnuckel, denke ich, fragen ist leichter als antworten, was?! Ist aber auch wirklich keine leichte Frage. Außerdem habe ich sie bewusst so formuliert, wie es vielleicht seine Tochter getan hätte, um ihn emotional auf eine andere Spur zu bringen und hoffentlich von seinem Plan abzubringen. Als würde er ahnen, um was es mir geht, versucht er sich mit »Ja, aber …« aus der Affäre zu ziehen, was ich ihm natürlich nicht gestatte. Unbeirrt unterbreche ich ihn: »Kein Aber. Ich musste auch zwischen Nein und Ja wählen.«

Kurze Zwischenbemerkung: Haben Sie eine Idee, warum ich »nein und ja« sagte, statt den viel leichter von den Lippen gehenden Klassiker »ja und nein« zu wählen? Genau: Weil ich von ihm ein »Ja« hören wollte. (Sie kennen das von Ihren Kindern. Wenn nicht, wissen Sie es jetzt. Die Kleinen sind noch zu einfach gestrickt und die Großen oft zu faul oder zu desinteressiert, um nicht einfach die letzte der angebotenen Optionen zu nehmen. Zumindest einen reflexhaften »Versprecher« als Diskussionsgrundlage kann man oft so herausholen. Ohne Gewähr!)

Ich lasse mich auf keine Diskussion ein und betrachte sein »Ja« vor dem »aber« als gültig und gebe ihm die nächste einfache, naive Frage: »Da Sie sich für ›Ja‹ entschieden haben: Glauben Sie, der liebe Gott will, dass Sie töten?«

»Glauben Sie, der liebe Gott wollte, was meinem kleinen Mädchen geschehen ist?«, stellt er die Gegenfrage, die ich irgendwie erwartet habe.

Da ich, wie immer in solchen Fällen, auf Zeit spiele, weil unsere Maßnahmen parallel laufen, halte ich ihn weiter hin:

»Sie haben mir auch nicht den Luxus von Ausflüchten oder Gegenfragen gewährt, also beantworten Sie bitte meine Frage.«

»Ich denke, nein«, erwidert er ruhig und überlegt, was mich ein wenig erleichtert. Zumindest ist er kein religiöser Spinner. Dann macht er meine Freude aber gleich wieder zunichte: »Aber der Mann muss bestraft werden – und das werde ich jetzt tun!«

Mist!, denke ich und überlege, wie ich ihn stoppen oder zumindest ausbremsen kann. Beim Stichwort Religion fällt mir immer und zuallererst meine »Jonas-Nummer« ein, und ich versuche es halt mal: »Mein Vorname ist übrigens Jonas …«, beginne ich leicht unentschlossen. »Wie bibelfest sind Sie? Kennen Sie die Geschichte von Jonas? Von den eigenen Leuten über Bord geworfen, vom Wal verschluckt und wieder ausgespuckt und so weiter?«

»Sicher«, lässt er recht unmotiviert verlauten.

»Worauf ich hinauswill …«, fahre ich fort, während ich hektisch mit den Armen wedelnd vom Unterstützer vor mir frische Informationen einfordere, weil über den Monitor nichts kommt, »… ist, dass auch ich schon, wie wir alle, Fehler gemacht habe und trotzdem eine zweite Chance bekam.«

Was für ein dämliches Gelaber, denke ich, und mir wird klar, dass ich die Sache nicht konstruktiv zu Ende kriege. Kein Wunder also, dass er dazwischenfragt: »Wollen Sie sich etwa mit diesem Menschen vergleichen?«

»Nein, natürlich nicht«, gebe ich auf und suche nach einem neuen Ansatz, weil wir immer noch keine Ahnung haben, wo er sein könnte. Da ich ideenlos bin, was selten vorkommt, nehme ich all meinen Mut zusammen und rede mit ihm Tacheles. Hoffentlich geht's nicht nach hinten los!

»Gut, ich will Ihnen reinen Wein einschenken. Ich habe selber zwei Töchter und bin Ihrer Gefühlswelt näher, als Sie denken. Wenn Sie aber jetzt da hingehen und das Vieh erschießen … Sie wollen ihn doch erschießen, richtig?« Er quittiert sauber mit »Ja«, und ich gebe die Info weiter. »… dann stellen wir uns, Sie und auch ich, weil ich es zulasse, auf die gleiche Stufe wie dieser Abschaum. Ganz abgesehen davon, dass dann ein zweites wertvolles Leben – nämlich Ihres – zerstört wäre, geben unsere Gesellschaftsnormen und Gesetze das einfach nicht her. Da uns beiden, wie wir festgestellt haben, Religion nicht ganz gleichgültig ist, sage ich Ihnen aber auch, und das meine ich ernst, dass ich an so etwas wie ›ausgleichende Gerechtigkeit‹ glaube. Damit will ich jetzt nicht unbedingt sagen, dass das Schwein an Krebs stirbt oder vom Bus überfahren wird. Im Gefängnis rangieren Kinderschänder aber auf der alleruntersten Ebene, vor allem bei Mithäftlingen. Wenn wir es schaffen, ihn da hinzukriegen, haben wir eine gute Chance, dass er dort die Hölle findet, die er verdient. Also helfen Sie uns, ihn zu greifen. Für Ihre Tochter, für meine Töchter und für mich. Bitte!«

Ich höre ihn schlucken und spüre förmlich, wie er mit sich ringt. Was würde ich wohl tun, an seiner Stelle? Nach quälenden Sekunden, die mir wie eine Ewigkeit vorkommen, sagt er dann nur ein Wort: »Gut.«

Die Spannung weicht aus meinem Genick, und mein Kopf fällt nach vorn. Die Kuh ist vom Eis. Dann beschreibt er mir ungefragt seinen genauen Standort. Nicht nur, um die Zeit bis zu unserem Eintreffen zu überbrücken, sondern auch aus Achtung mache ich ihm das Kompliment: »Sie sind ein tapferer Mann!«

Dann weise ich ihn an: »Wir sind gleich da. Machen Sie bitte keine schnellen oder unbedachten Bewegungen. Meine Kollegen wissen, dass Sie bewaffnet sind. Keine Sorge, wir sind auf Ihrer Seite.«

Im selben Moment höre ich auch schon Reifen quietschen und Fahrzeugtüren zuschlagen. Sie sind ohne Horn angefahren, damit wir den »Kinderfreund« auch wirklich kriegen. Ich verabschiede mich von meinem Anrufer mit den Worten: »Auch wenn Sie sich im Moment vielleicht anders fühlen – Sie haben allen Grund, stolz auf sich zu sein. Danke!«

Danach bitte ich ihn, sein Telefon an einen Polizisten weiterzugeben. Zu meinem Erstaunen meldet sich eine Kollegin, was mir angesichts der Lage besonders gut gefällt.

»Bist du die Streifenführerin?«, frage ich sie.

»Ja«, sagt sie mit ernster und entschlossen klingender Stimme, die mir verrät, dass sie schon weiß, worum es geht.

»Seid bitte nett zu ihm. Ich denke, das hat er verdient«, wünsche ich mir und füge hinzu: »Wir wollen nicht hoffen, dass sich die Zielperson beim Zugriff wehrt«, worauf sie mir erwidert: »Wir tun, wie immer, unser Bestes«, und ich spüre einen Schulterschluss, wie ich ihn mit weiblichen Polizisten bisher nur sehr selten hatte. Ich wünsche ihr zum Abschluss viel Erfolg, und sie beendete mit einem knappen: »Tschö.«

Mit gemischten Gefühlen nehme ich mein Sprechgeschirr vom Kopf. Da habe ich ja wohl gerade einem Kinderschänder das Leben gerettet. Mann, bin ich stolz auf mich …

Die Wege des Herrn sind unergründlich.

Bullen

»Ey, Bulle!«, tönt es.

Dann macht er eine Pause, weil er glaubt, die entrüstete Exekutive starte jetzt zur Gegenoffensive. Ich mag diese Pausen sehr, oder besser, ich habe viel Spaß an ihnen. Sie kommen eigentlich immer nach vermeintlichen Beleidigungen beziehungsweise bei kultivierteren Menschen nach ihren verbalen Attacken.

Es ist ein bisschen wie beim Schach. Man stellt seine Figuren auf und überlegt, wie wohl die Antwort auf den eigenen Zug ausfallen könnte. Schon das künstliche Verlängern dieser Pausen, indem man einfach nicht antwortet, birgt eine Menge Situationskomik, weil das den Gegenspieler im Unklaren lässt, worauf, die mangelnde Resonanz sich begründet. Hat er mich nicht gehört oder nicht verstanden? War es zu direkt oder zu kompliziert? Denkt er nach oder hat er gar schon aufgelegt? Bei einfachen, mechanisch funktionierenden Gehirnen hört man es beinahe schon ticken. In der Regel wiederholt der Anrufer seinen Spruch einfach nur. Die energiesparendste Variante, bei der man aber trotzdem, quer durch alle Gesellschaftsschichten, voll auf seine Kosten kommt, ist das simple Nachfragen. Wobei dem norddeutschen »Bidde?« deutlich vor dem hochdeutschen »Wie bitte?« der Vorzug zu geben ist. Schon einfach, weil es sich facettenreicher, will heißen: so schön dämlich, betonen lässt. Vom Wutausbruch bis zum resignierten Aufgeben ist dabei alles drin. Spätestens nach dem fünften »Bidde?« ist selbst die härteste Nuss geknackt.

Die meisten hier im Saal reagieren anders. Die häufigste Antwort ist: »Was erlauben Sie sich?«, dicht gefolgt von: »Ich verbitte mir das!« Ganz Verwegene lassen auch schon mal ein »Sie können mich nicht beleidigen« verlauten, womit ja eigentlich schon fast das Gegenteil bewiesen wäre.

Ich lasse einen Augenblick verstreichen und sage: »Muh.«

Er sagt: »Wat?«

Ich sage: »Muh!«

Er fragt: »Wie, muh?«

»Bulle = Rindvieh. Muh!«, stelle ich die Gleichung auf.

»Wat, wie? Seid ihr Bullen jetzt alle durchjeknallt?«, stammelt er.

»Genau, Rinderwahnsinn«, bestätige ich.

»Wer spricht denn da überhaupt?« Jetzt wird ihm die Sache langsam unheimlich.

»Wen haben Sie denn angerufen?« Ich lasse ihn weiter zappeln.

»Na, die Bullen«, sagt er, ohne zu überlegen.

»Okay, was ist das Thema? Frischfleisch oder Rodeo?«, gebe ich ihm weiter Effet.

»Spricht da die Polizei oder nich?« Jetzt ist er völlig verunsichert.

»Jaaa, Polizei Berlin. Guten Tag«, freue ich mich über meinen kleinen pädagogischen Erfolg. »Was kann ich für Sie tun?«

Doch mit der schnöden Wiederholung »Ey, Bulle!« beweist er mir, was ich eigentlich schon immer wusste: Pädagogik wird überbewertet. Hat bei mir schließlich auch nicht geklappt. Er hat mich einfach nur angerufen, weil er mich beleidigen möchte. Ausgerechnet mich. Ausgerechnet mit »Bulle«.

Gut, bei den meisten hier hätte er wahrscheinlich einen, wenn auch nur spärlichen, Erfolg erzielen können. Bei mir hat er Pech. Im Gegenteil, ich finde die Metapher gar nicht so übel. Was oder besser: wie ist denn ein Bulle? Ruhig, gutmütig und zugegebenermaßen manchmal etwas stupide bis dämlich. Passt doch. Muss man alles sein in diesem Beruf. Ist er extrem gereizt oder gar verletzt, kann von diesem bis zu 500 Kilo schweren Koloss allerdings eine unglaubliche Macht, wenn nicht sogar tödliche Gefahr ausgehen. Last but not least, sind die Hörner auf seinem Schädel, in diesem Land zumindest, fast bis zur Unkenntlichkeit abgeschliffen, und er trägt einen Ring durch die Nase, an dem ihn, sein eigener Herr dem Volk in der Arena vorführt. Wer jedoch einmal einen Bullen im Todeskampf und die panisch vor ihm flüchtenden Schlachter sah oder beim Rodeo beobachten durfte, wie er einen Cowboy zum Krüppel machte, dem geht das Wort »Bulle« nicht mehr so leichtfertig über die Lippen.

Bitte sehr, sollen sie mich Bulle nennen. Beleidigen kann mich damit niemand. Meiner Meinung nach taugt der Riese sogar zum Wappentier. Dass in weiten Teilen der Bevölkerung »Bulle« offensichtlich negativ belegt ist und als Name für uns herhalten muss, lässt mich kalt. So kalt, dass ich es mich sogar oft selber sagen höre.

Da der Kunde am Telefon ganz offensichtlich einfachen Gemütes ist, habe ich eigentlich schon den Spaß an ihm verloren. Ein Problem hat er ja offenbar auch nicht. Zumindest keines, bei dem die Polizei ihm helfen könnte. Also frage ich ihn pro forma ein letztes Mal:

»Können Sie ein Anliegen an die Polizei formulieren? Falls nicht, müsste ich jetzt nämlich weitermachen.«

»Ja, ihr seid alle Schweine!«, sagt er da im Brustton der Überzeugung.

Schon wieder so ein unterschätztes Tier, denke ich und beende das Gespräch mit den Worten:

»Schweine … Bullen … Sie haben mich sehr gekränkt und auch verwirrt. Ich werde jetzt auflegen und mir erst einmal einen Spiegel suchen. Mal sehen, ob ich eher Hörner oder einen Ringelschwanz entdecke. Tschüs. Schönen Tag noch.«

Mama trinkt

Man wird früh erwachsen, wenn man dazu gezwungen wird …

Tapfer ist sie, aber am Ende ihrer Kraft. Klar und deutlich stellt sie sich vor und sagt mir, wo sie ist. Es wird nicht das erste Mal sein, dass sie die Polizei oder Feuerwehr anruft. Es ist aber wohl das erste Mal, dass sie für sich selbst um Hilfe bittet.

»Ich weiß nicht mehr weiter«, sagt sie, und dann erzählt sie mir von ihrer Mutter, die sich damals aufs Sofa gesetzt hat, als der Vater sie verließ, und seitdem nie wieder richtig aufgestanden ist. Von Michi und Tina, ihren beiden kleinen schulpflichtigen Geschwistern, für die sie seitdem sorgt, »weil Mama es nicht mehr kann«.

»Sie müssen das verstehen«, verteidigt sie ihre Mutter, »sie ist eben so furchtbar traurig.«

Rührend und zugleich erschreckend finde ich es, als sie mir schildert, wie sie allein den gesamten Haushalt schmeißt. Als ich sie frage, wie alt sie ist, sagt sie: »Dreizehn«, und dann ganz schnell: »Aber ich kann das alles!«

»Davon bin ich überzeugt, Sonja, du bist ein tolles Mädchen«, lobe ich sie und spüre Erinnerungen in mir aufsteigen, an meine Mutter und ihr Sofa … Nur hatte ich damals nicht auch noch zwei kleine Geschwister zu versorgen.

»Wie lange geht das schon so?«, will ich wissen.

»Ich weiß nicht genau – ungefähr zwei Jahre vielleicht«, antwortet sie zaghaft, und dann schüttet sie mir ihr Herz aus: »Ich habe so eine Angst, dass Michi und Tina ins Heim müssen, wenn ich es nicht weiter schaffe. Aber Mama wird so ungerecht, und das Geld reicht nicht aus. Ich muss einkaufen, aber Mama gibt so viel für ihre Sachen aus. Ich bekomme das nicht mehr hin.«

Angst hat sie. Aber nicht um sich, sondern um ihre Geschwister. Dass gar nicht sie es ist, die irgendetwas schaffen muss, darauf kommt sie gar nicht.

»Was für Sachen kauft sie?«, frage ich.

Nach einer kleinen Pause, die sie wahrscheinlich braucht, um sich zu ihren Worten durchzuringen, kommt zögend die Antwort: »Mama trinkt – und das kostet viel Geld.«

»Und was meinst du mit ungerecht?«, stelle ich noch so eine unangenehme Frage.

»Ach, sie ist ganz anders als früher«, spricht die sonst so starke Sonja jetzt leise weinend weiter. »Sie hat sich so verändert und ist ganz oft gemein zu mir. Dabei gebe ich mir solche Mühe, und ich hab's bis jetzt auch ganz gut geschafft.«

»Verstehe«, sage ich, weil ich es wirklich tue.

Inzwischen habe ich längst einen Funkwagen in Anfahrt, mit einer Kollegin an Bord, aber trotzdem noch einen Augenblick Zeit. Ich denke, ich kann ihr helfen.

»Du wirst es nicht glauben, Sonja, aber meine Mama hat auch getrunken«, erkläre ich ihr, »und ich möchte dir ein paar ganz wichtige Dinge sagen. Erstens: Du bist nicht schuld! Gleichgültig, was Mama oder sonst wer sagt. Du kannst überhaupt nichts dafür, wie es deiner Mutter geht. Und dann darfst du es dir nicht allzu sehr zu Herzen nehmen, wenn sie etwas Gemeines sagt. Sie meint das nicht so! Schau, als der Papa damals nicht wiederkam, ist etwas in ihr kaputtgegangen. Stell es dir mal so vor wie einen Arm, der gebrochen ist, nur dass es innen drin ist und ohne Hilfe nicht wieder heilen kann. Weil es aber weh tut, trinkt die Mama, denn das hilft kurz. Das Schlimme aber ist, dass Alkohol wirklich nur ganz kurz hilft und man mit der Zeit immer mehr davon braucht. Das macht einen dann noch zusätzlich krank und verändert die Menschen total. Deine Mama bleibt trotzdem deine Mama, und sie hat dich ganz sicher lieb! Nur kann sie es dir im Moment nicht zeigen, weil sie einfach nicht gesund ist.«

»Aha«, staunt die Kleine, und ich hoffe, dass ich sie nicht überfordere.

»Deswegen müssen wir ihr jetzt helfen, dann wird sie wieder gesund, und alles wird wieder gut.«

Der letzte Teil ist natürlich leicht geflunkert, aber soll ich einem 13-jährigen Mädchen etwa sagen, dass es sich komplett von seiner Mutter abnabeln muss, falls langfristig keine Besserung eintritt, damit es nicht mit in den Abgrund gerissen wird? Wohl kaum. Außerdem gilt das Prinzip Hoffnung. Da ich mir fest vorgenommen habe, mich nicht von ihr zu trennen, bis ich ihr kleines Herz wenigstens ein bisschen eingetaktet habe, versuche ich ihr noch zwei Gedanken einzupflanzen: »Vergiss nie, Sonja, ihr seid drei Geschwister, ihr müsst immer fest zusammenhalten! Michi und Tina werden ganz bestimmt ihr Leben lang nicht vergessen, was du für sie getan hast, und du wirst nie alleine sein. Und dann gibt es da noch etwas, was für dich vielleicht im Moment noch schwer zu verstehen ist. Aber Menschen wie wir lassen sich niemals unterkriegen. Ich bin ganz sicher, aus dir wird einmal eine starke, selbstbewusste Frau!«

Sie möchte etwas sagen, doch die lallende Stimme ihrer Mutter unterbricht sie. O Mann, es ist schlimmer, als ich angenommen hatte. Es wird höchste Zeit, dass jemand etwas für dich tut, Sonja.

Dann höre ich ein Klingeln, und die kleine Kämpferin sagt zu mir: »Es klingelt, ich muss an die Tür. Hilft mir jetzt jemand?«

»Ja, jetzt hilft dir jemand. Mach's gut, kleine Sonja. Und übrigens, wenn ich dein Vater wäre, wäre ich stolz auf dich!«

»Auf Wiederhören«, sagt sie förmlich, und ich kontrolliere auf meinem Monitor, ob wir auch wirklich eingetroffen sind …

Die Macht der Worte

»Wir sind getrennt durch eine gemeinsame Sprache.« George Bernard Shaw

Genial, aber bösartig, oder? Mein Kopf möchte dieses Zitat abnicken, irgendetwas in mir wehrt sich jedoch dagegen. Auf die Gefahr hin, anmaßend zu wirken, will ich den Versuch machen, die Worte zu widerlegen oder wenigstens zu relativieren.

Die Sprache, das Wort, ist eine Waffe. So viel steht fest. Genau genommen sogar die schlimmste Waffe, weil sie zu töten vermag, aber nur langsam …

Mir gefällt allerdings die Phrase, dass jede Waffe nicht nur für Angriff und Zerstörung taugt, sondern auch zur Verteidigung. Selbst Gutes lässt sich zuweilen mit Hilfe einer Waffe erzwingen. Eine These, gegen die Pazifisten wohl auf die Barrikaden gehen würden. Wenn sie denn dürften … Der Soldat lebt diese Wahrheit. Der Polizist hingegen träumt nur davon.

In meinem Berufsalltag bin ich ständig damit beschäftigt, verbale Pflaster zu verteilen, etwas zu reparieren und zusammenzufügen. Es ließe sich ewig darüber philosophieren, dass uns die gemeinsame Sprache quer durch alle sozialen Schichten, Religion und Politik zu trennen vermag. Auch Gemeinheit unter wortgewandten Menschen mag zu Ausgrenzung und Hass führen. Aber ist es nicht dennoch die Sprache, die uns alle zusammenführen kann, gleich einem Zauber, wenn wir nur wollen?

Deshalb arbeite ich ganz oft mit einzelnen, beiläufig eingestreuten Worten, die meinem Gesprächspartner, vielleicht sogar nur unbewusst, das Gefühl vermitteln, dass er mir nicht gleichgültig ist. Ich meine damit nicht nur den klassischen Verkäufertrick, den

Namen des Gegenübers zu wiederholen und ihn immer wieder damit anzusprechen. Wenn mein Anrufer die obligatorische Frage verneint, ob er nach einem Verkehrsunfall verletzt sei, flechte ich ein scheinbar spontanes »Prima« ein. Dem Autofahrer, der aus Versehen ein Verkehrsschild umgenietet oder den Nachbarn angerempelt hat, gönne ich ein kurzes »Kann ja passieren«, anstatt ihn von oben herab zu belehren. Ein »Was kann ich tun« oder »Wie kann ich helfen« lässt ein möglicherweise unangenehmes Gespräch viel günstiger beginnen als ein »Was wollen Sie«. Genauso wie ein »Gerne« oder »Na klar« am Ende des Gesprächs sich erheblich besser machen als ein Grunzen oder Schweigen nach dem »Danke« eines Anrufers, das ihm möglicherweise nur schwer über die Lippen kam.

Es sind wirklich Kleinigkeiten, aber sie sind wirkungs- und wertvoll, im zwischenmenschlichen Bereich genauso wie in puncto Informationsgewinnung. Manchmal sind es nämlich genau diese Details, die das Zünglein an der Waage sind und über Vertrauen oder Tragödie entscheiden. Wenn es sein muss, scheue ich mich auch nicht zu lügen. Wenn es um viel oder um alles geht, bin ich darauf angewiesen, dass mein Schützling mir vertraut. By the way – haben Sie meinen Manipulationsversuch bemerkt? Ich nenne ihn »Schützling«, nicht Anrufer, Gesprächspartner, Selbstmordkandidat oder Gewalttäter. Dadurch suggeriere ich emotionale Nähe oder zumindest Anteilnahme. Auf jeden Fall weit mehr als das, was die meisten Menschen von einem uniformierten Beamten erwarten würden.

Wen das Schicksal mit mir verbindet, dem versuche ich zu helfen. Ich persönlich. Ob meine Mittel und Wege unlauter sind, darüber können wir diskutieren und urteilen, wenn die medizinische Versorgung eingesetzt hat oder die Handschellen klicken – nach der Beerdigung ist es zu spät. Das heißt noch lange nicht, dass der

Zweck die Mittel heiligt oder dass alles erlaubt wäre. Ins Beamtendeutsch verklausuliert, leiste ich mir dennoch gelegentlich so etwas wie eine »Sachverhaltsquetsche« – oder nennen wir es eine »suboptimale, möglicherweise subjektive Wahrheitsumschreibung«. Schließlich stehe ich am Ende immer dafür gerade. Auch vor dem höchsten Richter. Ich persönlich …

Wenn also beispielsweise eine vergewaltigte Frau verletzt und weinend bei mir anruft und ihr weiterer Schaden droht (Suizid, Kapitalverbrechen oder auch »nur« ein Nervenzusammenbruch), und sie reden muss, obwohl auf die Schnelle kein weiblicher Polizist zur Hand ist, kann sie sich mir anvertrauen, weil ich ja unter vier Schwestern aufgewachsen bin. Trockener Alkoholiker, austherapierter Spielsüchtiger und verlassener Ehemann bin ich natürlich auch. Bevor's voll an die Wand geht!? Nur bei Kleptomanie, Nekrophilie und Pädophilie muss ich passen.

Es hilft auch, mit tiefer Stimme langsam zu sprechen. Selbst bei gestandenen Mannsbildern, die übrigens ganz schöne »Heulsusen« sein können. Viele von uns, die das Glück hatten, einen Vater zu haben, der diese Bezeichnung verdient, assoziieren mit diesem Klangbild Geborgenheit und Hilfe. Wenn dann noch die richtigen Worte gewählt werden, gelingt es vielleicht sogar, Menschen zu beruhigen, die einen Weinkrampf haben oder in Panik sind.

Sätze wie »Ich bleibe bei Ihnen / dir« oder »Ich lege erst auf, wenn Sie / du in Sicherheit sind / bist« haben schon oft funktioniert. Auch wenn ich im Prinzip nicht viel mehr war als eine machtlose Stimme aus einem kleinen Stück Plastik im dunklen Wald oder auf dem nassen Asphalt, in einer zitternden Hand. Also bitte, was vergebe ich mir, wenn ich den »Kuschelbullen« mime? Was kostet es mich? Ein paar Sekunden und einen Schluck »Sabbelwasser«. Mehr nicht. Gemein sein ist nicht besonders schwierig. Erst recht nicht, wenn man am längeren Hebel sitzt.

Mit ein paar einfachen Worten jemandem Lebensmut zu stiften oder auch nur eine Freude zu machen, finde ich viel interessanter. Auch und gerade, wenn es sich »nur« um einen Spinner handelt. Diese Typen versorgen mich fast täglich mit hochbrisanten Informationen. Ich weiß, wer Kennedy ermordet hat, und weiß, wo der Kerl wohnt, der an der globalen Erderwärmung schuld ist, und demnächst lasse ich einen international agierenden Ring von Brühwürfelschmugglern hochgehen. Da staunen Sie, was?! Klar könnte ich so einen Undercoveragenten anranzen, mir den Scheiß verbitten oder sogar mit einer Anzeige wegen »Missbrauchs von Notrufen« drohen. Aber wissen Sie, was ich tue? In meinem förmlichsten Bürokratendeutsch sage ich Sätze wie: »Ich bedanke mich sehr für Ihren wertvollen Hinweis. Wir gehen der Sache selbstverständlich und unverzüglich nach.«

Warum? Erstens weil ich mich an dem meist glücklichen Glucksen am anderen Ende der Leitung erfreue, und zweitens ist bestimmt irgendwann mal eine Info dabei, die die Wurst vom Teller zieht. Außerdem ist es eine der schnellsten Möglichkeiten, solche Gespräche zu beenden. Allzu sehr darf man die Herrschaften allerdings auch nicht ermutigen, weil man sich sonst ratzfatz in der Szene eine Fangemeinde züchtet.

Zum 3465. Mal höre ich:

»Sie kriegen von mir eine Dienstaufsichtsbeschwerde!«

»Nun schüchtern Sie mich doch nicht so ein«, entgegne ich devot.

»Ich zeig Sie an, wegen unterlassener Hilfeleistung! Ich mach Sie fertig!«, droht er mir.

»Jetzt machen Sie mir aber wirklich Angst«, lasse ich ihn wissen.

»Sie werden sich noch wünschen, nie geboren worden zu sein!«, geifert er.

Oha, denke ich, jetzt gehen wir ins nächste Level!

»Aber … ich habe doch Spaß am Leben …«, stammele ich kleinlaut.

»Mein Gott, sind Sie so blöd oder tun Sie nur so?« Er wird misstrauisch.

»Komisch, genau das hat meine Mutter mich auch immer gefragt«, spinne ich weiter.

»Hören Sie, nur weil Sie mit Ihrer Karriere nichts gebacken bekommen haben und den ganzen Tag telefonieren müssen, können Sie doch nicht so abgestumpft sein und nicht kapieren, was ich will«, drischt er weiter verbal auf mich ein.

Statt darauf einzugehen, frage ich ihn: »Sie sind nicht zufällig mit meiner Schwiegermutter bekannt?«

»Was?«, zischt er entnervt und irritiert.

»Na ja«, hole ich aus, »die erzählt meiner Frau auch ständig, dass sie einen Arzt oder Anwalt hätte kriegen können und nicht bloß einen Telefonisten.«

Er knurrt und kommt mit der nächsten Beleidigung: »Mann, jetzt machen Sie schon, Sie Fettsack!«

Wieso glaubt der, dass ich dick bin?, frage ich mich.

»Das ist aber jetzt nicht nett, dass Sie auf mein Übergewicht anspielen«, nehme ich den Ball auf. »Mein Arzt hat gesagt, nur weil man knapp 40 Kilo Übergewicht hat, braucht man sich noch lange nicht aufzugeben. Ich kauf jetzt nur noch Chips mit Halbfettstufe und mach ’ne ganz neue Diät«, texte ich ihn zu, »’ne Mango-Diät. Kennen Sie die?«

»Was? Was faseln Sie da?«, stottert er entgeistert.

»Na, ’ne Mangoooo-Diääääät«, wiederhole ich, halb singend. »Kennen Sie nicht?«

Offensichtlich jetzt überzeugt, dass er es mit einem Vollidioten zu tun hat, presst er nur ein knappes und resigniertes »Nein« heraus.

»Macht nichts, erklär ich Ihnen«, gehe ich mit viel Geduld und Großmut über seine Bildungslücke hinweg. »Ist ganz einfach. Sie dürfen alles essen, außer Mango! Hilft nicht, aber macht enorm Spaß! Kann ich sehr empfehlen.«

Erst kommt von ihm wieder dieses irritierte »Was?«, und dann – muss er lachen! Ich hab ihn!

Nach einer kurzen Pause stellt er fest: »Sie haben kein Übergewicht, stimmt's?«

»Nein, habe ich nicht«, gebe ich zu.

»Und Ihre Schwiegermutter redet auch nicht schlecht über Sie, oder?«, schiebt er nach.

»Doch, aber nicht ständig.« Auch ich muss jetzt lachen.

»Warum machen Sie so was?«, fragt er mich.

»Warum machen Sie so was?«, frage ich ihn.

»Was denn?«, klingt es versöhnlich.

»Warum rufen Sie jemanden an, der Ihnen helfen soll und will, und beleidigen ihn doch nur?«

»Weil ich mich ärgere«, versucht er sich zu entschuldigen, »allerdings nicht über Sie.«

»Ich weiß«, komme ich ihm entgegen. »Und weil ich das weiß, habe ich Ihnen von der Mango-Diät erzählt.«

Nach einem hörbaren kurzen Schmunzeln macht er mir ein schönes Kompliment: »Sie sind ein guter Telefonist«, sagt er, und ich darauf, leicht arrogant: »Ich weiß. Wollen wir noch einmal von vorn anfangen?«

»Fangen wir von vorne an«, antwortet mir ein ganz anderer Mann, und ich bin ein wenig stolz auf mich.

Wir sind verbunden durch eine gemeinsame Sprache. Oder?

Ehrenmord

Angst hat sie! Ich kann förmlich hören, wie sie zittert … Eine junge Frau im Namen der Ehre umbringen zu wollen – schlimmer lässt sich der Begriff »Ehre« nicht pervertieren. Was soll das für eine Ehre sein und vor allem wessen!? Was sind das für Menschen, was ist das für eine Kultur, in der so etwas erlaubt ist? Sich an einer wehrlosen Frau zu vergreifen, die auch noch zur eigenen Familie gehört, und zwar für etwas, was man als selbstverständlich in Anspruch nimmt, unglaublich! Mir fehlen fast die Worte. Zumindest die zivilisierten.

Sie hat eine klare, helle Stimme und spricht exzellentes Hochdeutsch. Ich kriege feuchte Augen vor Wut und spüre, wie sich die Haare an meinen Unterarmen aufrichten, bei dem, was sie mir erzählt. Die eigenen Brüder sind auf der Jagd nach ihr, geschickt von ihrem Vater, nur weil sie frei sein möchte. Frei zu denken und zu sagen, was sie möchte. Frei zu lernen und zu leben, was und wie sie möchte. Und vor allem, frei zu lieben, wen sie möchte.

Ich spreche vielleicht mit einer zukünftigen Professorin, einer Gebärmaschine oder einer Toten, und sie fleht mich an: »Bitte, bitte, bitte, kommen Sie ganz schnell. Wenn die mich finden, bringen sie mich um!«

Um sie zu beruhigen, verspreche ich ihr: »Keine Angst, das lasse ich nicht zu.«

Ich sage solche Sachen öfter, wenn es brenzlig wird. Der Realist wird meinen, ich sollte das nicht tun, aber ich habe meine Gründe. Irrational, wie der Mensch nun einmal ist, neigt er dazu, selbst in auswegloser Situation an etwas oder jemanden glauben zu wollen. Und ganz ehrlich: Es gibt nicht viele Wege, einem Menschen in Panik zu entlocken, wo er denn genau ist … Außerdem hoffe ich jedes Mal – und das mag man ruhig belächeln –, dass der liebe Gott mich nicht zum Lügner macht. Selbst in letzter Konsequenz habe ich schon Sterbende belogen, um ihnen den Abschied zu erleichtern. Jeder muss mit seinen Geistern leben.

Aber davon sind wir im Moment, so hoffe ich, noch weit entfernt. Nicht einmal wirklich Panik hat sie, dafür ist sie viel zu klug. Allerdings scheint sie mir starr vor Angst. Ich möchte, dass sie dort weggeht, wo sie gerade ist, und das bekomme ich nicht hin. Inzwischen mit ihr per Du, rede ich in ruhigen, deutlichen Worten auf sie ein:

»Wir beide bleiben jetzt zusammen, bis ein Polizist vor dir steht, aber ich möchte, dass du ein wenig zurücktrittst, damit du von der Straße aus nicht so gut zu sehen bist.«

»Ich will ja, aber es geht nicht. Ich bekomme meinen Fuß nicht hoch.«

Auch so ein verrückter Winkelzug von Mutter Natur: wenn der Kampf- oder Fluchtmodus aussichtslos erscheint, einfach auf Minimalismus, also Starre, umzuschalten, um für den »Jäger« unsichtbar zu werden oder zumindest uninteressant zu wirken.

Mann, was muss dem armen Mädchen die Angst in den Knochen stecken, denke ich mir und erfahre nebenbei, dass der gesamte männliche Teil ihrer Familie mit einem schwarzen 3er BMW und einem dunkelgrünen 190er Mercedes ganz Neukölln nach ihr absucht.

»Was hat denn deine Familie bloß so gegen dich aufgebracht?«, will ich wissen.

In verzweifelter Stimmlage gibt sie mir artig Auskunft:

»Ich habe immer getan, was mein Vater und meine Brüder von mir verlangt haben. Im Haushalt und in der Schule war ich immer fleißig. Ich war immer pünktlich zu Hause und habe mich gekleidet, wie es sich gehört. Ich stehe kurz vor dem Abitur und werde meiner Familie Ehre machen, weil ich nämlich wahrscheinlich mit einer 1 vor dem Komma abschließe.«

Selbst jetzt spricht sie noch von »ihrer Familie«, denke ich, höre aber einfach nur zu.

»Vor ein paar Wochen habe ich, als ich mit meinen Schwestern unterwegs war, einen Australier kennengelernt und mich verliebt. Er geht bald zurück, und ich würde gern dort studieren oder zumindest ein Studienjahr dort verbringen. Meine Familie hat aber ganz andere Pläne für mich. Das Schlimme ist, wir hatten Sex und ich habe mich meiner großen Schwester anvertraut. Die hat es dann meinem Vater erzählt, und der ist total wütend.«

Au weia, denk ich, wenn sie sie kriegen, ist sie fällig. Und der Australier sieht seinen Kontinent auch nie wieder, wenn er Pech hat. Peinliche Fragen nach Defloration erspare ich ihr, zumal es wahrscheinlich sowieso das ist, was sie mir sagen wollte. Stattdessen soll sie mir erzählen, ob ihre Familie weiß, wo ihr Freund ist.

»Ja, das ist es ja«, beginnt sie zu schluchzen, »meine Brüder waren bei ihm und haben ihn zusammengeschlagen und mit einem Messer verletzt. Er konnte mir noch eine SMS schreiben, daher weiß ich ja, dass sie mich suchen. Ich hab so eine Angst!«

Na klasse, noch ’ne Baustelle, denke ich, und versuche mit Hilfe der Eckdaten, die sie mir nennt, etwas für ihren Australier zu tun. Ich ärgere mich, dass wir noch nicht bei ihr sind, und überlege krampfhaft, wie ich sie von der Bildfläche kriege. Wenn ich sie nun einfach bitte, sich hinzusetzen? Einfach Kraft aus den Beinen zu lassen wird doch wohl hoffentlich klappen. Wenn sie auf dem Bürgersteig sitzt, wird man sich um sie kümmern. Und Öffentlichkeit schafft Sicherheit, lautet doch eine dieser Plattitüden, die man ständig aus scheinbar kompetentem Munde hört. Funktioniert bloß nicht, fürchte ich. Im Gegenteil. Eine Menschentraube um sie herum macht die Häscher wahrscheinlich erst recht aufmerksam. Da ich in ähnlich gelagerten Einsätzen erlebt habe, dass Passanten, ja sogar RTW-Besatzungen angegriffen wurden, verwerfe ich die Idee wieder. Durch eine Menschenmenge wären bestenfalls verwertbare Zeugenaussagen zu erwarten, für eine Sache, die ich ja unbedingt verhindern will.

In diesem Moment höre ich das erlösende Geräusch! Sie spielen unser Lied, selten so schön gehört, und ich sage zu ihr: »Hörst du das Martinshorn? Wir sind gleich da, ich hab es dir versprochen. Kannst du uns sehen?«

Statt mir zu antworten, sagt sie nur schluchzend das Wort »Danke« – und zwar so oft, dass ich es nicht mitzählen kann, was mich völlig berührt, bis ein Kollege ans Telefon geht und mir sagt, dass ich auflegen kann.

Zieh hinaus in die Welt und hol dir dein Stück vom Kuchen, denke ich. Aber weil ich die Verfahrenswege kenne, habe ich meine Zweifel, dass sie es schafft …

Plagegeister

»Ich hab Hunger, ich hab Durst, mir is langweilig, ich will 'n Eis, ich muss ma, wann sind wir daaaa ...?!«

Na, kommt Ihnen das irgendwie bekannt vor? Nein? Dann gehören Sie also zu den Menschen, die bisher noch nicht vom Schicksal geküsst wurden, um fortan all ihre Zeit, Kraft und ihr Geld in den Nachwuchs zu stecken? Sie haben also noch nie verzweifelt versucht, Engelspusche aus dem Polster Ihres »fast« neuen Familienautos zu reiben? Sie haben auch noch nie in der Rushhour eine angelutschte Banane in Ihrem Nacken oder die beiden kleinen Hände Ihres Entfesselungskünstlers über Ihren Augen gespürt, verbunden mit der lustigen Frage: »Wer bin ich?« Sie hatten auch noch nie eine Wasserpistole an der Schläfe, mit der man Sie zwingen wollte, bei McDonald's rechts abzubiegen? Und all die tollen Hörspielabenteuer von Benjamin Blümchen und Bibi Blocksberg kennen Sie auch nicht? Wie bedauerlich.

Folglich sind Sie auch nie unterwegs mit altmodischem Schnickschnack wie »Ich packe meinen Koffer« oder beim »Ich sehe was, was du nicht siehst« kläglich gescheitert oder mussten sich auszählen lassen, weil Sie nicht wussten, wer Luke Skywalkers Padovan ist? Nein? Na ja, ich kann Ihnen verraten, egal ob Sie Fallschirmspringer, Sprengstoffexperte oder Gehirnchirurgin sind: Wenn es einmal so weit ist, tun sich ungeahnte Welten der Aufregung für Sie auf. Wenn Sie die Büchse der Pandora einmal geöffnet haben, bekommen Sie sie auch mit Pups-Slimey oder Sekundenkleber nicht wieder zu.

Sollten es die kleinen Sadisten mit Ihnen einmal zu bunt treiben, machen Sie doch einfach etwas, womit die Zwerge nicht rechnen. Fragen Sie zum Beispiel mal Ihren kleinen Sohn mitten im übelsten Streitgetümmel auf der Rückbank, wie es denn eigentlich seinem Freund Michael geht – was er nicht beantworten kann, weil es Michael nämlich gar nicht gibt. Er wird garantiert hellhörig. Wenn Sie dann auf seine argwöhnische Frage »Welcher Michael?« antworten: »Na der, dem ich gestern an der Haustür all deine Pokemon-Karten gegeben habe, weil er sagte, du würdest sie ihm leihen«, haben Sie seine ungeteilte Aufmerksamkeit. Mein Wort drauf! An all die feingeistigen Zwergenversteher, die jetzt empört aufschreien: Seiner Schwester in den Bauch zu boxen oder ihr Popel in die Haare zu schmieren ist auch nicht gerade die feine englische Art.

Außerdem sind meine drei Satansbraten mit Sicherheit ein ganz anderes Kaliber als die Kinder eines sanftmütigen Finanzbuchhalters und einer Religionslehrerin. Da muss man schon mal unkonventionellere Wege gehen.

Wenn das alles nicht hilft, probieren Sie es mal mit Nötigung. Richtig gelesen: Nötigung! Laut juristisch korrekter Fachdefinition: »Drohen mit einem empfindlichen Übel«. Damit meine ich nicht so etwas wie den banalen Klassiker: »Räum dein Zimmer auf oder es gibt Hausarrest.« Pah, das perlt ab. Muss schon ein wenig abgefahrener sein, das Ganze. Versprechen Sie doch einfach mal Ihrer halbwüchsigen Tochter, von der Sie gerade aus Langeweile mit dem Sicherheitsgurt stranguliert werden, Folgendes: »Schatz, wenn du nicht sofort aufhörst, werde ich bei deiner nächsten Schultheateraufführung auf die Bühne rennen, mein Gesäß entblößen, es ins Publikum halten und anschließend lauthals brüllen, wessen Vater ich bin!« Das sitzt, garantiert! Es könnte natürlich sein, dass Sie dabei ein Glaubwürdigkeitsproblem haben. Dann sollten Sie ein wenig an Ihrem Image arbeiten …

Wie immer, wenn ich aus meinem Leben parliere, ist auch diesmal ein 110-Anruf Stein des Anstoßes. Ein Anruf, der je nach Blickwinkel ganz verschieden bewertet und vor allem abgearbeitet werden kann. Da Sie mich inzwischen ganz gut kennen, müsste Ihnen klar sein, dass die schrägen Blickwinkel mir die liebsten sind. Also los.

Mich ruft eine aufgebrachte Frau an, die ganz offensichtlich schockiert, ja geradezu entsetzt über das Verhalten ihres Mannes ist. Gut, Szenen einer Ehe, könnte man meinen. Normal und nicht weiter ungewöhnlich, meine Frau ist quasi täglich schockiert ...

Aber hier haben wir ein Drama der ganz besonderen Art, die ganze Fuhre befindet sich nämlich in Bewegung. Aber der Reihe nach: Vater, Mutter und zwei Kinder (also Kreisklasse, bestenfalls Regionalliga) befinden sich gemeinsam in der Familiendroschke mitten in der nachmittäglichen Rushhour. Papa fährt. Sie ist völlig aus dem Häuschen: »Mein Gott, mein Mann flippt hier völlig aus!«

»Definieren Sie ausflippen.«

»Er brüllt rum und droht den Kindern und mir Schläge an!«

»Definieren Sie Schläge.«

Die Antwort hat sich erledigt, denn im Hintergrund höre ich im tiefsten Bassbariton: »Es gibt hier gleich was an 'n Latz, wenn hier nich Ruhe einkehrt, und du hör auf, mir mit dem Scheißhandy vor der Nase rumzufuchteln, sonst fliegt das Ding aus 'm Fenster!«

»Hören Sie das? Hören Sie das?«, kreischt sie mir ins Ohr.

»Ja«, quittiere ich knapp.

»Wie, ja? Nun tun Sie doch was!«, pfeift es mir in einer Tonlage durch den Kopfhörer, die mich an abgebrochene Fingernägel auf einer Schultafel oder aneinanderreibendes Styropor erinnert. Der arme Kerl ist fertig, denke ich und überlege kurz, ob ich ihr nicht als Beifahrerin das Telefonieren während der Fahrt verbieten kann oder ihr den Vorschlag mache, dass sie für 30 Minuten ganz still ist, um ein Massaker zu verhindern. Da die Welt aber leider viel komplizierter und Gewalt oder auch nur die Androhung derselben inakzeptabel ist, frage ich sie in meiner schon sprichwörtlichen Feinfühligkeit: »Ham Sie 'n Führerschein?«

»Natürlich habe ich einen Führerschein! Was hat das denn jetzt damit zu tun?«, schnarrt sie in einer Weise, die mich einmal mehr bedauern lässt, dass dieses Goldstück schon vergeben ist.

»Gut. Meinen Sie, er redet mit mir?« Ich übergehe ihre Frage.

»Wird er müssen«, trällert sie triumphierend und gleich darauf, wohl in seine Richtung: »So, jetzt will die Polizei mit dir sprechen. Das hast du nun davon!«

Ich höre ein Reifenquietschen und ihn gleich darauf ungefragt loslegen: »Die Klimaanlage ist im Eimer, die Kinder treiben mich zur Weißglut, und meine Frau nervt mich unentwegt mit bescheuerten Vergleichen mit ihrem Exmann ...« Oh, da ist aber einer noch mal davongekommen, denke ich, während er weitermacht: »Ich hatte einen wirklich miserablen Tag im Büro, und das Letzte, was ich jetzt gebrauchen kann, ist, mit einem deutschen Beamten zu sprechen!«

Das obligatorische »Tun Sie ja schon« spare ich mir, schließlich hockt er ja bereits auf der Palme. Stattdessen beginne ich vorsichtig.

»Ruhig Blut. Ich mache mir nur ein wenig Sorgen um Sie und Ihre Familie.«

»Unbegründet«, wirft er barsch ein.

»Schau'n Sie, ich weiß ungefähr, wie Sie sich gerade fühlen«, versuche ich es weiter.

»Wissen Sie nicht!« Er bleibt bockig.

»O doch, glauben Sie mir.« Ich bleibe am Ball.

»Hören Sie mir bitte nur einen kleinen Augenblick zu, und Sie werden verstehen. Einen kleinen Augenblick nur, okay?«

Mit einem kurzen »Okay« gibt er mir eine Chance.

»Danke«, sage ich artig und starte durch:

»Passen Sie auf: Sie fahren an der nächsten Tankstelle raus, marschieren in den Schuppen und greifen sich das teuerste und kälteste Bier, das Sie finden können. Das zischen Sie, nachdem Sie bezahlt haben, versteht sich, in einem Zug vor den Augen Ihrer Frau. Dann eröffnen Sie ihr, dass Sie jetzt fahruntüchtig sind, holen den Verbandskasten – von dem ich doch hoffe, dass Sie ihn dabeihaben –, nehmen sich die Sicherheitsschere und schneiden beide Ärmel Ihres Hemdes bis zur Schulter hoch komplett ab. Das ist gut gegen Achselnässe, befreit die Arme und den Geist! Danach nehmen Sie auf dem Beifahrersitz Platz, schnallen sich an und kurbeln das Fenster bis zum Anschlag runter, wo es bleibt, auch wenn alle drei quaken, dass es zieht. Abschließend eröffnen Sie Ihrer Familie, dass Sie den Familienfernseher verkaufen und den Erlös für eine ultrafiese Tätowierung auf Ihrem Oberarm verwenden, wenn bis nach Hause bloß noch ein Wort gesprochen wird. Wenn das alles erledigt ist, stellen Sie den Radiosender ein, der *Ihnen* gefällt, und sagen: Los! Alles klar?«

»Alles klar«, stammelt er verblüfft. »Was sind Sie denn für einer?«

»Ihr Freund. Ihr Freund und Helfer bin ich«, behaupte ich, in Anlehnung an den beknackten Slogan aus den siebziger Jahren.

»Das ist das erste Mal, seit ich denken kann, dass ich das Gefühl habe, meine Steuergelder werden nicht verschwendet«, haut er da raus und macht mir damit das schönste Kompliment, das ich in dieser Woche gehört habe.

Um die Atmosphäre auszunutzen, fordere ich von ihm: »Danke. Aber zum Abschied versprechen Sie mir bitte, dass Sie nie wieder Ihrer Familie Gewalt androhen, in Ordnung? Der Leitwolf behält die Nerven. Immer!«

»In Ordnung«, lenkt er ein und hat sich damit meinen Abschlussspruch verdient.

»Danke. Und Bruder, niemals vergessen: Die wirklich harten Männer sitzen in den Familienautos und nicht in den Sportwagen oder auf den Motorrädern! Machen Sie's gut!«

Nachtrag: Sie hat sich schriftlich bei meiner Dienststelle über mich beschwert. Von ihm ging ein Dankschreiben ein.

Bei ihr war die Rede vom Verleiten zu Alkohol und Tätowierungen. Er entschuldigt sich für den Brief seiner Frau, den sie sich nicht verkneifen konnte, und schreibt von dazugewonnener Lebensqualität für alle in der Familie. »Alle« hat er unterstrichen.

Ihr Schreiben blieb folgenlos, seines nicht. Es klebt in Kopie bei mir zu Hause unter einem Magneten an unserem Kühlschrank, neben den Kritzeleien der Kinder, als meine Trophäe.

Er hat sich in den Kopf geschossen

Sie diktiert mir, in einem Ton, den ich schlecht deuten kann, ein Aktenzeichen und fragt, ob ich ihr Informationen zu einem Sachverhalt geben kann. Dazu muss man wissen, dass ständig irgendwelche Schlaumeier glauben, sich über die 110 Informationen beschaffen zu können über ihre Nachbarschaftsstreitigkeiten oder sonstige schwebende Verfahren, was natürlich völliger Quatsch ist. Wenn ich einen schlechten Tag habe, antworte ich auf solche Fragen schon mal mit Sätzen wie: »Ja, Ihr Nachbar muss für dreieinhalb Jahre ins Gefängnis, bei Brot und Wasser, weil er seine Stereoanlage zu laut gedreht hat!«

Gott sei Dank erzähle ich ihr nicht so einen Mist, aber wirklich nett bin ich auch nicht.

»Nein, kann ich nicht«, antworte ich schnoddrig, »und selbst wenn ich's könnte, dürfte ich's nicht.«

Als sie das hört, beginnt sie leise zu weinen. Etwas beschämt, weil mir schlagartig klarwird, dass ich einen Fehler gemacht habe, bitte ich sie, mir zu erzählen, was geschehen ist.

Fast flüsternd erklärt sie mir, dass sie heute ihren Sohn gefunden hat und wie schrecklich das war. Sie sei aus der Wohnung gelaufen und habe die Polizei gerufen, die auch sofort kam. Aber man hat sie dann nicht mehr zu ihm gelassen. Sie nennt mir die Adresse, und nach ein paar Fingerübungen lese ich mit herunterhängender Kinnlade, warum sie nicht zu ihm durfte.

Die Menschen denken, durch Film und Fernsehen in die Irre geführt, dass ein Schuss in den Kopf ein Garant sei für einen schnellen und schmerzlosen Tod. Trifft aber leider nicht zu. In Berlin-Moabit habe ich höchstpersönlich einen Mann mit Steckschuss auf seinen eigenen Beinen und bei vollem Bewusstsein aus einer Wohnung geführt, in der ein Familiendrama tobte. Wenn also nicht die entsprechende Munition oder der sprichwörtliche Schluck Wasser im Mund verwendet wird oder wenn jemand die falsche Waffe hat, wie beispielsweise bei einem anderen Fall in Moabit, wo sich ein Mann mit einer Schrotflinte den Kopf quasi komplett entfernt hat, sind die Folgen unabsehbar. So auch bei dem Sohn, mit dessen Mutter ich jetzt sprechen muss …

Sein Körper hat sich zuerst, aber vergebens, gewehrt, weil seine Zeit eigentlich noch nicht gekommen war. Nichts werde ich ihr von alldem erzählen. Gar nichts. Ich darf nicht, und dafür bin ich dankbar. Denn ich will auch nicht.

Also sage ich ihr nur, wie sie Informationen bekommen wird. Gerne würde ich ein paar tröstende Worte für sie finden. Aber was sagt man einer Frau, die ihren Sohn halbtot aufgefunden hat und die man danach offenbar noch im Ungewissen über sein Schicksal ließ? Dass alles irgendwann wieder gut wird?

»Auf Wiederhören«, sage ich. Mehr nicht.

Kinder sollten nicht vor ihren Eltern sterben, hallt es in meinem Kopf, während ich durch das Fenster in den klaren Nachthimmel schaue und mir fest vornehme, wieder einmal meine Mutter anzurufen. Gleich heute früh …

Matriarchat

Eigentlich hatte ich nie eine Wahl. Irgendwie musste schon immer raus aus mir, was ich gerade dachte. Dass man es mit diesem Lebensstil zum Polizisten bringt, klingt wie ein blöder Witz, oder? Vor allem aber ist es ein Kompliment wert, und zwar an die Berliner Polizei, was eigentlich längst überfällig ist. Toleranz ist eben nicht nur, Schwule und Transen beim Outing zu unterstützen, sondern auch, Meinungen zuzulassen und zu ertragen, die nicht immer dem Mainstream folgen. Hut ab! Solange ihr diese Linie fahrt, ihr Berliner Bullen, bleibe ich bei euch, auch wenn ich morgen im Lotto gewinne!

Verschweigen wollen wir natürlich nicht, dass auch die Berliner Polizei schlau genug ist, von verschiedenen Sichtweisen und Denkanstößen zu profitieren. Bestes Beispiel ist dieses Buch. Ist es doch im Prinzip auch eine PR-Kampagne par excellence. Auch noch umsonst beziehungsweise »kostengünstig«. Es transportiert soziale Kompetenz, Sachverständnis, Bürgernähe und all die anderen schleimigen Fachvokabeln, die uns auf Plakaten keiner abkauft. Das Ganze vorgetragen von einem Typen, der sich selbst offenbar für eine Mischung aus Rocker und Polizist hält. Quasi so eine Art fleischliefernder Wollmilchbulle, der, bei Schummerlicht betrachtet, gleichermaßen als Saufkumpan wie auch als Schwiegersohn zu taugen scheint. Hurra!

Die Wahrheit ist, dass der Spießer in mir wohl inzwischen deutlich überwiegt. Und zwar so krass, dass nicht einmal meine eigene Mutter mehr mit mir spricht. Seit Jahren bekomme ich hin und wieder mal eine Postkarte von ihr, meine Einladungen zu Weihnachten und anderen Anlässen ignoriert sie beharrlich. Sie wird ihr in den Zähnen ziehen, die zuckersüße Vorstadtidylle meiner Quelle-Familie. Als tätowierter Marinesoldat gefiel ich ihr noch ganz gut. So gut, dass wir gemeinsam mit Kameraden meiner Einheit in voller Uniform ihre vierte Heirat auf St. Pauli feierten. Aber Polizei war dann wohl doch ein Zacken zu viel …

Ich weiß noch, wie ich nach bestandener Laufbahnprüfung unangemeldet und in vollem Ornat vor ihrer Hamburger Wohnung erschien. Zwischen uns war gerade wieder einmal ein paar Jahre »Funkstille« gewesen. Sie hatte keine Ahnung, dass ich »übergelaufen« war, und so stand ich vor ihrer Tür, hämmerte mit der Faust dagegen und rief im markigsten Schutzmannstimbre durch das hallende Treppenhaus: »AUFMACHEN, POLIZEI!«

Nun muss man wissen, dass meine Mutter keine Frau ist, die man leicht einschüchtern kann. Außerdem wusste ich, dass sie einen banktresorartigen Panzerriegel quer über ihre Eingangstür hatte montieren lassen, der beidseitig im Mauerwerk verankert war. Mit diesen Sicherheitsvorkehrungen und einem schon fast sprichwörtlichen Selbstbewusstsein ausgestattet, kam von drinnen dann auch nur der trockene Satz: »Wir geben nichts!«

Da mir klar war, dass sie mich beobachtete, sah ich zu, dass sie nur Teile meiner Uniform zu Gesicht bekam, und wiederholte meine Aufforderung.

»AUFMACHEN, POLIZEI!«

»Haut ab! Holt Verstärkung!«, rief sie zurück.

So was Freches! Ich konnte mir das Lachen nicht mehr verkneifen: »Mach auf, Mama, sonst muss ich dir die Tür eintreten.«

Postwendend kam die Antwort: »Das schaffst du nicht, du Spargeltarzan!«, und dann eine kleine Pause.

Danach ging die Tür einen Spalt auf, und sie fragte, durch die immer noch kettengesicherte Lücke linsend: »Mama? Wer nennt mich hier Mama?«

»Na, wie viel Söhne hast du denn?«, fragte ich zurück und drehte ihr mein Gesicht grinsend entgegen.

Die Kette flog runter und die Tür auf, und meine Mutter sprang mir mit einem lauten Schrei in die Arme. Nach einer ganzen Weile setzte ich sie wieder ab. Mit feuchten Augen sah sie zu mir hoch, schluckte kurz und fragte: »Junge, habt ihr 'nen Kostümverleih überfallen?«

Ich schüttelte den Kopf und lachte:

»Nein, Mama. Heute nicht. Die Uniform hab ich mir legal besorgt.«

Sie zog die Nase kraus: »Wie, legal besorgt? Was soll das denn heißen?«

»Das heißt, dein Sohn ist jetzt Polizist, und wenn du auch nur bei Rot über die Ampel gehst, dann scheeeiiiß ich dich an!«

Sie schluckte wieder. Langsam ließ sie den Blick über mich schweifen, vom Scheitel bis zur Sohle und wieder zurück, um anschließend nüchtern festzustellen: »Deine Marineuniform war schicker.«

Ihre dezente Art, ein gewisses Missfallen auszudrücken. Doch dann nahm sie meine Hand und zog mich mit den Worten: »Komm, Junge, auf das Ding müssen wir etwas trinken« hinter sich her und brüllte in die Wohnung hinein: »Vorsicht, Polizei!«

Wir stecken mitten im Thema: Matriarchat. She's the boss! War sie immer, wird sie immer sein – zumindest in ihrer Welt. Man mag sagen über sie, was man will, aber: Ohne sie wäre ich nicht hier. Sie hat schlimme Schicksalsschläge verwinden müssen, an denen andere vielleicht komplett zerbrochen wären, und sie hat mich »schwieriges Kind« quasi allein aufgezogen. Über alle Höhen und Tiefen hinweg lässt sich eines mit Bestimmtheit sagen: Sie ist eine starke

Frau! Eine unvergleichliche Kindheit und Jugend liegen hinter mir, und auch wenn ich mir so manches Mal gewünscht hätte, in eine »normale Familie« hineingeboren worden zu sein: Ich würde die Fahrt noch einmal machen! Zumal ich keine nennenswerte Macke habe, die man Leuten nachsagt, die bei einer dominanten Mutter aufgewachsen sind. Im Gegenteil. Sie und die Katzen haben mich im Laufe der Jahre zu einem »Frauenversteher« werden lassen, mit dem man stundenlang shoppen gehen kann, ohne ein böses Wort. Meiner Frau klappt heute noch regelmäßig die Kinnlade runter, wenn sie mich Zitate aus der »Cosmopolitan« fabulieren hört oder ich darüber doziere, dass sich Vaginalpilz prima mit frischem Quark behandeln lässt. Ich rasiere mir nicht gerade die Beine und sehe mehr aus wie ein Holzfäller und nicht wie eine Elfe, aber ich weiß oft, was in ihnen vorgeht, diesen geheimnisvollen Wesen, den Frauen.

Wir Männer tragen meist ein völlig falsches Frauenbild mit uns herum, das darauf basiert, was wir glauben wollen, und nicht darauf, was wir wissen sollten. Jungs, spitzt die Ohren und schnallt euch an, hier ein paar »Neuigkeiten«: Sie sind nicht nur die besseren Busfahrer und Sniper, nein, sie sind auch schmerzunempfindlicher, ausdauernder und, jetzt kommt's: brutaler! Wer einmal gesehen hat, wie Frauen sich gegenseitig büschelweise Haare ausreißen oder sich die Augen auskratzen – egal ob es um Eifersucht oder ihre Kinder gehen mag –, wird wissen, was ich meine! Eine der ewigen Weisheiten meines Trainers lautete: Unterschätze niemals eine Frau! Wir hatten damals in unserer Karateschule eine Frau in der Wettkampfmannschaft. Eine wahre Amazone! Eine Prostituierte mit Schwarzgurt, die ihr eigener Zuhälter war. Und so stand ich Gelbgurt im Sparring mit dieser Frau – und bekam auf die Fresse. Aber so was von auf die Fresse! Mein Trainer lächelte mich anschließend an. Und ich lächelte, so gut ich eben konnte, zurück, während er mich fragte: »Na, war das heute ein lehrreicher Tag für dich?«

So etwas ist mir nie wieder passiert! Seit diesen Tagen hat sich von Jahrzehnt zu Jahrzehnt in mir die These verfestigt, dass die Frauen in Wahrheit das »starke Geschlecht« sind. Spätestens nachdem ich bei drei Geburten störender Zaungast war, bringt mich von dieser Meinung auch niemand mehr ab.

Was mich allerdings nervt, ist diese ewige und heuchlerische Gleichmacherei. Wir sind verschieden! Gott sei Dank. Frauen und Männer gehen die Dinge verschieden an und machen sie verschieden gut. Das sollten wir akzeptieren und vor allem davon profitieren. Beispielsweise bin ich fest davon überzeugt, dass sich eine Frau aufgrund ihrer biologisch-genetischen Veranlagungen erheblich besser im Cockpit eines Kampfjets macht als ein Mann. Ihr Körper ist mehr auf Ausdauer ausgelegt, und Draufgängertum sowie schwanzgesteuerter Geltungsdrang sind Frauen fremd, um nur einige Vorzüge zu nennen. Aber was, bitte sehr, soll beispielsweise eine durch »Frauenquote« in den Beruf gehievte Feuerwehrfrau, die es nicht schafft, einen bewusstlosen Erwachsenen aus einem brennenden Haus hinauszutragen?

Bevor ich mich einen Chauvi schimpfen lasse – und auf diese Diskussion freue ich mich, das wird ein Heidenspaß! –, noch mal in aller Deutlichkeit: Es gibt nichts Schöneres auf dieser Welt als eine selbstbewusste, genussfähige Frau. Die wenigen Exemplare, die ich bisher zu meiner Freude ein Stück weit im Leben begleiten durfte, standen allesamt in puncto Bildung und Bankkonto über mir. »Dürfte nicht besonders schwierig gewesen sein«, wird die Mutter meiner Kinder wohl sagen, bei der ich vor mehr als zehn Jahren zur Ruhe fand. Sie ist eine naturrote stolze Wikingerin, die es an Ironie und Sarkasmus locker mit mir aufnehmen kann. By the way, wussten Sie, dass die blutigsten und verheerendsten Stammesfehden der

Wikinger von Frauen angeschubst wurden? Mich verwundert das nicht …

Häusliche Gewalt, oder kurz HG, ist ein in den letzten Jahren politisch stark gepushter Fachbegriff, der bei uns sehr hohe Priorität genießt. In den Köpfen der meisten Menschen sind Frauen die Opfer, die physisch und/oder psychisch misshandelt werden. Schlimmes geschieht in diesem Zusammenhang, doch wir sind inzwischen mit weiblichen Polizisten und zügigen Verfahrensabläufen ganz gut aufgestellt, um der größten, sprich: akuten Not schnell entgegenzutreten. Es gibt aber auch die zugegeben erheblich seltenere Variante, dass der Mann die Dresche bezieht. Einen solchen Fall möchte ich Ihnen jetzt unterbreiten.

Wir sind nicht unbedingt in Zehlendorf. Mehr so Neukölln, vielleicht Kreuzberg oder auch Marzahn. Wie ich darauf komme? Na, hören Sie mal rein …

»Sie müssen kommen, die fette Schlampe haut mir uff die Fresse«, wimmert es undeutlich in der Leitung, was mich auf geschwollene Lippen oder zwei Promille tippen lässt. Im Hintergrund höre ich sie im Widerhall der Küchenkacheln brüllen: »Wen nennst du hier fette Schlampe, du Spacken?«

Daraufhin ein paar solide Stampfer und ein Klatschen, gefolgt von: »Auaaaa!«

Koteletts wird sie nicht klopfen, denke ich.

»Da, sie hat et schon wieder jemacht, dabei stimmt det jarnich«, jammert er weiter.

»Was stimmt nicht?«, versuche ich aus ihm rauszukitzeln, aber der Sturzkampfbomber kreist schon wieder.

»Du hast fremdjevöjelt, du Drecksack! Und traust dir noch, die Bullen zu rufen?«, höre ich sie im Anflug kreischen und wieder: »Klatsch!« und »Ahhh«.

»Aber Mausi …«, setzt er an, doch Mausi unterbricht ihn sofort:

»Hat sich wat mit Mausi! Ick zieh dir die Eija lang, du Scheißkerl!« Und dann höre ich es scheppern.

Uiuiui, die ersten Teller fliegen. Oder sie hat ihn in den Geschirrschrank gepfeffert. Den Kopf konnte er wohl noch rechtzeitig einziehen, denn er versucht sie weiter zu besänftigen: »Aber Mausi, ick liebe dir doch!«

Für meine Fragen nach seinem Namen und seiner Adresse hat er keine Zeit. Er hat andere Probleme.

»Kannste dir sparen, den Schmus, Ulla hat mir allet jesteckt«, schmettert sie.

»Wat denn jesteckt?«, winselt er mit einer Betonung, die selbst mich an seiner Unschuld zweifeln lässt.

»Na, jefickt haste ihr, du Schwein, un nich ma det erste Ma!«, haut sie ihm vor den Latz.

Ich bin ganz Ohr und stelle mir vor, wie Zille in der Ecke sitzt und seine Skizzen macht. Casanova folgt dem wichtigsten und obersten Grundsatz für Schwerenöter in solchen Lagen: Leugnen – egal wie aussichtslos, immer leugnen.

»Det is nich richtich. Ick liebe doch nur dir!«

Während ich darüber nachdenke, ob der erste seiner beiden Sätze ein genial formuliertes Schuldeingeständnis war, schaltet sie noch einen Gang höher und tönt sirenenartig: »Die is schwangaaaaaaa, du Flitzpiepe!!!«, gefolgt von einem wirklich bedrohlich gefauchten: »Komm her, du, ick mach dir alle!«

Flitzpiepe ist keuchend auf der Flucht, um den Küchentisch herum, nehme ich an. Nach der dritten oder vierten Runde erinnert er sich plötzlich, dass er ja die Polizei am Telefon hat, und bettelt hektisch ins Handy: »Kommse her! Kommse schnell her, ick hab keene Chance jegen die Frau!«

Um mir einen Überblick zu verschaffen, wie ernst die Lage ist, frage ich ihn: »Hat sie eine Waffe, ein Küchenmesser oder so?«

Er schluckt und stolpert dann anscheinend. Als er wieder genügend Vorsprung herausgearbeitet hat, brüllt auch er: »Mann, die is 'ne Waffe! Die hat jut und jerne 'nen Zentner mehr wie icke!«

Na, dann ist sie ja mit ihrer Kondition bald am Ende, wäre mir fast rausgerutscht.

»Klatsch, klatsch!« und »Klatsch!« macht es da und lässt mich erneut aufhorchen. Sie hat offensichtlich aufgeholt und Casanova am Schlafittchen. Ich versuche das Geräusch einzuordnen und komme zu dem Schluss, dass er die Abreibung wohl mit der flachen Hand erteilt bekommt. Faust klingt dumpfer. Bei einer ordentlichen Backpfeife können die Trommelfelle oder Lippen natürlich auch platzen, aber bei Schlägen mit der Faust oder gar einem Gegenstand würde ich mir noch größere Sorgen um ihn machen.

»Hallo? Hören Sie mich?«, frage ich, aber mein Anrufer kann gerade nicht, und die beiden machen mich einmal mehr nur zum Zuhörer.

»Mausi, hör uff«, stöhnt er, »ick kann nich mehr. Ick mach det ooch nie wieda.«

Oh, oh, böses Eigentor, denke ich, und es macht klatsch, klatsch, klatsch, klatsch, klatschklatschklatsch.

»Jetzt jibst du's ooch noch zu, du Schwein!«, keucht sie, schwer atmend und offenkundig leicht ermüdet.

Sie braucht eine Pause und er sowieso. Ob die Walküre jetzt wohl das Männlein am Kragen in die Luft hält und sein Köpfchen, wie bei einer geschüttelten Marionette, immer hin und her fliegt? Auweia! Irgendetwas muss ich unternehmen. Also rufe ich in mein Minimikrophon: »Hallo, hallo, hallooo?!«

»Wat denn?«, höre ich da ihre allmählich vertraute, elfengleiche Stimme mir direkt ins Ohr fauchen.

Casanova hat wohl, inzwischen kraftlos und windelweich, die Hoheit über das Handy aufgegeben.

»Hören Sie auf, es reicht jetzt!«, versuche ich es auf die autoritäre Tour, denn betteln zieht bei ihr nicht.

»Wann's reicht, entscheide icke! Der braucht det«, stellt sie trocken fest.

»Jetzt lassen Sie endlich ab von ihm, der kann nicht mehr«, lege ich nach.

»Det is 'n zäher Hund. Der kricht öfter«, klärt sie mich auf, und ich komme ins Grübeln. Was dem Wirtschaftsboss sein Dominastudio, ist dem kleinen Mann seine Mandy aus Marzahn, oder wie?

»Hilfe! Polizei«, höre ich ihn flehen.

»Also, so geht das nicht«, werde ich verbindlich, »entweder Sie lassen mich jetzt sofort mit ihm sprechen oder …«

»Oder wat?«, fällt sie mir höhnisch ins Wort.

»Ihr müsst mer helfen, ick zahle Steuern!«, krakeelt er im Hintergrund, und ich drohe Mandy: »… oder ich lasse bei Ihnen so viel Polizei aufmarschieren, dass Ihnen schwindelig wird!«

»Ach nee, wer bin ick denn? Und wo bin ick denn?«, macht sie sich über mich lustig.

Das Leckerli hat wahrscheinlich nicht nur Haare an den Beinen, sondern auch auf den Zähnen und lässt sich nicht einschüchtern. Also bluffe ich: »Sie schauen wohl kein Fernsehen? Ich habe schon längst eine Handyortung machen lassen. In drei Minuten klingelt es an Ihrer Wohnungstür, wenn ich will. Wollen Sie es wirklich darauf ankommen lassen?«

Sie denkt nach. Auch das scheint anstrengend zu sein. Sie atmet schwer, und zwar durch den Mund. Für einen Augenblick bilde ich mir ein, ich könnte sogar ihren Atem riechen. Mit einem scheinheiligen »Juut« signalisiert sie, dass der Entscheidungsfindungsprozess abgeschlossen ist. Sie hat einen Plan. Etwas leiser, so als ob jemand die Hand aufs Telefon hält oder das Telefon in eine Bauchfalte drückt, wenn man eben nur eine Hand frei hat, höre ich, wie sie ihn instruiert: »Du sachst jetze zu die Bullen, det allet in Ordnung is! Haste det kapiert?« Und dann noch einmal, untermalt von einem »Klatsch!« und einem Geräusch, als wenn sich ein Bernhardiner das nasse Fell ausschüttelt: »Ob du det kapiert hast, du Vogel?!«

Nach einem kleinlauten und verwaschenen »Ja, Mausi« hält sie ihm dann wohl das Handy unter die Nase. Selber halten darf er es bestimmt nicht. Wie befohlen wiederholt er: »Allet in Ordnung«, was die Herrin aber nicht zufriedenstellt. Sie schüttelt ihn wohl wieder durch wie einen Klammersack und keift auf ihn ein: »Wat denn?«

Das Männchen ist voll im Stress. Nicht nur physisch, sondern jetzt auch intellektuell. Er soll sie und mich gleichermaßen zufriedenstellen und ist damit total überfordert. Er ringt nach Worten. Schließlich hat er genau gesagt, was verlangt war, und sie ist trotzdem nicht zufrieden.

»Wie, wat?«, stammelt er.

»Wat is in Ordnung, Blödmann?«, herrscht sie ihn an und tut ihm wieder irgendwie weh.

Keine Ahnung, ob sie ihn kneift, kratzt oder sonst wie malträtiert, auf jeden Fall fliegen ihm jetzt die Sicherungen raus, aber komplett! Er schreit los: »Na, allet supa, beste Bohne! Mir tropft die Fresse, die Klamotten sin versaut, die Küche is hin, allet spitze – janz toll!!! Warum kackste mir nich ooch gleech noch in meene Briefmarkensammlung, wenn de schon ma dabei bist???«

An dieser Stelle steigen wir mal aus. Weil ich mich nämlich nicht mehr zusammenreißen konnte und laut loslachen musste. Bei allem gebotenen Ernst – es war um mich geschehen. Habe gerade noch meinen Fuß von der Mikrophontaste nehmen können …

Bleibt nachzutragen: Mausis Plan ging nicht auf. Er hat mich nicht abwimmeln können. Ich habe aus den beiden noch rauswringen können, wo genau sich das Drama abspielte. Selbstverständlich habe ich durch einen Funkwagen diese Episode aus »Szenen einer Ehe« überprüfen lassen. Mit dem erstaunlichen, aber doch irgendwie zu erwartenden Ergebnis beziehungsweise Abschluss: Ehestreitigkeiten – beigelegt – kein Eintrag – Ende.

Beim Eintreffen der Kollegen habe sich das ungleiche Paar bereits wieder in den Armen gelegen, hieß es, oder besser: Er sei in ihren Armen verschwunden gewesen … Ob das ein Happy End ist, überlasse ich Ihnen.

Anzumerken ist, dass Szenario und Verhaltensmuster nahezu klassisch gewesen sind und ich selbstverständlich in keiner Weise das Thema bagatellisieren wollte.

Kein Telefongespräch

Das Schicksal lässt einen nicht vom Haken! Daran glaube ich fest!

Vorgestern, am frühen Nachmittag, fuhr ich in strömendem Regen mit meinem Trecker auf der 101 Richtung Berlin, um meine Kinder von der Schule abzuholen. Neben mir brauste ein schwarzer Porsche vorbei, zügig, aber nicht verwegen. Kurz vor der Stadtgrenze, wo ich links abbiegen muss, stand er an der roten Ampel auf der Abbiegespur wieder vor mir. Schmuckes Auto, dachte ich bei mir und gleich darauf, um meinen Neid im Zaum zu halten: Ach, Cabriolet – Frauenauto, was soll's. Es wurde grün, und schwupp, war er wieder weg.

Bevor ich mit meinem Kübel in die Gänge gekommen war, hatte er die erste Biegung der folgenden S-Kurve schon genommen. Als ich nach meinen Kaugummis griff, hörte ich plötzlich einen unglaublichen Knall. Ich riss den Kopf herum und sah, wie der Porsche und ein gelber Kleinwagen, die offenbar frontal zusammengestoßen waren, qualmend in den Straßengraben flogen.

»Warum immer ich«, sagte ich leise, als ich meinen Wagen auf Höhe der Unfallstelle zum Stehen brachte und den Warnblinker anmachte. Ich schnappte mir meine Handschuhe und zog sie im Laufen an. Ein kurzer Rundumblick verriet mir, dass ich allein war. Als ich den Porsche, der mir am nächsten stand, knapp erreicht hatte, sprang die Fahrertür auf, ein blutender Mann fiel heraus und blieb liegen. Ich beugte mich zu ihm hinunter, riss mir den Handschuh runter, tastete nach seinem Puls und guckte über die Schulter zu dem keine fünf Meter entfernten, ebenfalls qualmenden Kleinwagen.

Ich spürte einen Stich im Magen, der mir alle Hoffnung nahm. Denn dort hing eine Frau in einem Zustand und einer Weise, wie ich mir gewünscht hätte, nie wieder einen Menschen auffinden zu müssen. Zugleich mit dem gefühlten Puls ging ein Rucken durch den Porschefahrer, und er versuchte sich sogar unbeholfen aufzurappeln. Ihn mit beiden Armen stützend und seine Sicht auf die Frau verdeckend, schaute ich wieder zu ihr und sah einen Mann in blauer Jacke, der Anstalten machte, sie aus dem Auto zu holen. In der Hoffnung, dass es noch eine Rolle spielte, brüllte ich: »Vorsicht, Rücken!«

»Bin Rettungssanitäter«, rief er zurück, was ich mit einem leisen »Prima« quittierte.

Irgendwas oder irgendwer hat die beiden zusammenprallen lassen, und irgendwas oder irgendwer hat dafür gesorgt, dass die ersten beiden Menschen am Unfallort ein Polizist und ein Rettungssanitäter sind. Mal ehrlich: Ist das nicht merkwürdig?

Meinen inzwischen ansprechbaren Porschefahrer sanft absetzend, sah ich, wie ein weiterer Mann nach Feuerwehr und Polizei telefonierte. Überhaupt füllte sich binnen kürzester Zeit die Szenerie mit helfenden Menschen. Ein Soldat im Tarnanzug fasste mit an, eine Frau rannte mit Warndreiecken los, eine weitere kam mit Einweghandschuhen und Verbandsmaterial angelaufen. Es stimmt überhaupt nicht, was die Medien und Pessimisten dieser Welt uns ständig weismachen wollen, nämlich dass es nur noch Egoisten gibt.

Meinen Mann duzend – was ich immer mache, wenn ich es mit verletzten oder sterbenden Menschen zu tun habe –, ließ ich ihn von seinem Leasing-Porsche erzählen, der geradewegs aus der Werkstatt kam, und erfuhr, dass er 45 Jahre alt war und kinderlos. Ich versperrte ihm immer noch die Sicht auf die Frau hinter mir, bis eine Decke über ihr ausgebreitet war und kurz darauf die Polizei mit zwei Wagen eintraf. Nur zu gern kam ich der Aufforderung nach, dem Rettungswagen mit meinem Auto Platz zu machen, und fuhr mit Einverständnis der Polizisten, da ich als Zeuge nicht taugte, ohne einen Blick auf die zugedeckt daliegende Frau davon. So versuchte ich mir die naive Illusion zu bewahren, dass sie es vielleicht schafft.

Auch gestern hatte ich tagsüber noch nicht in Erfahrung gebracht, wollte es wohl auch nicht ernsthaft, ob sie überlebt hat, als ich am späten Nachmittag über Umwege und unfreiwillig erfuhr, dass dies nicht der Fall war.

Ich weiß nichts über sie, aber ich denke, sie war eine Mutter. Nur eine Mutter, die all ihr Geld in ihre Kinder steckt, ist mit solch einem Scheißauto unterwegs, in dem man so einen Aufprall nicht überlebt.

Das und die bange Frage nach dem dritten Bier gestern Abend, ob es einen Unterschied gemacht hätte, wenn ich zuerst zu ihr gelaufen wäre, berührt mich ein wenig. Mein Sachverstand und mein Bauchgefühl sagten mir schon beim ersten Schulterblick, dass dies nicht der Fall gewesen wäre, außerdem war der Rettungssanitäter, der gleich bei ihr war, mit Sicherheit besser als ich. Mein Herz lässt mich diese Frage aber nicht abschließend beantworten, auch wenn mir meine Frau das Ganze gestern Abend liebevoll ausgeredet hat. Fast.

Gute Reise, fremde Frau, und falls ich etwas hätte besser machen können: Verzeih mir.

Türken

Ein roter Schleier legte sich über mein linkes Auge, und bevor ich mich noch richtig ärgern konnte, war es auch schon zugeschwollen.

Er hatte mich mit seinem Rotgoldsiegelring voll erwischt, weil ich arroganter Idiot es ihm nicht zutraute. Links angetäuscht und rechts voll durchgezogen. Paff, waren meine Gelassenheit und vor allem mein räumliches Sehvermögen dahin.

Ich war 16 Jahre alt und stand in einer Großraumdiscothek in Hamburg-Ochsenzoll. Skaterbahn, Halfpipe und mehrere Tanzflächen. Untergebracht in einer umgebauten neuen Industriehalle mit einem Fassungsvermögen von mehr als 2000 Personen. Das Sicherheitsteam bestand aus meiner Wenigkeit (der Esel nennt sich selbst zuerst), Klaus, einem Endvierziger und genialen Hundeführer, sowie einem perfekt ausgebildeten altdeutschen Schäferhund und einem fast perfekten Rottweiler. Und dann war da noch Gordon … Ein junger, in Ausbildung befindlicher Bullmastiff, der immer nur dann in Erscheinung trat, wenn nichts mehr ging. Die Wände seiner umgebauten VIP-Lounge waren dekoriert mit einem knappen Dutzend zerfetzter Hosen, von denen annähernd jede für ein Gerichtsverfahren stand.

Wie die Dimensionen vermuten lassen, ging es um nicht unerhebliche finanzielle Interessen und Maßstäbe. Ein solcher Laden steht und fällt, neben den ganzen Attraktionen natürlich, mit seinem Sicherheitskonzept. Welcher Vater lässt seine Tochter schon gerne auf die vermeintlich harmlose Rollschuhbahn, wenn in

Wahrheit dort Mord und Totschlag drohen. Letzteres wiederum, in Verbindung mit vielen blutjungen Frauen, zieht magisch an, was wir früher »Hartgeldluden« nannten: Nachwuchszuhälter mit Rolexblendern, Vokuhila und Porsche mit Audimotor vor der Tür.

War nicht ohne, der Laden. Umso mehr mag es verwundern, dass der einzige zweibeinige Kettenhund ausgerechnet ein rotznäsiger 16-Jähriger war, der sich äußerlich manchmal kaum von seiner Kundschaft unterschied. Die Gründe hierfür dürften vielschichtig gewesen sein: Zum einen war ich damals schon ganz gut in der Lage, Streitigkeiten verbal zu schlichten, zum anderen hatte ich bereits in diesem zarten Alter in der Hamburger Kampfsportszene einen gewissen Ruf. Tatsächlich werde ich aber wahrscheinlich in Anschaffung und Unterhalt einfach nur noch günstiger gewesen sein als meine vierbeinigen Kollegen, die jeden Abend mit dem Tiertaxi anreisten. Bekommen hatte ich den Job über meinen besten Freund, einen im Libanon aufgewachsenen Armenier, der in der Türsteherszene bereits etabliert war.

»33 bitte Eingangsbereich«, tönte es musikunterlegt durch den gesamten Schuppen. Die Zahl stand für meinen Namen, damit sich das sensationslüsterne Publikum nicht auch gleich scharenweise in Bewegung setzte. Meine Minifunke hatte ich ignoriert, weil ich gerade mit einem spätpubertären Freak darüber diskutierte, warum die Damentoiletten Damentoiletten heißen. Den schlanken Satz »Noch einmal näher ran als zehn Meter, dann raus« ablassend, machte ich auf den Hacken kehrt und ging zügig, aber nicht hastig Richtung Eingang.

Schon von weitem erkannte ich das Gesicht desjenigen, der vor drei Wochen pikanterweise den Sohn der Geschäftsführerin auf dem Parkplatz dermaßen verprügelt hatte, dass dieser per Notarzt mit Schädelbasisbruch ins Krankenhaus eingeliefert werden musste. Obwohl er selbstverständlich mit lebenslangem Hausverbot belegt worden war, hatten die Ordner, denen er sein Ticket unter die Nase hielt, sich nicht getraut, ihm den Eintritt zu verwehren. So kam es also, dass er, lässig ans Geländer der Bahn gelehnt und rauchend, was in diesem Bereich verboten war, gegenüber vom Eingang auf mich wartete. Als er sicher war, dass ich ihn entdeckt hatte, aschte er auf die Bahn und drehte sich in meine Richtung: ein Türke, Anfang zwanzig, circa 175 Zentimeter groß, ungefähr achtzig Kilo schwer, durchtrainiert, Muskelshirt, Jogginghose, Ringerstiefel.

Die letzten Meter verbrachte ich, wie immer, mit Berechnen und Abschätzen. Das hält die Emotionen raus und schützt vor unangenehmen Überraschungen. Bewaffnet ist er aller Wahrscheinlichkeit nach nicht, überlegte ich, obwohl er am Eingang sicher nicht durchsucht worden war. Eine Zigarettenpackung sah ich nicht, aber er spielte in der rechten Hand mit einer Streichholzschachtel, was mich ein wenig nervös machte. Ich kannte einen kleinen und unscheinbaren Jugoslawen, der mittels einer eingeschobenen Rasierklinge Streichholzschachteln in tödliche Waffen verwandelte. Seitdem ich einmal gesehen hatte, wie er nach einem Billardstreit, bei dem es um viel Geld ging, seinem Gegner in der Geschwindigkeit eines Wimpernschlages die Halsschlagader aufgeschlitzt hatte, fürchtete ich mich ein wenig vor Streichholzschachteln. Aber mein Türke tat mir den Gefallen, seine Schachtel als eine Art lächerliche Kraftdemonstration zu zerknüllen und fallen zu lassen. Vielleicht wollte er durch das Werfen von Müll auf den Boden aber auch nur eine weitere Duftmarke setzen.

Seine Aktion gab meiner Überheblichkeit nur weitere Nahrung. Was für ein Spinner, dachte ich. Was macht er als Nächstes? Pinkelt er mir aufs Parkett, um mich zu provozieren? Da aber das Entblößen des Geschlechtsteiles in der Öffentlichkeit für einen Moslem, der er ja sicherlich war, wohl ein Unding wäre, tat er nur das, was in solchen Situationen offenbar zum festen Verhaltensmuster dieser Jungs gehört: Er schnippte seine Zigarette in meine Richtung und spuckte demonstrativ und theatralisch vor mir aus. Ungefähr fünf Meter hatte ich noch bis zu ihm, und mir war klar: Er war nicht zum Reden hergekommen!

Kurz ging ich noch einmal die Optionen durch. Sofort angreifen wäre wohl das Sicherste gewesen. Schließlich hatte er hier erst vor kurzem jemanden auf die Intensivstation geprügelt. Andererseits, vor tausend Leuten als Erster in die Offensive zu gehen hätte sich später vor Gericht nicht besonders gut gemacht, nicht zuletzt auch deshalb, weil man mit einer Kampfsportausbildung immer gleich mit einer »gefährlichen Körperverletzung« dabei ist statt mit einer »einfachen«. Außerdem hätte eine solche Aktion, selbst wenn ich beispielsweise mit einem gesprungenen Drehkick etwas fürs Auge geliefert hätte, meinem Ruf geschadet, der in diesen Kreisen bares Geld wert ist. Kommt halt nicht sehr souverän und nervenstark, wenn man quasi als »Angstbeißer« angreift, ohne sich auf einen fairen Kampf einzulassen beziehungsweise auf das, was man in dieser Welt so als »fair« bezeichnet. Last but not least versuchte ich schon damals, meinem zweiten Vornamen »Jonas« als Friedenstaube gerecht zu werden, indem ich nichtphysischen Lösungsansätzen zunächst immer den Vorzug gab. Klingt edel, ist aber auch in der schnöden Angst begründet, mir das eine, ultimative Ding einzufangen, das mein Knie für immer kaputtgehen lässt oder mir das Nasenbein ins Gehirn schiebt. Man hat in diesem Leben nur einen Körper.

»Du weißt, dass du Hausverbot hast?«, sagte ich folglich, als ich auf Beinlänge an ihn heran war, was er mit einem charmanten »Fick dich!« quittierte. Wenig überrascht machte ich mit dem Satz »Wir beide gehen jetzt vor die Tür« einen Schritt auf ihn zu und bewegte meine Hand langsam in Richtung seines Oberarmes, um ihn hinauszuführen. Mir war natürlich völlig klar, dass das nicht funktionieren würde, aber ich hatte mit einer szenetypischen Sauerei wie einer Kopfnuss oder einem Lowkick gerechnet und nicht mit der eingangs erwähnten präzise platzierten Dublette, die ich in dieser Perfektion nur von guten Boxern gewöhnt war.

Da stand ich nun, mit einem sauberen Cut über dem linken Auge, und tropfte den Boden voll. Das Ganze auch noch wenig diskret, vor großem Publikum. Mieser konnte es nicht laufen …

Angespornt durch seinen Treffer, rammte mir mein Türke mit Anlauf seinen Kopf in den Magen, hob mich aus und knallte mich seitlich mit dem Rücken gegen das Geländer der Bahn. Es knackte in meinem rechten Rippenbogen, doch ich konnte gerade noch von oben meinen Arm um seinen Hals legen und versuchte, ihm die Schlagadern zuzumachen. Komplett erfolglos. Mit nur einem Arm und ohne Widerlager war nichts zu machen. Wie gern hätte ich meinen Gegner einschlafen und zusammensacken lassen, wie ich es schon oft getan hatte. Leise, zivilisiert und ungefährlich. Es sei denn, es gibt eine Herzanomalie oder man unterbricht die Sauerstoffzufuhr so lange, bis das Gehirn Schaden nimmt.

Aber nein, es hatte nicht sollen sein. Stattdessen geriet die ganze Sache zu einer Metzgernummer, und ich stieg wohl oder übel darauf ein. Selbst schon bunt wie Schlachtvieh, ließ ich mich mit seinem Kopf, den ich ja immer noch mit meinem Arm fixiert hatte, auf die mittlere Strebe des Metallgeländers fallen und brach ihm damit sein Nasenbein. Selbst die härtesten Kerle, Rugbyspieler zum Beispiel, geben bei Nasenbeinbruch auf. Allein schon wegen des erheblichen Blutverlustes. Sollte der Anblick eines Menschen, dem nach einem Nasenbeinbruch das Blut in Sturzbächen aus dem Kopf schießt, nicht zu Ihren Erfahrungen gehören, möge das Schicksal es Ihnen auch weiterhin ersparen. Es hat etwas zutiefst Verstörendes, mit anzusehen, wie binnen kürzester Zeit ein dunkelroter See entsteht, und man glaubt, den Tod in der Ecke zu spüren, der bereit ist, sein Netz auszuwerfen.

An dieser Stelle ein kurzes Wort an alle Pazifisten und Moralisten, denen die Schilderung dieser wahren Begebenheit zu plastisch ist und denen allein schon die Entstehung der Situation unverständlich scheint: Sicherlich hätte ich die Polizei hinzuziehen oder das Eintreffen meines Hundeführers abwarten können, der, wie so oft, wenn man ihn brauchte, beim Gassigehen war. Aber nicht nur, dass fraglich ist, ob damit ein unblutigerer Verlauf gewährleistet gewesen wäre – ich könnte von Polizeieinsätzen berichten, die Sie ähnlich schockieren würden, und was Hund gegen Mensch für ein Horrorszenario bedeutet, das arbeiten wir noch weiter hinten in diesem Buch auf –, nein, es hätte auch massiv und irreparabel meine Autorität beschädigt.

Bevor jetzt der nächste Aufschrei folgt: Es geht hier weit weniger um mein persönliches Ego als um die Tatsache, dass ich als Türsteher bei auftretenden Problemen nicht jedes Mal Papa rufen kann, weil ich nämlich Papa bin. Ich bin der Troubleshooter, so ich denn mein Wort oder meine Unterschrift gegeben habe, dass ich die Situation kläre, wenn sie nach rationalen Gesichtspunkten in den Griff zu kriegen ist. Das war damals so und ist heute nicht anders. Wenn hierbei Unentschlossenheit und Unsicherheiten zutage treten, läuft das nur darauf hinaus, dass jedes Mal aufs Neue, wenn ein Problem auftritt, schlimmstenfalls physische Kraftproben stattfinden, wo sonst einfache und ehrliche Autorität ausgereicht hätte.

Alles Weitere, mein lieber Leser, geht in den Bereich der Philosophie, was den Rahmen dieses Buches sprengen würde, worauf ich mich aber sonst gern einließe.

Natürlich mache ich Fehler. Menschlich wie technisch. Ich bin weder unfehlbar, noch habe ich Superkräfte. Ich liege und lag oft daneben, wie jeder von uns. Bis zum heutigen Tage erinnere ich mich an jede einzelne Aktion, bei der ich einen Menschen verletzt habe. Jedes Mal versuchte ich, den lieben Gott dafür um Verzeihung zu bitten, dass ich unfähig war, eine bessere Lösung zu finden. Wenn Sie dieses Buch bisher aufmerksam und auch zwischen den Zeilen gelesen haben, wissen Sie, dass ich das ehrlich meine. Was bleibt uns aber, wenn Menschen Böses im Sinn haben? Wollen wir sie gewähren lassen, in der Hoffnung auf eine höhere Gerechtigkeit und darauf, dass es schon nicht so schlimm werden wird? Ich weiß, ich weiß: Wir sollten die Gründe dafür beseitigen, weshalb Menschen Böses im Sinn haben ... Bis zu diesem schönen Tag allerdings, an dem wir das womöglich erreicht haben, möchte ich meine Töchter nicht in Situationen oder Umgebungen wissen, wo sie niemand beschützen will oder kann. Das werden Sie sich für Ihre Angehörigen auch wünschen, oder? Was bleibt uns folglich, wenn Vorkehrungen und Argumente versagt haben? Dagegenhalten. Dagegenhalten mit dem Versuch, uns nicht von Hass oder anderen niederen Instinkten leiten zu lassen. In der Hoffnung, das Richtige zu tun, es gesund zu überstehen und niemals aus den Augen zu verlieren, dass es ein Mensch ist, der einem gegenübersteht.

Mir persönlich, oder besser meiner Seele, haben in dieser Beziehung drei Geburten sehr gutgetan, bei denen ich dabei sein durfte. Nirgendwo sonst bekommt man ein direkteres Gefühl für das Wunder und die Zerbrechlichkeit des Lebens als im Kreißsaal. Meine Mittlere musste, kaum dass sie mir in den Arm gelegt worden war, wegen Sauerstoffmangels umgehend in den Beatmungskasten gelegt werden. Die emotionale Tragweite einer solchen Situation lässt sich mit Worten nicht vermitteln. Also verzeihen Sie mir, wenn ich es erst gar nicht versuche. Hier aber eine Empfehlung, der Sie unbedingt nachkommen sollten, besonders wenn Sie innere Wunden haben: Sollten Sie einmal die Gelegenheit haben, eine Neugeborenenstation eines Krankenhauses zu besuchen, gehen Sie hin! Ich war oft auf einer solchen Station in einem Krankenhaus in Berlin-Neukölln, wo besonders Väter, quer durch alle kulturellen und gesellschaftlichen Schichten, sich von einer Seite zeigten, die einen mit dem guten Gefühl nach Hause gehen ließen, dass eben nicht alles umsonst und egal ist. Nebenbei gesagt, blieben mir besonders die türkischen Väter in sehr positiver Erinnerung. Was uns wieder zu meinem Türkenkind in der Disco führt, der sich offenbar vorgenommen hatte, mir das Leben aus dem Leib zu prügeln.

Was sagte ich? Selbst die härtesten Kerle geben bei Nasenbruch auf? Aber nicht so mein Türke! In der geschilderten Position, die wohl an eine billige Wrestling-Show erinnern musste, verharrten wir reglos, und mein rechter Arm wurde warm und klebrig. Mit Ohnmächtigwerden, Abklatschen, Aufgeben hatte ich gerechnet. Doch er sammelte sich nur kurz, um mir dann so kräftig und gekonnt mit der rechten Hand in die Hoden zu kneifen, dass mir die Augen gefühlte zehn Zentimeter aus den Höhlen traten. Jetzt war *ich* kurz davor, das Bewusstsein zu verlieren! Vor Schreck löste ich den rechten Arm um seinen Hals, um dann aber gleich so hart und so oft ich konnte mit dem Ellbogen auf seinen Hinterkopf und sein Genick zu schlagen. Dass ich ihm dabei einen Nackenwirbel aus der Position hätte schießen können, mit den entsprechenden Folgen – für diesen Gedanken war ich nicht mehr klar genug im Kopf.

Nach vier, jawohl: vier!, gezielten Ellbogenstößen auf die Fontanelle sackte er endlich auf die Knie, und der Schmerz in meinem Unterleib ließ nach. In diesem Moment bekam ich von einem Bruder, Freund oder Sympathisanten meines Türken von hinten einen harten Gegenstand auf den Kopf, woraufhin ich nach vorn torkelte und fast auf unserem Blut ausgerutscht wäre. Zur gleichen Zeit trafen Polizei und Rettungssanitäter ein, die ich jedoch nur noch schemenhaft wahrnahm. Mein Stolz ließ es nicht zu, mich aus der

Halle raustragen zu lassen, und so schleppte ich mich auf eigenen Beinen in den Sanitätsraum. Ein Kunststück, das mein Türke im Übrigen auch vollbrachte.

Womit wir beim Kern und eigentlichen Grund für die letzten Ausführungen angelangt sind: Grandiose Krieger, diese Türken! Der Einzelne und das ganze Volk legten und legen beeindruckende martialische Fähigkeiten an den Tag. Nicht nur, dass sie bekannterweise bis vor Wien aufmarschierten und die besten berittenen Bogenschützen in ihren Reihen hatten, die die Welt je gesehen hat. Auch bis in unsere heutige Zeit findet man in diversen Kampfsportarten wie Ringen oder Taekwondo Türken immer in der ersten Reihe!

Zu meinem Leidwesen beschränken sich die allermeisten Begegnungen mit Türken, wenn man sie denn als »intensiv« bezeichnen möchte, meist auf Begebenheiten wie die eben geschilderte. Mit einer einzigen Ausnahme. Nämlich der zweitschönsten Frau, die ich je in meinem Leben sah. Der Tochter einer türkischen Familie aus einem Nachbarhaus in der Straße meiner Kindheit: Sherazan. Und selbst diese harmlose Romanze kann man getrost als »lebensgefährlich« bezeichnen, und zwar aufgrund der Omnipräsenz ihrer zahlreichen gefährlichen Brüder. Ich bedaure das, zumal ich weiß, dass Türken sehr gastfreundlich und kinderlieb sind, nur fehlen mir eben, bis auf wenige Lichtblicke, die angenehmen Erfahrungen. Trotz all der Prügel und Schimpfworte, die ich mir im Laufe meines Lebens von Türken habe bieten lassen müssen, hasse ich sie jedoch nicht. Gemerkt habe ich das, unter anderem, an folgender Begebenheit: Ich war vor Jahren als Streifenpolizist in Berlin-Moabit in der Wohnung einer türkischen Familie, der gerade ihr kleines, nicht einmal drei Jahre altes Mädchen gestorben war. Sie lag in ihrem Himmelbettchen, und obwohl ich einen muslimischen Geistlichen hatte kommen lassen, weinte besonders ihr Vater so herzzerreißend, dass ich mitheulen musste. Für Menschen, die man hasst, bringt man kein Mitgefühl auf.

Berlin soll, wie immer wieder gern zitiert wird, gemessen an der Einwohnerzahl die zweitgrößte türkische Stadt des Planeten sein. Entsprechend ist die Frequenz der türkischstämmigen 110-Anrufer denkbar hoch. Vom türkischen Diplomaten bis zur türkischen Raumpflegerin hatte ich schon so ziemlich alles am Telefon, was Sie sich vorstellen können. Doch jetzt lassen wir mal einen Mitbürger zu Wort kommen, der seine offensichtlich negativen Erfahrungen vor sich herträgt.

»Sie sind doch bestimmt auch so ein Rassist«, poltert er los, nachdem ich mich gemeldet habe.

Da ich verbotener- und unhöflicherweise gerade in einen Schokoladenriegel gebissen habe und außerdem schon wieder den Schalk im Nacken spüre, sage ich, um Zeit zu gewinnen, erst einmal: »Ja.«

Weil das natürlich nicht die erwartete Antwort war, kommt postwendend und eine Oktave höher: »Wie, ja?!«

Meinen Schokoriegel in der Hamsterbacke verstauend, wiederhole ich: »Ja«, und führe aus: »Ich steh auf Jack-Russell-Terrier und finde Dackel doof.«

Gemütsmäßig im Alarm-, wenn nicht gar im Gefechtszustand, zieht er den nächsten Pfeil aus dem Köcher und lässt ihn fliegen:

»Mein Name ist Güllükoglu, und Sie wissen ganz genau, was ich meine, tun Sie nicht so!«

Entspannt, weil ich eigentlich dauernd mit solchen oder ähnlichen Ansagen konfrontiert werde, lehne ich mich zurück und freue mich ein wenig über den Namen. »Güllükoglu« klingt sympathisch und lustig, irgendwie fast niedlich. Ein bisschen wie ein Promille-Test. Man stelle sich vor, wie viel Geld man sparen könnte, wenn man, statt sie pusten zu lassen, zu den Leuten sagen würde: »Sagen Sie bitte dreimal fehlerfrei ›Güllükoglu‹.«

Weil ich einfach Lust habe, den Namen zu sagen, wiederhole ich: »Güllükoglu, Güllükoglu, müsste ich Sie kennen?«

Unerwartet schlagfertig haut er raus: »Nein, aber Sie werden mich gleich kennenlernen, wenn Sie das nicht lassen!«

»Wenn ich was nicht lasse?«, flöte ich im reinsten Unschuldston.

»Sie machen sich über mich lustig«, behauptet er.

»Sie machen sich über mich lustig«, behaupte ich.

»Blödsinn!«, brüllt er.

Mein Gesprächspartner scheint ein gebildeter Mann zu sein, dem allerdings sein Temperament durchgeht, wofür ich übrigens entgegen der offiziellen Linie meines Dienstherrn überhaupt kein Verständnis habe. Ich muss mich schließlich auch zusammenreißen. Wenn sich südländisches Temperament und Abstammung weiter als Entschuldigung für schlechtes Benehmen etablieren, lasse ich mir demnächst die Haare färben.

Um ihn abzukühlen, rede ich beruhigend auf ihn ein: »Sie kennen mich doch gar nicht, und jemanden ›Rassist‹ zu schimpfen, den man nicht kennt, kann doch nur ein Versuch sein, sich über ihn lustig zu machen, oder? Nun kommen Sie doch erst einmal von Ihrer Palme runter.«

Wie ein Falke stürzt er sich auf meinen letzten Satz: »Wollen Sie damit sagen, wir Türken sind alle Affen?«

Ich kann es nicht leiden, absichtlich missverstanden zu werden, und schon gar nicht im negativen Kontext. Nur knapp kann ich deshalb der Versuchung widerstehen zu antworten: »Nicht alle Türken, nur Sie.« Würde aber nichts bringen. Außer noch mehr Ärger und der Wahrscheinlichkeit, dass ihm eine weitere Sicherung durchknallt.

Stattdessen starte ich einen Versuch, den ich gerne »Türken verblüffen« nenne. Einfach ausgedrückt: mit Freundlichkeit oder sogar Herzlichkeit entwaffnen. Das sind sie nämlich nicht unbedingt gewohnt. Als vermeintliche Außenseiter, aus welchen Gründen sei mal dahingestellt, erleben sie die Rollenverteilung in unserer Gesellschaft oft als Gegen- statt Miteinander. Erst recht, wenn es um Behörden geht. So kommt es hin und wieder vor, dass mir von Türken entgegenschlagendes Misstrauen oder gar blanker Hass meinen sportlichen Ehrgeiz wecken, die Sache zu drehen. Habe schon viel Spaß dabei gehabt und sogar die eine oder andere zwischenmenschliche Sternstunde erlebt. Kann aber auch nach hinten losgehen. Außerdem, das gebe ich zu, bin ich längst nicht immer in der Stimmung dazu. Schon gar nicht, wenn ich mir Nettigkeiten anhören muss wie: »Isch mach dich Messer!« oder »Isch mach dein Familie kaputt!«, was erstaunlicherweise gar nicht so selten ist.

Aber mein aufgebrachtes HB-Männchen scheint der richtige Aspirant für einen Versuch zu sein. Erstens, weil es keine sprachliche Barriere gibt und er intelligent auf mich wirkt. Zweitens, weil mich der Grund dafür interessiert, weshalb er so aufgebracht ist. Und drittens, weil er mit »Rassist« bei mir so weit danebenlag, dass es mich gemütsmäßig nicht einmal angekratzt hat. Also beiße ich noch mal von meinem Schokoriegel ab und belöffele ihn folgendermaßen: »Okay, hören Sie mir mal zu, ruhig Blut. Klar, ich bin blond, hab blaue Augen und bin deutscher Polizist, das lässt sich im Moment nicht ändern. Aber muss ich mir wirklich die Haare schwarz färben, zum Islam konvertieren und auf Gemüsehändler umsatteln, damit Sie ein wenig netter mit mir umgehen? Ich hab Ihnen doch gar nichts getan, oder?«

Gespannt wie ein Flitzebogen warte ich auf seine Reaktion. Aber statt ein klein wenig einzulenken oder wenigstens den Anflug von Humor zu zeigen, sagt er verbittert: »Es gibt sehr wohl blonde Türken, und außerdem seid Ihr doch alle gleich.«

»Na klar«, halte ich, leicht enttäuscht, dagegen. »Wir sind alle Rassisten und ihr seid alle Teppichflieger. Mal ehrlich: So ein Quatsch!«

»Gar kein Quatsch«, kommt er mir patzig, wie ein kleines Kind.

»Natürlich«, steige ich drauf ein, »wie kommt es sonst, dass ich noch nie 'nen fliegenden Teppich gesehen hab?« Und dann muss ich lachen.

»Machen Sie sich schon wieder über mich lustig?«, fragt er unsicher, aber ich habe das Gefühl, er weicht langsam auf.

»Nein, ich will mich bei Ihnen einschleimen«, lasse ich meinen letzten Versuch vom Stapel, »weil ich das Gefühl hab, Ihnen könnte 'ne Imbisskette gehören, und weil ich auf Baklava und Ayran stehe.«

Peng! Treffer! Er muss lachen.

»Ich habe in der Tat eine Dönerproduktion«, erzählt er stolz.

»Na, dann wird das doch nichts mit uns. Döner ist mir zu deutsch.«

»Zu deutsch, ja?«, lacht er.

»Ist das nicht so? Habt ihr Türken doch nur für uns erfunden, weil ihr uns eure richtige Küche nicht zutraut, stimmt's?«, will ich wissen.

»Sie sind ein lustiger Mann«, stellt er fest, ohne auf meine Frage einzugehen.

»Sieh mal an«, gebe ich zu bedenken, »vom Rassisten zum lustigen Mann in nicht mal zwei Minuten. Rekordverdächtig, was?«

Das hätte ich nicht tun sollen: ihn an den Anfang unseres Gesprächs erinnern. Damit ist unsere gute Zeit schlagartig vorbei. Wie bei einer Sternschnuppe hatten wir für einen kleinen Augenblick einen Draht zueinander. Ich mag diese Momente sehr. Am liebsten würde ich sie in Plexiglas gießen. In eines dieser Schüttelgläser, so wie ich es mit den Fotos meiner Kinder gemacht habe. Dann könnte ich sie aus der Schublade ziehen und es schneien lassen, immer dann, wenn ich mir etwas besonders Fieses anhören muss oder denke, dass es nicht mehr geht oder sich nicht lohnt, weiterzumachen.

»Das ändert gar nichts«, stellt er kühl fest.

»Ach, wie schade«, merke ich enttäuscht an und schlucke den letzten Bissen von meinem Schokoriegel runter.

»Sie wollen doch wohl nicht leugnen, dass Leute wie ich von der Polizei andauernd diskriminiert werden und unter ständigem Generalverdacht stehen«, greift er wieder frontal an.

Es fehlt mir schlicht die Energie, um dagegenzuhalten, trotz Schokoriegel. Nicht nur, weil er sich das falsche Podium für diese Diskussion ausgesucht hat, sondern weil ich solche Gespräche schon unzählige Male mehr oder weniger erfolgreich geführt habe und einfach müde bin, mich gebetsmühlenartig zu wiederholen.

»Ich will gar nichts leugnen«, stelle ich lakonisch fest und füge hinzu: »Ich sitze hier, um Notrufe entgegenzunehmen.«

Diese Antwort stellt ihn natürlich nicht zufrieden, wobei ich ziemlich sicher bin, dass nichts, was ich sagen würde, ihn zufriedenstellen würde. Meine achtlos gewählte Formulierung nimmt er als Aufhänger für die nächste Tirade: »Ach, Sie wollen nicht leugnen, interessant! Sie können sich ja gar nicht vorstellen, wie viele negative Erfahrungen man hier tagtäglich in Bezug auf Ausländerfeindlichkeit macht.«

»Wissen Sie, was ein Gentleman's Agreement ist?« Damit bringe ich ihn leicht aus dem Konzept.

»Natürlich weiß ich das«, kommt er mir jetzt fast wütend, »nur weil ich Türke bin, bin ich noch lange nicht ungebildet!«

»Gut, was halten Sie von folgendem Vorschlag? Sie verschonen mich mit Ihrem negativen Erfahrungsschatz, und ich verschone Sie mit meinem, und wir konzentrieren uns jetzt hier auf das Wesentliche?!«

»Das könnte Ihnen so passen«, zetert er, »ausblenden, abwiegeln, bagatellisieren.«

»Mann, was wollen Sie von mir?«, frage ich, inzwischen schon leicht genervt, obwohl mir allmählich dämmert, was er im Schilde führt, und ich ihm das auch offen sage. »Ich habe Türken vor Skinheads beschützt und Skinheads vor Türken. Ich habe Frauen halbtot aus türkischen Familien rausgeholt und türkische Jugendliche aus Bierzelten gerettet. Ich habe in Berlin den türkischen Fernsehsender bewacht und mir im Imbiss von der Bedienung in meinen Döner spucken lassen, weil ich in Uniform war. Das sind alles nur Fakten, ohne jede Bewertung. Ich könnte noch eine ganze Weile so weitermachen, aber glauben Sie mir: Sie werden mich hier zu keiner einzigen ausländerfeindlichen Äußerung provozieren. Ich trage insgesamt vier Narben, die mir Türken beigebracht haben. Aber weit schlimmer ist die innere Narbe oder besser der Stachel der Versuchung in mir, der mich zwingen möchte, der Pauschalisierung nachzugeben. Ein Stachel, der bei Ihnen schon fest eingewachsen ist, wie mir scheint.«

»Was soll das denn heißen?«, fragt er, zu meiner Freude in einem fast nachdenklichen Ton.

»Das soll heißen«, kläre ich ihn auf, »dass ich inzwischen 45 Jahre alt bin und es bis zum heutigen Tag trotz massenhaft schlechter Erfahrungen geschafft habe, jedem Einzelnen seine Chance zu geben. Eine Eigenschaft, auf die ich verdammt stolz bin und die ich, nebenbei gesagt, in meinem Job jeden Tag brauche. Wenn ich ehrlich bin, liegt es vielleicht auch ein bisschen daran, dass ich keine Rechnung offen habe. Aber eines steht fest: Sie haben Ihre Chance gerade verspielt.«

Stille. Er denkt nach. Glaube ich zumindest. Nach einer Weile fragt er mich dann zusammenhanglos: »Sie haben auf unseren Fernsehsender aufgepasst?«

»Ja, und Ihre Botschaft habe ich auch schon beschützt, stellen Sie sich mal vor«, werde ich leicht schnippisch, »und zwar vor Kurden, die ich ihrerseits vor sich selbst schützen musste, damit sie sich nicht anzünden. Merken Sie allmählich, worauf ich hinauswill?«

Zu meiner großen Verblüffung höre ich da von ihm: »Ich glaube schon.«

Verblüffung deshalb, weil es meiner Erfahrung nach extrem schwierig ist, einen Türken zu einer auch noch verbal geäußerten Einsicht zu bewegen. Das hat mit Gesichtsverlust und Rollenverteilung zu tun, ähnlich wie bei den Japanern. Weil ich also meinen Ohren kaum traue, frage ich nach: »Wie meinen Sie das?«

Und dann zerstört er all meine Illusionen mit diesem Satz: »Sie sind also ein Söldner. Es ist Ihnen egal, für wen und mit wem Sie arbeiten.«

Zu früh gefreut. Ich bin sauer. Richtig sauer! Am meisten auf mich selbst. Was für eine Zeitverschwendung.

»Ja, genau«, presse ich durch meine zusammengebissenen Zähne und lasse ihn kühl wissen: »Sie haben gerade die Gelegenheit verpasst, einen positiven Akzent zu setzen. Wenn Sie jetzt kein klares Anliegen an die Polizei formulieren, beende ich das Gespräch.«

Klingt eingeschnappt, was? Bin ich wohl auch. Und verärgert, dass er mich vors Schienbein tritt, obwohl ich mir zwischenmenschlich Mühe gegeben habe.

Der eine oder andere Leser wird sich vielleicht fragen: »Was labert der da eigentlich? Schließlich ist er Polizist und kein Pastor!« Eine Kritik, die ich mir gerne gefallen lasse und gegen die ich mich nicht einmal richtig wehren möchte. Weil ich nämlich der Meinung bin, dass in jedem guten Polizisten nicht nur ein bisschen Ganove, sondern auch etwas von einem Theologen stecken sollte. Ich vergebe mir nichts dabei, wenn ich versuche, ein wenig auf die Menschen einzugehen. Außerdem kann es neben dem ideellen

Aspekt zuweilen auch durchaus wirtschaftlich sein – wenn es mir etwa gelingt, einen Polizeieinsatz zu zerreden, bevor er stattfindet. Die Schattenseite dabei ist, dass ich damit auch mein Gewissen beruhige. Die schlimmsten Schlägereien haben meist erst dann stattgefunden, nachdem ich gedacht hatte, alle anderen Mittel ausgeschöpft zu haben.

Güllükoglu hat inzwischen begriffen, dass er mich zu keinem tonbanddokumentierten und juristisch verwertbaren ausländerfeindlichen Statement bewegen kann. Dass ich, wenn auch nur für einen kurzen Moment, versucht habe, sein Freund zu sein, hat er nicht begriffen. Jetzt eiert er rum: »Moment mal, so leicht werden Sie mich nicht los ...«

»Doch«, unterbreche ich ihn, »mit einer lässigen Bewegung meines Zeigefingers schieße ich Sie aus der Leitung, wenn Sie jetzt nicht konkret werden.«

»Das wagen Sie nicht«, droht er mir, und ich zähle von fünf rückwärts: ... vier, drei, zwei, eins – aus!«

Ich hätte Ihnen gern ein harmonischeres Gespräch geliefert, inklusive Happy End. Mit ein wenig Nachdenken wäre mir das wohl auch gelungen. Doch dieses Gespräch, auch wenn es ein wenig aus dem Rahmen fällt, ist fast so etwas wie symptomatisch. Ich kann es Ihnen nicht erklären und will auch nicht ausschließen, dass es zum Teil an mir liegt, aber es ist schwierig, den Blickwinkel eines Menschen zu ändern, der das partout nicht zulassen möchte. Warum auch immer ...

Bilden Sie sich Ihre eigene Meinung.

An meine türkischen Leser: Ich habe in einem humorvollen Zusammenhang das Wort »Islam« gebraucht. Ich hoffe, dass dies nicht dahingehend interpretiert und missverstanden wird, dass ich und meine Familie jetzt um unser Leben fürchten müssen. Falls doch, ziehen Sie sich bitte eine Nummer, und stellen Sie sich hinten an. Ansonsten zielt die obige Schilderung keineswegs auf Diskriminierung oder Ausgrenzung ab. Ich möchte sie vielmehr als Aufruf, ja fast als Hilferuf verstanden wissen und freue mich auf jede zukünftige positive Begebenheit, denn mein Lieblingswort in meinem zugegeben sehr begrenzten türkischen Wortschatz ist immer noch: ARKADAS!

Wasser

Oh, Gott, mir fehlt das Meer! Ich sehne mich von ganzem Herzen nach der alles umgebenden und alles relativierenden friedlichen Stille in der Schwerelosigkeit! Nach einem Gefühl, das Unsicherheit und doch gleichzeitig Geborgenheit vermittelt.

Es vergeht nicht ein einziger Tag, an dem ich nicht solche Gedanken hege. Nach meinem schönsten Erlebnis gefragt, würde ich gleich nach der Geburt meiner drei Kinder den Moment nennen, als ich zum ersten Mal unter Wasser Luft holte und bleiben durfte … Dort, wo ich mein Leben lang zu verweilen trainiert hatte und doch nach wenigen Minuten immer wieder gehen musste.

Von Poseidon geküsst, hielt ich schon als kleiner Junge regelmäßig den Schulrekord im Zeit- und Streckentauchen. Weil ich verbissen war und außerdem genau wusste: Sobald ich den Kopf aus dem Wasser strecke, bin ich zurück in einer Welt, in der mich niemand wirklich haben wollte. Im Vergleich zu einem Perlentaucher waren meine Werte noch recht bescheiden. Aber sie reichten aus, um selbst meinen Schwimmlehrer vor Neid erblassen zu lassen. Der Mann hat ernsthaft versucht, meine Versetzung zu gefährden, indem er mir, begründet durch angebliche Fehlstunden, im Wahlfach Schwimmen eine Sechs geben wollte. Was für ein Arschloch! Mama hat's damals gerichtet. Vor der hatte er Angst …

Meine Freude am nassen Element hat das natürlich kein bisschen getrübt. Im Gegenteil. So kam es, dass ich mich ungefähr zehn Sommer später, die ich vorwiegend in Baggerseen oder auf dem Grund von Schwimmbädern zubrachte, in einer militärischen Einheit wiederfand, deren Wahlspruch lautete: »Lerne leiden, ohne zu klagen.« Die erste einprägsame Weisheit, die dort vermittelt wurde und für mich wie eine Offenbarung klang, hieß: »Wasser ist euer Freund« – was für ein schlichter Satz, aber er sprach mir doch aus tiefster Seele! »Wenn ihr in Gefahr seid, wenn ihr verfolgt werdet, zieht euch ins Wasser zurück. Dorthin werden sie euch nicht folgen. Nicht einmal die Kugeln werden euch dorthin folgen, wenn ihr tief genug geht«, hörte ich mit verzücktem Lächeln und konnte es kaum erwarten, dass sie mir das Gerät gaben mit dem geschlossenen System, das mir erlaubte, ohne Bubbles völlig lautlos unter Fischen zu schweben. Ohne zu stören. Von Sonar-Aktiv, im Wasser explodierenden Handgranaten und Natodrahtrollen, die hinter Booten über Grund gezogen werden, war da allerdings noch nicht die Rede …

Ich bekam die beste Taucherausbildung, die man sich vorstellen kann, mit dem schweren Helm als Endstation und einem zivilen IHK-Abschluss in der Tasche. Allein dafür könnte ich mir heute noch »Navy« in großen Buchstaben unter meine Haut tätowieren lassen und nicht nur den alten »Dräger-Helm« in all seiner Pracht und Erhabenheit. Überstanden habe ich die lange Reise auch ganz gut, wenn man mal von geringfügigen Nierenproblemen absieht, etwas Hörverlust und ein paar spektakulären Narben. Die schlimmste davon kann man nicht sehen, denn ich trage sie im Herzen. Sie lässt mich einfach nicht vergessen, wie es gewesen ist, mit dem Schlauchboot nachts auf spiegelglatter Oberfläche dem Vollmond entgegenzugleiten, um sich dann rückwärts ins Nichts fallen zu lassen – zusammen mit einem Mann, der niemals allein zurückgekehrt wäre.

Nachteinsätze hatten ohnehin eine ganz eigene Magie. Wenn man den Arm durchs Wasser zog, konnte man, einem Kometenschweif gleich, Millionen fluoreszierender Kleinstlebewesen sehen. Eine Erfahrung, die es locker mit einem positiven LSD-Trip aufnehmen kann. Manche, die uns verließen, hatten Angst vor Nachteinsätzen. Ich hatte Angst, süchtig zu werden. Nicht ganz unberechtigt, wenn ich ehrlich sein soll. Bis in die heutige Zeit lasse ich das überdimensionale Planschbecken meiner Kinder auf der Terrasse bis weit in den Herbst hinein stehen, um mich nachts ins eiskalte Wasser zu legen. Wenn mich meine Frau dabei erwischt, schaut sie mich jedes Mal an, als wäre sie mit einem Alien verheiratet. Das Schlimme ist: Es hilft nicht viel. Nichts hilft.

Um meine Sehnsucht zu stillen, bin ich mit meiner Familie an einen See gezogen. Dort kann ich quasi in Bademantelentfernung zu jeder Tages- und Jahreszeit meinen Kopf ein wenig unter Wasser stecken. Einmal drum herumgejoggt kommt man auf knappe zehn Kilometer – eine schöne Altherrenstrecke, damit der Hund und ich nicht fett werden –, aber letztlich bleibt's 'ne Pfütze für jemanden, der es gewohnt war, bis zum Horizont zu schauen.

Wasser hat bis zum heutigen Tage kein bisschen an Faszination für mich eingebüßt. Es ist aber nicht nur das Gefühlte, das Persönliche, sondern auch das Ganze, das ich unglaublich finde. Wer in der Schule aufgepasst hat, weiß, dass unser Körper, genau wie unser Planet, zum größten Teil aus diesem Zauberstoff besteht. Ein Embryo fühlt sich nur deshalb im Mutterleib so wohl, weil er umschlossen und beschützt wird von der gleichen Materie, in dem auch unser Gehirn seinen sicheren Platz hat. Jüngste wissenschaftliche Arbeiten befassen sich mit dem sogenannten »Gedächtnis des Wassers«. In jedem einzelnen Tropfen! Auch die Tatsache, dass es verdunstet, seinen Weg durch die Luft geht, um dann wieder an anderer Stelle zu dem zu werden, was es war, ist doch irgendwie magisch, oder? Und nirgendwo, nicht einmal im Kreißsaal, habe ich mich Gott näher gefühlt als im ewigen, mächtigen Meer. So nah, dass ich dort unten in der dunklen Kälte, durch Tiefenrausch und Anstrengung geschwächt, das Wasser selbst für den Allmächtigen hielt und mich öfter als einmal leise flüstern hörte: »Bitte, lass mich wieder hinauf, wenn du einen Sinn darin siehst. Ich werde mich aber auch nicht mehr wehren, wenn du mich jetzt bei dir behältst.«

Nun, ich habe mehr als tausend Tauchereinsätze allein bei der Bundesmarine gehabt, und er hat mich immer wieder an die Oberfläche zurückkehren lassen. Er hatte seine Gründe, nehme ich an. Drei davon springen in meinem Haus herum. Einige Dutzend andere habe ich aus stürmischer See wieder ans sichere Land gebracht, und zwar im bildlichen wie im übertragenen Sinne. So wie hoffentlich den jungen Mann, der ausgerechnet mich anruft, um mir zu sagen: »Ich werde jetzt ins Wasser gehen …«

Was erzähle ich dir denn jetzt, mein Junge? Ich kann ihm ja wohl schlecht sagen: Pass auf, warte noch ein bisschen. Ich werde hier noch circa 15 Jahre gebraucht. Danach kaufen wir zwei uns ein Oneway-Ticket in die Karibik und gehen zusammen. Nonsens.

Ins Wasser will er also. In Berlin! Mal überlegen, was das bedeutet. Entweder er springt von einer Brücke in irgendeine der Pipirinnen, die jeden Sommer kippen und ihre letzten paar Fische durch Sauerstoffmangel ersticken, oder er watet, beispielsweise, in den Wannsee. Ersteres würde bedeuten: Er landet vielleicht bis zur Hüfte im Dreck, den Kopf noch über Wasser. Oder er findet seinen Frieden zwischen verrotteten Fahrradrahmen und halbleeren Farbeimern. Wenn er nicht gar aufs Oberdeck eines der zahllosen Ausflugsdampfer knallt, die die Spree bereichern, begleitet vom Applaus einer japanischen Touristengruppe. Im Laufe der Jahre habe ich ein paar Menschen unter Berliner Brücken von ihrem Seil abgehängt, denen diese Option offensichtlich zu unsicher war oder zu eklig oder beides.

Die zweite Variante könnte sich auch schwierig gestalten. Besonders im Sommer dürfte es leichter fallen, die Badewanne der Berliner trockenen Fußes zu überqueren, nämlich über die »Schiffe« der zahllosen Freizeitkapitäne. Dort ein ungestörtes Plätzchen zum Sterben zu finden dürfte schwierig sein, das können Sie mir glauben. Ich habe mal mit einem Einsatzboot der Berliner Wasserschutzpolizei in der Saison den Verkehr auf dem Wannsee geregelt. Unvergesslich! Wirklich unvergesslich!

Aber zurück zu unserem lebensmüden Jüngling. Die beschriebenen Verhältnisse sind natürlich noch lange kein Grund, seine Ankündigung nicht ernst zu nehmen. Nicht nur, dass wir auch noch den Müggelsee, die Gewässer um Spandau und hübsche Flecken Richtung Potsdam hinaus hätten, um einen mehr oder weniger stilvollen Abgang à la Ludwig II. zu proben. Nein, ertrinken kann man schließlich auch in einer Pfütze oder Cocktailbar – im Übrigen mit weit weniger gruseligen Auswirkungen auf die Nachwelt. Wer jemals einer halbzersetzten Wasserleiche begegnet ist, wird wissen, was ich meine.

Genau mit so einem plastischen Beispiel habe ich mir auch vorgenommen, den Hebel oder besser: die Brechstange anzusetzen, sollte mein Anrufer es wirklich ernst meinen. Das gilt es aber erst einmal herauszufinden, also hören wir einfach mal rein …

»Ins Wasser? Wie, ins Wasser?«, stelle ich mich zunächst dumm, um ihn zum Reden zu animieren.

»Ich kann nicht mehr. Es tut so weh«, klagt er, und ich denke: Oha, bestimmt Liebeskummer, obwohl ich fast reflexartig gefragt hätte, ob er einen Krankenwagen braucht.

Klugscheißer, der ich bin, frage ich zielsicher, aber trotzdem hirnlos: »Na, wie heißt sie denn?«

»Mareike«, sagt er schwärmerisch.

Hirnlos deshalb, weil es ein schwerer taktischer Fehler ist, nach dem Namen des oder der Angebeteten zu fragen und ihn aussprechen zu lassen. Das wärmt Gefühle und Erinnerungen auf, die Wunden reißen wieder auf oder werden größer. Blöd! Es ist besser, wenn man zu entfremden versucht, und sei es, indem der Auslöser des Liebeskummers verächtlich oder lächerlich gemacht wird. Man bewegt sich dabei natürlich auf dünnem Eis und riskiert, Vertrauen und Glaubwürdigkeit zu verspielen.

Mareike, Mareike … Ich lasse mir den Namen lautlos auf der Zunge zergehen. Klingt irgendwie alternativ und selbstbewusst. Typ Greenpeace-Aktivistin oder Pflanz-Piratin oder so.

»Was hat Mareike denn Schlimmes gemacht?«, heuchele ich Mitgefühl, und es geht auch prompt schief, denn er will spitzfindig wissen: »Machen Sie sich über mich lustig?«

Das möchte ich nun wirklich nicht und überlege, wie ich ihn davon überzeugen kann. Also schalte ich auf einen ganz anderen Level, denn er scheint mir ein arges Sensibelchen zu sein, und fange von vorne an: »Nein, natürlich nicht! Sie haben mich angerufen, was haben Sie auf dem Herzen? Ich höre Ihnen zu!«

Er kauft es mir ab und setzt an zu einer dieser Geschichten, die ich schon sehr oft gehört habe, die mich aber trotzdem niemals langweilen, weil ich ein hoffnungsloser Romantiker und ein sentimentales Weichei bin. Er malt mir also wunderschöne Bilder einer Sandkastenliebe, von Schmetterlingen im Bauch, wenn er sie sieht, selbst nach so langer Zeit noch. Ich sitze reglos da und höre ihm offenbar mit einem solch dümmlichen Lächeln zu, dass mein Tischnachbar schon argwöhnisch zu mir rüberschielt. Ich lasse ihn reden, weil ich gar keine Lust habe, zum eigentlichen Punkt zu kommen, und am liebsten den Moment hinauszögern möchte, in dem die unvermeidlichen Worte fallen. Und genau da steigen wir jetzt wieder ein: »Aber dann«, sagt er plötzlich viel leiser, »hat sie mir vor drei Tagen eröffnet, dass sie ins Ausland geht. Ich würde ihr im Weg stehen, meinte sie, und dass sie noch so viel erreichen möchte im Leben. Es ließ sie kalt, aber ich antwortete ihr: Ich habe schon alles erreicht im Leben – ich habe dich!«

Ist der nicht süß? So eine blöde Ziege, denke ich und komme kurz ins Grübeln darüber, welche Wertmaßstäbe und Ziele die Menschen oft haben. Es ist ja nicht sehr wahrscheinlich, aber falls du dieses Buch in die Finger kriegst und die Geschichte dir bekannt vorkommt, Ziege, lass Dir eins gesagt sein: Manche Menschen verbringen ihr ganzes Leben mit der Suche nach jemandem wie ihm – und zwar erfolglos! Wenn später mal dein Bankkonto stimmt und du ordentlich verkauft oder meinetwegen auch die halbe Welt gerettet hast, wirst du in deinem schicken Apartment oder Haus sitzen und versuchen, es mit Sinn, Liebe und Leben zu füllen. Viel Glück dabei!

Dich, mein Junge, lasse ich nicht ins Wasser gehen, nehme ich mir fest vor. Allein schon wegen der Frau, die dir irgendwann über den Weg läuft und die dich verdient hat.

»Und wegen so einer willst du dich umbringen?« Das gieße ich ihm kalt über den Kopf und duze ihn aus Versehen, ohne gefragt zu haben.

»Sie verstehen das nicht …«, holt er aus, aber ich unterbreche ihn: »Doch, doch, ich verstehe das sehr gut. Viel besser, als Sie glauben. Jeder von uns war schon einmal unglücklich verliebt. Jeder von uns hat schon einmal sein Herz verschenkt und musste feststellen, dass es weh tut, wenn man nicht verstanden wird. Aber die meisten sind darüber hinweggekommen und haben daraus gelernt.«

Platte Sprüche schießen mir durch den Kopf. Auch andere Mütter haben schöne Töchter, zum Beispiel, oder, wie meine Oma zu sagen pflegte: »Junge, sie haben alle das Loch an derselben Stelle.« Charmant, was? Muss mich hüten, ihm so einen Blödsinn an den Latz zu knallen, sonst habe ich ihn verloren, da bin ich sicher …

»Ach, ich möchte einfach nur ins Wasser gehen und meinen Frieden finden«, seufzt er resigniert. Der Bengel wird mir immer sympathischer.

»Möchtest du nicht, glaub mir. Das hört sich nur schön an, ist es aber gar nicht«, belüge ich ihn. Dann taste ich mich weiter ran: »Nebenbei, darf ich dich duzen, und wenn ja, wie ist dein Vorname?«

»Na klar. Ich heiße Martin«, sagt er traurig. Martin und Mareike – klingt hübsch, finde ich. Sage ich ihm aber nicht, sonst macht es gleich blubb. Da ich das Gefühl habe, es könnte klappen, bohre ich weiter: »Wie alt bist du Martin, Mitte zwanzig?«

»Hmmmm …«, klingt es abwesend, und ich bekomme ein bisschen Angst. Andererseits ist er vielleicht benebelt genug im Köpfchen, um mir glatt rauszuhauen, wo er ist. Was soll's, einen Versuch ist es immer wert, also traue ich mich: »Martin, wo bist du?«

Ich freue mich wie ein Kleiner, denn er antwortet mir! In einem Tonfall, den ich gewählt hatte, um meine Kinder in den Schlaf zu wiegen, als sie noch in den Windeln lagen, verrät er mir: »Auf der Jungfernbrücke. – Hab ich schon erzählt, dass sie meine erste Freundin war?«

Bingo! Jungfernbrücke, Friedrichsgracht, Berlin-Mitte. Kenne ich gut. Schmale Rinne, reicht aber, um abzusaufen. Habe mich da sogar schon mit angelegten Ohren und eingezogenem Kopf mit einem WSP-Boot durchgezwängt. Auf der einen Seite ist das Auswärtige Amt. Mit ein bisschen Glück müsste sogar ein grüner Wachposten in der Nähe sein. Aber selbst wenn nicht: In wenigen Minuten habe ich ein paar starke Arme da, die ihn festhalten oder rausfischen können. Jetzt nur noch ein wenig vollquatschen, und Martin wird irgendwann mal ein toller Papa …

Noch bevor ich ihn wieder anspreche, habe ich mit meinen dicken Fingern dafür gesorgt, dass der Einsatz rundläuft.

»Martin, magst du Kinder?«

»Ich finde Kinder toll!« Er lebt auf. »Wir wollten Kinder haben … Nein, ich wollte …«

Scheiße, Scheiße, Scheiße, blitzt es durch meinen Kopf, und ich beiße mir auf die Unterlippe. Angestrengt versuche ich die Kurve zu kriegen und texte ihn zu: »Jetzt pass mal auf, Martin: Jemand, der mit so viel Gefühl und Herz wie du durchs Leben geht, wird ganz sicher eine wundervolle Frau finden und später mal ein phantastischer Vater sein. Und irgendwann sitzt du am Bettrand deiner Tochter oder stehst neben deinem Sohn und denkst an die heutige Nacht zurück, weil du nämlich die gleichen Schmerzen lindern musst, die du heute hattest. Und weißt du was, Martin? Ich glaube, du wirst das prima hinkriegen!«

»Meinst du?«, fragt er abwesend.

»Meine ich«, wiederhole ich und schaue auf die Uhr.

Mir gefällt sein Ton nicht, also ziehe ich das letzte Register, indem ich ihm religiös komme: »Martin, nimm nicht dem das Zepter aus der Hand, der dich gemacht hat. Er hat sicher noch viel mit dir vor. Allein, dass du bei mir gelandet bist und nicht in der Warteschleife bedeutet schon, dass heute noch nicht dein Tag gekommen ist. Es gibt noch so viel zu lachen und zu weinen, du hast gerade erst damit angefangen.«

Auf meinem mittleren Monitor sehe ich hinter dem Kürzel des eingesetzten Funkwagens die Zahl 7, die dafür steht, dass unsere Leute eingetroffen sind und bereits zu Fuß nach ihm suchen. Gut so, denn ich laufe inzwischen Gefahr, mich wund zu sabbeln. Wie eine Erlösung höre ich dann auch im Hintergrund eine dunkle Männerstimme fragen: »Bist du der Martin?« und lege einfach auf.

Die Zyniker unter den Lesern werden vielleicht sagen: Na klasse, wahrscheinlich springt er morgen! Aber erstens: Ich glaube das nicht … Und zweitens: Hey, die Telefonistin geht heute glücklich ins Bett!

Alkohol

»Na, wer issn da, wer bissu denn?«, tönt es fröhlich aus meinem Kopfhörer.

Zwar habe ich vom Dauerquatschen Kopfschmerzen, aber gleich ist Feierabend, also bin auch ich gut gelaunt.

»Ja, wen hassu denn annerufen?«, antworte ich im gleichen Tonfall.

»Meine Freunde und Helfer, die süßen, kleinen, grünen Polizissen«, zwitschert es weiter.

Eine abgefüllte schwule Frohnatur, kombiniere ich. Er ist weder laut noch ausfallend, noch sonst wie unangenehm, deshalb spiele ich weiter mit: »Dann werd ich wohl auch einer von den kleinen, grünen, süßen Polizisten sein. Un wer bissu?«

»Hier isser Herbie, un der brauch ma eure Hilfe, ihr starken Männer«, lässt er seinen ganzen Charme spielen.

Bewusstseinserweiterung, pures Gift, Geschenk der Götter oder Teufelszeug – wie immer Ihre Meinung zu dieser »legalen Droge« sein mag, meine Position kann ich, was selten vorkommt, auch nicht genau beschreiben. Ob Sie es glauben oder nicht: Bis Anfang meiner dreißiger Jahre war ich Abstinenzler, ja geradezu Asket. Schon als kleiner Junge wurde ich von meiner Mutter durch die wildesten Hamburger Spelunken mitgeschleift. Was ich da sah, brannte sich tief in mein Bewusstsein ein. Seit frühester Kindheit verbinde ich Alkohol mit Verzweiflung, Verlierern und Feiglingen. Etwas, was man sich vordergründig freiwillig antut, obwohl es einen zugrunde richtet. Verstörend, dieser Gedanke, und faszinierend zugleich. Mit Säufern, habe ich gelernt, ist es wie mit Huren: Jeder hat seine Geschichte, die man manchmal, wenn sie denn wahr ist, sogar nachfühlen kann.

Meinen ersten Vollrausch hatte ich, schon bevor es in der Schule mit Bruchrechnung losging. Rotwein. Pfui, Teufel! Seitdem muss ich brechen, wenn auch nur im Supermarkt eine Flasche davon kaputtgeht und ich das Zeug rieche. Selbst heute noch! Für mehr als zwei Jahrzehnte sollte das jedoch das letzte Mal gewesen sein, dass ich betrunken war. So gesehen »eine wertvolle Erfahrung«, wenn auch nicht zur Nachahmung empfohlen.

Meine Mutter hatte überhaupt in puncto Erziehung »Laisser-faire« verinnerlicht, vermutlich ohne jemals von diesem Konzept gehört zu haben. Meine Kindheit kannte kaum Verbote. Im Nachhinein betrachtet war das ein fast genialer Schachzug, weil dadurch vieles seinen Reiz verlor. Egal ob nun aus Intuition, mit Absicht oder der Gleichgültigkeit geschuldet – der Effekt war durchschlagend und hat mir später auch auf anderen Gebieten sehr geholfen. Ich musste nicht dem Gruppenzwang der unsicheren Raucher folgen, und wie wunderbar eine Frau duften kann, wusste ich, schon lange bevor meine Klassenkameraden versuchten, sich mit ordinären Schimpfworten zu profilieren.

Betrunkene aber wirkten von jeher abstoßend auf mich. Die vermeintliche Wesensveränderung, die damit einhergeht, fand ich schon immer unheimlich. Von sabbernden, in ihrem eigenen Erbrochenen liegenden kaputten Existenzen ganz zu schweigen. Was die Wesensveränderung angeht, erinnere ich mich gerne an einen der »schlimmsten« Ausbilder meiner Marinezeit, dessen Credo es war: Unter Belastung und Alkohol zeigt sich der wahre Charakter! Hatte wohl recht, der Mann, obwohl ich den Gedanken noch fieser finde, dass die Menschen in Wahrheit so sind, wie sie betrunken wirken.

Irgendwie hatte ich als Jugendlicher und junger Mann stets das Glück, einen im doppelten Wortsinn »starken« Mann vor der Front zu haben, der es fertigbrachte, mir und den anderen mit Hilfe von Argumenten und nicht primär von Verboten den Alkohol auszureden. So sagte mein Trainer beispielsweise oft: »Jungs, ich verwende viel Zeit und Energie darauf, eure Sinne zu schärfen, ehrt und respektiert mich, indem ihr sie nicht durch Alkohol vernebelt.« Also habe ich es auf wunderbare Weise geschafft, meine jungen Jahre nüchtern zu überstehen. Die Marinezeit durchlebt zu haben, ohne »trinkfest« zu sein, ist übrigens ein Kunststück, auf das ich regelrecht stolz bin. Armdrücken, ein paar handfeste Prügeleien und die Fähigkeit, auch nüchtern groben Unsinn zu reden und zu machen, haben wohl geholfen.

Spannend ist es nun, wie ich finde, dass der Mensch sich ändert. Jeder. Alle sieben Jahre, wenn man dem Volksmund glauben darf. Es ist noch nicht allzu lange her, da hätte ich jeden ausgelacht, der behauptet hätte, dass man mit mir irgendwann mal ein Bier trinken kann. Allerdings hätte ich mich auch vor Lachen gekringelt, wenn man mir erzählt hätte, dass ich einmal drei Kinder haben würde. Schon lustig, zumal das eine mit dem anderen zu tun hat: Nach ein oder zwei Bier sieht man es viel gelassener, wenn einem die kleinen Anarchisten Milch ins Aquarium gekippt haben oder man die Toilettenschüssel komplett von der Wand schrauben muss, weil sich im Rohr dahinter ein Gegenstand verbirgt, den man dort niemals vermutet hätte …

Nun ist es nicht so, dass ich ständig besoffen wäre, aber ich habe, wie ich besonders seriös wirkenden Menschen gegenüber gerne mal beiläufig bemerke, »den Alkohol für mich entdeckt«. Meine Schwiegermutter, beispielsweise, war zauberhaft schockiert über diesen schlichten Satz.

Dabei ist das Thema Alkohol für mich ganz alltäglich, zumindest im Dienst: Ich telefoniere sehr häufig mit Be- und Angetrunkenen und habe schon Tränen dabei vergossen. Meist vor Lachen und seltener aus Mitgefühl. Schauen wir mal, was mein aktueller Anrufer auf dem Herzen hat.

»Was los, Herbie? Lass hören«, ermuntere ich ihn.

»Ich bin hier in so 'n Club, un hier is so 'n grober Mensch, der schubst mich dauernd durch die Gegend«, beklagt er sich.

»Hat dich der Türsteher rausgeworfen?«, schlussfolgere ich.

»Nein, nein, so isses nich«, entrüstet er sich.

»Wie isses denn?«, frage ich interessiert.

»Ach, du bist 'n Netter«, freut er sich da, und als ob das noch nicht reichen würde, fügt er hinzu: »Und was du für 'ne schöne Stimme hast.«

»Danke, Herbie. So, wer schubst dich?«, will ich wissen.

»Ach, hier is so 'n Kerl, der hat wohl mitbekommen, dass ich 'n Schwuler bin, un jetz isser dauernd gemein zu mir«, zetert er.

»Hast ihn an 'n Hintern gefasst, Herbie? Sei ehrlich!« Damit mache ich mich bei ihm unbeliebt.

»Neeeein! Wo denkst du denn hin!«, empört er sich. »Das iss 'n Schwulenhasser oder so, würglich!«

»Geh mal zu den Türstehern, die sollen dir helfen«, schlage ich vor.

»War ich schon. Die lachen mich aus.« Er klingt jetzt gar nicht mehr so fröhlich wie am Anfang.

»Wie, lachen dich aus?«, hake ich nach.

»Na ja, ich seh 'n bisschen komisch aus«, sagt er traurig. »Ich hab 'n bisschen abgenommen. Mir geht's nich so gut. Du weißt schon … Deshalb bin ich auch so betrunken. Entschuldige bitte.«

Ich habe begriffen. Es wird Herbie wohl nicht mehr lange geben. Er entschuldigt sich bei mir. Weil er betrunken ist. Fast rührend, oder?

»Herbie, sind die Türsteher bei dir in der Nähe?«, frage ich ihn.

»Jaaa. Wiesoo?«, kommt es unsicher.

»Gib mir mal einen von denen ans Telefon«, fordere ich ihn auf, und prompt meldet sich eine dunkle Stimme:

»Was denn?«

»Polizei Berlin, Gutenrath, guten Morgen«, lasse ich roboterartig vom Stapel. Ohne ihn zu Wort kommen zu lassen, diktiere ich ihm, was ich von ihm will: »Wichtelmännchen durch die Gegend schubsen ist keine Heldentat. Schmeißt ihr den Typen raus, der den Kleinen da nicht in Ruhe lässt, oder müssen wir dafür kommen?«

»Machen wir schon«, antwortet er knapp.

»Alles klar. Und weiterhin auf gute und vor allem schnelle Zusammenarbeit«, füge ich scheinheilig hinzu, in Anspielung darauf, dass sie uns nicht selten rufen, wenn es für sie brenzlig wird.

Dann ist Herbie wieder dran, und ich erkläre ihm kurz: »Pass auf, Herbie, die Türsteher setzen den Vogel jetzt raus. Wenn's nich klappt, ruf einfach noch mal an. Okay?«

»Dange! Du bissn Lieber«, seufzt er.

»Ja, ja, schon gut.« Ich gebe mich reserviert, möchte mich aber trotzdem verabschieden: »Mach's gut, Herbie, und halt durch, solange du kannst«, sage ich und lege auf.

Es gibt viele Gründe zu trinken. Oder?

Die Geisterhand

Keine Ahnung, wie es Ihnen geht, aber ich stehe mit den allermeisten technischen oder besser elektronischen Errungenschaften auf Kriegsfuß. Ich bin selbst zu doof, meinen alten Videorekorder zu programmieren, hinke also der Evolution drei bis vier Schritte hinterher. Das Problem geht so weit, dass mich meine Frau inzwischen »Fortschrittsverweigerer« schimpft. Und sie wird, wie immer, recht haben. Gelegentlich verspüre ich regelrecht Hass auf diesen ganzen Sondermüll. Vorgestern haben sich bei uns gleichzeitig, was für ein »Zufall«, Geschirrspüler und Waschmaschine abgemeldet. In einem Haushalt mit so vielen Dreckmachern wie bei uns, ich nehme mich da übrigens nicht aus, der Super-GAU. Momentan waschen wir mit meiner alten Miniaturjunggesellenwaschmaschine. Läuft rund um die Uhr, das Ding, und hält wahrscheinlich auch nicht mehr lange. Was das Geschirr angeht, habe ich die Losung »back to the roots« ausgegeben und etwas von Gemeinschaftsgefühl und Familien-Event gefaselt. Das hätten Sie sehen sollen! Hatte ungefähr dieselbe Wirkung, als ob unser dicker Hund mitten im Wohnzimmer seinen Blähungen nachgibt: Türenknallen aus allen Richtungen!

Wie ein roter Faden zieht sich das Thema Elektronikdesaster durch unseren gesamten Haushalt, ach, was sag ich, durch mein ganzes Leben. Die streikende, weil wohl verkalkte Kaffeemaschine wird neuerdings jeden Morgen von mir aufs übelste beleidigt. Nicht dass das helfen würde, aber ich fühle mich danach irgendwie besser. Die raumschiffartige Mikrowelle, die ich in der Küche für die Ewigkeit an die Wand gedübelt habe, dient in erster Linie meinen Kindern dazu, auszuprobieren, wie sich diese oder jene Materie darin verhält. Wenn ich mich an das piepsende Ding wage, verbrenne ich mir regelmäßig die Schnauze oder wundere mich, warum der Teller kochend heiß ist, aber der Matsch darauf eiskalt.

Es versteht sich von selbst, dass ich um den ganzen anderen Krempel in der Küche, also Espressomaschine, Mixer, Wasserkocher, elektrisches Tranchiermesser und so weiter, am liebsten auch einen großen Bogen mache. Es sind nicht nur mein Stumpfsinn und eine auf miese Erfahrung begründete tiefe Abneigung, sondern es hat schon etwas Spirituelles, ja fast Abergläubisches.

Beknackt, ich weiß. Führt vor allem auch zu jeder Menge Irritationen in meinem Umfeld. Wir hatten zum Beispiel eine mittelschwere Ehekrise zu überstehen, weil meine Frau mir vor drei Jahren zum Geburtstag einen iPod geschenkt hat. Einen iPod! Mir! Das Ding ist so groß wie eine Briefmarke und sieht in meiner Hand ungefähr aus wie ein Fabergé-Ei auf einem Amboss. Das Teil liegt immer noch originalverpackt in der Schublade und wartet auf eine E-Bay-Karriere, und ich bin natürlich interessen- und lieblos. Ebay ist selbstredend die Domäne meiner Frau. Ich habe keinen Computer, ich habe ein Taschenmesser.

Auch das Drama rund ums Handy lässt mir heute noch die Eckzähne wachsen, wenn ich daran denke. Jahrelang habe ich mich standhaft gegen so ein Teil gewehrt, bis meine Holde auf den Tisch gesprungen ist. Von wegen »Familienoberhaupt muss erreichbar sein« und so weiter … Sie meinte mich ködern zu können mit der Ansage, dass ich mir eins aussuchen darf. Ich stehe also im Handy-Shop so einem gegelten Schlipsträger gegenüber und will das robusteste und größte Handy, das er hat. Da sagt das freche Schwein zu mir, ich könnte mir ja auch eine Trommel kaufen. Wenn meine Frau nicht dabei gewesen wäre (lachend!), hätte ich ihn um seinen Verkaufstresen gejagt, um anschließend herauszufinden, wie viele von seinen kleinen technischen Wunderwerken in seine große Klappe reinpassen. Jetzt habe ich ein vollgummiertes Survival-Handy, mit Kompass und Temperaturanzeige, dessen Tasten immer noch so nah beieinander sind, dass ich locker drei davon mit einer Fingerspitze erwische.

Als Ironie des Schicksals findet sich nun ausgerechnet ein Fossil wie ich an einem Arbeitsplatz wieder, der vor Elektronik und Computern nur so strotzt. Doch dank meines sportlichen Ehrgeizes kann ich mit meinen durchschnittlich drei bis vier Monitoren und den dazugehörigen Tastaturen vor der Nase wirbeln wie mit einem Tonfa. Trotzdem hat man irgendwie herzlich wenig Einfluss auf das, was sich in diesen »Hexenmaschinen« abspielt und was sie so ausspucken …

An seinem Ton spürte ich sofort, dass es sich um etwas Ernstes handeln musste. Mit flatternder Stimme sagte er einen Satz, der mir bis heute im Gedächtnis geblieben ist. Vordergründig unspektakulär und erst recht nicht eindeutig, aber Ausdruck seiner Verzweiflung, die ungefiltert bei mir ankam.

»Was mache ich denn jetzt, was mache ich denn nur?«, weinte er fast. Das war alles.

»Was ist denn passiert? Erzählen Sie mal«, versuchte ich ihn in ruhiger Stimmlage zu beruhigen.

Ich spürte, wie er versuchte, sich zusammenzunehmen, um dann tapfer zu berichten: »Ich bin gerade aufgewacht, ich muss früh zur Arbeit, und meine Frau und meine Kinder sind nicht da.«

»Wie, nicht da?«, fragte ich irritiert nach.

»Na, die Wohnung ist leer«, er klang verzweifelt, »und auf dem Anrufbeantworter habe ich eine Nachricht von ihr gefunden. Einen Abschied!«

»Will sie Sie verlassen oder Abschied im Sinne von Selbsttötungsabsicht?«, hakte ich nach.

»Abschied im Sinne von Selbsttötungsabsicht«, wiederholte er das komplizierte Wort und erklärte: »Sie litt in letzter Zeit an schweren Depressionen. Aber die Kinder, von unseren Kindern hat sie nichts gesagt ...«

»Wann hat sie den Anrufbeantworter besprochen?« Ich versuchte mir einen zeitlichen Überblick zu verschaffen.

»Gegen eins – und jetzt ist es schon nach vier«, kam es zaghaft und dann wieder: »Was mach ich denn nur, o Gott, was mach ich denn nur?«

»Beruhigen Sie sich, ich schicke Ihnen jetzt schnell einen Funkwagen, und dann werden wir Ihre Familie schon finden«, versuchte ich ihm Mut zu machen.

»Gut«, murmelte er nachdenklich, und dann trennten wir uns.

Als ich die Meldung längst abgeschickt hatte, verharrte mein Blick noch gedankenversunken auf dem Monitor, den ich noch nicht wieder gelöscht hatte. »Was ist mit den Kindern?«, flüsterte ich vor mich hin. Als mein Finger schon über der entsprechenden Taste schwebte, sah ich plötzlich, wie eine Geisterhand auf meinem mittleren Bildschirm Buchstaben in gefühltem Zeitlupentempo nacheinander erscheinen ließ. Mit immer größer werdenden Augen und den Kopf langsam nach vorne schiebend, las ich da: »PKW DER FAMILIE IM BEREICH POTSDAM VÖLLIG ZERSTÖRT AUFGEFUNDEN WORDEN! DREI LEICHEN! EINE GROSSE UND ZWEI KLEINE ...

Danach verschwand mit einem leisen, fast sarkastisch klingenden »Pling« das Häkchen in dem kleinen Feld für die Freigabe der Eilanfahrt.

Wir hatten das Rennen gegen den Teufel verloren, schon bevor es begonnen hatte. Mir war, als habe er mir das persönlich über diesen Computereintrag mitteilen wollen.

»Woher willst du das denn wissen, du Scheißkasten!«, sagte

ich laut und schlug mit der flachen Hand oben auf den mittleren Monitor. Die Jungs um mich herum guckten mich schräg an. Mit einem Kopfnicken forderte ich sie auf, hinter mich zu treten und zu lesen, was ich gerade gelesen hatte. Da standen sie nun, im Halbkreis hinter mir, wie ein schweigender Chor. Man hätte eine Stecknadel fallen hören können. Sonst quäkt und quakt es in diesem Laden ständig aus allen Lautsprechern, aber da war plötzlich für einen Augenblick völlige Stille. Mir ist so etwas unheimlich. Nacheinander gingen sie alle ohne ein Wort in verschiedene Richtungen davon, und auch der Letzte, Kalle, setzte sich, nachdem er mir ganz leicht auf die Schulter geklopft hatte, wieder an seinen Platz.

Wir sind auf dem Weg zu dir, um dir zu sagen, dass deine Familie tot ist, dachte ich. Hoffentlich fährt unser Wagen diesmal ganz langsam.

Die Kurtisane

In Berlin findet man die Oberliga des horizontalen Gewerbes in der Oranienburger Straße rund um den Hackeschen Markt. Auch auf der Straße des 17. Juni lässt sich die eine oder andere Augenweide entdecken. Zumindest, was den Straßenstrich angeht. Selbst auf dem Kurfürstendamm sah ich zu meinem Erstaunen so manch äußerlich ansprechende Frau vor den schicken Glasvitrinen stehen, als ich in der Stadt ankam. In Hamburg wäre das undenkbar gewesen. Man stelle sich vor: auf dem hanseatisch leicht unterkühlt anmutenden Jungfernstieg Frauen, die ihren Körper feilbieten. *Impossibile!* Geht ja schon dem Namen nach nicht …

Da wir uns mit den tragischen Niederungen der Prostitution ja bereits kurz beschäftigt haben, ist es jetzt vielleicht an der Zeit, einmal das Business zu beleuchten. Denn darum geht es. Immer und in erster Linie: ums Geschäft. Es wird zwar so gut wie jede Prostituierte für ihren Freier eine rührselige Geschichte parat haben, aber meist ist eben alles ganz anders. Es ist nicht immer der an Krebs erkrankte kleine Sohn, für den sie sich aufgegeben hat, nur um ihm die besten Ärzte der Welt und eine Delphintherapie bezahlen zu können. Auch geht es nicht immer um die liebe Mutter, deren teure Seniorenresidenz einfach nicht anders zu finanzieren ist. Und der schreckliche Zuhälter, der sie zwingt, sich zu verkaufen, weil er ihr sonst furchtbare Dinge antut, ist es wahrscheinlich noch seltener. Zynisch, was? Verstehen Sie mich bitte nicht falsch, aber diese Welt ist zynisch. Eine Welt, in die tiefen Einblick zu erlangen ich schon in meiner frühen Jugend das zweifelhafte Privileg hatte.

Hauptsächlich haben mich der von mir gewählte Sport und vor allem mein Trainingsstudio in eine Szene eintauchen lassen, die mit einem Haifischbecken zu vergleichen ist. Brutal und menschenverachtend, ohne Frage, aber doch so anders, als uns die Medien ständig weismachen wollen. Den klassischen Zuhälter, der seine »Pferdchen« verprügelt, wenn sie nicht spuren, gibt es nicht. Zumindest nicht in der Kategorie, um die es gerade geht. Kein »Lude« wird seiner »Ware« Würfelzucker durchs Gesicht ziehen, damit die Wunden nie wieder vernünftig verheilen. Nein, so läuft das schon lange nicht mehr.

Spätestens Ende der achtziger Jahre tauschten die entsprechenden Herren ihre Corvette gegen den 500er von Daimler in gediegenem und unauffälligem Dunkelblau. Aus aufplusternden Lederjacken wurden dezente Maßanzüge, die Fliegerbrille von Ray Ban musste Platz machen für italienischen Designerkrempel, und die Rolex war nicht mehr aus Gold, sondern aus Platin. Hornbewehrte Kämpferfäuste mit mehrfach gebrochenen Mittelhandknochen mutierten zu manikürten Gynäkologenhänden. Auch Slang und offenkundig mangelnde Bildung sind keine zwingenden Erkennungsmerkmale mehr, wie uns selbsternannte Insider erzählen wollen. Ich kannte nicht wenige »Geschäftsleute« mit Abitur oder BWL-Studium. Kurzum: Hulk Hogan hat schon längst das Staffelholz an Pierce Brosnan übergeben, der es eigentlich schon wieder an Russen und Albaner verloren hat – und so schließt sich der Kreis.

Denn, machen wir uns nichts vor, natürlich spielt Gewalt eine tragende Rolle. Aber nicht als Selbstzweck und schon gar nicht gegenüber den Frauen, dem »Kapital«. Sie ist vielmehr ein ultimatives Mittel, die eigenen materiellen Interessen zu wahren. Selbst Eskalationen, die vordergründig wie Ehrverletzungen oder Ansehensschädigungen ausschauen, drehen sich hauptsächlich um bare Münze. Beispielsweise wird jemand abgestraft, der keine angemessene Ablösesumme zahlt. Ablöse in Bezug auf den lukrativen Stellplatz seiner Dame, die Dame selbst, Klientelverbindungen, Lokalitäten oder was weiß ich. Angemessen bedeutet höflich, respektvoll, termingerecht und vor allem im richtigen finanziellen Rahmen.

Die Strafaktion wird dann optimalerweise mit maximaler Innenwirkung, was die Szene betrifft, und minimaler Außenwirkung durchgeführt. Aufsehen schadet dem Geschäft. Verunsichert Freier, scheucht Polizei und Staatsanwaltschaft auf und spornt profilierungssüchtige Kommunalpolitiker an, die man eigentlich viel lieber duzen würde. So gesehen kann ein abgeschnittenes Ohr oder ein für immer kaputtes Knie, das seinen Besitzer als offensichtlicher Makel zum Hinken zwingt, erheblich mehr wert sein als eine mit Beton aufgefüllte Tonne, die dann aufgrund von Fäulnisgasen am Ende doch auftreibt …

Da ich mir, leicht amüsiert, den einen oder anderen Würdenträger der Berliner Polizei vorstellen kann, der nun nervös wird und sich fragt: »Wen haben wir uns da bloß eingetreten?«, sei gesagt: Locker bleiben! Ich war zwar Zaungast, aber niemals Akteur in diesem schmutzigen Geschäft. Und seht es doch einmal so, liebe Kollegen: Ihr hättet kaum jemand Geeigneteren finden oder gar ausbilden können, um ihn auf eure ekligste Prostitutionsmeile zu schicken. Denn genau das habt ihr mit mir gemacht, als ich in Berlin ankam. Selbst für die 110 hat es ausschließlich Vorteile, ein wenig mehr gesehen zu haben als der Durchschnittsbürger oder Durchschnittspolizist.

Es war die Zeit der Zuhälterbanden von Nutella und GmbH, als ich mitten in der Pubertät steckte und mich makellose Frauenkörper, nur mit Pelzmänteln bekleidet, entsprechend wuschig machten. Einen knallroten Kopf, der wahrscheinlich im Dunkeln noch leuchtete, bekam ich in jenen Tagen wohl öfter, und man amüsierte sich köstlich über »den Kleinen«. Überhaupt war ich weniger dazugehörig als vielmehr »Maskottchen«. Die erste Mannschaft meines Karate-Clubs, in die ich es mit Fleiß und Beharrlichkeit geschafft hatte, bestand zu 80 Prozent aus Zuhältern. Das lässt sich nicht bestreiten oder beschönigen. Nachdem sie mich wochenlang verprügelt hatten, begannen sie sich an mich zu gewöhnen. Schließlich vertrauten sie mir, weil sie halt auf »Kampfhunde« standen und alles andere, was sich nicht unterkriegen lässt.

Als ich mein erstes Turnier, eine norddeutsche Meisterschaft, auf Anhieb gewann, gab es dann gelegentlich schweigende Unterstützung bei Startgeldern, Ausrüstung, Spesen und Reisekosten. Für jemanden, der sein Geldbündel mit einer goldenen Klammer zusammenhielt, waren das ohnehin keine wirklichen Summen. Seltsamerweise nahmen sie mich – im Gegensatz zu manch anderen fast gleichaltrigen Kofferträgern und Azubis – so gut wie nie mit in die Clubs, sondern hielten mich »sauber«. »Weil aus dem Jungen vielleicht mal was wird«, wie ich hinter vorgehaltener Hand, mehr zufällig, mitbekam.

Etwas, was mich rührte und ärgerte zugleich. Denn selbstverständlich bin auch ich geblendet gewesen von glitzerndem Neonlicht, Poolpartys und Frauen, die sich ihrer Wirkung mehr als bewusst waren. Trotzdem durfte ich nicht mit ihnen durch die Nächte ziehen, obwohl wir ansonsten, allein schon im täglichen Training, viel Zeit miteinander verbrachten. Wir waren zusammen auf nationalen und internationalen Turnieren. Zagreb, Mailand, Antwerpen. Wenn ich Geburtstag hatte, bekam ich so etwas wie ein kugelgelagertes Springseil statt einer Designerjacke, wie die anderen.

Ich möchte nicht verschweigen, dass ich auch manchmal dabei gewesen bin, wenn die Fetzen flogen, besonders im Ausland. Heute noch höre ich Stecki sagen: »Hier, Kleiner, nimm mal die Uhren, hier geht's gleich rund – und halt dich schön zurück. Du bist jetzt der wichtigste Mann, du hast das Geschmeide.« So erklärt es sich, dass solche Sachen für mich normalerweise folgenlos blieben. In jeder Beziehung.

Dennoch war ich irgendwie mittendrin. Wenn der Tross teurer Sportwagen, was nicht selten vorkam, in eine Polizeikontrolle geriet und einer der Jungs falsch zuckte, machte auch ich »den Adler«, mit den Händen auf dem Dach von Uwes schwarz-goldener Corvette.

Zu dieser Zeit etwa, das begriff ich erst viel später, begann der Kampf um meine Seele. Für meinen Trainer, der überhaupt nicht aktiv war im Rotlichtmilieu, ging die Liebe zu seinen Prinzipien und seiner Handvoll Jungs, die er aufwachsen sah, so weit, dass er nicht ruhte, bis auch der letzte langhaarige Rolexträger seine Sportschule verlassen hatte. Mit der Konsequenz, dass die Truppe kurzerhand ein eigenes Sportstudio aufmachte und man sich fortan auf Turnieren gegenüberstand.

Ich hätte noch viel zu erzählen, das führt hier aber zu weit. Dieser Kurztrip in meine Jugend soll bloß begreiflich machen, dass der Mensch, dem wir gleich begegnen werden, für mich kein »Alien« ist.

»Guten Tag. Mein Name ist Frederieke von Tamm. Ich bin Prostituierte«, ertönt es selbstbewusst.

Oha, Ich-AG, denke ich. Und auch noch stolz drauf.

»Frau von Tamm, was kann ich für Sie tun?«, biete ich freundlich und unbeeindruckt an.

Daraufhin will sie von mir wissen: »Haben Sie ein Problem mit meinem Beruf?«

Auch wenn ich gute Lust hätte, ihr zu erklären, was ich unter dem Begriff »Beruf« verstehe, und obwohl Oma mir beigebracht hat, dass es unhöflich ist, Fragen mit Gegenfragen zu beantworten, entgegne ich emotionslos: »Mache ich den Eindruck?«

»Ich weiß nicht, ich glaube schon«, behauptet sie.

Wenn ich ehrlich sein soll: Ich bin jetzt schon genervt. Deshalb bringe ich auch gleich die erste Spitze an: »Was immer Sie als Ihre Berufung verstehen: Wenn Sie damit leben können, kann ich es auch«, komme ich ihr bissig.

»Sehen Sie, ich hab's doch gewusst«, triumphiert sie nicht ganz unberechtigt, denn ich Idiot bin ihr auf den Leim gekrochen. Mit einem schlichten »Nein« wäre ich sie vielleicht schon wieder los.

»Frau Tamm, was wollen Sie?«, spule ich müde ab.

»Aha, eben war es noch Frau von Tamm«, ereifert sie sich.

Während ich überlege, ob »Frederieke von Tamm« wohl ihr Künstlername ist, wiederhole ich monoton: »Frau von Tamm.«

»Klingt schon besser«, lässt sie hochmütig verlauten, und ich spüre meine Eckzähne ein wenig wachsen.

»Können wir zum Punkt kommen?«, fordere ich sie lakonisch auf.

»Der Punkt ist der, dass Sie mir doch gar nicht helfen werden, wenn Sie mich nicht respektieren.«

Mann, Mann, Mann, ich hab die Faxen dicke. Immer dieselbe Kacke! Kann hier nicht mal einer anrufen und sagen: Das und das …, da und da …, ich sag ja … und aus! Mit Mühe behalte ich die Contenance, atme hörbar durch den linken Mundwinkel aus und erkläre ihr: »Solange die Auftragslage so entspannt ist, können wir hier gerne weiter Grundsatzfragen erörtern und ein wenig plauschen. Aber wundern Sie sich nicht, wenn unser Gespräch ganz schnell zu Ende ist, falls hier meine roten Lampen wieder anfangen zu leuchten.«

»Genau das meine ich«, beklagt sie sich und schnattert weiter: »Ich meine, wir sollen Steuern und Sozialabgaben zahlen, aber anerkannt wird unser Berufsstand nicht.«

»Berufsstand, Berufsstand – was haben Sie denn für eine Lehre gemacht?«, stichele ich weiter. Wie zu erwarten, antwortet sie vielsagend: »Eine harte, Sie Ignorant!«

»Ach ja?«, platzt es aus mir heraus. »Mit Fallenbau und Gleitcremekunde als Hauptfächer?«

Nach einer kurzen Pause kommt daraufhin bei ihr ansatzlos die Gosse durch:

»Mein Pelzmantel ist mehr wert als dein Auto, du kleiner Scheißer!«

Ich habe keine Lust, klein beizugeben, und tue ihr weh: »Dass Sie für diesen Mantel einen hohen Preis gezahlt haben, mag ich wohl glauben«, sage ich und komme mir sofort ein wenig gemein vor.

»Bloody Bastard!«, zischt sie mir ins Ohr, und meine Gedanken schweifen ab. Mehrsprachig, sieh an. Bestimmt gut im Geschäft, die Frederieke. Die Kreise und Kunden, unter denen sie sich bewegt, dürften bei mangelnder Diskretion gefährlich sein. Das und ein klein wenig schlechtes Gewissen veranlassen mich zu fragen: »Darf ich zwischenzeitlich mal erfahren, ob Sie sich in akuter Gefahr befinden?«

»Gefahr? Was wissen Sie denn schon, was für jemanden wie mich Gefahr bedeutet?«, verkündet sie schicksalsschwanger und schiebt nach: »Wann hat Sie das letzte Mal jemand gewürgt, Ihnen Schnittverletzungen zugefügt oder Ihnen heißes Wachs auf die Genitalien tropfen lassen, nur weil er es geil fand?«

»Sind das Dinge, die gerade gegen Ihren Willen geschehen oder die einfach nur ganz oben auf Ihrer Preisliste zu finden sind?«, will ich wissen.

»Ich bin nicht in akuter Gefahr«, ignoriert sie meine letzte Frage.

Ich werde das Gefühl nicht los, dass sie vielleicht gerade mit ihrem Vater gesprochen hat oder selbst über ihr Leben nachdenkt und jetzt nur jemanden braucht, an dem sie sich reiben kann.

Wenn Madame wüsste, dass wir vielleicht aus ähnlichen Verhältnissen stammen, sinniere ich, als sie mich endlich mit der klaren Ansage überrascht: »Ich habe so etwas wie ein Stalking-Problem!«

»Haben Sie keinen Security-Mann?«, wundere ich mich.

»Wieso, wollen Sie bei mir anheuern?«, lacht sie.

»Wenn ich Freiberufler wäre, würde ich Ihnen vielleicht meine Referenzen vorlegen«, blödele ich mit und vergifte gleich darauf wieder die Atmosphäre, indem ich feststelle: »Da ich aber kein Freiberufler bin, sondern Familienvater, und keine Lust habe, mich für ein paar Jahre in Saus und Braus den Rest meines Lebens zu schämen, kommen wir nicht ins Geschäft.«

Das saß. Sie macht wieder eine Pause.

»Spießer«, sagt sie dann, und ich antworte lächelnd: »Stimmt.«

»So, was ist jetzt mit Ihrem Stalker?« Ich mache ein wenig Druck, denn langsam kommt die nächste rote Welle rein.

»Ach, ein ehemaliger Klient«, stöhnt sie. »Ich habe ein paar Sachen für ihn gemacht, die sonst keine Frau tun würde, und jetzt ist der Verrückte geradezu besessen von mir.«

Ich finde die Formulierung »besessen« genial und spüre den Stachel der Neugier in mir. Als ob sie meine Gedanken lesen könnte, haucht sie lasziv: »Wollen Sie wissen, was?«

In meinem Kopfkino läuft der S&M-Krempel ab, den sie eben angedeutet hat und der mich wenig anmacht, trotzdem flimmert der Projektor weiter, und ich lüge: »Nein.«

»Bondage«, raspelt sie trotzdem, diesmal mit rauchiger Stimme, und legt nach: »Geben Sie zu, das macht Sie an!«

»Die einzige Bondage-Nummer, die mir gefällt, macht klick«, versuche ich cool zu kontern. Geht natürlich voll nach hinten los.

»Hab ich alles im Sortiment«, amüsiert sie sich.

»Darauf würde ich wetten, dass Ihr Einsatzkoffer komplett ist«, versuche ich mein Eigentor zu überspielen und ertappe mich dabei, dass ich darüber nachdenke, was sie sich wohl wie hat abknebeln lassen, dass der Typ so ausklinkt. Oder sie ihm?

Egal. Sie ruft an, weil sie Hilfe braucht, und die bekommt sie. Schließlich sind wir beide Profis. Bevor sie dem Fuß, den sie in der Tür hat, ihr mit Sicherheit wohlgeformtes Bein folgen lässt, setze ich zu folgendem Monolog an: »Stalking ist neuerdings ein Straftatbestand. Da Sie ja wissen, wer der Mann ist, können Sie ihn auf jedem beliebigen Polizeiabschnitt anzeigen. Falls es akut ist, wählen Sie die 110, geben deutlich das Was und Wo an, und wir sind in wenigen Minuten bei Ihnen, wenn es brenzlig wird.«

Dass ihr diese Optionen nicht wirklich behagen, ist mir natürlich auch klar. Eine Anzeige dürfte aus ihrem Verständnis heraus nicht in Frage kommen. Ein derartiger »Diskretionsbruch« könnte bei ihrer Art von »Kundschaft« für alle Beteiligten eine Katastrophe heraufbeschwören, deren Folgen unabsehbar sind. Vor allem für sie selbst. Auch die versprochene schnelle Polizeipräsenz wird sie kaum beruhigen. Wer weiß, in was für eine dunkle Welt sie abgetaucht ist. Wenn der Mann eine richtig kranke Psyche hinter seiner mutmaßlich großbürgerlichen Maske versteckt, gepaart mit den entsprechenden finanziellen Möglichkeiten, werden wir Schwierigkeiten haben, schnell genug zu sein. Tja, Schätzchen, die Geister, die ich rief …, denke ich.

»Ist das alles?«, fragt sie ernüchtert.

»Nicht ganz. Das war der offizielle Teil«, kündige ich vielsagend an, und sie steigt darauf ein: »Sie machen mich neugierig. Ich höre.«

Also tue ich ihr den Gefallen und fahre fort: »Wenn ich richtig im Bilde bin, laufen Sie über eine Agentur. Übrigens eine schlechte, wie ich finde. Allein die Tatsache, dass der Mann in Ihr Privatleben eindringen konnte, offenbart wenig Professionalität. Außerdem sollte der Laden, wie jede gute Firma, eine eigene Rechts- beziehungsweise Sicherheitsabteilung haben, wenn Sie wissen, was ich meine. Da dies offenbar nicht der Fall ist, hier mein persönlicher Rat: Schaffen Sie sich einen vierbeinigen oder zweibeinigen Kettenhund an. Etwas, was Sie von der Leine lassen können, wenn es unumgänglich ist, beziehungsweise was über so viel Außenwirkung verfügt, dass dies gar nicht erst nötig wird. Ein perfekt ausgebildeter Deutscher Schäferhund oder Malinois kann schon mal um die zehn- bis fünfzehntausend Euro kosten. Dann haben Sie allerdings ein Wesen, das roboterartig und in jeder Lebenslage für Abschreckung oder auch für effektive Hilfe sorgt. Die andere Alternative wäre beispielsweise ein ehemaliger Fremdenlegionär. Diese Männer sind mehrsprachig, kampferprobt, meist im Besitz diverser Führerscheine und sehr verlässlich, wenn sie einmal ihr Wort gegeben haben und entsprechend bezahlt werden. Aber das dürfte ja nicht unbedingt Ihr Problem sein, wenn ich Sie richtig einschätze, oder?«

»Sie waren nicht schon immer Polizist, stimmt's?«, denkt sie daraufhin laut.

»Nein, war ich nicht. Spielt hier aber keine Rolle«, blocke ich barsch ab.

»Okay«, kombiniert die schlaue Katze, »könnten Sie mir entsprechende Kontakte knüpfen?«

»Kann ich, will ich aber nicht«, sage ich schroff. Aber dann mache ich einen versöhnlichen Vorschlag, in der ruhigen Gewissheit, dass sich gerade diese Frauen in jeder Hafenstadt zurechtfinden: »Ich lege Ihnen eine hübsche Dienstreise nach Marseille oder Korsika nahe. Dort finden Sie bestimmt, was Sie brauchen.«

Dann höre ich wieder dieses langgezogene »Okay«, das in der Upperclass zurzeit sehr beliebt ist und eigentlich nichts weiter heißt als »Ich hab's noch nicht ganz kapiert, will mir aber nicht die Blöße geben, einen dämlichen Eindruck zu machen«. Dann hat sie sich sortiert und fragt fast charmant: »Wollen Sie es sich nicht noch einmal überlegen?«

Weil ich ein blöder Vollidiot bin, antworte ich: »Was? Ob ich auf Ihre Bondage-Nummer stehe?«

Ein quasi klassischer Freud'scher Ausrutscher, der ihr verrät, dass sich meine Gedanken um Sex drehen. Sie hat Instinkt und Intellekt, und weil sie gut ist in ihrem Job, formuliert sie lässig: »Nein, natürlich nicht. Ob Sie sich vielleicht beruflich verändern wollen, meine ich?«

»Mit Sicherheit nicht«, blocke ich unbeholfen ab.

»Ach, kommen Sie«, schnurrt sie weiter. »Sie haben einen norddeutschen Akzent. Erzählen Sie mir etwas über sich.«

Den Teufel werde ich tun, denke ich und sage reserviert: »Alles, was Sie wissen müssen, haben Sie schon erfahren, aber ich sag Ihnen was: Wenn Sie in Gefahr sind, rufen Sie mich einfach an! Meine Nummer haben Sie ja.«

»Witzbold«, seufzt sie enttäuscht und macht dann einen letzten Versuch: »Darf ich Ihnen vielleicht meine Nummer geben?«

»Dürfen Sie nicht«, sage ich, während ich auf das Feld meines linken Monitors schiele, auf dem deutlich ihre Telefonnummer zu lesen ist, und komplimentiere sie endgültig aus der Leitung: »Es tut mir leid, wir müssen uns jetzt trennen. Machen Sie's gut, Frau von Tamm.«

»Worauf Sie sich verlassen können«, haucht sie und legt auf.

Angst

Wovor haben Sie Angst? Vorm nächsten Steuerbescheid? Vor dem unheimlichen Nachbarn, der immer zur gleichen Zeit wie Sie im Fahrstuhl fährt? Vor dem Kampfhund von gegenüber? Oder doch mehr vor Krankheit und Einsamkeit?

Jeder hat Angst. Vor irgendetwas oder irgendwem. Wer das Gegenteil behauptet, lügt.

Angst ist nicht erklärbar und auch nicht einfach abzustellen. Auch wenn uns zahllose Psychologen und Therapeuten etwas anderes erzählen wollen. Bestenfalls können wir lernen, mit unseren Ängsten umzugehen. Wirklich los werden wir sie nie. Die gute Nachricht ist, dass wir uns für unsere Angst nicht zu schämen brauchen. Angst ist menschlich und sitzt so tief in uns, dass sie uns nicht peinlich sein muss, selbst wenn uns wer auch immer zum Weichei stempelt.

Auch ich habe Angst, und in meinem Job lebe ich mit einem sich ständig erneuernden Horrorkabinett akustischer Angstbezeugung. Nun ist es nicht gerade so, dass mir jeder zweite Anruf die Haare zu Berge stehen lässt, und ich weine mich auch nicht unbedingt jede Nacht in den Schlaf. Aber es kommt schon gelegentlich vor, dass es hier im Saal für ein paar Sekunden ganz leise wird, wenn einer von diesen Anrufen über einen offenen Lautsprecher läuft. Das muss er meist, weil wir dann im Rudel an dem jeweiligen Platz stehen, um herauszufinden, was der sterbende Mensch uns sagen will.

Wobei es ganz unterschiedliche, zum Teil feine Nuancen des

Schreckens gibt. Die Skala reicht von schmerzverzerrt über verzweifelt bis zur sprichwörtlichen Todesangst. Es gibt da eine alte Faustregel der Rettungssanitäter: Wer am lautesten schreit, wird als Letzter versorgt, weil er noch am längsten zu leben hat. Für unseren Job ist das, wie Sie sich denken können, völlig unbrauchbar. Der nächste Stich, Schlag oder Tritt könnte ja das Lebenslicht des Anrufers komplett zum Erlöschen bringen.

Mir persönlich geht diese Sorte Anruf ausnahmslos nahe, Nuancen spielen da keine Rolle. Ich habe kein »Ranking des Todes«. Das leise Wimmern eines verblutenden Menschen finde ich genauso belastend wie die wilden Schreie desjenigen, dem ich einfach nicht entlocken kann, wo er ist. So perfide es klingt: Wenn ich die Wahl hätte, würde ich immer lieber den Sterbenden begleiten, zu dem Hilfe unterwegs ist, als verzweifelt und erfolglos zu versuchen, dem Schreienden seinen Standort abzuringen.

Eines haben all diese Anrufe gemeinsam: dass man sofort und intuitiv erkennt, dass es ernst ist. Das finde ich erwähnenswert, weil es irgendwie unerklärlich ist. Es stimmt leider auch, dass mir das, was man klischeehaft als Hauch oder Klang des Todes bezeichnen kann, gelegentlich einen kalten Schauer über den Rücken jagt. Denken Sie mal an eine aus voller Kraft gebrüllte Begeisterungsbekundung, zum Beispiel von einem Fußballfan nach dem Sieg seiner Mannschaft. Jetzt stellen Sie sich einmal vor, dass jemand ebenso aus voller Brust schreit, aber nicht aus Begeisterung, sondern in Panik, Schmerz und Todesangst. Und dass diese Schreie dann langsam kraftloser werden, abebben und schließlich ganz verstummen … Das ist nicht lustig. Es kommt vor, dass ich mir, bevor ich zu Bett gehe, eine CD meiner Kinder einlege, damit ich überhaupt einschlafen kann.

Verzweiflung und auch Ungläubigkeit schwingen in seiner Stimme, bis sie in blanke Angst umschlagen, weil er begreift, was gleich geschieht: »Kommen Sie bitte mal schnell hierher. Hier sind zwei Glatzköpfe, die wollen mich … die wollen mich abstechen!«

»Schwule Sau, jetzt bist du dran!«, höre ich jemanden im Hintergrund grölen.

Dann wieder mein Anrufer: »Das kann doch nicht euer Ernst … Hey, ich hab euch doch gar nichts … Bitte, bitte nicht … aua, auaa, aaaahhhhhhhhhh …«

Dann entfernen sich Schritte, und sein Handy fällt runter. Ich rufe: »Hallo? Hallo, reden Sie mit mir!«

Keine Antwort. Nicht gut. Gar nicht gut, denke ich. Aber ich höre ihn schreien. Schmerzensschreie, soweit ich das einzuschätzen vermag. Möglicherweise ist's aber auch der Schock, schlimm erwischt worden zu sein. Haben Sie sich schon einmal schwer verletzt? Erinnern Sie sich an das Phänomen, dass Sie den Schmerz, bedingt durch Schock und Adrenalin, zunächst gar nicht richtig wahrgenommen haben? Mir wurde einmal der Oberschenkel meines rechten Beines gebrochen. Ich weiß noch genau, dass ich dalag und zusah, wie eine monströse Schwellung entstand, ohne dass ich etwas spürte. Ohnmächtig wurde ich dann wohl in erster Linie, weil mein Kopf auch ordentlich was abbekommen hatte.

Ich weiß also nicht genau, warum mein Anrufer schreit. Aber er schreit. Wie am Spieß. Ich höre Panik, blanke Panik. Vielleicht, so hoffe ich, will er so auch nur die Täter vertreiben. Der arme Kerl, denke ich. Wenn er so weitermacht, versagt ihm gleich die Stimme. Als hätte ich's geahnt, nimmt die Lautstärke langsam ab. Der Klang verändert sich in Richtung eines verzweifelten Weinens. Ich musste einmal dabei sein, als einer Frau ihr toter Säugling abgenommen wurde. Das, was ich jetzt höre, klingt ein bisschen wie damals.

»Hallo? Hallo, hören Sie mich?«, rufe ich laut. Er antwortet nicht. Schluchzend wiederholt er:

»Auweia, auweia, oh gottohgottohgott …«

Auweia finde ich, selbst in diesem Zusammenhang, fast niedlich. Böse Menschen benutzen dieses Wort nicht. Höchstens, wenn sie sarkastisch oder gemein sein wollen. Während ich darüber sinniere, dass es nie die Mistkerle erwischt, kriege ich mit, wie er nach seinem Handy fingert.

»Ja! Ja, genau!«, rufe ich sofort. »Geh ran! Hallo, hören Sie mich? Sprechen Sie mit mir!«

Es nestelt, raschelt und schluchzt weiter in der Leitung, bis ich plötzlich ein gequältes »Halloo?« höre.

»Jau, hallo«, freue ich mich, »hier spricht die Polizei, wie geht es Ihnen?«

»Ich weiß nicht«, jammert er. »Beschissen, glaub ich. Ich blute wie 'n Schwein. Meine ganzen Klamotten sind versaut!«

Um seine Klamotten macht er sich Sorgen! Ich weiß nicht, ob ich das rührend oder beknackt finden soll, und frage sofort: »Wo sind Sie?«

»Im Tiergarten«, sagt er und versucht sich dem Geräusch nach aufzurappeln.

Ich hacke sofort auf meine Tastatur ein und lasse Rot/Grün anrollen.

»Wo genau?«, will ich wissen.

»Ich weiß nicht«, heult er.

»Los, wo genau!« Ich lasse nicht locker.

»Ich weiß doch nicht«, klingt es verzweifelt, »mittendrin! Ich bin vor denen weggelaufen, und dann haben sie mich irgendwann gekriegt. Ich lieg hinter 'nem großen Busch, an einen Baum gelehnt. Alles ist dunkel!«

Scheiße, denke ich, das wird nie was. Der Park ist riesengroß.

»Los, sagen Sie mir irgendwas«, fordere ich ihn auf. »Ist ein Weg in der Nähe oder ein Parkausgang? Können Sie Straßenlärm hören, Scheinwerfer oder ein großes Bauwerk sehen? Ist der Baum, an dem Sie lehnen, groß? Ist er weiß? Ist es eine Birke? Irgendetwas!«

Statt mir brauchbare Informationen zu geben, sagt er da: »Du bist süß, wie heißt du?«

»Ich bin nicht süß, ich bin sauer«, fahre ich ihn an, »weil wir zwei hier nichts geregelt kriegen. Jonas heiße ich.«

»Ich bin der Olaf«, stellt er sich vor.

»Fein, Olaf, das bringt uns aber im Moment nicht weiter. Ich muss wissen, wo du bist!«, erkläre ich ihm.

Während ich alle Kapazitäten, die ich kriegen kann, in Richtung Tiergarten zusammenziehe, frage ich ihn nach seinen Verletzungen, was ihn wieder an seine missliche Lage erinnert. Er schildert erschreckend anschaulich: »Keine Ahnung. Die haben ein paarmal zugestochen. In Bauch und Brust. Alles ist warm und dunkelrot und klebrig. Ich werd hier im Tiergarten verrecken …«

»Wirst du gefälligst nicht!«, verbiete ich ihm und beschäftige ihn mit der Frage: »Kannst du was abdrücken, zuhalten, die Blutung stoppen?«

»Nein, weil ich nicht so viele Hände habe«, gibt er mir langsam zu verstehen.

Ich lasse in der Zwischenzeit bereits nach den Tätern suchen, in der naiven Hoffnung, sie würden uns vielleicht zu ihm führen, und bitte ihn um eine genauere Beschreibung.

»Glatzen halt«, sagt er, »keine Haare und dunkle Klamotten. Ich hab ihnen nichts getan. Nicht mal angequatscht hab ich sie.«

Während ich ihn frage, ob er irgendetwas dabeihat, womit er auf sich aufmerksam machen könnte, Trillerpfeife, Feuerzeug oder sonst was – meinetwegen soll er den Busch neben sich in Brand setzen –, denk ich über einen Hubschraubereinsatz nach. Mit Wärmebildkamera hätten wir eine reelle Chance. Zurzeit habe ich aber nichts in der Luft. »Helikopter im Hangar«, steht auf meiner

Informationsleiste auf dem Monitor. Also fange ich an, zu rechnen und gegenüberzustellen: anzunehmende Blutmenge im Körper in Verbindung mit den mutmaßlich schweren Verletzungen gegenüber Startzeit, Anflug, Einleitung der Suchmaßnahmen – chancenlos.

Wir hatten damals beim Bundesgrenzschutz Nachtsichtgeräte als Kopfgeschirre, zum Einsatz gegen Schlepperbanden in den Wäldern an der ostdeutschen Grenze. Die Dinger könnten wir jetzt gebrauchen. Auch wenn man beispielsweise auf den Booten der Berliner Wasserschutzpolizei genau wie auf den größten Ozeanriesen die tollsten Radaranlagen findet für die ach so gefährlichen Fahrten auf den riesigen Berliner Wasserwegen – ein simples Nachtsichtgerät wird man in einem Funkwagen vergebens suchen.

Ich habe inzwischen massenhaft Personal im Tiergarten, inklusive RTW und NAW, aber sie können ihn einfach nicht finden. Uns geht die Zeit aus …

»Ich rauche nicht«, höre ich da Olaf sagen. »Daran stirbt man früh, hat meine Mutter immer gesagt. Und nein, eine Trillerpfeife habe ich auch nicht. Sorry, mein Fehler«, sagt er selbstironisch.

In dieser Lage und unter diesen Umständen Humor zu haben, finde ich sehr beachtlich. Ich würde ihm so gerne helfen.

»Meine Mama ist letztes Jahr gestorben«, erzählt er. »Sie wird sicher mit mir schimpfen, wenn ich so früh schon nachkomme. Junge, zieh immer frische Unterwäsche an, falls du mal einen Unfall hast und ins Krankenhaus musst, hat sie immer gesagt. Das mit der Unterwäsche geht in Ordnung. Aber ihr müsst entschuldigen, wenn ihr dann zu mir nach Hause kommt. Es ist ziemlich unordentlich. Da muss dann wohl jemand anders aufräumen.«

»Das kannst du schön selber machen«, versuche ich ihm Mut zu machen, »wir werden dich nämlich finden!«

Er glaubt mir nicht, fängt leise an zu weinen und flüstert: »Ja, aber nicht rechtzeitig. Jonas? Mir wird kalt. Ich hab Angst. Bleibst du bei mir?«, bittet er mich.

Ich weiß genau, was er meint, aber weil ich ein sturer Hund bin, beharre ich: »Ich bleibe so lange bei dir, bis wir dich gefunden haben!«

Gleichzeitig tippe ich in meine Tastatur, dass er schlappmacht, und bitte an alle über Funk rauszugeben, sie möchten im Laufschritt suchen. Machen sie wahrscheinlich sowieso schon. Handyortung bisher negativ. Verdammt, ich werde ihn sterben hören …

»Ist es denn so schlimm, dass ich schwul bin?«, will er von mir wissen.

»Isses nich. Es ist wurscht!«, versuche ich abzuwiegeln, weil ich das Thema nicht vertiefen will und weil es meine Meinung ist. Um ihm Absolution zu erteilen, bin ich aber nicht der Richtige, und für Philosophie haben wir keine Zeit. Plötzlich höre ich Hundegebell, das schnell lauter wird.

»Olaf, hörst du das?«, frage ich.

Ohne direkt darauf zu antworten, stottert er: »Da, da steht ein großer schwarzer Hund vor mir und bellt mich an. Scheiße!«

»Nein, Olaf, das ist einer von uns!!! Alles okay! Der ruft die anderen! Klasse, klasse, klasse!«, platzt es aus mir heraus. »Mama muss warten!!!«

Und während ich von ihm fordere: »Olaf, beiß die Zähne zusammen! Mach mir jetzt bloß nicht schlapp!«, meldet sich auch schon eine Kollegin über sein Handy, die mir bestätigt: »Alles klar, wir haben ihn. NAW ist auch schon da. Du kannst auflegen.«

Mit einem guten Gefühl und dem schlanken Satz »Danke dir, schönes Arbeiten« trenne ich die Leitung.

Tja, Olaf, keine rosa Wolke und keine knackigen halbnackten Engel mit Harfe in der Hand. Ich habe mich absichtlich bei den Kollegen nicht nach deinem Verbleib erkundigt. Aber da ich nichts mehr von dir gehört oder in der Zeitung gelesen habe, gehe ich davon aus: Du hast es geschafft. Genau dafür, auch wenn es für dich seltsam klingt, möchte ich mich bei dir bedanken. Denn ich habe Angst davor, gleich aus mehreren Gründen, dass mir die Menschen sterben …

Mach's gut, und kauf dir eine Trillerpfeife!

Ach ja: Ich fand Polizeihunde schon immer toll!!!

Kids

Hand aufs Herz: Haben Sie nicht auch als Kleiner den »doofen Polizisten« über die 110-Leitung akustisch die Zunge rausgestreckt? Nein? Dann haben Sie wohl auch nie einen Schokoriegel eingesteckt oder sind mal schwarzgefahren? Glückwunsch! Dann gehören Sie wahrscheinlich zur Mehrheit derer, die schon als Erwachsener zur Welt gekommen sind oder zumindest vergessen haben, dass sie jemals ein Kind waren.

Sie kennen mich inzwischen. Eigentlich überflüssig zu sagen, dass ich keinen Mist ausgelassen habe und meine Mutter zur Verzweiflung trieb, bis sie quasi die Erziehung an meinen Trainer abgab.

Bis dahin mussten so viele Fensterscheiben, Neonröhren und Blumenvasen dran glauben, dass die Versicherung uns gekündigt hat, weil ich ein »Verlustgeschäft« war. Auch sonst war ich ein kreatives Bürschchen. Dem fetten Nachbarsjungen, der immer all die Süßigkeiten hatte, die ich nicht bekam, habe ich Meerschweinchenkacke in einer offenen Lakritztüte auf sein teures Gokart gelegt, auf das ich so neidisch war. Selbst aus dieser Tüte wollte er nichts abgeben. Den frühpubertären Mofarockern unserer Gegend habe ich die Auspuffrohre ihrer Zündschlapps verstopft und ihnen tote Vögel und Ratten in die Helme gelegt. Bis sie mich mal erwischt haben. Danach musste mich Mama im Krankenhaus abholen. Dem Frührentner von gegenüber, der immer mit mir gemeckert hat, habe ich Sekundenkleber in die Türschlösser seiner Mercedes-Karosse gedrückt. Und zwar in alle. Gründlich war ich schon damals.

Kurz gesagt: Ich war als Zwerg so eine richtige Kackbratze. Oder, zivilisiert ausgedrückt: ein Nachbarskind, wie ich es mir selbst auch nicht wünschen würde.

Keine Angst, inzwischen kann man mich als annähernd resozialisiert bezeichnen. Trotzdem ist der kleine Junge in mir nie gestorben. Nur einmal, fast. Als er zusehen musste, wie sein Bruder überfahren wurde.

Man kann mich bis zum heutigen Tage mit meinen eigenen drei Terroristen mit dem Skateboard durch unsere Siedlung fahren sehen. Ohne Schützer, versteht sich. Weil blutige Knie einfach dazugehören und man das Abrollen am besten lernt, wenn's einmal gründlich in die Hose ging. Auch die großen Eichen in unserer Umgebung haben wir sämtlich gemeinsam bestiegen. Allerdings mit Seilsicherung, gebe ich zu. Im Winter bin ich der verantwortungslose Idiot, der zusammen mit der Bande unsere Auffahrt unter Wasser setzt, weil die Welt noch nie eine bessere Schlitterbahn gesehen hat.

Gleichgültig, was alle Stirnfaltenträger und zuweilen meine Frau, vor allem aber meine Schwiegermutter, über Papas wie mich denken: Die Kurzen brauchen solche Typen. Jemanden für dosierten Blödsinn. Jemand, der ihnen den Unterschied zwischen Mutprobe und Leichtsinn erklärt. Jemand, an dem sie sich reiben können.

Ich möchte an dieser Stelle mal eine Lanze brechen für all die kleinen Mistkröten, die wir ab und zu am liebsten per Rakete auf dem Mond entsorgen würden. Viele von ihnen wären lammfromm oder zumindest erträglich, wenn sie wüssten, wo sie hingehören, und ab und zu mal in eine Pfütze springen dürften. So simpel ist das.

Gebt ihnen das Gefühl, gewollt zu sein, und sagt ihnen das auch. Sagt ihnen nicht nur: »Ich hab dich lieb«, das müssen sie erst lernen einzuordnen. Sagt ihnen: »Gut, dass du auf der Welt bist, ohne dich wär alles hier stinklangweilig!« Das verstehen sie sofort! Wenn sie nachts plötzlich vor eurem Bett stehen, weil sie einen Alptraum haben, hebt einfach eure Decke an und schickt sie nicht wieder weg. Wenn es blitzt und donnert oder der große schwarze Nachbarshund kommt, nehmt sie auf den Arm. Scheißegal, ob ihr einen »Bandscheibenvorfall« habt oder nicht. Springt Hand in Hand mit ihnen vom Fünf-Meter-Turm, selbst wenn eure Angst noch größer ist als ihre. Lügt für sie und stellt euch vor sie, auch wenn ihr wisst, dass sie im Unrecht sind. Zurechtrücken könnt ihr später immer noch. Sie sind klein. Sie dürfen, nein, sie müssen Fehler machen.

Na klar sind es Geld, Zeit, Nerven und Cornflakes vernichtende kleine Kackmaschinen. Aber sie sind das Beste, was wir haben! Haben wir jemals mehr gelacht, waren wir jemals stolzer oder glücklicher ohne sie? Ich glaube nicht. Und mal ehrlich: Was bleibt, wenn wir Motorrad am Limit gefahren oder aus Flugzeugen gesprungen sind oder beim Tauchen den großen Fischen in die Augen gesehen haben, als letztes wunderbares Abenteuer? Genau: Kinder!

Wer sich selbst für einen harten Kerl hält, der glaubt, alles gesehen zu haben, sollte mal für zwei Wochen mit einer alleinerziehenden Mutter von zwei oder drei Kindern den Alltag tauschen. Danach verschieben sich die Grenzen und Werte, Abenteuer, Angst und Erschöpfung werden ganz neu definiert. Mein Wort drauf! Aber trotz all der Aufregung und möglicherweise auch Entbehrungen, die man für sie auf sich nimmt: Es lohnt sich! Das Highlight eines jeden Tages ist für mich, wenn meine drei schreiend vor Freude auf dem Schulhof auf mich zugerannt kommen, zwei mich anspringen und meine Mittlere mich an meiner Jacke zu sich herunterzieht, um mich zu küssen. Kein gewonnener Pokal und kein Adrenalinkick haben jemals mehr Glückshormone in mir freigesetzt, als diese simple Begebenheit, die sich fast täglich wiederholt. Sie gehören zu mir, sie vertrauen mir und zeigen mir das ständig. Es gibt nichts auf dieser Welt, worauf ich stolzer bin.

Die zwei Gruppen, die uns hier am meisten auf den Keks gehen bezüglich des Lahmlegens von Notrufleitungen, sind alkoholisierte Menschen und – genau: Kids!

Man kann förmlich die Uhr danach stellen, dass die Leitungen anschwellen, wenn die Schulen schließen. Von amüsant bis bösartig ist so ziemlich alles vertreten, und Sie glauben nicht, wie einfallsreich die lieben Kleinen sein können. Das Problem dabei ist nicht unbedingt meine Geduld, die tendenziell der eines anatolischen Lastesels entspricht – und bei Kindern ganz besonders. Hin und wieder bewege ich mich keinen Zentimeter mehr, weder physisch noch geistig. Bis dahin aber höre ich mir stoisch alles an, was es denn anzuhören gibt. Wenn ich mit den kleinen Biestern keine Nachsicht habe, wer denn dann?

Nein, meine Nerven sind es nicht, die mir Sorgen machen, sondern die Schwierigkeit, die echten Notrufe herauszufiltern. Wenn mir so ein Rotzlöffel beispielsweise meldet, dass sein Haus gerade abbrennt und seine Großmutter noch drin ist, kann ich ja schließlich schlecht antworten: »Oh, das knistert bestimmt fein, weil Oma ja schön alt und trocken ist.« Zwar würden wohl bei 99 Prozent der kleinen Mistkäfer die Kinnladen runterklappen und sie würden wahrscheinlich auch nie wieder anrufen, aber schon bei einer einzigen gerösteten Oma hat die Statistik leichte Schönheitsfehler.

Klar kann man durch mehr oder weniger geschicktes Taktieren versuchen, den Wahrheitsgehalt abzuklopfen, und manchmal verraten sich die Kröten ja auch selber. Was aber, wenn wir einen Playstation-Profi in der Leitung haben, der sich knallhart durch alle Level des Strategie- und Actionspiels »Feuerwehr- und Polizeishow« zockt, und sei es nur durch stures Schweigen? Ja, was dann? Schwupp, rollen zwei Löschzüge und ein halbes Dutzend Einsatzwagen unserer lieben Polizei.

Sicher könnte ich auch erst einmal einen einzelnen Funkwagen als Scout losschicken. Wenn dieser aber vor Ort lodernde Flammen feststellt, würden mir danach vor meinem Chef und vor allem vor den Hinterbliebenen ganz schnell die Argumente ausgehen. Auch könnte man sich dickfellig zurücklehnen und getreu dem Grundsatz »Bei schlimmen Bränden und ähnlichen Ereignissen gibt es immer Mehrfachmeldungen« einfach auf den nächsten Anruf warten. Vor dem Hintergrund, dass ein einziger tiefer Atemzug mit giftigem Plastikrauch schon der letzte sein könnte, ist das auch nicht unbedingt die beste Taktik.

Für den Fall, dass dieses Buch, was ich nicht hoffen will, einmal in kleine Hände fallen sollte, an dieser Stelle eine Bitte an die wichtigsten Menschen dieser Welt, nämlich an euch, Kinder: Ruft uns ruhig an, wenn es unbedingt sein muss. Verscheißert und beschimpft uns, meinetwegen lacht uns aus. Aber bitte erfindet keine schlimmen Sachen, die euch oder anderen Menschen passieren. Denn die Leute, die ich dann vielleicht umsonst losschicke, werden eventuell gerade in dem Moment tatsächlich gebraucht, um eure Mama, Oma, Schwester oder euren besten Freund zu retten, und haben dafür dann keine Zeit. Oder stellt euch mal vor, ein großer, blöder Junge haut gerade mit eurem BMX-Rad ab, und ich kann euch nicht helfen, weil die 110 besetzt ist durch irgend so einen Fredi, der mir erzählt, dass in seinem Kinderzimmer gerade ein UFO gelandet ist. Uncool, oder?

Hören wir einfach mal rein, in die wunderbare Welt der Kinderlangeweile …

Und zwar gleich in mehrere Gespräche, weil viele von den Dialogen oder auch Monologen halt recht kurz sind.

»Meiner Susi geht's ganz schlecht«, piepst es.

»Wer is'n Susi?«, frage ich und ahne schon, was kommt.

»Na, meine Püppi natürlich«, entrüstet sich die Maus am anderen Ende der Leitung.

»'schuldigung. Und was hat Susi für 'n Problem?« Ich nehme sie ernst, weil das oft, man lese und staune, die schnellste Möglichkeit ist, das Gespräch sauber zu beenden beziehungsweise weitere Anrufe zu verhindern.

»Weiß nich«, seufzt sie ein wenig ratlos, »der Arm is so komisch geknickt. Ich glaub, der is gebrochen.«

»Arm geknickt …«, überlege ich laut und sehe vor meinem geistigen Auge meine beiden Töchter, die im entsprechenden Alter ohne »Didi« und »Lulu« keinen Schritt machten, geschweige denn in den Schlaf fanden.

»Hast du 'n Schnuffeltuch, Mäuschen?«, will ich wissen und ernte erneut ein leicht empörtes: »Na klar! Was denkst du denn?«

Was ich denke? Berliner Göre, denke ich. Das sind mir die Liebsten. Kleine Kratzbürsten, aber süß.

»Pass jetzt gut auf! Jetzt wird's ganz wichtig!« Ich mache sie neugierig und erkläre ihr: »Püppis sind eigentlich auch nicht viel anders als wir Menschen. Der Arm braucht Ruhe! Du nimmst jetzt dein Schnuffeltuch und wickelst es um den Arm von Susi. Nicht zu fest, aber auch nicht zu locker! Dann machst du einen Knoten. Wenn du keinen kannst, reicht auch ein bisschen Klebeband von Mamas oder Papas Schreibtisch. Den Verband lässt du dann einen ganzen Tag dran und siehst zu, dass Susi den Arm so wenig wie möglich bewegt. Wenn du dann den Verband wieder abmachst, ist alles wieder gut.«

Statt artig »ja« oder »okay« zu sagen, kommt von ihr: »Quatsch mit Soße!«

Kleiner Kackvogel, denke ich, na warte.

»Wenn du den Arm nicht verbindest, wird er nie wieder richtig heil. Kannste mir glauben!«

»Ehrlich?«

»Ehrlich!«

»Und der Arm ist dann wieder ganz heil?«, hakt die kleine Skeptikerin nach.

Suuuper. Der Zwerg wird bestimmt mal Polizistin oder Rechtsanwältin oder noch schlimmer: Staatsanwältin. Um nicht schon von einer Vierjährigen ausgezählt oder für unglaubwürdig gehalten zu werden, lege ich nach.

»Na ja, dass der Arm dann wieder ganz gerade ist, kann ich nicht garantieren«, rudere ich zurück, »aber Schmerzen hat sie keine, das verspreche ich dir. Und wenn es gar nicht anders geht, soll Mama oder Papa mit dir zu einem Puppendoktor gehen. Die gibt es wirklich!«

»Aha. Na guut«, sagt sie daraufhin mit einem leicht drohenden Unterton und legt nach einem im groben Kontrast dazu gezwitscherten »Tschüssi« einfach auf.

Wird bestimmt mal eine interessante Persönlichkeit, die Mücke!

***

Nachdem ich mich gemeldet und mein Sprüchlein aufgesagt habe, höre ich, wie ein circa acht Jahre alter Junge zu mir sagt: »Du stinkst!«

Nicht »Du stinkst, Alter!« oder »Du stinkst voll krass, ey!«, nein, einfach nur schlicht: »Du stinkst!«

Zur Freude meines Tischnachbarn hebe ich meinen rechten Arm, schnüffele unter meiner Achsel, rümpfe leicht die Nase und sage: »Stimmt!«

»W… wie, stimmt?«, stottert er verwundert.

»Ich hab schon mal frischer gerochen«, kläre ich ihn auf und frage dann: »War das alles?«

Aus offenkundiger Angst, ich könnte einfach auflegen, schiebt er hastig nach: »Und blöd bist du auch!«

Mit »Wenn ich nicht blöd wär, würde ich hier nicht sitzen« bringe ich ihn vollends durcheinander, denn er fragt, wieder leicht stotternd: »B… bist du wirklich Polizist?«

»Nein«, sage ich, »sondern der Weihnachtsmann, und du stehst jetzt auf der schwarzen Liste und kriegst Heiligabend keine Geschenke.«

»Glaub ich nicht. Den gibt's gar nicht.« Er bleibt locker.

»Wetten, dass!? Das Playstation-Spiel, das du haben willst, kannst du vergessen!«, drohe ich ihm auf blauen Dunst.

– Klick –

Ob das nun pädagogisch wertvoll war, überlasse ich Ihnen.

Ich hatte auf jeden Fall meinen Spaß.

***

Zum besseren Verständnis: Ich kann in die Leitung gehen, bevor der Anrufer es merkt, wenn ich es möchte oder für wichtig halte. Das beschert mir neben unzähligen »Ich ruf jetzt die Bullen« hin und wieder auch einen taktischen Vorsprung. Jetzt natürlich nicht mehr. Im Moment höre ich auf jeden Fall noch lautes Gekicher. Mindestens vier Bälger. Einer souffliert im Hintergrund: »Sag doch, dass 'n Haus brennt oder dass hier einer mit 'nem Messer rumrennt.«

Aber der Frontmann hat 'ne eigene Idee und meldet mir todernst: »Ich bin gerade geschlagen worden!«

»Na, dann bist du wohl vorher krumm gewesen«, entgegne ich trocken und bin gespannt, was jetzt kommt. Der Kleine braucht eine Weile, aber der Bengel ist pfiffig, und so höre ich nach kurzer Pause förmlich seine Kinnlade runterklappen und danach: »Ich war nicht krumm, du Arschloch …«

»Nee, du bist ja auch nicht geschlagen worden, bei euch rennt keiner mit 'nem Messer rum, und es brennt kein Haus. Und wenn du mich noch mal Arschloch nennst, bin ich nicht nur schwer gekränkt, sondern sorge dafür, dass du für drei Wochen im Tiergarten Laub zusammenkehrst.«

Wie aus der Pistole geschossen kommt da sofort: »Wie willst'n das machen, Arschloch?«

So viel Frechheit in dem Alter finde ich schon wieder interessant, auch wenn mich die leise Ahnung beschleicht, dass er genau weiß, was er tut. Er wäre bei weitem nicht der Erste unter vierzehn Jahren, der mir unverblümt ins Gesicht sagt, dass er sowieso nicht strafmündig sei und machen kann, was er will. Mit dem unguten Gefühl, auf der Verliererspur zu sein, frage ich ihn also: »Lass mich raten, das Handy, mit dem du anrufst, ist geklaut oder hat 'ne Prepaid-Card, stimmt's?«

»Genau, Arschloch«, bestätigt er knapp.

»Na, dann geht diese Runde wohl erst mal an euch«, stelle ich müde fest und lass es bleiben, dem kleinen Fuchs mit Handyortung oder ähnlichem Schnickschnack zu drohen.

»Schon wieder richtig, Arschloch«, freut er sich und setzt als Sahnehäubchen obendrauf: »Und was heißt überhaupt: nur diese Runde?«

Durch die anstrengenden letzten Stunden schon etwas mürbe, erweise ich mich als schlechter Verlierer. Ich vergesse für einen Augenblick, dass ich eigentlich mit einem Kind rede, und komme ihm bissig: »Das kann ich dir sagen, kleiner Scheißer. Du wirst vielleicht irgendwann mit 'nem Messer im Bauch verblutend auf der Straße liegen und mit deinem Handy bei uns in der Warteschleife landen, weil wir alle gerade mit Pappnasen reden, die uns Mist erzählen. Wie gefällt dir der Gedanke?«

»Vielleicht, vielleicht. Vielleicht hat meine Tante auch Eier, dann wär's mein Onkel«, haut er da raus.

Ich schaue auf meine Uhr, stelle fest, dass ich in einer Stunde Feierabend habe, und lege auf.

***

Gewitternacht. Neben abgesoffenen Kellern und reichlich Verkehrsunfällen sind es auch die Zwerge, die uns beschäftigen, wenn es blitzt und donnert. Es gibt halt viele, die nicht zu Mama und Papa ins Bett dürfen oder können, wenn die Panik sich in das kleine Herz schleicht. Was macht man also mit den winzigen Fingern, wenn niemand greifbar ist oder zuhört? Genau: Man wählt die Zaubernummer!

»Strich – Strich – Loch …«, murmelt jemand vor sich hin. Dann kommt mit zittrigem, dünnem Stimmchen: »Bist du da?«

»Ich bin da«, antworte ich langsam mit tiefer Stimme und höre ein Aufatmen in der Leitung.

»Mama ist toll!«, stellt das Mäuschen dann zu meinem Erstaunen fest.

»Warum ist Mama toll?«

»Wenn du Angst hast, Clara, gehst du zum Telefon und drückst Strich – Strich – Loch, dann meldet sich jemand, der hilft«, sagt sie mühsam wie ein Weihnachtsgedicht auf.

»Das hat die Mama gesagt?«

»Das hat Mama gesagt«, wiederholt sie.

»Mama hat recht, und du auch. Wo ist die Mama, Clärchen?«

»Clärchen sagt Oma auch immer zu mir.«

»Fein, Clärchen. Und wo ist Mama?«, frage ich geduldig.

»Mama ist bei der Arbeit«, antwortet sie artig.

»Bist du ganz alleine?«, ich mache mir Sorgen, denn der Hüpfer ist wirklich erst drei oder vier Jahre alt.

Sie gönnt mir ein »Nein« und auf die Frage, ob noch jemand in der Wohnung ist, ein »Ja«. Freie Rede ist ihre Sache nicht, muss es in dem Alter auch noch nicht. Außerdem habe ich selbst Schuld, wenn ich meine »ollen Fagen« so »doof« stelle. Der größte Fehler im Gespräch mit Kindern ist, nach etwas zu fragen, worauf sie mit einem Wort antworten können. Kennen wir doch alle: »Wie war's in der Schule?« – »Schön«. »Hast du Hausaufgaben auf?« – »Nein.« »Hast du Hunger?« – »Nein.« Danke für das Gespräch!

Wenn allzu große Monotonie herrscht, flechte ich zu Hause immer gerne eine absurde Frage mit ein oder komme mit einer handfesten Lüge. Meinen kleinen Jungen frage ich beispielsweise, ob er sich heute schon rasiert hat, oder ich behaupte, ich hätte im Garten einen Piratenschatz gefunden. Seine Reaktionen auf solchen Quatsch sind tagesform- und uhrzeitabhängig. Sie reichen von ja/nein über soso bis zu scheelen Seitenblicken. Manchmal verlässt er aber auch nur schweigend das Zimmer, magisch geführt von seinem Nintendo wie der Esel vom Salatkopf an der Stange. Wenn ich will, dass er redet, muss ich mich schon geschickter anstellen. »Mama hat mir erzählt, du willst heute Spinat zu Mittag essen« wäre zum Beispiel so ein Satz, der durchaus einen zehnminütigen Vortrag von ihm zur Folge haben könnte, in dem er minutiös ausführt, wieso Spinat im Allgemeinen und für ihn im Speziellen und ganz besonders heute nicht das richtige Nahrungsmittel wäre. Aber zurück zu Clärchen …

»Wer ist denn noch in der Wohnung?«, bohre ich weiter.

»Die Oma. Aber die schnarcht und riecht nach Pipi«, lässt sie bockig vom Stapel.

Oh, oh, wohl niemand, zu dem man gerne ins Bett kriecht, denke ich, bin aber trotzdem erleichtert, dass jemand da ist. Da die Leitungen glühen, kann ich mir für Clärchen nicht allzu viel Zeit nehmen, zumal ich zu ahnen glaube, was sie umtreibt. Außerdem ist Granny ja da.

»Warum rufst du mich denn an?«, frage ich trotzdem.

»Blödes Gewitter«, brummt sie, wie vermutet.

»Ach, Clärchen, das muss auch mal sein«, seufze ich.

Das war nicht das, was sie hören wollte, und das lässt sie mich auch spüren: »Gar nich! Wieso denn?«

»Doch, doch, glaube mir. Regenwasser für die Blumen und Bäume …«, fange ich an zu fabulieren, doch sie unterbricht mich barsch: »Und der Krach? Das Donnern? Was soll das denn?«

Weil mir nichts Besseres einfällt, sage ich, obwohl ich mir ein bisschen dämlich dabei vorkomme: »Ach, das ist nur der liebe Gott. Der hat Schluckauf oder Husten. Hast du doch auch manchmal, oder?«

»Schon, aber nich so laut«, wendet sie ein.

»Na ja, du bist ja auch viel kleiner«, versuche ich sie zu überzeugen und hoffe gleichzeitig, dass sie mich nicht auch noch nach Blitzen fragt. Aber sie sagt gar nichts, denkt vielleicht nach. Ich ergreife meine Chance, ihr eine gute Nacht zu wünschen.

»Pass auf, Clärchen: Du gehst jetzt wieder in dein Bett, nimmst dein Kuscheltier in den Arm, schließt deine Augen und wünschst dem alten Mann da oben gute Besserung. Dann ist bestimmt bald Ruhe. Und wenn du wieder aufwachst, ist Mama sicher schon wieder da. Okay?«

»Okay.«

»Schlaf schön.«

»Schlaf du auch schön«, sagt sie, und ich wollte, ich könnte …

Dann legt sie auf, und ich habe Spaß daran, mir vorzustellen, wie sie morgen früh der Mama erklärt, was es mit dem Gewitter in Wahrheit auf sich hat.

***

Wir haben im Bekanntenkreis eine kleine Intelligenzbestie, die einen so hohen IQ hat, dass die Eltern den Jungen auf der »Kinder-Uni« untergebracht haben, damit er halbwegs ausgelastet ist. Hat mit seinen knapp zehn Jahren wahrscheinlich jetzt schon mehr im Kopf, der Bengel, als ich je haben werde. Dies sei ohnehin nicht besonders schwierig, behauptet meine Frau, und bekommt immer einen ganz verzückten Blick, wenn wir uns über ihn unterhalten. Da er mit unserer Mittleren gemeinsam im Kindergarten war, schlage ich dann jedes Mal vor, die beiden später zu verheiraten, weil der kleine Professor bestimmt den Wassermotor erfinden wird oder zumindest Bier, das schlank macht. Das nenne ich mal eine »gute Partie«! Madame winkt aber ständig ab, weil das Persönchen ansonsten, na sagen wir mal, »recht schwierig ist«.

Genau so einen Kunden habe ich gerade in der Leitung. Ich lecke mir ein bisschen Ketchup aus dem Mundwinkel, weil ich gerade in etwas gebissen habe, was eklig ist, aber lecker, und vernehme Folgendes: »Sie sind also Polizist!?«

Ich gucke an mir runter und grunze mit vollem Mund: »Hhmmh.«

»Sie haben exakt 4,8 Sekunden gebraucht, um diesen Notruf entgegenzunehmen«, doziert er.

»Auflegen geht noch schneller«, biete ich an und beiße noch mal ab, obwohl ich noch gar nicht weiß, ob er tatsächlich ein Anliegen hat. Mein Gefühl trügt aber nicht, denn als Nächstes kommt: »Ah, ein Versuch, witzig zu sein, um Ihre Unsicherheit zu überspielen.«

Spontan höre ich auf zu kauen, lege unwillkürlich die Stirn in Falten und brumme nach einer kurzen Pause, die Idioten wie ich so brauchen: »Genau.«

Burschi hat sich erst warm gemacht. Nachdem er meine Frage, was er denn eigentlich möchte, beflissentlich überhört hat, erfreut er mich mit folgender These: »Wenn wir davon ausgehen, dass ein durchschnittlicher Erwachsener circa 6 Liter Blut im Körper hat und er, beispielsweise bei einem schweren Verkehrsunfall, durch eine Verletzung der Hauptschlagader pro Sekunde 500 Milliliter verliert, hätte er bereits schon lebensbedrohliche 2,5 Liter Blut verloren, bevor Sie nach 5 Sekunden endlich ans Telefon gehen. Was sagen Sie dazu?«

»4,8«, sage ich und stelle ihn kommentarlos auf meiner Direktleitung durch zur Feuerwehr …

***

»Kommen Sie mal schnell her«, schnauft ein wahrscheinlich vor Wut bebender kleiner Mann mit aufgeregter Stimme. »Mein großer Bruder nennt mich dauernd Kacker.«

»Und, bist du einer?«, frage ich ihn.

»W… w… was?«, bremst er verdattert runter.

»Na ja, du warst heute doch sicher schon auf Toilette«, führe ich aus, »ich übrigens auch und dein Bruder garantiert ebenso. Also bist du 'n Kacker, ich bin 'n Kacker, und dein Bruder, weil er ja dein großer Bruder ist, ist sogar ein großer Kacker …«

Kaum hab ich's gesagt, höre ich ein Klacken, als ob er den Telefonhörer aus der Hand fallen lässt. Daraufhin ein paar schnelle, kleine Schritte, und dann höre ich ihn rufen: »Niiiils, der Polizist hat gesagt, du bist auch 'n Kacker! 'n groooßer Kacker!«

Ich muss laut lachen und lege schnell auf, bevor seine Eltern vielleicht ans Telefon kommen und ich mich für den Blödsinn verantworten muss, den ich hier verzapfe.

Das Grab

»Junge, du musst herkommen und mir helfen!«, sagte Oma am Telefon in der ihr eigenen resoluten Art, die nichts mit Bitte zu tun hatte, sondern schlicht mit Feststellung.

»Wir müssen das Grab von Bär auflösen, der Friedhof hat mir geschrieben. Die Blödmänner wollen, dass ich für zwanzig Jahre verlängere, stell dir das vor!«, empörte sie sich. »Idioten! So lange lebe ich nicht mehr. Außerdem wird mir das alles sowieso zu viel. Nächstes Wochenende«, stellte sie trocken fest.

»Alles klar, Oma«, bestätigte ich, und unser Plausch war beendet.

Bär war der erste Ehemann meiner Mutter, der in der Silvesternacht 65/66, drei Monate vor meiner Geburt, in Paris frontal mit seinem Auto gegen einen Baum fuhr, weil er erfahren hatte, dass das Kind im Bauch seiner Frau nicht von ihm war. Platsch. Er war für Lufthansa als Flugzeugmechaniker in Paris-Orly stationiert. Nach dem, was ich über ihn weiß, und anhand des einzigen Fotos, das ich von ihm besitze, scheint er ein lieber und redlicher Mensch gewesen zu sein. Mit einem offen und ehrlich wirkenden Gesicht lächelt er stolz in die Kamera, im Cockpit einer der vielen Verkehrsmaschinen sitzend, um die er sich zu kümmern hatte.

Es mag nicht einfach sein, einen Bastard zu lieben, aber ich hätte mir trotzdem gewünscht, dass er die Kraft gefunden hätte, mir eine Chance zu geben. Stattdessen setzte er in besagter Nacht zum letzten Abflug an. Seine sterblichen Überreste, auf Lufthansakosten überführt, landeten auf dem Friedhof seiner Heimat in Dortmund-Huckarde.

Er muss beliebt gewesen sein, denn es hält sich hartnäckig das Gerücht, die Lufthansa habe während seiner Beerdigung eine Maschine mit Flügelschlag über den Friedhof brummen lassen. Vielleicht war es auch nur Zufall. Trotzdem möchte ich die Gelegenheit nicht verstreichen lassen, den Damen und Herren des Kranichs meine Aufwartung zu machen. Ihr habt damals weder Kosten noch Mühen gescheut, danke dafür. Mama durfte auf eure Rechnung wieder zurück nach Deutschland, wo sie sich eine beliebige Stadt aussuchen konnte, in der ihr bei der Wohnungssuche behilflich gewesen seid. Das finde ich hochanständig. Außerdem sollte ich mich wohl dafür entschuldigen, dass ich die beiden Lehrstellen verschmähte, die ihr mir auf Anfrage meiner Mutter angeboten hattet. Sorry, ich hatte einfach zu viele wilde Dinge im Kopf.

Richtig übelgenommen habe ich es ihm nie, dass er mir nicht begegnen wollte. Wenn ich auch nicht persönlich schuld bin, dass er nicht mehr weiterleben wollte, so bin ich doch zumindest Stein des Anstoßes. Nicht zuletzt deshalb gehorchte ich selbstverständlich Oma und kümmerte mich mit Würde um sein Grab. Sein Grabstein, verziert mit einem Flugzeug, liegt jetzt in einem versteckten Winkel meines kleinen Grundstücks, wo er einen schönen Platz fand, nachdem ich ihn jahrelang mit mir herumgeschleppt hatte. Mir gefällt der Gedanke, dass seine Seele vielleicht in dem Stein wohnt, die jetzt bei uns ein Zuhause hat, wo es Kindergeschrei gibt, Hundegebell, Glück und Liebe …

Zu Anfang hing deshalb bei uns für kurze Zeit der Haussegen schief, weil meine Frau sich dagegen sperrte, »auf einem Friedhof zu leben«. Aber es gibt Sachen, die sind nicht verhandelbar, und auch wenn bei uns das Matriarchat herrscht, hat meine Frau, Gott sei Dank, ein feines Gespür dafür.

»Die haben einfach das Grab meines Mannes eingeebnet«, weint nun eine Frau am anderen Ende der Leitung leise. »Dürfen die das?«

»Wer hat was gemacht?«, frage ich leicht genervt, weil ich fiese Kopfschmerzen habe und bei solch leisen Stimmen hier im lauten Saal generell Verständigungsprobleme herrschen. Mit fest auf die Ohren gedrücktem Kopfhörer vernehme ich jetzt:

»Die Friedhofsverwaltung hat mir geschrieben, dass das Grab meines Mannes eingeebnet wurde. Das kann doch nicht wahr sein!«

Doch, kann es, denke ich bei mir. Diese Typen sind mitunter schräg drauf und merkwürdigerweise völlig pietätlos, so unglaublich das auch klingen mag. Ich hatte schon öfter mit solchen Fällen zu tun und habe mich als Witwentröster versucht. Die Kinder schon lange ausgeflogen, der Pudel tot und Werner bereits vor vielen Jahren umgezogen auf den Friedhof – das ist die Geschichte, die ich, wenn's auch etwas gefühllos klingt, so oder so ähnlich schon oft gehört habe. »Umgezogen« deshalb, weil sie trotzdem jeden Tag bei ihm war, um ihm Blumen zu bringen oder einfach nur mit ihm zu reden. Bei Wind und Wetter … Bis sie nicht mehr so gut konnte und die Strecke mit dem Rolli für den täglichen Besuch zu weit wurde.

»Sie haben die Frist wahrscheinlich verstreichen lassen«, stelle ich kühl fest und massiere mir die Schläfen. Statt etwas zu antworten, wimmert sie leise vor sich hin, und mir klappt das linke Augenlid runter. Nach einer Weile schluchzt sie dann: »Aber das … aber das geht doch nicht. Ich meine, so etwas darf man doch nicht machen. Das gehört sich doch nicht.«

Tja, altes Mädchen, die Leute machen heutzutage viel, was sich nicht gehört, und dürfen es irgendwie trotzdem, sinniere ich, und dann denke ich darüber nach, was ich jetzt mit der Witwe mache – und meinem Schädel. In Gedanken öffne ich meinen Werkzeugkasten und suche nach dem passenden Schlüssel.

»Mal sehen«, brabbele ich fast lautlos vor mich hin, während ich mir eins dieser ekligen Pülverchen reinpfeife, die man notfalls auch ohne Wasser nehmen kann. Ich weiß von ihr, dass er Herbert hieß und dass er gern vorm Haus rumgegärtnert hat, als er noch bei ihr wohnte.

»Was hat er denn so gepflanzt, Ihr Herbert?«, frage ich die traurige Frau und hoffe zumindest auf einen Placeboeffekt von dem Scheißpulver.

»Hauptsächlich Rosen und einen kleinen japanischen Kirschblütenbaum, den er abgöttisch liebte.« Sie fängt sich ein bisschen und ist jetzt zumindest deutlich zu verstehen.

Das Hämmern in meiner Rübe wird leiser, bilde ich mir jedenfalls ein. Proportional dazu steigern sich meine Fähigkeiten hinsichtlich Mitgefühl und Kreativität, denn mir kommt eine Idee.

»Können Sie den Baum vom Fenster aus sehen?«, will ich wissen.

»Ja, vom Küchenfenster aus.«

Wenn kein Schlüssel passt, nimmt man halt einen Engländer, sage ich mir und fange an zu schrauben beziehungsweise versuche sie zu trösten.

»Meinen Sie nicht, dass in diesem kleinen, von Ihrem Mann umsorgten Stück Erde, auf dem dieses wunderschöne, von ihm selbst gepflanzte und gepflegte Lebewesen, dieser Kirschblütenbaum steht, viel mehr oder zumindest genauso viel von Ihrem Herbert steckt wie an dem anderen Ort, den Sie jahrelang besucht haben?«

»Mhhh«, gibt sie nachdenklich von sich und lässt meine kleine Predigt anscheinend auf sich wirken.

Um die Sache in trockene Tücher zu kriegen, lege ich nach:

»Ich glaube, dass in diesem Baum etwas von ihm weiterlebt und dass er ihn absichtlich dort gepflanzt hat, wo Sie ihn jeden Tag sehen können. Ich finde, Sie sollten dafür Sorge tragen, dass es diesem Bäumchen immer gutgeht und es in jedem Frühling, wenn die wunderschönen Blüten kommen, als Botschaft sehen, dass es Herbert gutgeht.«

»Das ist aber ein schöner Gedanke, junger Mann«, sagt sie da, und schlagartig hören meine Kopfschmerzen auf, was mir ein bisschen Angst macht. Wird an dem tollen Schmerzmittel liegen, rede ich mir ein und verabschiede mich höflich, aber verbindlich von der alten Frau.

»Hoffentlich geht das Ding nicht ein«, denke ich laut, werfe meine Kopfhörer auf die Tastatur und gehe erst mal an die frische Luft.

P.S. Auf die Friedhofsverwaltung ist geschissen!

Hartz IV

Als ich klein war, hieß das »Sozi« oder »Stütze« und war irgendwie allgegenwärtig. Nicht das meine frühe Kindheit davon geprägt gewesen wäre, aber als meine heile Familienwelt nach der Scheidung meiner Mutter von meinem Adoptivvater wie eine Seifenblase zerplatzte, nahm das Schicksal seinen Lauf. Vom Gymnasium wegen mangelnder Leistungen und »Brutalität gegenüber seinen Mitschülern« geflogen, fand ich mich auf einer der schlimmsten Gesamtschulen wieder, die Hamburg zu bieten hatte. Dort traf ich unter anderem auf Mädchen mit engelsgleichem Gesicht, die zwar kaum einen geraden deutschen Satz herausbrachten, dafür aber in der Lage waren, solch widerliche, versaute Witze zu erzählen, dass ich die ersten Wochen quasi ununterbrochen mit rotem Kopf herumrannte. Kulturschock ist wohl das richtige Wort, das meine damalige Gefühlslage recht treffend umschreibt. Obwohl, ich will mich nicht beschweren. Im Laufe der Jahre lernte ich solche Mädchen zu schätzen. Außerdem gefiel mir, damals zumindest, die ständig präsente Gewalt in dieser Schule, oder besser: Gewaltbereitschaft. Ich war kaum zwei Tage dort, da wurde ich in der Schulaula vom Platzhirsch, der knapp zwei Köpfe größer war als ich, öffentlich gedemütigt und verprügelt, sehr zum Vergnügen der johlenden Menge. Da ich weder wegrannte noch mich anschließend beschwerte, hatte ich die Sympathien des fachkundigen Publikums, auch wenn mein Gesicht so schlimm aussah, dass mich Mama nicht wiedererkannte, als sie mich an dem Tag von meiner neuen Schule abholte. Trotzdem, oder gerade deshalb: Da war ich richtig, da gehörte ich hin. Ich hatte es nicht besser verdient und sowieso ständig Wut im Bauch. Kurz vor dem Schulwechsel hatte ich bereits mit Karate begonnen. Als Folge dessen ging ich, wie ein Jack Russell, keiner Konfrontation aus dem Weg, auch wenn ich anschließend meist, genau wie die kleinen Köter, blutig in der Ecke landete. Außerdem schrieb ich mich in der neuen Schule im Wahlpflichtfach »Gymnastik« ein. Dort war ich der einzige Junge unter einem Dutzend Mädchen, und die Katzen ließen sich von mir, der ich Spagat konnte, die Beine auseinanderziehen. Mag sein, dass ich am Rande der Gesellschaft angekommen war, aber ich arrangierte mich …

Die Jahre gingen ins Land, und wie nicht anders zu erwarten war, wurde alles nicht besser, sondern schlimmer. So kam es, dass ich mit knapp 16 Jahren, aus Gründen, auf die ich hier noch nicht näher eingehen möchte, plötzlich auf mich allein gestellt war. Allerspätestens zu diesem Zeitpunkt lernte ich es zu schätzen, dass man mir unter die Arme griff. Ein Großteil meines vermeintlichen Patriotismus hat wenig zu tun mit Flaggenparade und Uniform, sondern liegt vielmehr in der Tatsache begründet, dass mein Land, sprich: die Solidargemeinschaft, mir geholfen hat, als ich es am bittersten nötig hatte. Namentlich haben vielleicht Sie, lieber Leser und Steuerzahler, es ermöglicht, dass ich in unserer kleinen Wohnung bleiben konnte, in der ich aufgewachsen war, meine Kampfsportausbildung beenden und in ein gerades Leben starten durfte. Bewusst drücke ich mich an dieser Stelle ein wenig pathetisch aus, weil es mir einfach wichtig ist, folgende zwei Anliegen zu transportieren:

Zum einen habe ich mir damals geschworen, dass in mich gesetzte Vertrauen zu rechtfertigen und später einmal etwas davon zurückzugeben, was man mir an materiellem und ideellem Beistand hat zukommen lassen. Bis zum heutigen Tage empfinde ich

Dankbarkeit und kann sagen, auch wenn es unbescheiden klingt: Ich habe meine Schuld beglichen. Nicht nur, dass ich mein Geld wert bin und Sie mein Wort darauf haben, dass das so bleibt, nein, ich habe in zahllosen Polizeieinsätzen im Namen der Menschlichkeit und Würde gegen Dienstvorschriften verstoßen, weil ich weiß, was es heißt, verzweifelt, einsam oder schwer verletzt zu sein. Außerdem möchte ich, verehrter Leser, dass Sie auch einmal eine »Erfolgsmeldung« verbuchen können. Es ist eben nicht immer so, dass unser Geld an Drückeberger verschwendet wird, die uns nur auf der Tasche liegen und auch noch verhöhnen. Selbst wenn wir unter Hunderten auch nur einen jungen Menschen mit unserer geringen Hilfe Arzt, Krankenschwester oder beispielsweise Kindergärtner werden lassen, wird er weitergeben, was er erfahren hat, und den Kreis schließen. So gesehen bringen auch kleinste Investitionen zuweilen riesige Renditen, und zwar für uns alle … Überdies ist es ohnehin nicht die Regel, wie die Medien uns oft plakativ und einseitig vermitteln wollen. Sie sind nicht alle faul und schlicht zu dämlich, die wir mit dem Nötigsten versorgen, oder auch mit etwas mehr. Damit meine ich nicht nur die klassische Trümmerfrau, der wir mit zu verdanken haben, dass die Stadt wieder steht, deren Rente aber einfach nicht reicht für einen guten Wintermantel und einen neuen Hackenporsche und die im schlimmsten Fall auch noch zu stolz ist, darum zu bitten. Glauben Sie mir, es gibt so viele, die, ob nun verschuldet oder unverschuldet, im Dreck sitzen und sich nicht selber wieder herausziehen können, aber trotzdem eine zweite Chance verdient haben.

Allmählich muss ich Ihnen wirklich wie ein Klugscheißer vorkommen, aber auch hier weiß ich, wovon ich rede, und das nicht nur wegen meines jetzigen Jobs.

Als mein Schiff vor Jahren erneut in Schieflage geriet, hatte ich einen, wenn auch gefährlichen, Logenplatz im Theater der Existenzängste. Stur und arrogant, wie ich nun einmal bin, hatte ich meine kleine Beamtenlaufbahn beim damaligen Bundesgrenzschutz mal eben an den Nagel gehängt, weil sie nicht so wollten, wie ich wollte. Ich war damals stationiert bei einem Festnahmezug des BGS in Winsen an der Luhe. Gefiel mir gut. Hubschraubereinsätze, Tonfa-Ausbildung, ständig Sport und keine 30 Kilometer entfernt von meiner Wohnung in Hamburg. Ich war dort gemeinsam mit einem ehemaligen hochdekorierten Fallschirmjäger, der es ebenfalls in diese Einheit geschafft hatte. Ein toller Kerl! Schweigsam und fit. Besaß eine Kawasaki, der Mann, die er auf fast 300 Klamotten hochgezwirbelt hatte, und eine Pilotenlizenz für Sportflugzeuge. Wir hatten damals viel Spaß …

Falls du dieses Pamphlet in die Finger bekommst, mein Freund: Einen herzlichen Gruß – hoffentlich lebst du noch!

Problem: Wir zwei Kommissköpfe waren denen da wohl irgendwie suspekt. Auf jeden Fall konnten oder wollten sie für uns beide keine Planstelle in der Truppe frei machen und boten uns Optionen wie München-Flughafen oder Menschenjagd im Dreiländereck Tschechien-Polen-Deutschland. Salopp gesagt, hätte das bedeutet: Kampfschwein im Plexiglaswürfel zur Schau gestellt oder mit dem Nachtsichtgerät auf dem Kopf arme, verzweifelte Menschen durch den Wald zu hetzen. Beides hatten wir schon gemacht und waren uns dafür, sorry, zu schade.

Als uns das eröffnet wurde, lächelten wir uns schweigend an, in dem Bewusstsein, dass jeder von uns beiden für zwei bis drei ihrer jungen »Spezialisten« nicht viel länger als zehn Sekunden gebraucht hätte. Nicht etwa, weil wir Supermänner gewesen wären, nein, sondern nur, weil wir anders ausgebildet waren. Nicht unbedingt besser, aber anders.

Ein Polizist soll verinnerlichen und wird mehr oder weniger effizient geschult, eine Festnahme unter meist maximalem Eigenrisiko und minimalem Verletzungsrisiko für den Delinquenten stattfinden zu lassen. Ein Soldat macht kampfunfähig und geht weiter. Für die Leser vom Fach stelle ich Aikido und Karate gegenüber. Kurz ausgedrückt: wir wutscheln und wedeln nicht, sondern versuchen mit möglichst einer Technik den Kiefer, das Nasenbein oder das Genick zu brechen. Damit wir uns nicht missverstehen: In meinen Augen hat der Polizist in Sachen Humanismus und auch Mut deutlich die Nase vorn. In Sachen Political Correctness sowieso ... Hier liegt übrigens auch einer der Gründe, weswegen ich heutzutage mein Dasein als Sesselfurzer friste. Ich habe definitiv Angst, irgendwann mal einem Verrückten, der mir ans Leder will, das Nasenbein ins Hirn zu schieben, mit all den absehbaren Folgen für ihn, mich und meine Familie. Na ja, durch die Blume gesagt: Sie hielten uns vielleicht nicht für kompatibel. Hätten sie sich aber auch früher überlegen können. Bevor sie uns angeworben haben. Schnuppe. Wir waren beide ledig, hatten keine Kinder, trugen für niemand Verantwortung außer für uns selbst und kündigten ganz einfach ... Ich habe in meine Kündigung reingeschrieben: »... auf Grund beruflicher Perspektivlosigkeit ...«, was aus meiner Sicht den Nagel genau auf den Kopf traf, denn alle anderen interessant klingenden Jobs innerhalb der Firma, Auslandsverwendungen in diplomatischen Vertretungen oder Abordnungen zur Lufthansa beispielsweise, waren an irgendwelche Knebelbedingungen geknüpft. Selbst die 9er, die auf Seelenfang vorbeischauten und uns ihre neuesten Spielzeuge vorführten, die wir allesamt schon kannten, waren keine Alternative. Wir waren zu alt und zumindest ich nicht mehr fit genug und vor allem zu abgeklärt. Spätestens als wir im Werbegespräch anfingen zu fragen, ob denn eventuelle Zulagen für eine adäquate Zusatzversicherung reichen würden, und man uns zur Antwort gab »... man macht diese Arbeit nicht für Geld ...«, war klar, dass wir keine

Freunde werden würden ... Für die Formulierung in der Kündigung musste ich auf jeden Fall zum Häuptling, der versuchte mich unter Druck zu setzen, damit ich umformuliere. Habe ich natürlich nicht gemacht, und so war der Abschied etwas frostig. Vorher hatte ich mir persönlich und vor Ort die mündliche Einstellungszusage von drei verschiedenen Länderpolizeien geholt. Obwohl, wir wollen bei der Wahrheit bleiben, in Hamburg gab es nur ein »entschiedenes Vielleicht«. In Kiel und Berlin gab es aber, schon auf Grund meiner Papiere – Papier ist geduldig, wie wir alle wissen –, definitive mündliche Zusagen. Mündliche Zusagen! Wie dämlich kann man sein! Ein weiterer schöner Beweis dafür, was für eine vakuumgleiche Leere zuweilen in meinem arroganten Schädel herrscht. Nach circa zwei Monaten trudelte ein Brief aus Schleswig-Holstein bei mir ein, in dem unverblümt stand:

»... tut uns leid, Ihnen mitteilen zu müssen, dass wir auf Grund einer beschlossenen Planstellenbesetzungssperre zurzeit außerstande sind, Sie einzustellen.«

Banane, dachte ich mir. Ist ja schließlich noch ein Eisen im Feuer. Berlin. Stadtstaat. Habe vom Umherreisen ohnehin die Nase voll. Ein paar Wochen später hat Berlin mir dann geschrieben: »... tut uns leid, Ihnen mitteilen zu müssen, dass auf Grund einer Planstellenbesetzungssperre eine Einstellung zurzeit nicht möglich ist.« Super. Ende der Fahnenstange. Hochmut kommt vor dem Fall. Das war's dann wohl mit der bescheidenen Beamtenkarriere, stellte ich frustriert fest. Zumal sich Wochen und Monate danach immer noch kein anderes Lagebild ergab. Ein paar abenteuerliche Jobs später, über die ich mich jetzt noch nicht auslassen möchte, ging es dann langsam an die Substanz. Boot, Motorrad, Wohnwagen und mein schönes Auto hatte ich vertickt und fuhr mit einem winzigen japanischen Lieferwagen durch die Gegend, der so mitleiderregend aussah, dass ich Angst hatte, die Leute reichten mir an der Ampel was zu essen durchs offene Fenster. Meine Ersparnisse waren auf ein sehr übersichtliches Maß zusammengeschmolzen, und langsam, aber sicher bekam ich das große P. Für Jobs, die nicht gerade potentiell lebensgefährlich waren, war ich überqualifiziert oder zu dämlich. Oder momentan auf dem falschen Kontinent. Als dann gar nichts mehr ging, war mir das mit »lebensgefährlich« auch egal, und ich heuerte bei einer der großen Security-Firmen an, für die ich im schicken blauen Fummel den Sicherheitsfuzzy gab im, und jetzt kommt's, Sozialamt in Hamburg-St. Pauli. Die hochqualifizierten Werkschutzfachkräfte, die sie vor mir dahin geschickt hatten, waren allesamt im Krankenhaus oder mit den Nerven fertig. Zwar konnte ich logischerweise einen ganz guten Tarif aushandeln, aber glauben Sie mir: Der Sold stand in keinem Verhältnis zum Auftrag! Da stand ich nun, mit meinem Teleskop-Tonfa im Schulterholster, versteckt unter dem blauen Zwirn, und machte mir täglich ein halbes Dutzend Mal vor Angst fast in die Hosen. Der »Kollege«, den sie mitgeschickt hatten, war am ersten Tag nach drei Stunden schon wieder gegangen, mit den Worten auf den Lippen: »... so viel können die mir gar nicht zahlen, die Vögel ...« Bemühen Sie einfach mal ein wenig Ihre Phantasie, lieber Leser, und ich lege dann noch ein paar Pfund obendrauf. Metallverstärkte, stets sicherheitsverriegelte Bürotüren, weil das Eintreten derselben quasi zur Tagesordnung gehörte. Festgeschraubte Computer, weil »Monitorweitwurf« durchs Fenster als Argumentationshilfe verstanden wurde. Neurotische Sachbearbeiter mit eingebautem Schulterblick, die alles einarmig konnten, weil eine Hand immer in der Jackentasche am Alarmknopf gebraucht wurde. Kundschaft, die das Mitführen von Schlag-, Stich- und Schusswaffen als selbstverständliches Persönlichkeitsrecht empfand. Ponygroße Kampfhunde, die in den Fluren Gassi geschickt wurden, während Herrchen seinen »Geschäften« nachging, und, und, und.

Ich fange heut noch an zu hyperventilieren, wenn ich an die Zeit zurückdenke. Aber wie habe ich neulich so schön in einer Schnulze gehört: Der Himmel ist nicht über den Wolken, sondern über unserer Angst. Ich habe auch herzerwärmende Erinnerungen an den Laden, die ich nicht missen möchte. An Kuddel zum Beispiel, den ich heulend im Keller fand und der den letzten Schluck aus seiner Astra-Buddel mit mir teilen wollte: »So 'n Schiet, min Jung. Ich hab nix zu fressen, un der Kagger da oben hockt auf der Kohle, als ob's seine eigene wäre.«

Oder an Hanni, die auf der »Damentoilette« mit verlaufenem Lidschatten schlafend von der Schüssel gerutscht war und sich trotzdem freute, mich zu sehen, als wäre ich ihr Sohn:

»Ach, min Lüdden, da hältst du nun dein Leben lang die Dose hin, un am Ende reicht's nich ma für 'ne Heizdegge.«

Ich kannte die beiden gut, genau wie zahlreiche andere traurige Gestalten, die hier gestrandet waren.

Kuddel war mal Steinsetzer. Rücken und beide Knie im Eimer. Niemals böse und immer dankbar für ein paar Worte, die man mit ihm wechselte.

Hanni war mal dick im Geschäft, hatte aber das Geld immer ungebremst denen gegeben, die gerade mal so taten, als seien sie ihr Freund. Als der Lack komplett ab war und sie bis ganz nach unten durchgereicht wurde und nicht einmal mehr dort einen Platz fand, war für sie selbst nichts mehr übrig geblieben. Außer Gebärmutterkrebs. Trotzdem reichte ein kleines, beiläufiges Kompliment immer aus, um sie für ein paar Sekunden zu alter Form auflaufen zu lassen. Sie richtete sich dann jedes Mal kurz auf und zeigte ihr schönstes Lächeln. Auch wenn das auf einen fehlenden Schneidezahn aufmerksam machte, den ihr mal ein Freier ausgeschlagen hatte, wie sie mir erzählte. Aber nicht nur die Kundschaft, sondern vor allem auch das Personal in diesem Sozialamt ist eine Erinnerung wert.

Klar, sie hatten Angst, aber viele von ihnen versahen ihren Dienst mit Herz und Idealismus. Ging auch gar nicht anders. Zu jedem »Himmelsfahrtskommando« gehört immer auch eine gehörige Portion Idealismus. Waren liebe Menschen. Größtenteils. So kam es, dass die Belegschaft, als Berlin mir endlich das Okay gab, eine Sammlung veranstaltete und mir zum Abschied einen, im doppelten Sinn, wertvollen Kugelschreiber schenkte und eine Karte, auf der zu lesen war:

»Zum Abschied für dich die zweitwichtigste Waffe (nach dem gesprochenen Wort), die ein Polizist haben sollte.«

P.S.: Wir haben uns hier seit langer Zeit nicht mehr so sicher gefühlt. – DANKE –

Ein Geschenk und ein Statement, auf das ich bis heute annähernd so stolz bin wie auf meinen Schwarzgurt. Das Vertrauen, das ich bei den Sachbearbeitern genoss, die mich oft in ihr Zimmer riefen, bevor sie »Problemkunden« empfingen, ließ es sogar zu, dass ich hin und wieder für die Kuddels und Hannis bei Kleinigkeiten Zünglein an der Waage spielen durfte. Gipfel der Herzlichkeit war, als mir der Leiter des Sozialamtes höchstpersönlich beim letzten Händedruck die Berliner Adresse eines Studienfreundes übergab, mit den Worten: »Wenn du da drüben Hilfe brauchst, bei Wohnungssuche oder was auch immer, besuch ihn und grüß schön von mir, ihm fällt bestimmt was ein.« Unterm Strich war das »Sozialamt von St.Pauli« also eine Erfahrung, die ich, zumindest im zwischenmenschlichen Bereich, nicht missen möchte. Die Negativismen, sprich: Brutalitäten und Widerwärtigkeiten, unterschlage ich im Moment einfach mal. Entweder lasse ich mich später einmal detailliert darüber aus, oder, was mir lieber wäre, es gelingt mir zu vergessen. Die Sorgen und Nöte vieler Menschen, die um Unterstützung bitten, konnte und kann ich, zumindest häufig, nachvollziehen, und deshalb gehen wir jetzt gemeinsam nahtlos in die Gegenwart …

Es gibt in Berlin ein rundes Dutzend Sozialämter, und 110-Anrufe von dort gehören hier sozusagen zum »Tagesgeschäft«. Die Einsatzanlässe gleichen sich und lauten oftmals: STK für Streitigkeiten oder HF für Hausfriedensbruch. Manchmal könnten sie aber auch heißen: PP für persönliches Pech oder NV für nackte Verzweiflung. Nun, ich will Ihre Gutmütigkeit nicht überstrapazieren, indem ich pausenlos von unschuldig verarmten Witwen und Waisen sülze. Ich bin Realist wie Sie. Gezwungenermaßen. Auch mir ist klar, dass die Nehmermentalität heutzutage recht ausgeprägt ist. So mancher Vortrag, so manche Frechheit, die mir hier zu Ohren kommt, treibt mir die Zornesröte ins Gesicht, glauben Sie mir! Erbaulicher und vor allem viel wichtiger sind aber die Geschichten jener Menschen, die in der Masse derer unterzugehen drohen, von denen wir genug haben. Sicher, es stellen sich immer wieder dieselben Fragen. Wo wollen oder müssen wir Grenzen ziehen, wo das Maß anlegen? Wem wollen oder können wir was glauben und wie oft? Wie verwirrend oder vielleicht sogar abstumpfend wirkt auf einen selbst ein Mensch, der einem eine Notlage vorlügt? Leser der betroffenen Berufsgruppen werden wissen, was es heißt, ständig belöffelt zu werden und trotzdem dem immer präsenten Gespenst der Routine und Pauschalisierung nicht nachzugeben. Meine persönliche Strategie dagegen ist, immer nach den Diamanten im Kohlenhaufen zu suchen. Es gibt sie. Man darf sie nur nicht übersehen. Und sie helfen gegen Gleichgültigkeit.

»Ich bin auch was wert«, weint sie, in einer Mischung aus Wut und Traurigkeit.

Im Hintergrund höre ich Kindergeschrei und eine Männerstimme, die fordert: »Gehen Sie jetzt raus hier!«

»Wir gehen nirgendwo hin«, brüllt sie da in einem Tonfall, den ich gut kenne und der mir Angst macht. Typ Löwenmutter, denke ich, und in meinem Kopf wird ein längst verdrängtes Horrorszenario wieder wach.

Erzgebirge. Winter. Knietiefer Schnee. Dunkle Nacht. Mein Buddy und ich hatten als Headhunter eine Gruppe illegaler Einwanderer gestellt, die nichts weiter wollten, als der Armut in ihrem Heimatland zu entfliehen. Unsere perfekte Ausrüstung stand in krassem Gegensatz dazu, in welch schlechtem Zustand diese Menschen waren. Mit unseren MPs und den Nachtsichtgeräten auf dem Kopf mussten wir ihnen vorkommen wie Monster aus einer anderen Welt. Am Ende einer schmalen Brücke, die über einen halb zugefrorenen Bach führte, standen wir im Dunkeln plötzlich vor ihnen, und sie hatten keine Chance mehr. Die hatten sie eigentlich nie. Die ersten beiden waren eine Frau mit einem Säugling auf dem Arm und neben ihr ein Mann, offenbar der Vater. Zitternd vor Angst und Kälte hielten sie uns zwei alte Kanten Brot entgegen, um uns zu beschwichtigen. Wahrscheinlich ihr letzter Besitz und vor allem ihr letztes Essen. Mein Buddy schüttelte in Zeitlupe seinen Kopf, schwang mit einer ruckartigen Bewegung die MP am Halteriemen auf den Rücken und machte einen Schritt auf die Brücke. Da ließ die Frau das Brot fallen, nahm den eingewickelten Säugling in beide Hände und hielt ihn mit ausgestreckten Armen über die Brüstung der Brücke. Dann schrie sie, so laut, wie ein Mensch nur schreien kann, zwei Worte: »Nicht kommen!« Ich werde nie den Widerhall dieser Stimme vergessen. Mein Buddy hielt im Schritt inne, als wäre er festgefroren, und drehte, wieder im Zeitlupentempo, über die rechte Schulter sein Gesicht zu mir. Obwohl dies durch Maske und Doppelokular verdeckt war, wusste ich, was er dachte, denn ich dachte dasselbe. Wir wurden per Funk geführt, von einer auf einer Anhöhe postierten Leitstelle. Dort stand ein tarnfarbener VW-Bus, in dem ein auf Wärmebildverfahren basierendes, hochsensibles Nachtsichtgerät eingebaut war, wie es sonst nur in Panzern der Bundeswehr Verwendung findet. Diese Leitstelle kontrollierte beinahe ein ganzes Tal und hatte mit Sicherheit, wenn auch nur in verschiedenen Rottönen und schemenhaft, unsere Szene auf dem Monitor. Will heißen, wir standen unter Beobachtung, und das war uns klar. Außerdem waren circa fünfzig Meter hinter uns, noch im Wald, die übrigen drei Männer unserer Gruppe, inklusive Gruppenführer. Alle ebenfalls mit Nachtsichtgeräten ausgerüstet. Diese Geräte, die auf dem Kopf mit zweifacher Optik angebracht waren und ihrem Träger ein wahrlich furchteinflößendes Aussehen verliehen, funktionierten mit Hilfe eines Restlichtverstärkers, der in der Lage war, selbst minimale Lichtquellen enorm aufzuhellen. Ungefähr zehn Sekunden lang schauten wir zwei uns schweigend an und nickten danach kurz abwechselnd. Mehr war nicht nötig. Dann zog mein Buddy sein Zippo-Feuerzeug aus seiner rechten Brusttasche, stellte auf größte Flamme und machte es am nach oben ausgestreckten Arm an, wohl wissend, dass den Jungs hinter uns das Licht wie ein Blitz durch ihre Geräte bis direkt ins Hirn schießen würde. Wie erwartet hörten wir aus dem Wald hinter uns drei kurze Schmerzensschreie. Danach zündete er sich die Zigarette an, die er sich inzwischen in den Mundwinkel geschoben hatte, und machte mit der rechten Hand eine Bewegung, die aussah, als wolle er die Brücke freifegen. Als die drei Halbblinden schließlich bei uns ankamen, waren wir bereits allein, lehnten auf dem Geländer und schauten in die Strömung des eiskalten Wassers, in dem sich jetzt ein wunderschöner Mond spiegelte. Wir ließen uns ein wenig als Anfänger beschimpfen, lächelten uns an und taten dann natürlich alles in unserer Macht Stehende zur Aufklärung des Sachverhaltes …

Kurz zwei, drei Sätze an all diejenigen, die meinen, sie könnten und müssten mir im Nachhinein noch schaden: Über das aufgeführte Equipment lässt sich problemlos alles in öffentlich zugänglicher, einschlägiger Fachliteratur nachblättern. Über die geschilderten Verfahrensweisen gab es bereits mehrfach detaillierte Berichterstattungen im TV. Was den Ablauf angeht, ist es selbstverständlich keineswegs so, dass wir die Gruppe haben einfach ziehen lassen.

Vielmehr haben wir aus taktischen Erwägungen heraus, nämlich um das Baby nicht zu gefährden und vor allem um der Schleuser habhaft zu werden, die wir im Vorfeld am Ende der Gruppe hatten flüchten sehen, einen vorübergehenden Rückzug und erneutes Sammeln der Gruppe bewusst gesteuert. Alles klar?

Was die Tatsache betrifft, dass wir zu blöd sind, uns vernünftig eine Zigarette anzuzünden: Lassen wir doch einfach den höchsten Richter entscheiden …

Weil es mir wichtig ist, möchte ich mich auch noch an die wenden, denen ich bis eben halbwegs sympathisch war und die die Welt mit ähnlichen Augen sehen wie ich: Bis heute schäme ich mich ein wenig für den Job, den ich damals gemacht habe, zumal wir auch noch richtig gut waren, auf Grund unserer militärischen Ausbildung. Ich kann Ihnen versichern, dass wir unser Augenmerk stets auf Schleuser und Menschenhändler gerichtet haben. Außerdem bitte ich, mir anzurechnen, dass ich gekündigt habe.

Fassen wir also mal schnell zusammen: Mütter sind zu allem fähig, und ich bin ein Weichei. Mütter sind nicht nur zu allem fähig, sie sind auch etwas Heiliges. Sie bringen uns unter Schmerzen auf die Welt, füttern uns durch, trösten und beschützen uns und kriegen in aller Regel als Dank am Ende einen Tritt. Gründe genug, ihnen zu helfen, wenn man die Chance oder die Pflicht dazu hat!

Sie hat also diesen Sound der nach oben offenen Horrorskala, und ich überlege, wie ich sie beruhigen kann …

»Ruhig Blut!«, leiere ich dümmlich und steigere mich noch: »Es wird Ihnen niemand etwas tun.« Habe noch gar keine Ahnung, was eigentlich los ist, und gebe schon wieder Versprechen, die ich nicht halten kann. Aber es funktioniert. Sie beruhigt sich leicht. Schon seltsam, wir Menschen. In Grenzsituationen sind wir dem Tier in uns oft viel näher, als wir glauben. Wir hören und reagieren weit mehr auf den Klang einer Stimme, oder zumindest den oberflächlichen Sinn der Worte, als kritisch zu prüfen.

»Was ist denn überhaupt los, erzählen Sie mal!«, mache ich im gleichen Ton weiter und höre, wie sie tief und zitternd atmet.

»Die wollen mich und meine Kinder aus der Wohnung schmeißen, aber das lass ich nicht zu«, kündigt sie entschlossen an.

Noch bevor ich etwas sagen kann, höre ich im Hintergrund wieder die Männerstimme, die reinruft: »Die bedroht mich hier mit 'nem Messer, Sozialamt ..., Zimmer ...«

»Stimmt das?«, frage ich ruhig, während meine Wurstfinger auf die Tastatur einklöppeln.

»Ach, Blödsinn«, faucht sie ihn und mich an, »ich hab nur seinen Brieföffner in der Hand, außerdem hab ich angerufen, nicht er!«

Wo sie recht hat, hat sie recht, denk ich und kraule meinen Bart. Und überhaupt sind Brieföffner im Sozialamt in Bereichen mit Publikumsverkehr ungefähr so sinnvoll wie Rasierklingen im Kinderzimmer. Aber egal, der Einsatz ist angeleiert. Ich lasse mit Eile anfahren, und jetzt gilt es, sie zu beschäftigen und davon abzuhalten, anderen und vor allem sich selbst zu schaden, bis die Polizei eintrifft.

»Verstehe«, behaupte ich und will wissen:

»... aber warum haben Sie mich denn angerufen?«

»Weil das hier eine schreiende Ungerechtigkeit ist, was das Schwein mit uns macht«, prustet sie raus. Seinem Mangel an Widerspruch entnehme ich, dass er eventuell tatsächlich ein wenig Muffe hat und die Lage vielleicht ernster ist, als ich dachte.

»Was genau regt Sie denn so auf?«, animiere ich sie zu erzählen und damit wertvolle Zeit verstreichen zu lassen.

»Das habe ich Ihnen doch schon gesagt.« Ihre Aggression verlagert sich langsam auf mich. »Die wollen uns rausschmeißen!«

Oh, oh, Jonas, schön vorsichtig. Du fährst sie rauf statt runter … Ohne lange genug darüber nachgedacht zu haben, ermahne ich sie:

»Und jetzt wollen Sie das Gegenteil erzwingen? Das wird doch nichts.«

Ultrabescheuert! Gleich in doppelter Hinsicht. Kaum ist es raus, ärgere ich mich auch schon über mich selbst. Ermahnungen und Vorhaltungen sind für'n Arsch. Überzeugen ist angesagt! Und wenn das nicht gelingen sollte, wenigstens ablenken. Ablenken im Sinne von einlullen. Ist ja schließlich für einen guten Zweck. Will heißen, kommt der Mama ja nur selbst zugute, wenn wir das Ganze flach über die Bühne kriegen. Und dann noch die blöde Formulierung »Das wird doch nichts«. Impliziert, dass sich der Angesprochene keine Gedanken gemacht hat oder, noch schlimmer, nicht in der Lage ist, eine vernünftige Entscheidung zu treffen. Oh, oh … Schwupp, kriege ich die Quittung: »Wird doch nichts, wird doch nichts? Das werden wir ja sehen! Der macht niemand mehr fertig!«

»Der macht niemand mehr fertig!« klingt zwar immer noch ein bisschen besser als »Den mach ich jetzt fertig!«, soll aber, so fürchte ich, dasselbe bedeuten. Mist! Wie in einem schlechten Theaterstück hat dann auch gleich wieder der Sachbearbeiter seinen Einsatz. Aus der Tiefe des Raumes ruft er: »Die Frau dreht hier durch, ich brauche Hilfe!«

Ob er nun, als Routinier in seinem Job, der Sache zusätzlich Brisanz verleihen will, um den Einsatz zu beschleunigen, oder der Frau schaden will, indem er unnötig aufbauscht, entzieht sich meiner Kenntnis. Da die Möglichkeit besteht, dass er wirklich in Gefahr ist und echte Angst hat, ist diese Frage aber überflüssig. Also suche ich krampfhaft nach einem verbalen Fallschirm, irgendeinem Entschleuniger, der meine Leute eintreffen lässt, bevor etwas passiert. Aber ich bin nicht gut drauf. Die Kinder, denke ich, mach was über die Kinder, das funktioniert eigentlich oft.

»Haben Sie Ihre Kinder dabei?« Ich versuche mir Überblick und Zeit zu verschaffen, obwohl ich sie ja längst im Hintergrund gehört habe.

»Ja, die habe ich alle drei dabei, und wo immer ich hingehe, gehen sie auch hin.« Ihre Stimme klingt gepresst. Scheiße, was war das denn jetzt? Suizidandrohung, oder was? SEK-Einsatz, Amoklage, oder wie? Oder bilde ich mir nur wieder ein, etwas gehört oder verstanden zu haben, was es gar nicht gibt?

»Jetzt mal ganz ruhig …« sortiere ich mich neu, »… und zwar von Papa zu Mama, ich habe nämlich auch drei Kinder. Sie wollen doch nicht, dass man Ihnen die Kinder …« Autsch, Vollbremsung! Beinahe hätte ich gesagt: »wegnimmt«. Mann, Mann, Mann, mir fehlt heute das Feeling. Wenn ich ihr so etwas erzähle, kommt das in ihrer Gemütslage einer Aufforderung zum Harakiri gleich. Was ist denn bloß los mit mir? Reiß dich zusammen und konzentriere dich, lese ich mir selbst die Leviten, du hast so etwas doch schon besser gemacht. Wie biege ich den Satz denn wieder gerade?, überlege ich und schaue mit zusammengekniffenen Augen aus dem Fenster, als ob mir da draußen irgendjemand helfen könnte.

»Sie wollen doch nicht, dass die Kinder ihre Mutter so sehen«, versuche ich holprig die Kurve zu kriegen und quatsche gleich weiter, damit sie gar nicht erst ins Grübeln kommt, »dass sie sehen, wie Mama, der sie vertrauen, so sehr die Beherrschung verliert, oder dass sie sonst irgendeinen Schaden nehmen bei dem, was jetzt noch kommen könnte? Ich bitte Sie, legen Sie das Ding zurück auf den Schreibtisch, nehmen Sie Ihre Kinder an die Hand, und gehen Sie einfach aus dem Büro. Ich bin sicher, es wird sich für Ihr Wohnungsproblem eine Lösung finden.«

Dann bin ich ruhig und gehe im Geiste das halbe Dutzend Straftatbestände durch, das man ihr an die Backe kleben wird, wenn mein Psalm nichts gebracht hat. Gleichzeitig warte ich auf irgendeine Reaktion von ihr. Kommt aber nichts. Nicht einmal die Kinder höre ich mehr quäken. Was für ein Scheißtag! Genau in dem Moment, in dem ich mit den Fingern meiner linken Hand anfange, nervös auf der Tischplatte zu trommeln, sagt sie leise: »Gut.« Da ich glaube, mich verhört zu haben, will ich nachfragen, doch sie kommt mir zuvor. »Ich gehe.«

Gegen »Ich gehe« bin ich allergisch! Quasi berufsbedingt. Unzählige Suizidankündigungen, ob nun in schriftlicher Form per Brief, SMS und E-Mail oder fernmündlich oder persönlich, haben ihre Spuren hinterlassen. Steter Tropfen höhlt den Stein, und irgendwann hat der Stein 'ne Macke und hört die Flöhe husten. Ich gehe zu Gott, ich gehe in eine bessere Welt, ich gehe in die Grütze! Super. Also macht sich der Oberverdachtschöpfer schon wieder Sorgen und fragt gaaaanz vorsichtig: »Wie bitte?«

»Ich schnapp mir meine Kinder und verschwinde hier«, sagt sie da. Einen schöneren Satz habe ich heute noch nicht gehört! Dann macht es »klick« in der Leitung, und das war's.

Der Abschluss des eingesetzten und »minimal zu spät« eingetroffenen Funkwagens lautete kurz darauf: STK/bei/KE – beigelegte Streitigkeiten, kein Eintrag, was ich dem Sozialarbeiter, offenbar wirklich ein Routinier, hoch anrechne.

Überhaupt möchte ich noch einmal die Gelegenheit nutzen, diesen Leuten ein Kompliment zu machen: Sie haben Mut, obwohl sie alles andere als Soldaten sind, und sie haben Herz, obwohl sie oft gezwungen sind, herzlose Vorgaben umzusetzen. Das Ganze gepaart mit Pragmatismus und Sachverstand. Hut ab! Sicher trifft dies, wie immer, nicht auf jeden in diesem Berufsstand zu, aber auf viele, die ich kennengelernt habe.

Und wer glaubt, »Fluglotse« sei ein stressiger Job, soll einfach mal ein Praktikum machen in einem entsprechenden Sozialamt …

Tattoos

»Sind Sie tätowiert?«, höre ich von ihr als Allererstes, gleich nachdem ich mich gemeldet habe.

Mit einem mehr oder weniger dreckigen Grinsen im Gesicht schießen mir, wie immer, spontan diverse dämliche Antworten durch den Kopf. »Ja, vom Scheitel bis zur Sohle!«, zum Beispiel, oder »Nur im Gesicht!« oder »Würde Sie das sexuell stimulieren?«, weil besonders Frauen aus gutbürgerlichem Hause spannenderweise bei dem Thema oft abgehen wie Schmidts Katze. Sex und Tattoos scheinen irgendwie eine gewisse Affinität zueinander zu haben. Ich kannte nicht wenige Damen des horizontalen Gewerbes, die Tätowierungen – vom »Arschgeweih« bis zur Schlange, die sich irgendwo »hineinschlängelt« – als Investition betrachteten, die sich wohl auch amortisiert hat.

Mühsam verkneife ich mir natürlich den Quark und antworte, mit einer leisen Ahnung, worauf die Frage abzielt, nur mit: »Ja.«

»Dann möchte ich bitte mit einem anderen Beamten sprechen«, schnarrt es da unterkühlt aus der Leitung, und genau so etwas Ähnliches hatte ich mir schon gedacht.

Ob ich nun mein Sternzeichen als Tätowierung auf der Eichel trage oder vielleicht eine Waschmaschine flächendeckend meinen Rücken ziert, dürfte doch eigentlich völlig schnuppe sein, sollte man meinen. Erst recht bei diesem Job, am Telefon. Okay, Spinnennetze und Hakenkreuze am Hals würden fast jede Karriere ausbremsen. Es sei denn, sie findet im Knast statt. Ein gestochen scharfes und fotorealistisches Konterfei des dreijährigen Sohnes, direkt über dem

Herzen getragen, könnte hingegen zu einem Mann gehören, dem ich vertrauen würde. Sie merken, worauf ich hinauswill.

Ob nun Spiegel der Seele, Ausdruck von Geltungsdrang oder hirnloses Modeaccessoire, eine Tätowierung kann alles sein und nichts. Darüber hinaus kann ich in Sachen modischer Motivation keinen großen Unterschied entdecken zwischen Tätowierungen und dem Körperschmuckgebaren der High Society, sprich irgendwelchem Gehänge aus Edelmetallen und Edelsteinen, meist von Sklaven der Erde entrissen. Außer dass Tattoos erheblich mehr mit Entscheidung, Verantwortung und Aussagekraft zu tun haben. Lustigerweise neigen die besseren Herrschaften und gediegene Mittelständler in letzter Zeit auch zu Tätowierungen. Aber klein müssen sie natürlich sein und gut zu verstecken.

Das soll jetzt hier aber nicht zum Plädoyer für Tätowierungen verkommen, keine Angst. Im Gegenteil. Wie jeder von uns habe auch ich natürlich schon eine Menge Hässliches und Schwachsinniges in Menschenhaut gestochen gesehen. Totenköpfe, eklige Viecher oder beknackte Statements, oft auch noch in handwerklich mieser Qualität. Dass die Träger solcher Stickereien meist jede Menge Luft im Schädel haben, steht wohl außer Frage. Meine persönliche Hitliste auf diesem Gebiet führt unangefochten der in gewissen Kreisen beliebte Satz an: »Ich bin stolz, ein Deutscher zu sein!« Als junger Mann habe ich mich oft und gern mit »Ariern« gefetzt, die sich das gut sichtbar hatten klöppeln lassen. »Wie kann man auf etwas stolz sein, was letztendlich reiner Zufall ist?«, habe ich diese Männer stets scheinheilig gefragt. Die Leithammel unter den Typen, die den Kern der Frage aber meist auch nicht begriffen hatten, fingen dann oft an zu fabulieren über große deutsche Dichter und Denker oder berühmte Ingenieure. Nachdem ich dann angemerkt hatte, dass sie mit denen überhaupt nichts gemeinsam haben und höchstens auf ihren eigenen Hauptschulabschluss stolz sein könnten, wenn sie denn einen hätten, ging es meistens schon rund. Genau genommen waren das aber auch recht billige Nummern. Wir hatten das Thema ja schon. Sich mit jemandem geistig zu duellieren, der offenkundig über keine oder nur leichte Waffen verfügt, mündet zwangsläufig in Gewalt und zeugt letztlich nur von Sadismus und auch ein wenig Masochismus. Ein paarmal habe ich bei solchen Gelegenheiten nämlich auch ganz gut auf die Fresse bekommen.

Den Gipfel der Peinlichkeit habe ich mir geleistet, als ich einmal in einer Disco einem Nazi anbot, ihm »etwas Demokratieverständnis in die Birne zu dreschen«. Ich war Türsteher in dem Laden, in dem die Geschäftsleitung, man lese und staune, »Bomberjackenverbot« ausgerufen hatte, das ich im Eingangsbereich durchsetzen musste. Übrigens in Bomberjacke. Auf jeden Fall meinte der »Herrenmensch« nebst Anhang, an mir vorbeimarschieren zu können, indem er die grüne Kutte locker über der Schulter trug und dabei Arme entblößte, die bunt waren wie eine Litfaßsäule. In der darauffolgenden hitzigen Debatte schaute er mich mit seinen hellblauen Augen an und entgegnete auf meinen dümmlichen Antrag in überraschend eloquenter Weise: »Wenn das dein Demokratieverständnis ist, tust du mir leid!« Bingo! Touché! Er verließ den Ring als strahlender Sieger, durch technischen K.o., ohne einen Finger gerührt zu haben. Ich hatte, zu Recht, die Pappnase auf. Er und seine zwei Begleiter gaben die Jacken an der Garderobe ab, und ich ließ sie ein. Noch heute denke ich, dass ich über diese Niederlage damals froh sein muss, so schlecht ich dabei auch aussah, weil mich die drei in jener Nacht sonst vielleicht kaltgemacht hätten. Von diesem Kaliber waren sie nämlich.

Dass die bemalten Menschen aber nun generell die schlechteren oder dämlicheren wären, kann man heutzutage nicht mehr sagen. Entsprechend zickig reagiere ich auf den Wunsch der Gouvernante am Telefon.

»Was darf's denn für ein Polizist sein?«, komme ich ihr schnippisch. »Ost- oder Westdeutscher, katholisch oder evangelisch, Atheisten haben wir auch 'ne Menge, blond oder dunkelhaarig? Oder soll's vielleicht jemand Gepierctes sein? Ich kenne da einen Polizisten auf dem Polizeiabschnitt 34, der trägt einen hübschen Ring in der Nase. Möchten Sie mal mit dem telefonieren?«

»Was erlauben Sie sich!«, zetert sie empört.

Tja, was erlaube ich mir eigentlich, denke ich so bei mir. Eigentlich viel zu wenig. Irgendwie bin ich heute ein wenig auf Krawall gebürstet. Ob's nun an der kneifenden Unterhose, am kaputten Einstellmechanismus meines lauwarmen Drehstuhls oder nur an der unchristlichen Uhrzeit liegt: Ich bin stinkig.

Was ich mir erlaube, was ich mir erlaube, beschimpfe ich sie im Geiste. Ich erlaube mir, für dich und die Deinen den Kopf hinzuhalten, wenn's eng wird, Schätzchen! Wenn wir uns vor euch stellen, weil ihr Angst habt vorm bösen Mann, ist es euch auch wurscht, ob wir tätowiert sind oder rasiert. Hauptsache, wir sind da.

Ich weiß, wenn man uns braucht, sind wir sowieso nie da, bla, bla, bla. Deswegen sind die Narben, die ich vom »Nichtdasein« habe und jeden Morgen im Spiegel sehe, wahrscheinlich auch pure Einbildung, richtig? Nicht dass ich täglich zum Dank eine Schachtel Pralinen oder einen Schmatzer auf die Backe brauche, nein. Aber montagmorgens noch vorm Frühstück belöffelt zu werden, das brauche ich auch nicht!

Normalerweise gelingt es mir zu jeder Tages- und Nachtzeit, mich auf meinen Gesprächspartner einzustellen, fast wie ein Roboter. Mit dem ich übrigens nach meinem ersten Satz oft verwechselt werde – ich sage dann meist so was wie »Legen Sie los, ich bin echt« und höre ein Aufatmen in der Leitung. Normalerweise … Aber der Teufel ist ein Eichhörnchen, und mir springt er gerade auf dem Rücken hin und her, als wäre er auf Ecstasy.

»Ich erlaube mir, Ihnen einen Vorschlag zu machen«, setze ich an, doch Miss Marple unterbricht mich sofort wieder und verlangt: »Ich will Ihren Vorgesetzten sprechen! Sofort!«

Die Art, wie sie »Sofort!« sagt, bringt mein Eichhörnchen fast zum Platzen, und ich spüre, wie sich meine Nackenhaare aufstellen. Dabei hatten sie sich nach meinem kurzen, lautlosen Monolog gerade eben wieder gelegt.

»Meinen Sie mit Vorgesetzten den Polizisten am Tisch vor mir? Können Sie haben! Aber ich muss Sie warnen: Der ist vielleicht auch tätowiert oder trägt eventuell sogar Damenunterwäsche …«

Paff! Als hätte ich's in eine Höhle gerufen, hallt das schlimme Wort noch dreimal in meinem hohlen Schädel nach: Damenunterwäsche … Damenunterwäsche … Damenunterwäsche … Sauber und akzentuiert, alles auf Band archiviert. Klasse gemacht, Jonas! Herzlichen Glückwunsch! So wie ein kleiner Junge, dem mitten im Klassenzimmer ein lauter Furz entwichen ist, ziehe ich den Kopf zwischen die Schultern. Ich bin erst einmal mucksmäuschenstill und hoffe, dass sie's vielleicht gar nicht geschnallt hat. Aber sie hat's geschnallt. Bloß glauben kann sie es nicht.

»Was haben Sie da eben gesagt?«, fragt sie in einem ungläubigen Ton, als hätte ich ihr gerade einen Heiratsantrag gemacht. »Der Mann vor Ihnen trägt Damenunterwäsche?«

O Mann, wie komme ich denn aus dem Ding wieder raus, überlege ich und leugne erst einmal, um Zeit zu gewinnen:

»Nein, das habe ich nicht gesagt.«

»Das haben Sie sehr wohl gesagt!«, stürzt sie sich auf mich, und ich kann förmlich hören, wie ihre Nasenflügel beben. Oh, oh …

Was soll's, da hilft nur Flucht nach vorn! Vollquatschen und gar nicht erst zum Nachdenken, Fragenstellen oder auch nur Luftholen kommen lassen, sage ich mir und lege los: »Nein, ich sagte ›eventuell‹«, und dann vermeide ich tunlichst das schlimme Wort und führe nahtlos weiter aus: »Und genau das ist es ja gerade. Ich weiß es nicht. Ich weiß es nicht, und Sie wissen es nicht. Wir wissen auch nicht, was er für eine Musikrichtung bevorzugt und was sein Leibgericht ist …«

Jaaaa, immer schön ablenken, verharmlosen und mit mäßiger Geschwindigkeit in die Ziellinie einbiegen. »… und es spielt ja eigentlich auch überhaupt keine Rolle, solange er nur seinen Job hier gut macht, meinen Sie nicht?«, biete ich ihr an.

»Nein, das meine ich ganz und gar nicht!«, kontert sie, leider ohne lange nachzudenken.

Mann, Schnuckel, du bist 'ne harte Nuss, bedauere ich mich selbst und sehe schon die Schlagzeile in der Zeitung vor mir: »Einsatzleitzentrale der Berliner Polizei bevölkert von halbnackten, tätowierten Transen!« Na, wenn das nicht tolle Neuigkeiten sind?! Leider ist mir im Moment gar nicht zum Lachen, und ich grübele nach, wie ich denn das moralisch gefestigte und wohl in Ehren ergraute Mädchen ein wenig in die lasterhaften Abgründe meiner durch und durch verdorbenen Seele entführen kann. Ich hab's: mit Ehrlichkeit! Dich krieg ich rum, Süße, flüstere ich leise und ziehe das unschlagbare Artusschwert »Ehrlichkeit« aus dem Stein, mit dem ich sie jetzt blenden werde. Jawoll!

»Nun seien Sie doch ein wenig gnädig«, bettele ich. »Sie können mich doch nicht dafür büßen lassen, dass ich so ehrlich war, Ihre Frage nach einer Tätowierung mit ›Ja‹ zu beantworten. Wenn ich so wäre, wie Sie glauben, hätte ich gelogen, oder?«

Ich lasse den Antrag auf sie wirken und erwarte mit Spannung was kommt. Schließlich habe ich sie mit meinem »oder« zu einer Antwort gedrängt. Sie wackelt tatsächlich ein wenig und lenkt ein Stück weit ein: »Das mag sein. Trotzdem kann ich nicht gutheißen, was Sie da gerade eben von sich gegeben haben!«, höre ich und finde sie allmählich nicht nur unterhaltsam, sondern fast sexy.

Ich bleibe schön devot und biete ihr an: »Ich mache Ihnen einen Vorschlag. Geben Sie mir eine Chance. Erzählen Sie mir von Ihrem Problem. Ich bin ziemlich sicher, dass ich Ihnen helfen kann.«

»Dafür werden Sie wohl kaum der Richtige sein.« Sie bleibt frostig.

»Aber warum denn nur, was macht Sie denn da so sicher?«

»Weil Sie tätowiert sind, ganz einfach.« Damit hält sie mich weiter auf Distanz und auch künstlich dumm.

Langsam habe ich die Schnauze voll. Was stört sie denn bloß so furchtbar daran, dass ich gepikert bin. Ist ja schon fast krankhaft. Wenn das sture Biest nicht meinen Ehrgeiz geweckt hätte, würde sie schon längst einen anderen Polizisten nerven. So aber lege ich mich noch mal ins Zeug. »Hören Sie, ich habe eine Menge Routine in meinem Job«, sage ich. »Von Ehestreit bis Exorzismus habe ich schon alles Mögliche fernmündlch geregelt. Was ist denn bloß an Ihrem Fall so außergewöhnlich, dass Sie denken, ich könnte nicht helfen?«

Ob es nun an der angeblichen Teufelsaustreibung oder an meiner Beharrlichkeit liegt, jetzt macht sie endlich die Zähne locker.

»Meine Tochter – übrigens volljährig, bevor Sie fragen – treibt mich zum Wahnsinn!«, legt sie los. »Sie besucht eine Berufsschule, weigert sich aber heute Morgen, aufzustehen und diese aufzusuchen. Außerdem hat sie mir gerade im Streit eröffnet, dass sie beabsichtigt, sich tätowieren zu lassen! Ich möchte, dass Sie ihr das ausreden!«

Halleluja! So einfach ist das. Was für eine schwere Geburt!

Wieder einmal bin ich erstaunt, weshalb so manch einer den Notruf der Polizei wählt. Töchterchen kommt mit dem Hintern nicht aus der Kiste, und die Exekutive soll's richten. Aber nur, wenn der Beamte nicht tätowiert ist, versteht sich. Ich könnte mich kringeln. Die düstere, ja sogar schicksalhafte Tragweite des mir geschilderten Problems trägt nicht gerade dazu bei, bei mir das angekündigte Maß an Ernsthaftigkeit und Motivation aufkommen zu lassen.

»Was soll ich ihr denn ausreden, die Berufsschule oder die Tätowierung?«, setze ich unsere gerade zaghaft aufkeimende Freundschaft schon wieder grob fahrlässig aufs Spiel.

»Sehen Sie, genau das meine ich!«, ereifert sich die Trockenknospe da und verlangt schon wieder nach einem anderen Polizisten.

»Ho, ho, ho, immer mit der Ruhe«, versuche ich sie zu bremsen, mit einem Seitenblick auf die entspannte Auftragslage. Bis auf die übers Wochenende aufgelaufenen Einbrüche, deren Geschädigte sich in den Leitungen tummeln, ist es recht ruhig. Also nehme ich mir die Zeit, mein Wort zu halten. »Ich habe gesagt, dass ich Ihnen helfe, und ich werde Ihnen helfen. Vertrauen Sie mir.«

»Geben Sie mir Ihre Tochter doch mal ans Telefon, und verraten Sie mir vorher noch ihren Vornamen«, bitte ich sie.

»Meinen Vornamen?«, kiekst sie da pikiert, als hätte ich ihr unter den Rock gefasst.

»Ich finde Sie schon ganz schön aufregend«, lege ich sie mir mit spitzen Fingern zurecht, »das gebe ich gerne zu. Aber ich meinte eigentlich den Vornamen Ihrer Tochter.«

Wie gerne würde ich jetzt sehen, ob sich ihr Teint ein wenig verfärbt, aber mehr als ein »Thekla, Sie Schwerenöter« ist mir nicht beschieden.

Schwerenöter! Klasse! Wer auch immer das vertrocknete Pflänzchen jemals gießen wird, muss wohl aufpassen, dass die Venusfliegenfalle ihm nicht nur den Rücken zerkratzt, sie könnte ihn beim Schließen auch zerdrücken.

»Heißen Sie oder Ihre Tochter?«, beschleunige ich die Rotation ein letztes Mal.

»So heißt meine Tochter, Sie verdorbenes Wesen«, sagt sie da langgezogen und fast ein wenig lasziv, vielleicht bilde ich's mir aber auch nur ein.

»Na, dann geben Sie dem verdorbenen Wesen doch mal Ihre Tochter – ans Telefon natürlich. Seien Sie beruhigt, ich bin der Richtige für den Job«, kündige ich großspurig an.

»Allmählich halte ich das vielleicht sogar für möglich.« Sie zeigt einen kleinen Riss in ihrer harten Fassade und nestelt am Telefon herum.

Thekla, überlege ich, du lieber Himmel. Klingt wie 'ne Brotspinne. Das arme Mädchen. Kein Wunder, dass sie ein wenig ausbrechen will!

»Ja, bitte?«, klingt es artig, aber reserviert.

»Darf ich dich duzen?«, falle ich gleich mit der Tür ins Haus. Sie ist großzügig. Schließlich ist sie offiziell schon erwachsen.

»Meinetwegen«, gestattet sie mir nervös, versteckt hinter gespielter Langeweile.

»Danke. Du mich selbstredend auch«, vergesse ich nicht, ihr mitzuteilen, weil ich nicht will, dass sie sich von oben herab behandelt fühlt. »Gar nicht mal so entspannt, deine alte Dame, was?«, versuche ich ihr kumpelhaft zu kommen, und es scheint zu klappen.

Als würde eine Last von ihren Schultern fallen, sagt sie: »Aber echt, ey. So was von unentspannt, das kannste annehmen!«

»Ich darf nichts annehmen, ich bin Beamter!«, mache ich einen flachen Witz und teste nebenbei gleich mal, wie pfiffig sie ist. Sie ist pfiffig.

»Wohl unbestechlich«, hakt sie ein, und ich blödele weiter: »Das habe ich nicht gesagt. Dem Charme deiner Mutter bin ich eben fast erlegen.«

»Das glaube ich nicht«, lacht sie da los, und ich taste mich weiter vor.

»Hast recht. Glaub ich auch nicht. Was is'n los mit ihr, erzähl mal!«

»Ach, sie ist seit Ewigkeiten Witwe und macht sich und mir das Leben zur Hölle«, stöhnt sie, und mir wird einiges klar.

»Na, dann kauf ihr doch mal 'ne schöne Flasche Wein oder schlepp mal 'nen passenden Junggesellen an, damit sie ein bisschen lockerer wird«, schlage ich vor, wohl wissend, dass das alles sicherlich nicht so leicht ist.

»Habe ich doch alles schon versucht, aber nicht mit Mama!«, bläst sie ab und macht es anschaulich für mich: »Kennst du aus Desperate Housewives diese Bree van de Kamp?«, fragt sie. »Genau so ist Mama! Stolz und unnahbar. Keine Chance!«

»Kenn ich, find ich lecker«, rutscht es mir raus, aber um Schadensbegrenzung bemüht, schiebe ich gleich nach: »Aber ich bin kein Junggeselle, und eigentlich habe ich deiner Mutter versprochen, dass ich den seriösen Polizisten raushängen lasse.«

»Na, dann mal los«, fordert sie mich keck auf und ist mir verdammt sympathisch.

»Na ja, Berufsschule und Tattoos und so weiter, erzähl mal!«, steige ich etwas unbeholfen ein.

»Da gibt's nicht viel zu erzählen«, wiegelt sie ab. »Ich hab keinen Bock mehr auf den Trott und darauf, ein artiges Mädchen zu sein, das ist alles.«

»Na klasse, und was heißt das jetzt?«, setze ich unsere bisherige gute Welle aufs Spiel. »Kein Abschluss und Arschgeweih, oder wie?«

Jetzt ist sie dann doch ein wenig überfordert und stottert verblüfft: »W... was?«

»Pass auf«, helfe ich ihr ein bisschen auf die Sprünge. »Der Grund, weshalb mich deine Mutter eben gerade spontan ins Herz geschlossen hat, ist, dass ich ihr auf die Frage, ob ich tätowiert bin, ein schlichtes ›Ja‹ an den Latz geballert habe. In ihren Augen hat mich das sofort disqualifiziert, aber für dich macht mich das, unter anderem, quasi zum Sachverständigen.«

»Du bist tätowiert? Echt?«, unterbricht sie mich annähernd begeistert.

»In Echtigkeit«, versuche ich witzig zu sein und leiere dann meinen Text weiter runter: »Wie du inzwischen gemerkt hast, bin ich nicht das, was du erwartet hast, als dir deine Mutter das Telefon in die Hand gedrückt hat. Trotzdem bin ich von Mamas Standpunkten nicht allzu weit entfernt. Will heißen, Tätowierung geht grundsätzlich schon in Ordnung, aber nicht, weil man mal eben Bock drauf hat oder kurzfristig jemanden schocken will. Sondern nur dann, wenn es um etwas geht, worauf man mit Recht stolz sein kann oder was einem verdammt wichtig ist. Und zwar nicht nur jetzt, sondern auch noch in dreißig Jahren. Außerdem wird wohl die Anzahl der Jungs, die dich wegen deiner Tätowierung in die Kiste kriegen wollen, proportional ansteigen im Verhältnis zu der kleiner werdenden Auswahl der Männer, mit denen du vielleicht dein Leben verbringen möchtest oder könntest. War der Quark jetzt zu kompliziert, oder kannst du mir folgen?«

»Na klar, ich bin ja nicht blöd«, geht sie leicht bockig, aber nicht uneinsichtig auf meine Frage ein. »Du redest davon, dass ich ein Flittchen werde!«

»Ja, genau, das wollte ich dir durch die Blume sagen. Unter anderem«, bestätige ich und stochere dann noch ein bisschen nach, um ihren Standpunkt rauszukitzeln: »Und wie siehst du das?«

»Ähnlich«, sagt sie knapp und etwas mürrisch, aber ich denke, sie hat kapiert.

Teil 1 des Auftrags abgehakt! Denke ich zumindest. Hoffentlich ist Bree zufrieden. Teil 2 finde ich erheblich schwieriger. Wenn ich daran denke, wie beschissen ich die Schule fand … Nützt nichts. Ich hab's Bree versprochen.

»Was machst du für ’ne Ausbildung?« Ich heuchele Interesse, bis mir zu dem Thema etwas eingefallen ist.

»Hotelfachfrau«, lässt sie fast angewidert vom Stapel. Oh, Dienstleistungsgewerbe, ätzend. Es sei denn, man hat’s im Blut. Tapferes Mädchen. Obwohl, wenn man der vorherrschenden Meinung der aktuellen Polizeiführung folgt, ist meine Firma auch nichts weiter als ein Dienstleister. Nur dass sich durch bloße Präsenz abgewehrte Straftaten unterm Strich schwierig abrechnen lassen.

»Hotelfachfrau« lasse ich mir auf der Zunge zergehen und überlege, wie man sich das schönreden kann. Ein paar unkonventionelle Ansätze schwirren mir schon durch die Rübe, aber etwas wirklich Brauchbares ist nicht dabei … Vielleicht ist aber genau das der Trick, um sie wieder in die Spur zu kriegen? Ich versuch’s mal …

»Wie lange hast du denn noch?«, frage ich sie, in der Hoffnung, dass sie nicht gerade erst mit der Quälerei angefangen hat.

»Nicht mehr lange«, verrät sie mir, aber es schwingt keine Freude mit, es bald geschafft zu haben.

»Du bist auf der Ziellinie und willst aufgeben?«, appelliere ich unbeholfen an ihren Ehrgeiz.

»Ach, es kotzt mich an, den Geldsäcken ständig jeden Wunsch von den Augen ablesen zu müssen«, macht sie ihrem Frust Luft, und ich muss lächeln, weil ich genau weiß, dass das mein Ding wohl auch nicht wäre.

»Hey, mach mal halblang«, versuche ich sie zu besänftigen und biete ihr an: »Vielleicht läuft dir dabei mal dein späterer Mann über den Weg, und der stinkt dann auch vor Geld.«

»Na, wohl eher nicht«, gibt sie zickig den Ball zurück, und ich überlege, wie sie eigentlich aussehen mag.

Gut, meine Kleine, ich muss jetzt langsam zu Pott, kommen, stelle ich mit einem missmutigen Seitenblick auf die langsam anschwellende Auftragslage fest. Also versuche ich mich in ihre Lage zu versetzen und raffe mich zum Finale auf.

»Du musst den Job ja nicht dein Leben lang machen«, leite ich den Fahrplan ein, den ich mir zurechtgelegt habe, »aber zieh die Ausbildung durch! Wenn's geht, mit Bestnoten, damit du Verhandlungsargumente hast. Alles andere wäre schade.«

»Ach, Kacke, warum denn?«, unterbricht sie mich, und ich gebe mir umso mehr Mühe, ihr ein schönes, motivierendes Bild zu malen.

»Das kann ich dir sagen: Je besser deine Noten sind, desto größer sind deine Möglichkeiten.« Und dann mache ich meinem Ruf als Märchenonkel mal wieder alle Ehre: »Wenn du fertig bist, kündigst du in dem Laden, wo du jetzt arbeitest, und heuerst auf einem Kreuzfahrtschiff an. Nicht so nem trockenen Mumiendampfer wie die Queen Elizabeth II oder so. Mehr so Aida. Da schipperst du dann um die ganze Welt, lernst massenweise interessante Leute kennen und schaust in den exotischsten Häfen in den Tattoostudios nach, ob du ein Andenken siehst, das du nie wieder vergessen willst. Und irgendwann, in einem sonnigen Land oder auf einer schönen Insel, kommst du einfach nicht wieder an Bord, weil du irgendetwas oder irgendjemanden gefunden hast und sesshaft werden willst. Na, wie klingt das?«

»Ich hab noch nie 'nen Polizisten mit so viel Phantasie kennengelernt, hast du gekifft?«, muss ich mir da anhören und laut lachen.

»Na, na, na, du freches Ding«, ermahne ich sie. »Wenn das deine Mutter hört! In ihrer Vorstellung sind wir ohnehin inzwischen alle tätowierte halbnackte Transvestiten, mit Piercing-Ringen in der Nase. Wenn sie jetzt auch noch mitkriegt, dass wir stoned sind, gibt ihr das den Rest.«

Meine Thekla lacht jetzt auch, und ich nutze die gute Stimmung für einen sauberen Abgang: »Okay, Thekla, ich muss jetzt hier weitermachen, aber nichts von dem, was ich dir gerade erzählt habe, ist unmöglich. Es ist deine Entscheidung. Entweder Schulabbrecher mit Arschgeweih und damit Loser für immer – oder Globetrotter auf Spesen, mit Eindrücken und Bildern im Kopf, die dir niemand wieder nehmen kann.«

»Du glaubst da echt dran, oder?«, fragt sie mich da in einer Mischung aus entgeistert und begeistert.

»Ganz genau«, gebe ich ihr den Rest, »und du ab heute auch! Ich bin zur See gefahren, ich bin tätowiert, und ich habe Sonnenuntergänge gesehen, die ich mit Worten nicht beschreiben kann. Was ist, hast du verstanden?«

»Jaaa«, seufzt sie da, und zwar so schön, dass ich dieses »Ja« bestimmt eine Weile nicht vergessen werde.

»Okay, dann lasse ich dich jetzt allein und hoffe darauf, dass du so erwachsen bist, wie du dich anhörst«, schleime ich noch ein wenig. Dann sage ich: »Mach's gut, tschüs!«

Ich nehme mir meinen kalten Kaffee, lehne mich zurück und schaue hinaus in den trüben Berliner Montagmorgenhimmel …

Salmon

Gestern Abend fuhr ich nach meiner Schicht, den Kopf vollgemüllt und die Musik ordentlich aufgedreht, mit meiner Karre den immer gleichen Weg nach Hause. Ich weiß, ich weiß, zu laut ist nicht erlaubt, weil man das Tatütata überhören könnte. Hab ja auch ein schlechtes Gewissen, aber – lachen Sie mich ruhig aus – das Tatütata kann ich fast fühlen, und die laute Mucke hilft, die Birne leerzukriegen. Denn ich muss Freiraum schaffen für die vier Menschen, die mich meist erwarten. Die wollen mir nämlich auch alle die Geschichten und Dramen ihres Tages erzählen und erwarten Reaktionen von mir, an denen sie merken, dass ich bei ihnen bin.

Meine Höhle hüpft zumindest vor Basswummern nicht gerade rauf und runter wie ein mexikanischer Hot Rod. Ich stehe nämlich nicht auf Techno oder Hardrock. Seltsamerweise lasse ich mir auch beim Musikhören viel lieber Geschichten erzählen, von Waylon Jennings bis Hannes Wader, nur eben sehr laut.

»Komm, großer schwarzer Vogel«, bettelte Ludwig Hirsch gerade aus dem Lautsprecher, als ich meinen Rennwagen auf dem Attilaplatz in Berlin-Tempelhof an der roten Ampel elegant auf der Pole-Position zum Halten brachte. Leicht gelangweilt streifte mein Blick den popelnden Käferfahrer links neben mir und einen alten Mann, der rechts auf dem Bürgersteig stand. Die Streicher setzten ein in meinem rollenden Konzertsaal und mein Blick ruhte schon wieder auf der roten Lampe, als ich erst merkte, dass mit dem letzten Bild etwas nicht stimmte.

Da die Rotphasen auf diesem belebten Platz recht lang sind, hatte ich genügend Zeit für einen zweiten Schulterblick. Der Alte stand noch immer da, in gleicher Position. Am ganzen Leib leicht zitternd, sich mit einer Hand in Hüfthöhe an der Hauswand abstützend und mit einer bereits getrockneten Schürfwunde am Kinn. Adrett gekleidet, beigefarbene Windjacke, graue Anzughose, schwarze, glänzende Halbschuhe. Alle paar Sekunden durchfuhr ein Zucken seinen Körper, als wolle er gegen Übermüdung ankämpfen. Genau in dem Moment, als die Ampel auf Grün schaltete, gab sein rechtes Bein dem Zucken nach, und er rutschte langsam an der Hauswand zu Boden. Eine gestresste Mutter im Stechschritt, mit ihrem kleinen Jungen an der Hand, zog den Zwerg zu sich heran und machte einen Bogen um den Alten. Zwei durchgestylte Hiphopper, mit weißen Knöpfen in den Ohren und diesen beknackten schrägen Basecaps auf der hohlen Rübe, blieben kurz auf seiner Höhe stehen, lachten sich wortlos an und gingen weiter. Auch sonst schien allen anderen Passanten komplett am Arsch vorbeizugehen, dass Opa gerade einen Kurzschluss hatte.

Guten Abend, Berlin, du kannst so hässlich sein, dachte ich mit den Worten vom Affenkopf und drückte auf den Knopf fürs Warnblinklicht, denn rechts ranfahren ging nicht, weil kein Platz war. Wie zu erwarten war, setzte hinter mir sofort ein Hupkonzert ein, obwohl doch eigentlich jeder sehen musste, was ich vorhatte. Unbeeindruckt ging ich zu dem zusammengesunkenen Mann, hockte mich neben ihn und sprach ihn an, während ich ihm beiläufig den Puls fühlte und seine Pupillen ansah. Er erschrak ein wenig, so dass ich mich genötigt fühlte, mich zu outen.

»Keine Angst«, sagte ich, »ich bin Polizist. Ich nehme Ihnen nichts weg«, und der Anflug eines Lächelns ging über sein faltiges Gesicht. Außer einem etwas flatterigen Puls und der erwähnten Blessur am Kinn, die wohl vom letzten Absturz stammte, ließ sich auf den ersten Blick nichts Schlimmes feststellen. Kreislaufprobleme eben und ein bisschen alt. Ein bisschen sehr alt!

Wie zur Bestätigung meiner laienhaften Diagnose reichte es dann, nachdem ich ihm aufgeholfen hatte, auch schon wieder zu den zwei Sätzen: »Ich war auch mal Polizist«, und mit Blick auf mich: »Sehen so jetzt Polizisten aus?« Etwas angepisst schaute ich an mir herunter: Cowboystiefel, schwarze Jeans, schwarzes Feinripp-unterhemd, Vollbart und Tätowierungen auf den nackten Oberarmen. Okay, recht hatte er. Auf den ersten Blick sah ich vielleicht nicht gerade so aus, aber trotzdem war ich schließlich Mr. Nice Guy in der Szene.

»Nein, die haben heutzutage lange blonde Haare, lackierte Fingernägel oder 'n Milchgesicht«, pfefferte ich raus, ohne lange nachzudenken, und als ob das nicht schon genug Blödsinn gewesen wäre, fügte ich noch hinzu: »Aber keine Angst, wenn ich 'ne Uniform anhabe, sehe ich auch aus wie 'n Püppchen!«

Viel von dem Müll war ohnehin nicht bei ihm angekommen, denn er wackelte kommentarlos an meinem Arm neben mir her, Richtung Auto. Der Vollidiot in dem alten 5er BMW hinter mir stand immer noch auf seiner Hupe und brüllte dauernd Sachen wie: »Platz da, Mann!« oder »Wann geht das endlich weiter, du Vochel?« Als wir in seiner Nähe waren, ließ ich ihn, charmant wie ich bin, wissen: »Schutzpolizei Berlin. Ich fang gleich an, Profiltiefe zu messen, und lass mir Ihr Warndreieck zeigen, wenn Sie nicht sofort Ruhe geben.«

»Kann ja jeder sagen«, brabbelte er daraufhin kleinlaut in seinen nicht vorhandenen Bart, schloss sein Fenster und trommelte mit allen zehn Fingern auf seinem Lenkrad umher, als ob das etwas dafür könnte.

Ich hob die abgemagerte, zerbrechliche Marionette, die mich ein bisschen an meinen alten Kater erinnerte, vorsichtig auf den

Beifahrersitz, schnallte sie sorgfältig an, schaute auf meine Uhr und stieg dann selber ein.

Wo immer du herkommst oder hinwillst, alter Knochen. Es kann, so wie du drauf bist, nicht weit sein, dachte ich mir und sagte zu ihm: »So, Kollege, wir fahren jetzt nach Hause. Wo geht's hin?«

Er nannte mir, ohne lange nachzudenken, eine Adresse drei Straßenzüge weiter, und ich war sicher, dass meine Herrin mit dem Essen auf mich warten würde. Klar, ich hätte auch mein blödes Handy benutzen können, um meine Verspätung anzukündigen, aber ich hatte schon genug telefoniert.

Keine fünf Minuten später und nachdem er mir angeboten hatte, ihn »Wolle« zu nennen, weil ihn früher alle so nannten, hielten wir vor einem Häuserblock, zu dem drei Wege führten. Alle drei Wege sahen gleich aus, führten aber zu verschiedenen Eingängen. Auf meine Frage, welcher der richtige Weg sei, sagte Wolle nur »ja«. Da wurde mir klar, was ich eigentlich schon die ganze Fahrt über wusste, nachdem er seine Adresse so schnell genannt hatte: Er wollte nach Hause, aber wohnen tat er hier schon lange nicht mehr.

Wir stiegen gemächlich aus und gingen in der wärmenden Abendsonne einfach langsam den erstbesten Weg entlang, bis zum verschlossenen Hauseingang. Dort wurden wir misstrauisch von der unvermeidbaren und wohlbeleibten Nachbarin beäugt, die es in jedem Haus zu geben scheint und von der man glauben könnte, dass sie auf der Lohnliste der Polizei steht, weil es eine bessere Informationsquelle nicht gibt. Der »Klassiker«: mit Kissen auf der Fensterbank, fetter Katze neben sich, irgendetwas kauend, missmutig dreinblickend und abwartend, ob wir irgendetwas falsch machen, damit sie uns zurechtweisen kann.

Nachdem ich ihr höflich einen guten Abend gewünscht hatte, fragte ich sie: »Kennen Sie den Mann?«, und sie antwortete mit einem übellaunigen »Ja«. Einfach nur »ja«, nichts weiter.

»Uuuuund?«, bohrte ich weiter. »Wer ist das?«

Statt ihr Geheimnis preiszugeben, bellte sie ein der Gegend Ehre machendes: »Wer will det wissen?«

Aus alter Gewohnheit hatte ich meinen kleinen Rucksack aus dem Auto mitgenommen, aus dem ich meinen Dienstausweis hervorwühlte und ihr zeigte. Als ich ihr dann noch erzählt hatte, worum es ging, teilte sie bereitwillig ihr Wissen: »Det is Wolfjang Salmon, aber der wohnt schon lange nich mehr hier, seit damals seine Frau jestorben is, ick gloobe anner Herzattacke. War ja ooch keen Wunder, so uffjeregt, wie die immer war …«

»Danke!«, bremste ich sie aus, bevor meine Speicherkapazitäten überlastet waren.

»Seien Sie doch bitte so nett und rufen uns einen Krankenwagen, es geht ihm nicht so gut«, bat ich sie, in der sicheren Gewissheit, dass ihr ein RTW-Einsatz direkt vor der Nase gut gefiele und Gesprächsstoff für Tage lieferte.

Dann nahm ich Wolle an die Hand und ging mit ihm auf eine Wiese vor dem Haus, wo eine Holzbank in der Sonne stand. Wir setzten uns, und ich fingerte eine Orange aus meinem Rucksack. Ein Überbleibsel aus meinem Fresspaket von meinem Schatz, denn ich war bisher zu faul gewesen, sie zu schälen. Gewissenhaft entfernte ich Schale und bittere weiße Haut und reichte ihm ein Stück: »Hier, Wolle. Kannste auch lutschen. Is zuckersüß.«

Als ich so mit ausgestreckten Beinen neben ihm in der Sonne saß und zusah, wie er sich bekleckerte, bekam ich plötzlich das Gefühl, dass ich in eine Art Zeitspiegel sah. Mit der rechten Hand griff ich in seinen Nacken, massierte ihn ein wenig und hoffte still, dass mir jemand später auch einmal eine Orange schält oder dass es mich besser noch erwischt, bevor ich es nicht mehr selber kann.

Kurze Zeit darauf erschienen zwei sympathische junge Kerle, die sich um Wolle kümmerten und ihn dann behutsam davonführten.

Ich blieb noch einen Augenblick sitzen und schaute ihnen nach, bis sie im Schatten der Häuserfront verschwanden. Keine Ahnung, wie viel er von der vergangenen halben Stunde mitbekommen hatte, aber er war noch mal zu Hause gewesen!

Als ich zu meinem Wagen zurückgekehrt war, stellte ich fest, dass mir Wolle auf den Beifahrersitz gepinkelt hatte. Was soll's, dachte ich mir. Scheißegal. Die Rücksitze waren auch schon durch Zwergenpipi veredelt, und ich habe Routine im Pipikakakotterrausreiben. Wenn alle Stränge reißen, bekommt der Duftbaumwald am Rückspiegel halt eine Vanilletanne mehr.

Lachse kehren immer noch einmal nach Hause zurück, bevor sie sterben, dachte ich etwas schwermütig, setzte meine Sonnenbrille auf und fuhr hinaus aus dieser Stadt, zu meinen Kindern.

Warum ich Ihnen diese Geschichte erzählt habe, fragen Sie sich? Obwohl sie nichts mit einem 110-Gespräch zu tun hat? Kann ich Ihnen sagen: Weil ich mir wünschen würde, dass Sie auch nicht an mir vorbeifahren, wenn ich einmal alt wie ein Stein bin und schlapp wie eine Bananenschale irgendwo über einem Zaun hänge, sondern anhalten und mich noch ein letztes Mal nach Hause bringen. Auch wenn ich Ihnen zum Dank dafür in den Wagen pinkle …

Kampfhund

Als Bill Clinton Ende der 90er Jahre, damals, als er noch wichtiger war als seine Frau, in Berlin zu Besuch war, hatten wir ihn im Interconti in der Budapester Straße untergebracht. Oder besser, die Amerikaner hatten sich dort selbst untergebracht. Das ganze Hotel und seine Umgebung waren eine einzige Hochsicherheitszone, und es wimmelte von Sicherheitspersonal jeglicher Couleur. Meine Wenigkeit, obwohl in Berlin noch recht frisch, war als Angehöriger des Polizeiabschnitts 34 ebenfalls diesem Spektakel zugeteilt, und zwar in Zivil. So streunten mein Passmann Raiko und ich in mehr oder weniger gammeligen Klamotten im Nahbereich des Hotels umher und verbreiteten Sicherheit.

Wenn ich ehrlich sein soll, machte ich mir die meisten Gedanken um meine eigene Sicherheit. Tunlichst vermied ich es, mir im Sichtbereich des Hotels die Schnürsenkel zu binden oder mich aus anderweitigen Gründen zu bücken. Ich hatte nämlich ein bisschen Angst, dass irgendein Sniper mir eins auf den Pelz brennt, weil er unter der ranzigen Jacke dieses »unrasierten Zivilunken« eine Schusswaffe aufblitzen sah. Falls es sich um einen amerikanischen Scharfschützen gehandelt hätte, wage ich zu bezweifeln, dass als Entschädigung für meine Familie wesentlich mehr gewunken hätte als zwei Freikarten fürs Disneyland. Eine Kugel habe ich mir an jenem Tag nicht eingefangen, aber abgekriegt habe ich trotzdem was.

Raiko saß schon wieder warm und trocken in unserem alten, verbeulten zivilen Opel Ascona, den im Umkreis von zehn Kilometern jeder Junkie und Straßendealer bereits von weitem erkannte. Auf dem Weg zu ihm gab ich mir Mühe, betont lässig an einem uniformierten Hundeführer vorbeizulatschen, dessen Deutscher Schäferhund wie festgedübelt an durchhängender Leine vor ihm saß. Festgedübelt – von wegen.

Den Mann kannte ich, selbst den Hund. Beide waren ebenfalls vom Abschnitt 34. Also nickte ich kurz und unauffällig in Richtung der beiden und sah Wauwi für einen Augenblick im Vorbeigehen an. Das war ein Fehler. Wie von der Tarantel gestochen schnellte der vierbeinige Drecksack im Bruchteil einer Sekunde knapp zwei Meter in meine Richtung und verbiss sich in meinen rechten Arm. Aua! Kacke! Aua!

»Prima«, werden sich alle Freunde des schwarzen Blocks jetzt sagen, »endlich hat's mal den Richtigen getroffen!« Naaa, habt ihr Spaß? Gönn ich euch.

Hübsch anzumerken auch, dass die Szene sich vor Hunderten begeisterter USA-Fans und Gegnern abspielte. Die fanden das auch klasse. Endlich mal was los! Ein paar stumpfe Vertreter der zweiten Kategorie schnallten nicht, dass sie sich eigentlich kaputtlachen müssten. Denn sie boten mir umgehend an, als Zeugen für diesen »unglaublich brutalen polizeilichen Übergriff« zu fungieren, und waren ganz verstört, als ich nicht wollte. Wo man doch daraus so schön etwas hätte machen können.

Der Hundeführer mühte sich ab, den blöden Köter von meinem rechten Arm zu entfernen, und ich mühte mich ab, dabei den Coolen raushängen zu lassen. Klappte beides nicht! Schnuffi hatte sich fest in meinen Arm verbissen und wollte mich nicht mehr hergeben. Mir brach der kalte Schweiß aus vor Schmerzen. Am liebsten hätte ich auf ihn geschossen oder ein Einhandmesser gezogen und ihm die Schlagader geöffnet. Schließlich hatte ich ihm überhaupt nichts getan. Wir standen, genau genommen, sogar auf derselben Besoldungsliste!

Nach gefühlten 30 Minuten hatte mein zweibeiniger Kollege es endlich geschafft, Keine-Angst-der-will-nur-spielen von meinem Arm loszueisen, und ich stand noch. Es ging mir beschissen, aber ich stand noch. Noch. Mit Tunnelblick watschelte ich auf den Ascona zu, setzte mich neben Raiko, der nicht viel mitbekommen hatte, und sagte den für den Moment recht sinnvollen Satz: »Ich glaub, ich steh unter Schock.« Dann musste ich mich ein bisschen ausruhen …

Ein Nachspiel hatte die Sache nicht. Schließlich waren wir Kollegen. Alle drei. Kollateralschaden. Genau genommen war dieser Vorfall nur das bislang letzte »Missgeschick« in einer kleinen, aber feinen Kette mit ähnlich gearteten Begebenheiten. In der Kampfschwimmerausbildung durfte ich einmal an einer »Infiltrationsübung« teilnehmen, die wunderbar zum Thema passt.

Wir sollten von der Seeseite eine Kasernenanlage angreifen, unsere »Geschenke« ablegen und möglichst genauso still verschwinden, wie wir gekommen waren. So weit, so gut. Was wir nicht wussten, war, dass die ortsansässige Sicherheitstruppe über unseren Besuch informiert war. Wegen der Chancengleichheit … Klasse! Speziell die Hundeführereinheit der Kasernenanlage, wo wir den Fuhrpark in die Luft sprengen sollten, freute sich ganz besonders auf uns. So kam es also, dass ich leicht bewaffnet und in geduckter Haltung, selbstbewusst und siegessicher, zwischen zwei langen Reihen Unimogs umherhoppelte, um mir einen schönen Platz für mein Paket auszusuchen, als plötzlich ein Deutscher Schäferhund vor mir stand. Schönes Tier, an sich. Bloß hungrig sah er aus und schlecht gelaunt.

»Verschwinde oder ich knall dich ab!«, habe ich zu ihm gesagt. Aber er hat mich entweder nicht verstanden oder war schlau genug zu wissen, dass ich es mir nicht leisten konnte, so einen Krach zu machen. Denn einen Schalldämpfer hatte ich nicht. Zähnefletschend und leise knurrend stand er vor mir, um mich am Ort zu fixieren, bis sein Chef kam. Schlecht ausgerüstet, wie ich war, hatte ich weder Hundekuchen noch Koteletts dabei. Schade. Kommunikation ist alles, dachte ich mir und flüsterte auf ihn ein: »Junge, das hier ist nur 'ne Übung. Die werden mich hier ganz sicher nicht stellen und bis ans Ende aller Tage damit angeben, dass sie 'nen schwarzen Frosch gefangen hätten. Also verpiss dich!«

Adolf, so hieß das Biest bestimmt, blieb unbeeindruckt. Also ging ich langsam auf ihn zu. Großer, großer Fehler, wenn auch ein unvermeidbarer. Adolf hatte leider keine Hüftgelenkdysplasie und sprang mich an, als hätte man mich mit Hackfleisch eingerieben. Das geschah so schnell und ansatzlos, dass ich ihm nicht einmal meinen linken Arm geben konnte, um ihn mit rechts außer Gefecht zu setzen. Rechter Arm also, aua! Durch pulsierende Schmerzströme hochmotiviert, überlegte ich, wie ich die Riesenratte wieder loswerden könnte. Das artgerechte Abdrücken der Blutzufuhr zum Hirn, was bei Hunden ohnehin selten von Erfolg gekrönt ist, fiel schon mal aus, weil ich dazu nicht mehr in der Lage war. Ein Würgeseil mit zwei festen Griffen, zwar eigentlich gedacht für zweibeinige Einzelwachen, hatte ich dabei, aber nur mit links ging gar nichts. Dann gab es da natürlich noch mein prachtvolles Tauchermesser, am rechten inneren Unterschenkel in Lauerstellung, mit dem ich sehr wohl in der Lage gewesen wäre, auch mit links, Adolf zu tranchieren. Kaltmachen wollte ich ihn allerdings auch nicht, schließlich machte er auch nur seinen Job. Und den nicht mal schlecht …

Die übrigen Optionen waren nicht gerade üppig. Nachdem ich ein paarmal glücklos nach seinen Glocken getreten hatte, in der Hoffnung, dass er sich vielleicht doch noch sozial verträglich schlafen legte, entschied ich mich für eine Slapstick-Nummer. Zu Lasten meines rechten Armes! Ich fing an, mich langsam nach rechts um meine eigene Achse zu drehen, und wurde allmählich schneller. Da Adolf sein Kaugummi um nichts in der Welt wieder hergeben wollte, musste er mit! Bei einer ähnlichen Übung, bei der ich als Figurant missbraucht wurde, allerdings komfortabel gepolstert war, hatte ich die Tour schon einmal erfolgreich geprobt. Der Nachteil im Moment war, dass die Schmerzen mit der Drehzahl zunahmen. Mit nach oben offenem Limit.

Nach der zweiten oder dritten Umdrehung hob Adolf mit den Hinterfüßen ab. Mal sehen, wem von uns beiden zuerst schwindlig wird, dachte ich und erhöhte die Drehzahl. Das einzig Gute an der Szene war, dass Schnuffi die Schnauze vollhatte und deshalb nicht lauthals melden konnte, wo er war. Aber der Tölentreiber musste ganz in der Nähe sein, so viel stand fest.

Ich war schon immer eine Flasche in Physik, aber nun wurde mir schmerzhaft klar: Je schneller die Fahrt ging, umso schwerer wurde das Mistvieh! Wenn mir der Arm abreißt, geben sie mir bestimmt Morphium, fing ich an zu phantasieren. Aber eben erst, wenn er abgerissen ist. Dann hatte auch ich allmählich die Schnauze voll! Der Schmerz und die Gefahr, entdeckt zu werden, nahmen ein nicht mehr zu akzeptierendes hohes Maß an. Also redete ich, mit zusammengebissenen Zähnen, ein letztes Mal auf Adolf ein: »Wir stellen jetzt gleich einen neuen Rundenrekord auf, und wenn du dann nicht loslässt, du Scheißer, bist du in drei Minuten ein koscherer Deutscher Schäferhund!«

Adolf hatte verstanden. Oder er konnte nicht mehr. Jedenfalls lockerte er die Zange, knallte gegen einen Unimog und blieb wackelnd liegen. Ob er oder ich die Augen mehr verdrehte, weiß ich nicht mehr. Er brauchte Zeit, sich zu sammeln – und die nutzte ich. Zwischen den langen Reihen der LKW rannte ich los, griff mit links nach dem Sprengsatz auf meinem Rücken, warf das Ding im Vorbeihetzen auf eine offene Ladefläche und stürzte mich, nachdem ich mich noch an einem Stück Natodraht verletzt hatte, am Ende der Pier in das rettende Wasser. Mich kriegt ihr nicht, dachte ich glücklich und blutend, als ich mich auf den Grund sinken ließ.

Unterm Strich hatten wir die Übung vergeigt. Nicht nur, dass wir aufgeflogen waren, nein. Ein lieber Freund von mir hatte ebenfalls eine Begegnung mit einer vierbeinigen Wache und kam dabei noch schlechter weg als ich. Unter einer Mischung aus Dänischer Dogge und Deutschem Schäferhund, die kaum weniger gewogen hat als er selbst, lag er begraben. Als der dickbäuchige Hundeführer herannahte, sah mein Mitstreiter wohl bereits aus wie ein Teller bunte Knete. Aber auch er schaffte es zurück ins Wasser! Wir fanden alle unsere am Meeresgrund deponierten blubberfreien Tauchgeräte wieder und konnten trotz mehrerer fieser Tricks der Landratten verschwinden. »Wasser ist euer Freund«, dachte ich, als ich zärtlich und dankbar den schwarzen Kasten vor meinem Bauch streichelte. Aufgeflogen, was heißt hier aufgeflogen! Wir waren schon aufgeflogen, bevor wir da waren. Aber gefangen hatten sie keinen! Die Hunde hatten die Sache übrigens allesamt besser überstanden als wir. Dies sei nachgetragen, für alle selbstgerechten Tierfreunde, die nicht kapieren wollen oder können, worum es eigentlich geht.

Der vierbeinige Kamerad ist aus dem Militär- und Polizeidienst nicht mehr wegzudenken. Die Bundeswehr nennt ihn »Biodetektor«. Eine bescheuerte technisierte Wortkreation für ein Wesen, das komplexer, einzigartiger und wundervoller kaum sein könnte. Diese Tiere sind wertvoll, nicht nur in materieller Hinsicht. Nicht wenige Polizisten-Ehen sind geschieden worden, weil ein Hundeführer sich entscheiden sollte.

Am Bremer Flughafen war ich eine Weile für den damaligen Bundesgrenzschutz tätig. Dort waren Sprengstoffspürhunde in der Lage, beispielsweise in Laptops minimale Sprengstoffpartikel zu erschnüffeln. Das sauteure und hochkomplizierte Spezialgerät, das wir zum gleichen Zweck einsetzten, hatte da schon längst abgeblasen. Sie hätten sehen sollen, wie stolz ein gemischtes Team nach so einem Erfolg sein kann! Unsere Hunde wollen mitmachen, glauben Sie mir. Ob sie uns den Arsch retten, auf unsere Kinder aufpassen oder unsere Einsamkeit erträglich machen – seit Jahrtausenden sind sie an unserer Seite, und jeder von ihnen ist ein Individuum. Die Rasse ist dabei scheißegal, es gibt keine Kampfhunde per Definition. Es gibt auch keine schlechten Hunde, es gibt nur schlechte Menschen. Wenn ein Hund austickt, hat er einen Tumor im Kopf oder ein widerliches Geschwür am anderen Ende seiner Leine! So einfach ist das.

Als vor Jahren in Berlin die »Schwarze Liste« aufgestellt wurde, mit so spannenden Rassen wie Tosa Inu, einem japanischen Kampfhund, von dem ich nicht sicher bin, ob es überhaupt jemals mehr als ein halbes Dutzend davon in Deutschland gegeben hat, ging es ordentlich rund. Das Rotlichtmilieu schwenkte umgehend auf nicht gelistete Rassen wie Kaukasische oder Türkische Hirtenhunde um. Zum Beispiel den Kengal, der in seiner türkischen Heimat gezüchtet wurde, damit er Herden gegen Wölfe und Bären verteidigt. Der Kengal ist selbst fast so groß wie ein Eisbär und durch nichts zu stoppen. Aber ein Staffordshire-Bullterrier, laut Rassestandard maximal 17 Kilogramm schwer, der in England so erfolgreich auf Familien- und Kindertauglichkeit gezüchtet wurde, dass er den Beinamen »Babysitter-Dog« trägt, war fortan in Berlin tierisch gefährlich.

Sie merken, worauf mein Gequatsche hinausläuft? Nein, noch nicht? Gut, dann werde ich noch ein wenig plumper: Der gute deutsche Dackel oder Teckel ist tiefergelegt und gezüchtet worden, um in Dachs- oder Fuchsbau hineinzukriechen und sich dort todesmutig dem Kampf zu stellen. Das war und ist ein Kampfhund! Wer meint, der »kleine Kerl« sei nicht ernst zu nehmen, ist gewaltig auf dem Holzweg. Jeder Deutsche Schäferhund, der klar im Kopf ist, hat gewaltig Muffe vor dem kräftigen Kiefer des Dackels, den der primär gegen Hals und Unterbau eines größeren Hundes einsetzt und der für Kinderfinger allemal reicht.

Als die Liste rauskam, hatten plötzlich ganz viele »Kampfhunde«, die selber überhaupt nicht wussten, dass sie »Kampfhunde« waren, kein Zuhause mehr, weil ihre beschissenen Besitzer sie einfach ausgesetzt hatten. Und wir mussten sie wieder einfangen, weil sie Angst und Schrecken verbreiteten.

Ich war damals Streifenpolizist in Berlin-Moabit, einem sozialen Brennpunkt der Stadt, in dem es viele »Kampfhunde« gab. In den Parkanlagen dieses Stadtteils tigerten »Rambo«, »Tyson« und deren Kumpel verstört und verängstigt durch die Gegend, auf der Suche nach ihrem Herrchen oder Frauchen. Allerdings niemals besonders lange, weil sie sofort von panischen Passanten gemeldet wurden. So viel zumindest hatte die Liste schon mal bewirkt.

Wir hatten und haben eigens geschulte und gemischte Streifen, die lustigerweise nach einem putzigen Disneytierchen benannt sind. Nennen kann ich diesen Funknamen nicht, weil ich nicht wegen »Geheimnisverrats« einen übergebraten kriegen will. Wenn die in Anfahrt waren, immer mit mindestens einem vierbeinigen Polizisten an Bord, war die halbe Miete schon drin. Wir hatten bloß nicht genug von diesen »gemischten Streifen«, um den aktuellen, künstlich geschaffenen Bedarf adäquat abzudecken. Also betätigten sich auch schon mal ordinäre Streifenpolizisten wie ich als Hundeflüsterer.

Wie Sie wissen, quatsche ich immer alle voll, warum nicht auch Hunde? Mag schwachsinnig klingen, aber der Erfolg gibt mir recht. Außerdem weiß sowieso niemand genau, ob Hunde nicht doch jedes Wort verstehen können. Den Klang der Stimme können sie deuten, da sind sich sogar die Gelehrten einig. Resümee dieser zahlreichen »Gespräche« ist jedenfalls, dass sie alle Angst hatten. »Angst essen

Seele auf« kann man zusammenfassen, und wer Angst hat, beißt. Wenn man ihn nicht in Ruhe lässt. Würden wir auch tun, oder? Was bitte ist denn daran »Kampfhund«? Angsthasen waren das in den allermeisten Fällen. Zwar mit Haifischgebissen, aber Angsthasen. Die Wissenschaft geht von einer durchschnittlichen »Intelligenz« bei Hunden aus, die mit der eines drei bis vier Jahre alten Menschenkindes zu vergleichen ist. Pfefferspray, Elektroschocker und Fangschlinge sind unsere Argumente für diese »Kinder«, für deren Unglück wir alle zu 100 Prozent verantwortlich sind. Toll, was?

Schluss jetzt! Genug auf die Tränendrüse gedrückt und Fakten vom Stapel gelassen, um Sie vorzubereiten auf starken Tobak. Und immer im Hinterkopf behalten: Sie sind nicht böse! Und wenn, dann haben wir sie böse gemacht.

»Aaaaaaaaaaaaaaaa ... auaaaaaaa ... neiiiiiiiiiiiiiiin ... aaaaaaaaa, ahhhhhh ...«

Keine Meldung, kein Name – nur: »Au!«

Das sind sie, die Gespräche, die ich liebe! Keine Chance! Der Lautstärkepegel der Schreie ist so enorm, dass ich gar nicht erst versuche, eine Frage zu stellen. Hätte keinen Zweck. Da schreit sich jemand komplett die Innereien raus – und zwar so eindrucksvoll, dass ich nicht einmal eine Idee habe, ob Männlein oder Weiblein brüllt! Lange nicht gehört, in dieser Inbrunst und Intensität! Dagegen anschreien hat keinen Sinn, also versuche ich mich auf eventuelle Nebengeräusche zu konzentrieren. Die gehen aber auch irgendwie unter. Muss doch mal Luft holen, der Anrufende, denke ich mir, als ich ein Geräusch wahrnehme, das ich einer großen Raubkatze zuordnen würde.

Was denn nun, Suizidversuch im Löwengehege?, denke ich. Hatten wir schon mal, im Ernst. Aber warum brüllt er dann »nein«? Dann höre ich etwas, was ich für einen Hund halte. Man muss dazu wissen, dass die meisten Schnuffis mit dem Repetiergebiss keine großen Beller sind, Sie kennen ja das Sprichwort. Mein Verdacht wird erhärtet, als ich zwischen zwei »Ahs« jemanden von weitem schreien höre: »Max, Paul, aus! Auuus!«

Auweia! Max und Paul frühstücken einen Jogger, denke ich. Klingt nicht gut. Klingt gar nicht gut!

Dann brüllt er wieder. Irgendwann wird er ohnmächtig oder wenigstens heiser, denke ich, aber beruhigen tut mich das nicht. Dann jammert es im Anschluss an ein langes »Neiiiiiiiiiiiiin!!« konstruktiv »Heeermaaaannplatz!!«, und meine Finger fliegen über die Tastatur.

»Halten Sie die Kraft in den Beinen«, rede ich eindringlich auf den armen Menschen ein, »bleiben Sie unbedingt stehen«, obwohl ich weiß, was ich da von ihm verlange. Dann wiederhole ich dreimal: »Wir sind gleich da!«

Scheiße, wenn Max und Paul ihn zu Boden bringen und richtig aufmischen, erkennt ihn anschließend nicht mal seine Mama wieder, denke ich, und fiese Bilder fächern sich in meiner Rübe auf.

Plötzlich kommt Farbe in das akustische Bild, denn der Papa von Max und Paule scheint am Ort des Geschehens eingetroffen zu sein. Endlich!

»Paul, lässt du los … Verdammt, … Max, aus, auuus!«, ist neben dem Gepeinigten zu vernehmen, der sich jetzt aufs laute Wimmern verlegt hat.

Aber Max und Paul denken offenbar gar nicht daran, das tolle Spielzeug wieder loszulassen. Wo es doch so schön zappelt und so aufregende Geräusche macht … Klingt lustig, ist es aber nicht. Dementsprechend beeindruckt bin ich auch vom Opfer. Es hätte eigentlich schon längst aus den Latschen kippen müssen. Allein schon wegen des anzunehmenden Schocks. Aber das Tier Mensch setzt zuweilen Adrenalin und Kräfte frei, die zu enormen Leistungen befähigen.

Der Hundevater ist ein Depp, so viel steht fest. Nicht nur, dass es zu dieser Situation natürlich gar nicht erst hätte kommen dürfen. Jetzt ist er offenbar auch nicht zu gebrauchen, um die Sache zu beenden. Hilflos sabbelt er nur immer wieder denselben Mist und ist offenkundig nicht in der Lage, seinen beiden Raufbolden Einhalt zu gebieten. Fairerweise muss man sagen, dass es verdammt schwierig ist, so einen »eisernen Kiefer« auseinanderzubiegen. Und die beiden am Schwanz herumziehen tut dem Opfer noch mehr weh, denn am anderen Ende hängt ja das Gebiss. Blutzufuhr zum Gehirn unterbrechen oder mit der flachen Hand auf die Hoden schlagen könnte klappen. Muss nicht, aber kann. Drauf einprügeln nützt auf jeden Fall überhaupt nichts, weil wir sie so schön schmerzunempfindlich gezüchtet haben.

Das Opfer, das ich inzwischen als männlich ausgemacht zu haben glaube, brüllt wieder, was ich mittlerweile als positives Zeichen werte. Hätte er ernste Verletzungen, wäre schon längst Ruhe. Wenn dem verblödeten Hundehalter nur mal etwas einfallen würde! Nase zuhalten, zum Beispiel, damit Max oder Paul mit der Schnauze nach Luft schnappen muss, aber nein, nicht mal das Handy übernimmt er, was wenigstens halbwegs vernünftig wäre!

Zum akustischen Zeugen verdammt, überlege ich, mit was für einer Sorte Hund der tapfere Mann sich wohl rumschlagen muss. Allzu groß können Max und Paul eigentlich nicht sein, sonst wäre er schon Hundefutter. Obwohl die Motivation der Schnappis wohl mehr in Richtung Spielzeug als Leckerli gehen dürfte.

Wird langsam Zeit, dass unsere Leute eintreffen, denke ich. Die Sache zerrt allmählich an meinen Nerven und dröhnt in meinen Ohren. Außerdem mache ich mir Sorgen. Um das Opfer, um die Hunde und dass der Idiot von Hundehalter einfach abhauen könnte, um sich seiner Verantwortung zu entziehen.

»Hallo, hört mich jemand?!«, versuche ich noch mal mein Glück, höre aber nur Schreie und hektische Rufe. Das sind die schlimmsten Fälle! Wenn du alles mitkriegst, aber nur ohnmächtig zuhören kannst und deine Phantasie die Sache eventuell noch gemeiner aussehen lässt, als sie in Wirklichkeit ist. Macht mich hippelig, so 'n Scheiß! Maaaann, wo bleibt ihr denn, Jungs!, fluche ich. Immer wenn man die Polizei braucht, ist keine da, oder? Jetzt jault auch noch einer der Hunde! Ich traue dem Arschloch von Hundebesitzer zu, dass er Max oder Paul ein Feuerzeug unter den Bauch gehalten hat. Bringt überhaupt nichts, außer einer Brandwunde. Dann endlich: Reifenquietschen, Türenschlagen! Erleichtert lege ich auf. Hab die Schnauze voll.

»Dämlicher, blöder, verkackter Scheißer«, murmele ich vor mich hin, und Kalle neben mir sagt: »Genau«.

Nachtrag: Nicht lange nachdem ich diese Geschichte aufgeschrieben habe, ist unser Pepe uralt zu Hause im Kreise seiner Familie friedlich eingeschlafen. Ich habe ihn in jener Ecke des Grundstücks begraben, von wo aus er immer gerne Nachbarn und Passanten meist grundlos anpöbelte und er einen exzellenten Blick auf die ganze Straße hatte – unweit des Gartentores, an dem ein Schild hängt und immer hängen wird, mit folgender Aufschrift: »VORSICHT KAMPFHUND! Unser Hund kämpft täglich mit seinem Übergewicht«

La Grande Chartreuse

»Reden ist Silber, Schweigen ist Gold!« – Aber bitte nicht, wenn man die 110 anruft, Freunde!

O Gott, ich hasse es, wenn ich in die Leitung gehe und nichts höre.

Woraus die Kartäusermönche Friede und Trost schöpfen, macht mich unruhig und sorgenvoll. Nicht nur, dass die obige Binsenweisheit meinem Naturell widerspricht, wie Sie inzwischen wissen. Nein, die Jahre, in denen meine Ohren hier schon ins Nichts starren mussten, haben mich geprägt.

Sie kennen die Geschichten von Menschen, deren Sinne erstarkt sind, weil sie einen verloren haben. Inzwischen bin ich ganz gut in der Lage, mir aufgrund von Hintergrundgeräuschen, auf die ich manchmal bitter angewiesen bin, einen »Überblick« zu verschaffen. Etwas Ähnliches habe ich in meinem vorigen Leben als Taucher schon einmal getan. Damals waren meine Hände meine Augen, heute sind es meine Ohren. Die Marine hat mich, nach über tausend Tauchereinsätzen, mit einem »Gehörschaden« entlassen, vielleicht auch mit einem Dachschaden, aber trotzdem klappt es teilweise verblüffend gut.

Es geht darum, eventuell leise Randnotizen herauszuhören. Viel wichtiger ist aber, was der Kopf daraus zu machen imstande ist. Da ich von Geburt an mit einer kapitalen Schwäche im naturwissenschaftlich-mathematischen Bereich geschlagen bin, dafür aber üppig mit Phantasie gesegnet wurde, ist genau das mein Spiel. Natürlich bin ich weder Copperfield noch Houdini, aber es geht auch nicht um Schwarze Kunst oder gar Magie. Ein Katzenmaunzen, eine Straßenbahn, ein arabischer Fluch oder ein in der Ferne gerufener Vorname kann Rückschlüsse zulassen. Muss nicht, aber kann. Die Kehrseite der Medaille ist, dass einen zu viel Phantasie oder Überheblichkeit auch sehr leicht in die Irre führen kann. Trotzdem bin ich fasziniert von dem Gedanken, aus Schwächen Stärken zu machen, und sehe dies als tägliche Herausforderung.

Zurück zur »toten Leitung«. Die Technik, die mir zur Verfügung steht, hilft mir schon ein Stück weit, trotzdem kann Technik auch ein Fluch sein. Seit einiger Zeit sind meine Verbindungen computerunterstützt, was sich gelegentlich in Geräuschen niederschlägt, die einfach da nichts zu suchen haben, wo ich sie mir zu hören einbilde. »Einbilde« ist überhaupt das Stichwort. Wenn Sie im Flussbett nach Gold suchen, glänzt jeder Tropfen in der Sonne wie ein Kleinod. Große Kacke, das!

Ich empfinde diese »schweigsamen« Anrufe als sehr belastend. Weil einfach alles dahinterstecken kann oder nichts. Meistens nichts. Leute, die sich verwählt haben und zu feige oder zu unhöflich sind, mir dies mitzuteilen. Kinder, die es spannend finden, die Fragen der fremden Stimme unbeantwortet zu lassen. Alte Menschen, die leicht verwirrt vergessen haben, was sie eigentlich wollten, und sich nicht die Blöße geben möchten, mir das einzugestehen. Und, und, und …

Genauso leicht fiele es mir aber, eine ganze Seite zu füllen mit Szenarien und Begründungen, weshalb ein Mensch mit mir nicht sprechen kann oder will, obwohl er dringend Hilfe braucht. Allesamt auf Erfahrungen fußend. Die klassische Herzattacke, bei der es auf Minuten ankommt, sei hier nur als Spitze des Eisbergs genannt. Aus diesem schlichten, aber, wie ich finde, einleuchtenden Grund, habe ich mich hier schon verdammt oft der Lächerlichkeit preisgegeben. Anschlussermittlungen, zu denen mich mein untrüglicher Spürsinn und meine geniale Intuition verleitet haben, ergaben schon oft Telefonzellen, Hotelrezeptionen oder Telecafés. Aber hätte doch was dahinterstecken können, oder?

Auch Rückrufe, die ich mir aus Zeitgründen meist nicht einmal leisten kann, werden von meinen Tischnachbarn nicht selten mit einem Lächeln bedacht. Aus dem Kuriositätenkabinett könnte ich auch herauskramen, dass ich »stille« Anrufer durchaus animiere, sich durch Klopfzeichen verständlich zu machen, was ein Spaßvogel einmal zum Anlass nahm, mich per Morsezeichen »Idiot« zu nennen. Toll, was? An dieser Stelle sei für all die Freaks angemerkt, die glauben, sie könnten mich und uns durch »nichts sagen« ärgern: Wir ersticken nicht, haben kein Messer am Hals, sind nicht in einen Schacht gestürzt oder gerade vergewaltigt worden – aber vielleicht deine Schwester, deine Mama oder dein Papa …

Es sind immer die gleichen Fragen und Phrasen, die ich bestimmt schon Tausende Male vom Stapel gelassen habe, wenn sich der Anrufer nicht meldet: »Polizei Berlin. Sind Sie in Not oder Gefahr? Melden Sie sich oder machen Sie sich anders bemerkbar!« Und dann höre ich zu …

Manchmal simuliere ich ein Auflegen oder versuche ein Lachen oder sonst eine Reaktion zu provozieren. Was aber, wenn das alles erfolglos bleibt? Was würden Sie tun? Auflegen und die nächste Leitung nehmen?

Eklige Fragen, was? Tatsächlich bin ich weder verpflichtet, mich über das Maß meines Hilfsangebotes hinaus um jemanden zu kümmern, noch bekomme ich mehr Geld dafür. Jedoch sind einige, zugegebenermaßen wenige Menschen auf dem Erdenrund unterwegs, die froh sind, dass ich hinterfragt, mich um sie gekümmert oder zurückgerufen habe, weil sie sonst jetzt woanders unterwegs wären. Dafür lassen sich Hohn und Spott ganz gut in Kauf nehmen, denke ich. Zumal ich gern über mich selber lache. Aber im Moment des »Gesprächs« macht das diese Art von Anrufen trotzdem nicht erträglicher. Jedes Mal denke ich insgeheim: Du könntest zu Hause unterm Baum sitzen und Koi-Karpfen füttern, statt dich schon wieder zu fragen, weswegen der Typ am anderen Ende nicht das Maul aufmacht.

»Notruf der Berliner Polizei, Gutenrath, guten Abend.«

Nichts.

»Polizei Berlin, was kann ich für Sie tun?«

Nichts.

»Polizei Berlin, sprechen Sie mit mir!«

Nichts.

»Sind Sie in Not oder Gefahr? Melden Sie sich oder machen Sie sich anders bemerkbar!«

Nichts.

Jetzt kommt der Moment, wo ich in meinem Inneren wühle und versuche mich zu entscheiden. Mein Finger schwebt über dem Touchscreenfeld für »Verbindung unterbrechen«, meine Augen schielen auf den linken Monitor, der mir verrät: Festnetznummer! Also ein Blödmann, dem nicht klar ist, dass ein Anruf über sein Wohnzimmertelefon ungefähr dasselbe ist, als würde er mir seine Visitenkarte überreichen – oder aber ein Mensch, der mich dringend braucht, mir das aber nicht sagen kann. Ich falte meinen Zeigefinger wieder zusammen.

»Machen Sie irgendein Geräusch, das mich darauf schließen lässt, dass Sie mich hören«, fordere ich meinen »Gesprächspartner« auf.

»Klack.«

»Das war ein ›Klack‹«, wiederhole ich laut, und meine Ohren wachsen nach oben wie die Lauscher von Spock.

»Wenn Sie verletzt sind, machen Sie zweimal ›klack‹«, fordere ich ihn oder sie auf.

»Klack, klack«, höre ich, und schwupp, läuft eine Anschlussermittlung!

Inzwischen presse ich mit beiden Ringfingern die Kopfhörer auf meine Gehörgänge und versuche mich zu konzentrieren. Am Nachbartisch streitet sich Arno lautstark mit irgendeinem Dödel über die Farbe von Scheiße, und ich mache mit einem Zähnefletschen klar, dass ich Ruhe brauche.

»Wenn Sie alleine sind, klopfen Sie erneut zweimal«, fordere ich auf.

Nichts.

Was soll das denn heißen? Täter im Raum, oder wie? Mann, ey! Ich hätte mir einen Kaffee holen können oder einen Schokoriegel oder in der Zwischenzeit schon drei Falschparker abferkeln können. Stattdessen reiß ich mir einen Kümmerfall auf, der vielleicht sogar nur in meinem Kopf existiert! Irgendwie zieh ich den Ärger an wie Scheiße die Fliegen!

Bevor ich mich mit dem Kunden in ein kompliziertes »Klick-Klack-Gespräch« vertiefe, höre ich mich noch einmal angestrengt in seine Umgebung ein.

Erst mal nichts. Niiiiiiiiichts. Dann glaube ich etwas entdeckt zu haben, was ich kenne. Ganz leise. Aber woran mich das erinnert, geben meine Synapsen nicht her. Was ist das denn!? Jonas, was ist das? Ich kenne das gut, verdammt!

»Kann mir mal einer auf den Hinterkopf hauen«, überlege ich laut, und Arno neben mir gerät schwer in Versuchung!

»Wer lebt in der Ananas, tief unten im Meer …«, dudelt es im Hintergrund. Sponge-Bob Kinderzimmer! Kleiner Drecksack!

»So, mein Freund, wenn du dich jetzt nicht sofort meldest, stehen gleich zwei Polizisten vor eurer Tür, und du kriegst den Ärger deines Lebens!«, drohe ich unverhohlen und pädagogisch wenig wertvoll.

»Nein, bitte nicht«, piepst es da kleinlaut, und ich versuche sofort die Bremse reinzuhauen, was die Anschlussermittlung angeht.

»Wie heißt du? Und wehe, du lügst mich an«, fahre ich den Kurzen an.

»Lukas. Lukas Frenschke«, antwortet er wie aus der Pistole geschossen, weil ich ihm inzwischen wohl recht unheimlich bin. Hau den Lukas, schießt mir durch den Sinn, aber sein Einlenken stimmt mich versöhnlich.

»Was soll der Quatsch? Das ist richtig, richtig, richtig schlimmer Unfug, den du da machst, kleiner Mann!«, hämmere ich auf ihn ein.

»Schulligung«, sagt er da, und schon fällt es mir schwer, ihm wirklich böse zu sein.

»Versprich mir, dass du so etwas nie wieder machst, und ich verspreche dir, dass die Polizei dir immer helfen wird, wenn du sie brauchst«, schwöre ich den Kleinen ein und lehne mich schon wieder weiter aus dem Fenster, als es eigentlich in Ordnung wäre.

»Versprochen«, sagt er kleinlaut, und ich entlasse ihn aus dieser unangenehmen Lage.

Tja, einen Sechsjährigen mit fragwürdigen Mitteln zu beeinflussen ist die eine Sache. Einen ausgebufften Erwachsenen aufs Glatteis zu führen die andere. Die Frage, die sich mir stellt und wohl auf ewig unbeantwortet bleiben wird, ist: Warum macht man so etwas? Aus Langeweile, Gedankenlosigkeit oder tatsächlich Bösartigkeit? Bei einem Kind mag man das schnell beantwortet haben, aber bei einem Erwachsenen?

Diese kleine Exkursion sollte nicht dazu dienen, Ihnen klarzumachen, was für ein toller Kerl ich bin. Auch die Polizei an sich wollte ich nicht positiv herausheben. Ich würde mir wünschen, in Ihnen ein Gefühl für die Sorgen und Nöte eines kleinen Bullen erzeugt zu haben, dem seine Mitmenschen nicht gleichgültig sind.

Ich bilde mir ein, mir hier tagtäglich in unser aller Interesse das Maul fusselig zu reden. Helfen Sie mir. Für Ihre Angehörigen, von denen ich ganz sicher irgendwann jemanden am Telefon haben werde. Ich oder einer der anderen »Scheißbullen« …

Zärtlichkeit

»Er fehlt mir so sehr!«, sagt sie in einem Tonfall, der eher lasziv als traurig klingt und mich irritiert.

Fragen Sie mich bitte nicht, wie ich ständig auf solchen Blödsinn komme. Ich weiß auch nicht, ob es nun meiner Verlegenheit oder Spontanität geschuldet ist, aber ich sage, ohne nachzudenken: »Mir auch!«

»Ohne nachzudenken« ist meine Spezialität. Ja, ich glaube an das Prinzip »ohne nachzudenken«. Nicht das maßvoll abgewogene Statement und auch nicht die auf den eigenen Vorteil ausgerichtete, sorgsam formulierte Redewendung sind das geeignete Mittel, um Menschen positiv zu beeinflussen. Positiv in ihrem eigenen Interesse, selbstredend.

Ich glaube daran, dass der Bauch, den die Wissenschaft als zweites Gehirn ausgemacht hat, uns mit dem ersten Eindruck und der ersten Reaktion selten danebenliegen lässt. Wenn es tatsächlich Bockmist war, was »die Gedärme« einen haben sagen lassen, kann man sich immer noch entschuldigen oder die Sache relativieren – es sei denn, man lag brutal neben der Spur. Wenn es aber klappt und man die gleiche Welle trifft, schafft das einen fast magischen Zugang zum Bewusstsein eines anderen Menschen und wird nicht selten mit, zugegeben eventuell unbegründetem, Vertrauen belohnt. Natürlich kann man nicht auf jeder Problemebene so agieren. Wenn es aber nicht gerade um stockernste Themen geht, haue ich oft und gerne raus, was mir in den Sinn kommt. Wenn ich dabei Mist baue, verschafft mir eine anschließende aufrichtige Entschuldigung immer noch einen besseren Zugang zu dem Menschen, mit dem ich es gerade zu tun habe, als von vornherein mit Politikergewäsch zu glänzen.

Meine Anruferin hat vielleicht gerade unter tragischen Umständen ihren Mann verloren, und ich sage auf diesen schicksalsschwangeren Satz von ihr: »Mir auch.« Auweia! Wenn da nur nicht diese merkwürdige Betonung gewesen wäre, die mich bedenkenlos hat sagen lassen, was ich gerade dachte.

Stehe ohnehin etwas neben mir. Während ich versuche, mich auf meinen Job zu konzentrieren, reibe ich einen fetten Kaffeefleck mit einem Taschentuch schön tief in den Stoff meiner geschmackvoll dezenten, fjordgrünen Krawatte hinein. Ich kann Krawatten nicht leiden und die Leihwäsche vom Polizeipräsidenten schon gar nicht. Privat besitze ich nur einen einzigen Schlips, den mir meine Mutter mal geschenkt hat. Sind Schweine drauf, die sich als Weihnachtsmann verkleidet haben. Sehr geschmackvoll und gediegen. Heute sehe ich aber wie all die Jungs aus, die glauben, sie könnten den Chef beeindrucken, indem sie ihm artig ihren Binder vorführen. Normalerweise trage ich Sommerhemden. Immer. Wenn ich ein sauberes finde. Als wollte sich das Scheißding dafür rächen, dass es bei mir üblicherweise ein Dasein in den unendlichen Tiefen meines Blechspindes fristet, hat der Kulturstrick dann auch gleich den erstbesten Schwall Kaffee magisch angezogen. Das Ding ist auch noch ein »Sicherheitsschlips« mit Gummiband. Keine Ahnung, ob sie wirklich Angst haben, die Bösewichte könnten uns daran vorführen, oder ob sie uns in der Masse für zu blöd halten, einen Krawattenknoten zu binden. Ich komme mir vor wie ein Clown, wie ich hier sitze und an dem langgezogenen Stoffpimmel herumrubbele. Fehlen nur noch Glatze und Brille.

In meine »Ich umarme gleich die ganze Welt«-Stimmung platzt ihr Anruf mit dem »Er fehlt mir so …«

»Ihnen auch?«, fragt sie verdattert.

»Ja, er fehlt mir auch, der genießbare, heiße Kaffee, der nicht aus alten, getragenen Socken gemacht wird und sich nicht in Magenwände und Krawatten wie verdammte Säure einbrennt!«, brabbele ich vor mich hin und bin eigentlich mehr bei mir als bei ihr. Bei meiner Krawatte, um genau zu sein. Doch irgendwas an ihrer Stimme gab meinem Unterbewussten grünes Licht für diesen Quatsch. Bilde ich mir ein. Versuche ich mir einzureden. Oder so …

Sie schmunzelt hörbar, und ich bin ein wenig erleichtert. Keine leidende Witwe, oder etwa doch? Es wird Zeit, dass ich meine Arbeit mache, und so raffe ich mich auf zu einem interessiert klingenden: »Er fehlt Ihnen so sehr – wie meinen Sie das?«

»Körperlich! In erster Linie körperlich …«, haucht sie mir da durch die per Computer getunte Telefonleitung.

Na, wenn das Mäuschen mal kein Valium drin hat oder einen Vibrator auf Energiesparmodus oder beides, denke ich. Eigentlich sind mir das jetzt schon viel zu viele Informationen. Nicht dass ich prüde wäre, nein, nein, nein, oder … Doch! Ich bin prüde. Zumindest im landläufigen Sinne. Sex hat für mich etwas mit Liebe zu tun. Na klar, sicher, wird die versammelte Damenwelt jetzt sagen, und alle Bier- und Fußballfans halten sich vor Lachen den Bauch. Ist aber so. Vertrauen und emotionale Nähe sind für mich dabei genauso unabdingbar wie das Gefühl, gewollt zu werden. Als Gesamtpaket, nicht nur als Kraftpaket. Es bringt mir einfach nichts – weder meiner Seele, noch meinem Körper –, wenn ich Sex auf pure Mechanik reduziere. Meine Frau nennt mich liebevoll »Blondine«, weil ich es bin, der Kuscheln und Vorspiel einfordert wie mein Kater seine Streicheleinheiten.

Dass mich für dieses Statement alle vermeintlich coolen Typen belächeln und bemitleiden, ist mir natürlich klar. Aber nur, weil sie noch nicht allzu viel kapiert haben. Solange ihr glaubt, dass man guten Sex für Geld oder schlaue Sprüche haben kann, werdet ihr nie merken, dass ihr eigentlich immer verarscht werdet. Und es eigentlich auch nicht besser verdient habt. Ein ganzer Industriezweig lebt von euch. Das Schlimme daran ist, dass irgendwann einmal jede oberflächliche Nummer ausgereizt ist. Wenn ihr im Batmankostüm mit einer bengalischen Fackel in der Hand im doppelten Salto vom Schlafzimmerschrank in die Frau gesprungen seid, findet ihr euch irgendwann im Dominastudio wieder, wo ihr euch gegen Barzahlung in die XXL-Windel kacken dürft. Oder, noch schlimmer, ihr surft im Internet nach kleinen Mädchen. Alles nur, weil ihr nie verstanden habt, dass die Seele untrennbar zum Körper gehört. Wenn du in ihren Augen siehst, dass sie zu dir gehört und dich will, brauchst du keine Strapse mehr oder kleine blaue Pillen.

»Mir fehlt die Zärtlichkeit«, sagt sie, und das ist ein Level, auf das ich mich einlassen kann und will.

»Ist er gestorben, oder hat er sich nur aus dem Staub gemacht?«, frage ich sie.

»Er hat sich aus dem Staub gemacht, indem er starb«, sagt sie da, und ich finde diese Antwort sehr poetisch.

»In der Kirche hat er mir geschworen, dass er immer für mich da sein wird. Und jetzt sitze ich hier allein und bin eigentlich auch tot. Das nehme ich ihm übel«, klagt sie mir ihr Leid, und es klingt fast wie ein Gedicht.

Inzwischen hängt mir die Krawatte dreckig und schräg von meinem Hals. Ich sitze da, den Kopf auf meinen linken Arm gestützt, und bin ein wenig fasziniert von ihr. Das, was viele Männer an den Frauen kritisieren oder sogar hassen, zieht mich an. Irrational und unberechenbar sind sie, und genau das macht sie auf Dauer doch nur interessant.

Als ob er freiwillig gestorben wäre oder nur, um ihr das Herz zu brechen. Ich meine, möglich ist auch das, aber nicht sehr wahrscheinlich, oder? Wie sehr muss sie ihn geliebt und auch gebraucht haben, wenn sie böse auf ihn ist, nur weil er starb.

»Krebs?«, tippe ich auf blauen Dunst, und sie sagt nur: »Ja.«

Tja, was mache ich jetzt mit dir, überlege ich, während ich mit dem rechten Zeigefinger das größte Herz auf meiner »Papa ist der Beste«-Kaffeetasse nachzeichne. Die Kummernummer des Sorgentelefons anbieten oder einen weiblichen Schutzpolizisten, der sie zu Hause besucht? Aber was bringt das. Sie hat irgendetwas genommen, glaube ich, auch wenn ich denke, es sind nur Psychopharmaka gewesen. Soll ich ihr erzählen, dass die Zukunft ihr sicher wieder jemanden bringen wird wie ihn? Das kann ich nicht, weil ich nicht dran glaube. Ich bin nicht gut darin, etwas zu verkaufen, woran ich selbst nicht glaube. Will sie ihm folgen, und wenn ja, soll ich ihr das ausreden?

»Wie lange waren Sie verheiratet?«, möchte ich wissen, und sie antwortet langsam: »23 Jahre.«

Das war die Information, die ich brauchte.

»Ich wünsche Ihnen alles Gute und bitte um Ihr Verständnis, dass ich jetzt weitere Notrufe entgegennehmen muss«, sage ich, und: »Leben Sie wohl.«

Die 23 macht mir Angst!

Orange

Brotpaul war ein Hüne. Ein auf über zwei Meter hoch angehäufter Berg Muskelmasse. Okay, Ana hat wohl geholfen. Deshalb gab's auch hie und da ein wenig Ausschlag und Juckreiz. Insgesamt gesehen trotzdem recht imposant. Wenn man den ständig um ihn herumschwirrenden Friseusen – genau, den grell geschminkten, mit den heruntergezogenen Nierengurten – glauben durfte, beschränkte sich seine Manneskraft allerdings wirklich nur aufs Eisenheben. Anabolika hatten wohl auch daran Schuld … Aber egal, es waren die achtziger Jahre, und das Ganze war en vogue. Man zeigte her, was man hatte, und nichts war so, wie es schien.

Brotpaul und ich standen gemeinsam an der Tür einer Discothek im Hamburger Börsenviertel und sahen zu, wie sich das Niveau des Publikums langsam veränderte. Während früher meist nur mit dem Anwalt gedroht worden war, wurden die Auseinandersetzungen zusehends physischer. Es gipfelte darin, dass wir Freitag- und Samstagnacht mit bis zu sieben Leuten, inklusive einer Amazone, die Lage in den Griff zu kriegen versuchten. Als »mildestes Mittel« setzten wir regelmäßig Brotpaul ein, als eine Art »menschliches Absperrgitter« oder besser »Bollwerk«. Zwar entsprach er auf den ersten Blick einer Mischung aus Popeye und dem grünen Hulk, konnte aber, im Unterschied zu diesen, nicht wirklich böse werden. Brotpaul war ein sanfter Riese, und seine Auffassungsgabe war, wie der Spitzname vermuten lässt, nicht die schnellste. Ein friedlicher Gigant, der mir mit seinem konstanten Lächeln vorkam wie King Kong auf Droge. Aber eher Dope als Koks …

So gut wie nie habe ich ihn jemanden anfassen oder gar rausschmeißen sehen. Es ließ sich trotzdem wunderbar mit ihm arbeiten. Schien jemand auf Krawall gebürstet und halbwegs gebildet, reichte oft die dezente Frage, ob er denn eine Krankenhaus-Tagegeldversicherung habe, und ein vielsagender Seitenblick auf Paul. Den stumpferen Vertretern erzählten wir ganz vertraulich, dass Paul vor ein paar Tagen jemandem den Arm herausgerissen hätte, so wie man einem Brathähnchen den Schlegel rausrupft. Das reichte meistens. Kompliziert wurde es, wenn einer sich unbedingt ausprobieren wollte oder Paul in den Strudel einer Diskussion gerissen wurde.

Hauptberuflich war Paul bei der Müllabfuhr und jonglierte, so stellte ich mir vor, die vollen Tonnen auf den Fingerspitzen. Auch dort bewegte er sich souverän in der Öffentlichkeit und kam offensichtlich mit den Leuten gut zurecht. Er hatte seinen Platz im Leben gefunden.

Etwas, was ich damals von mir ganz und gar nicht behaupten konnte und worum ich Paul ein wenig beneidete. Ich liebäugelte sogar damit, mich auch bei »der Mülle« zu bewerben, obwohl ich nur noch auf den Startschuss bei der Marine wartete. Allerdings wurden der Müllabfuhr damals dermaßen die Türen eingerannt, dass sie mich wahrscheinlich gar nicht genommen hätten, selbst wenn ich es ernsthaft versucht und Paul als »Referenz« angegeben hätte. Über Jahre prägte Paul mein Bild von den Jungs, die uns täglich von unserem Mist befreien, auch wenn er wohl alles andere als typisch war.

Auf jeden Fall fand ich sie schon immer irgendwie cool, die Kerle mit den großen Händen. Gefährlich, aber cool. Als ich in Berlin aufschlug, verstärkte sich dieser Eindruck eigentlich noch. Nicht nur, dass ihre PR-Abteilung einen grandiosen Job macht und mit Slogans wie »Orange macht Putz« den Nagel exakt auf den Kopf trifft, nein: Hier sind die Typen noch einen Zacken schärfer als sonst wo, das können Sie mir glauben! Sommer wie Winter surfen sie mit Muskelshirts und zu Bermudas umgearbeiteten Latzhosen, mit Stirnband und wehenden Haaren oder auch Vollglatze auf den Trittbrettern ihrer orangefarbenen Dampfer durch die Straßen der Hauptstadt, die fest in ihrer Hand ist. Übrigens, liebe Touristen, aufgepasst: Die orangefarbene Truppe ist ein perfektes Aushängeschild für all das, was Berlin wirklich ausmacht: Herz, Schnauze, Toleranz und Durchsetzungsvermögen!

Wenn ich sage, dass Berlin in ihrer Hand ist, so meine ich das in puncto Straßenverkehr durchaus ernst. »Ich bring eben den Müll weg, Schatz!«, prangt da zum Beispiel auf den orangefarbenen Lastern, und darüber sollten wir froh sein, wenn wir etwa an die Zustände in Neapel denken. Es ist also logisch und im Dienst der Sache, dass die großen, rollenden Müllpressen mit den lustigen Sprüchen drauf auch mal »kurz« jemandem im Weg stehen.

Das ist nur deshalb manchmal ein Problem, weil wir in unserer schnelllebigen Zeit fast alle dazu neigen, uns selbst, unsere Arbeit und unsere Termine als den Nabel der Welt zu sehen. Wer uns bremst, wird bekehrt oder bekämpft, falls wir unsere Wichtigkeit nicht überzeugend genug darstellen konnten. Nun gibt es aber Felsen in der Brandung unserer Betriebsamkeit, die weder durch rhetorische Leckerbissen noch durch Drohungen zu bewegen sind. Wie gerne würde ich behaupten, diese Felsen seien grün. Aber nein, sie sind orange!

Ob es nun einem vermeintlichen Mangel an Intellekt, Skrupel oder Furcht zu verdanken ist: Den Müllmann kann man weder überzeugen noch einschüchtern. Was habe ich schon gelacht und auch gestaunt über Aktionen und Statements dieser Männer, die sich einen Dreck darum scheren, ob jemand mit dem Anwalt droht oder seine Baseballkeule aus dem Auto holt. Ich war dabei, als Müll

»aus Versehen« in Cabriolets gelandet ist und genervten Autofahrern Antworten um die Ohren gehauen wurden, die mich als Polizisten geradewegs vor den Richter gebracht hätten.

Der Pragmatiker wird sich sagen, »es dauert ein bis zwei Minuten, bis der Müll aufgeladen ist, dann fährt der Laster weiter«, sich zurücklehnen und das Radio aufdrehen. Der Choleriker wird fluchen: »Und dann hält er zehn Meter weiter wieder an, und ich komm immer noch nicht vorbei!«, und in sein Lenkrad beißen. Kluge Vorschläge wie »Warum fahren Sie Ihren Laster nicht einfach in die Auffahrt rein, damit wir alle durchkönnen?« bringen auch nichts. Bestenfalls wird der Fahrer des orangefarbenen Ungetüms sie einfach ignorieren. Schlimmstenfalls stört er sich an dem Wörtchen »einfach«, und Sie müssen sich auf einen kleinen Vortrag gefasst machen im Stile von: »Einfach? Einfach? Wann haben Sie das letzte Mal einfach einen Vierzigtonner in ein Nadelöhr gezirkelt, und zwar hundertmal am Tag? Sie schaffen's ja nicht mal, Ihr Erdbeerkörbchen in eine Fünf-Meter-Parklücke zu quetschen!« Zwar kann es passieren, dass jemand mal gegen Ihren Willen den Arm freundschaftlich um Ihre Schultern legt und ein paar Schritte mit Ihnen auf etwas zugeht, was Sie weder sehen noch riechen möchten. Dass es Haue gibt, ist jedoch so gut wie ausgeschlossen.

Wenn ich nun für jeden 110-Anruf eines aufgebrachten Bürgers, der an der Berliner Müllabfuhr abgeprallt ist, eine zusätzliche Gehirnzelle vom lieben Gott bekommen könnte, hätte ich inzwischen eine reelle Chance, mein Abitur nachzumachen. Picken wir aus der Menge dieser Anrufer einmal einen mutmaßlich gebildeten Menschen heraus. Zum einen, weil ich mich nicht dem Vorwurf aussetzen möchte, Unterprivilegierte an den Pranger zu stellen. Zum anderen, weil seine Geschichte und sein Auftreten stellvertretend, ja geradezu klassisch für viele andere ähnlich geartete Vorträge sind.

Nennen wir ihn einfach mal Dr. G. Laber. Ein Name, der aus

datenschutzrechtlichen Gründen selbstverständlich minimal verfremdet wurde, aber doch, sofern man uns kein h. c. unterschlagen hat, auf ein intellektuelles Schwergewicht hinzuweisen scheint.

Nachdem er sich dreimal mit vollem Titel bei mir vorgestellt hat, ziehe ich schon ernsthaft in Erwägung, ihn um einen Termin zu bitten – gleichgültig, was er denn nun für ein Doktor sein mag. Doch er poltert los: »Was man sich von diesen Proleten bei der Müllabfuhr alles bieten lassen muss! Einfach unfassbar, was in dieser Stadt alles möglich ist!«

Ja, schön so weit, denke ich. Aber was richtig Schlaues fällt mir dazu ad hoc nicht ein. Außerdem bin ich noch ein wenig beeindruckt und eingeschüchtert, durch seinen dreifachen Aufmerksamkeitsbeschleuniger eben. Also entgegne ich zunächst etwas geistlos:

»Aha.«

»Was heißt denn hier ›aha‹!?«, geht er direkt in die Offensive.

»Aha im Sinne von so, so«, ergänze ich und verschränke meinen Unterkiefer, weil ich spüre, dass mich schon wieder ein Teufelchen reitet.

»Aha, so, so«, äfft er mich nach. »Was sind Sie denn für ein Gehirnamputierter?«

Uiuiuiuiui, schweres Geschütz! Gehirnamputiert nennt er mich. Und das auch noch, bevor ich überhaupt eine Chance hatte, ihm zu beweisen, wie dämlich ich wirklich bin. Vielleicht ist er Gehirnchirurg, und das war eben so eine Art Blitzdiagnose. Vielleicht ist er aber auch nur ein selbstherrlicher Unsympath. Wahrscheinlich ist er jedoch einfach nur ein bisschen aufgeregt, weil er gerade an den orangefarbenen Jungs abgeprallt ist. Also mache ich das, was man von mir erwartet und was schlichtweg Bestandteil meines Jobs ist: Ich spiele den Blitzableiter.

»Das war jetzt aber nicht nett.« Ich bleibe unverbindlich und freundlich.

Sicher ist es Ihnen schon einmal aufgefallen, lieber Leser: Dumme und unangenehme Menschen verwechseln oft Höflichkeit mit Schwäche. Mein Anrufer gehört offenbar zur zweiten Sorte. Denn durch meine defensive Antwort fühlt er sich offenbar eingeladen, im gleichen Stil weiterzumachen: »Nett? Ich bin nicht auf der Welt, um nett zu sein! Hier rollen gleich Köpfe!«

Ich bin kein Fan von blutigen Redewendungen. Außer wenn sie dazu dienen, tatsächliches Blutvergießen zu verhindern. Über die Finger meiner linken Hand lasse ich ein Geldstück tanzen und grübele darüber nach, ob meine Chefetage bei der Bearbeitung einer späteren Beschwerde eventuell behaupten wird, ich hätte ihn durch »aha« und »so, so« provoziert. Ist alles denkbar. Weil ich mich schrecklich vor einer Beschwerde fürchte und insgeheim noch die Hoffnung hege, dass sich die hässliche Raupe vielleicht doch als wunderschöner Schmetterling entpuppt, bleibe ich ganz soft: »Merkwürdig. Ich bin irgendwie schon auf der Welt, um nett zu sein. Sie doch sicher auch, wenn Sie sich wieder ein wenig beruhigt haben, oder?«

»Wenn diese Cretins mich nicht augenblicklich durchfahren lassen, werde ich mich ganz sicher nicht beruhigen. Und das Ganze hier hat ein Nachspiel, und zwar für alle Beteiligten. Das garantiere ich Ihnen!«, geifert er weiter.

Huuu, da war es wieder. Mit »alle Beteiligten« meint er wohl auch mich. Meine große Furcht vor einer Beschwerde steigert sich zur Panik. Weil er mich, wie er ja bereits dezent angedeutet hat, für einen Idioten hält, macht er noch einmal in aller Deutlichkeit klar:

»Damit meine ich auch Sie!«

Schönheitschirurg, denke ich. Schönheitschirurg wird er sein, einen Porsche fahren und einen Maßanzug aus Thailand tragen. Weil die da so schön günstig sind, was ja eine tolle Sache ist. Auch wenn man vor Geld stinkt.

Da er mich jetzt ausgiebig motiviert hat, will ich mal fein mein Bestes geben und mache ihm einen konstruktiven Vorschlag: »Wissen Sie was? Geben Sie doch mal dem Mann vor Ihnen Ihr Handy. Ich regle das für Sie.«

»Was soll ich machen?«, quietscht er entsetzt. »Ich soll dem Grobian vor mir mit seinen ungewaschenen Pfoten mein Handy überlassen?«

Mich beschleichen leise Zweifel, ob das wirklich so eine gute Idee ist. Wer weiß, was der »Grobian« mit dem satellitenunterstützten, touchscreenigen, smartphonigen Blauzahnhandy von Herrn Doktor so alles anstellt, wenn er es in die Pranke bekommt. Meine Phantasie spielt mir schon wieder jede Menge tolle Szenen ein. Am Ende bin ich nach dem hiesigen Verständnis auch noch Mittäter an der bevorstehenden Sachbeschädigung mit zu erwartendem Totalschaden. Was soll's, auch dieser Verlauf könnte die Spesen wert sein, finde ich und schiebe die Sache weiter an.

»Geben Sie dem Mann mal Ihr Handy, dann werde ich ihm mal so richtig Bescheid geben und ihm klarmachen, dass er Sie durchzulassen hat«, ködere ich ihn.

Wie zu erwarten war, kann er der Versuchung nicht widerstehen, die beiden »Proleten« aufeinanderzuhetzen, und reicht sein Handy rüber mit den Worten: »So, die Polizei will Sie sprechen, das haben Sie nun davon!« Dann höre ich ihn noch sagen: »Da unten müssen Sie reinsprechen, könnten Sie bitte die Handschuhe ausziehen?«, und schüttele grinsend den Kopf. Der Grobian meldet sich mit: »Jo?«

»Moin, Moin, hier sind die Grünen. Was habt ihr denn für 'n Problem mit dem Vogel?«

»Wir mit ihm gar nich, er mit uns«, kommt trocken.

»Okay, und was genau?«, stochere ich nach.

»Das Übliche. Will durch. Steigt hier aus seinem plaquefarbenen

Saab-Kotelett, plustert sich auf wie 'n Pfau und hüpft im Dreieck. Mein Fahrer hält sich schon vor Lachen den Bauch!«

Auch ich könnte spontan losbrüllen. »Plaquefarben« und »Saab-Kotelett«. Egal, ob's Absicht war oder er nur was durcheinandergebracht hat – ich ziehe die Nase kraus und versuche, gegen den drohenden Lachkrampf anzukämpfen.

Während mein Nachbar mich fragt: »Na, hast du Spaß bei der Arbeit?«, was ich mit heftigem Kopfnicken bejahe, höre ich in der Leitung im Hintergrund den Doktor schimpfen: »Sie sollten doch Ihre Handschuhe ausziehen!«

Ich muss schon wieder grinsen und bitte den Grobian: »Pass mal auf, tut mir doch bitte den persönlichen Gefallen und lasst den Typ durch. Ich will den loswerden, und ihr doch sicher auch. Außerdem haben wir inzwischen genug Spaß mit ihm gehabt, oder?«

»Nö«, sagt der Grobian, wieder recht trocken. »Meinetwegen kann der sich aufpumpen, bis er platzt. Finden wir stark.« Doch dann lenkt er ein: »Okay, Keule, aber auf das Ding haben wir einen gut.«

»Geht klar«, sage ich, obwohl ich genau weiß, was jetzt für ein Spruch kommt.

»Und? Können wir unsere Tickets bei dir einlösen?«, haut er wie erwartet raus.

Darauf vorbereitet, tröste ich ihn: »Das nun nicht. Aber ich stell euren Kollegen bei mir zu Hause Silvester 'ne Kiste Bier vorn Laster, versprochen.«

»Soll reichen«, lacht er und gibt das Handy zurück.

Herrn Doktor, der sein Handy jetzt sicher mit spitzen Fingern festhält, kündige ich an: »So, Sie können jetzt weiterfahren.«

Statt sich zu bedanken, zetert er: »Das wurde aber auch Zeit«, und legt auf. Und ich freue mich, wie immer, geholfen zu haben.

Zivilcourage

Jetzt ist es so weit. Spätestens jetzt fange ich mir eine ein. Was ich nämlich loswerden will, liegt so gar nicht im Mainstream. Weder Polizei noch Politik werden gutheißen, was ich Ihnen mitteilen möchte, aber egal: Sie, liebe Leser, sind es mir wert!

Sie haben mein Buch gekauft und damit Ihr sauer verdientes Geld ausgegeben für etwas, von dem ich nicht weiß, ob es Ihren Erwartungen gerecht wurde. Tapfer haben Sie meine Sentimentalitäten und Besserwissereien ertragen und anfangs sogar die vollmundige Ankündigung gelesen, dass in diesem Pamphlet für jeden etwas Verwertbares zu finden sein würde. Nun, ich will versuchen, mein Wort zu halten. Ich möchte Ihnen etwas näherbringen, was mir sehr am Herzen liegt. Und hier kommt sie, die großspurig angekündigte und ultimative Weisheit: Zivilcourage ist scheiße!!

Sie kennen mich inzwischen. Ich habe das bewusst so provokant und auch ordinär formuliert, weil ich wachrütteln möchte. Es geht mir einfach auf den Keks, wie Medien und Fachleute dieses Thema behandeln. Schließlich geht es um Ihr Leben und um Ihre Gesundheit, lieber Leser, und wir sprechen nicht bloß über Aktienkurse oder Haushaltstipps. »Öffentlichkeit herstellen« – »beherzt einschreiten« – »sich nicht als Opfer präsentieren«. Mann, was für ein Bullshit! Aber gemach, wir zerlegen diese Thesen gleich ein wenig, um zu schauen, ob etwas Brauchbares darin steckt.

Schon über das bloße Wort »Zivilcourage« ärgere ich mich. Warum differenziert man da? Courage ist Courage! Genauso ist es mit der Gewalt. Linke Gewalt oder rechte Gewalt, Gewalt gegen Frauen, Gewalt gegen Männer. Wer, der halbwegs wachen Verstandes ist, will allen Ernstes behaupten, dass dieses oder jenes schlimmer oder nicht so schlimm ist? Schmerzen sind Schmerzen und Blut ist Blut, und fast jeder hängt an seinem Leben. Wenn Rechtsradikale einen Menschen wegen seiner Hautfarbe aus der S-Bahn stoßen, ist das genauso unfassbar, verachtenswert und dumm, als wenn Linksradikale nachts einen Porsche vor einem Mietshaus anzünden. Wenn der Bundeswehrsoldat in Afghanistan sein Leben riskiert, weil wir, jawohl wir, ihn hingeschickt haben, damit die Frauen dort dieselben Rechte bekommen wie in Kanada oder Schweden, ist das genauso viel oder wenig wert, wie wenn der Busfahrer bewusst eine Vollbremsung hinlegt, weil er das Kind auf der Straße nicht überfahren will, obwohl er weiß, dass er durch die Scheibe fliegt. Wir haben alle nur ein Leben. Courage ist Courage und aus! Ob wir dabei nun gerade eine Uniform tragen, Bermudashorts oder ein Kind auf dem Arm, spielt eine untergeordnete Rolle. Vielmehr ist es eine Frage der inneren Haltung und sollte – jetzt wird es langsam wichtig – wenig mit Emotion und viel mit Kalkül zu tun haben.

Lassen Sie uns einmal gemeinsam die Lupe über das halten, was Medien und Fachleute uns ständig soufflieren. Mit »Der normale Durchschnittsbürger sollte ...« beginnen solche Ausführungen zumeist. Allein diesen Halbsatz finde ich herabwürdigend und anmaßend. Wer ist das denn bitte, »der normale Durchschnittsbürger«? Ist es der Fischverkäufer, der uns umbringen kann? Der Banker, der unseren Bauernhof dichtmacht? Die Kindergärtnerin, die mit Engelszungen aus dem kleinen Scheißkerl einen liebenswerten Racker macht? Wer? Wer ist »Durchschnitt«? Und »sollte« ist auch so eine Formulierung, wie sie herablassender und ungeschickter kaum gewählt werden kann. Dabei ist eigentlich jedem klar, was gemeint ist: Gemeint sind »Menschen, die auf Extremsituationen nicht vorbereitet sind«. Kann man das nicht einfach so oder so ähnlich sagen? Verkauft sich wohl nicht so gut …

Da sind wir auch schon beim Kern der Sache. Fast jeder steht in seinem hektischen persönlichen Alltag heutzutage seinen Mann oder seine Frau, so viel steht fest. Deshalb kann und darf man aber noch lange nicht von jedem verlangen, »über sich hinauszuwachsen« oder »besonderen Mut an den Tag zu legen«, auf einem Terrain, auf dem er sich einfach nicht auskennt. Man bringt den Helfer damit nur in unzumutbare Gefahr und hilft dem Opfer meist wenig. Selbstverständlich, lieber Leser, bin ich mir meiner Verantwortung bewusst und habe lange nachgedacht, ob und wie ich mich an dieses sensible Thema wagen soll. Aus diesem Grund gibt es diesmal auch nicht die plastischen und teilweise drastischen Schilderungen, die Sie inzwischen gewohnt sind. Ich möchte Sie weder verschrecken noch abschrecken zu helfen, noch möchte ich, und das ist mir noch wichtiger, dass Sie Schaden nehmen. Deshalb nur so viel: Bedenken Sie bitte, bevor Sie etwas Unüberlegtes oder Vorschnelles tun, dass Sie nur einen manchmal sehr fragilen Körper haben und dass Sie in nur wenigen Sekunden großes Leid über sich und Ihre Familie bringen können!

Doch jetzt wollen wir versuchen, konstruktiv zu werden: »Öffentlichkeit herstellen« hört man immer wieder. Schön und gut, aber das machen Sie bitte deutlich außerhalb des Gefahrenbereichs und nicht durch hektisches Schreien oder unbedacht artikulierte Emotionen oder das Szenario noch weiter aufheizende Handlungen. Sprechen Sie andere Passanten ruhig an, nehmen Sie Blickkontakt auf, verständigen Sie sich durch Gesten. Holen Sie so viele potentielle Zeugen mit ins Boot wie möglich. Taxieren Sie die Anwesenden im Hinblick auf ihre Situationstauglichkeit. Bleiben Sie unbedingt besonnen, und prägen Sie sich den Täter genau ein. Wenn nötig, durch ständiges leises Wiederholen seiner Charakteristika.

Wählen Sie umgehend die 110, und gehen Sie dabei in den Windschatten, aus dem Regen oder Verkehrslärm. Sprechen Sie langsam und deutlich, und beschränken Sie sich auf die Fakten. Wenn Sie das hinkriegen, haben Sie schon einen sehr guten Job gemacht, und es ist in wenigen Minuten professionelle Hilfe da.

»Beherzt einschreiten« – Nein! Nein! Nein! Und noch mal: Nein! Sie schreiten überhaupt nicht ein. Im Gegenteil! Wenn es richtig schlimm wird und Sie ein sanftes Gemüt haben, senken Sie bitte Ihren Blick. Es gibt Bilder, die man nie wieder vergisst. Glauben Sie mir. Niemand wird Sie dafür verurteilen, und Sie bewahren sich damit eventuell Ihre psychische Gesundheit. Für sich, Ihre Familie und Ihren Alltag. Wenn Sie ein junger Mann sind, der über eine entsprechende Ausbildung verfügt, woher auch immer, und Sie glauben, dass es auf Minuten ankommt: Gehen Sie dazwischen, wenn Sie sich eine realistische Chance geben. Tun Sie dies mit aller Konsequenz. Schließen Sie die Kiefer, beißen Sie die Zähne fest aufeinander, und bleiben Sie emotionslos. Keine Diskussionen, kein langer Kampf! Aber ich gebe zu bedenken: Sie haben Ihr ganzes Leben noch vor sich. Selbst wenn es gut läuft, rechnen Sie damit, dass die Täter oder deren Angehörige Sie verklagen werden.

»Sich nicht als Opfer präsentieren« – das ist überhaupt der allergrößte Schwachsinn, mit dem man ständig konfrontiert wird! Es kann schon sein, dass man mit einem entsprechenden »Coach« gewisse Aspekte der Körpersprache und einige Verhaltensweisen ändern kann, ganz ablegen wird man sie aber nie. Das Ganze ist in erster Linie zurzeit ein boomendes Geschäft und treibt seltsame Blüten. Da touren beispielsweise selbsternannte Spezialisten durch die Kindergärten und mimen den Pädophilen, dem die Kleinen dann in die Hoden treten sollen. Das hat ungefähr denselben Wert, als ob man dem Spatzen raten würde, sich im Sturzflug auf die Katze zu stürzen. Solche Veranstaltungen nützen in erster Linie dem Bankkonto des Laienschauspielers und sind bei normalen Familien komplett entbehrlich. Kratzen, beißen, spucken, schreien und erst gar nicht von Fremden locken lassen. Durch nichts! Aus die Maus.

Andere Nahkampfexperten mit dem zehnten Meistergrad etwa im Hausfrauen-Taekwondo oder gar einem selbsterfundenen »völlig neuartigen System« treiben die holde Weiblichkeit zu sportlichen Höchstleistungen an. Mit Erfolgsgarantie, versteht sich. Suuuper. Die traurige Wahrheit, meine Damen, ist, dass Sie es wahrscheinlich nur mit Glück und unter Ausnutzung des Überraschungseffektes schaffen würden, einen potentiellen Vergewaltiger abzuwehren. Stecken Sie sich lieber etwas in die Manteltasche, was geeignet ist, die Situation potentiell endgültig zu beenden. Nein, nein, nein. Reden Sie lieber beschwichtigend auf ihn ein, und bieten Sie ihm die Reste Ihres Pausenbrotes an, dann wird er Sie bestimmt laufenlassen. Oder analysieren Sie gemeinsam mit ihm seine Kindheit, das soll ja auch enorm helfen.

Um Sie nicht zu enttäuschen, wollen wir uns jetzt einem Anrufer zu diesem Thema widmen. Heinz ist Ende fünfzig, schätze ich zumindest, Frührentner und nach meinem Verständnis so etwas wie ein »Urberliner«.

»Kommt ma schnell her, Jungs. Hier drischt eener uff seine Frau ein«, sagt er in recht gelassenem und ruhigem Ton und fügt hinzu: »Aba ohne Tatütata, ick habe die Laje in Griff!«

»Sie haben die Lage im Griff? Wie meinen Sie das?«, frage ich neugierig.

»Na, wie hört sich det denn an?« Er wird ein bisschen pampig, hat aber für einen richtigen Berliner eigentlich noch einen völlig normalen Umgangston. Dann führt er leicht widerwillig aus: »Ick hab die Laje eben in Griff! Der drischt hier vorn Haus uff seine Alte ein, un drumrum stehen lauter Gaffer un Bengels, halb so alt wie icke, und keener macht wat! Da hab ick mir halt wat einfallen lassen. So!«

»Ja, und was bitte?«, bedränge ich ihn ein wenig, weil ich gespannt bin wie ein Flitzebogen.

»Mann, Mann, Mann, Mann, Mann«, rückt er mit der Sprache raus, »ick hab die Hose runterjelassen.«

»Sie haben was?«, platzt es aus mir heraus. Genervt kommt jetzt:

»Ick hab die Hooose runterjelassen, Mann! Hab ick ma in Fernsehen jesehen. Hab mir den Schlüpper inne Kimme jezochen, wackel mit meen faltigen Hintern und alle lachen sich kaputt. Det Arschloch ooch. Kommt ihr nun, oder wat? Noch mehr pack ich nich aus!«

Inzwischen bin ich mit dem Fuß von der Sprechtaste gegangen, weil auch ich laut lachen muss und auf keinen Fall will, dass er sich von mir auch noch ausgelacht fühlt.

»Na, dann lesen wir von Ihnen ja morgen in der Zeitung«, kann ich mir nicht verkneifen. Ein Gedanke, der ihm aber irgendwie gar nicht zu gefallen scheint, denn er leiert gleich hinterher: »Ja ja, un inne Abendschau bin ick ooch, oda wat?« Dann kündigt er an: »Haut die Hacken in Teer, ick bin hier gleich wech!«

War er wirklich. Selbstverständlich habe ich, noch während ich mit ihm sprach, mit Eile anfahren lassen, aber als wir da waren, hatte sich Heinz bereits in Luft aufgelöst. Noch mehr Publicity war ihm offensichtlich unangenehm. Die ganze Nummer war ihm unangenehm! Aber er ist über seinen Schatten gesprungen. Er hat sich etwas einfallen lassen und die Frau dadurch vor Schlimmerem bewahrt. Man kann sagen, er hat sie beschützt, und das, ohne einen Tropfen Blut zu vergießen. Damit ist er, wie ich finde, ein wunderbares und tapferes Beispiel für »Zivilcourage«.

Danke, Heinz!

Müßig zu erwähnen, dass ich leider aufgrund von EDV-Problemen und Gedächtnislücken beim besten Willen nichts beitragen konnte zur Identifikation des »Phantoms mit dem Faltenhintern«.

Noch einmal, damit wir uns nicht missverstehen: Bitte helfen Sie!

Wenn Sie können.

Der Kapitän

An einem lauen Sommernachmittag stand ich, irgendwann Ende der 90er Jahre, mit einem verzückten Grinsen an mein Fahrrad gelehnt im Hamburger Hafen. In dem kleinen und exklusiv abgetrennten Areal für Privatjachten, gleich neben dem alten Feuerschiff, in dem sie jetzt Touristen abfüttern. Völlig entrückt starrte ich auf einen Hochseekatamaran, wie ich ihn schöner und vor allem stabiler zuvor noch nie gesehen hatte. Selbst in der Karibik nicht, wo die meisten dieser Schönheiten auch nur aus Plastik sind. An Deck schrubbte ein unrasiertes Wichtelmännchen, das aussah, als könne es eine Mahlzeit vertragen, mit Inbrunst einen der Alurümpfe. Nach einer Weile entdeckte es mich, hielt inne, stützte nacheinander beide Hände und dann den Kopf auf den Schrubberstiel und amüsierte sich wohl über mich.

»Na, willst mal gucken?«, fragte es mich, als ein paar Minuten vergangen waren und ich offensichtlich den Eindruck erweckt hatte, dass ich den Rest des Tages in Ehrfurcht erstarrt auf der Pier verbringen würde.

»Gerne«, antwortete ich sofort, »aber ich glaube nicht, dass der Eigner damit einverstanden wäre!«

»Da mach dir man keine Sorgen. Stell dein Fahrrad weg, zieh die Latschen aus und komm an Bord«, wurde ich herzlich eingeladen und ließ mir das nicht zweimal sagen.

Nach einem Rundgang durch dieses prachtvolle Schiff, das für mich bis zum heutigen Tage so etwas wie die Verkörperung von Eleganz und Freiheit ist, entpuppte sich das »Wichtelmännchen«

in den verschlissenen Klamotten als Hamburger Hotelier, der zugleich Skipper und Eigner dieses Segelboots war. Ein Mann, dessen Einfallsreichtum, Geschäftstüchtigkeit, Fertigkeiten und Einfluss in krassem Gegensatz zu seinem Äußeren standen, wie ich bald erfahren sollte.

Als wir schließlich im Salon saßen, der gleichzeitig die Brücke der weißen Dame war, deren Seele ich zu spüren glaubte, jeder mit einer Dose Bier in der Hand, unterbreitete ich ihm auf seine Fragen hin meine maritime Vergangenheit. Seine Augen fingen an zu funkeln und zu blitzen, wie ich es später noch oft zu sehen bekam.

Die Stärke erfolgreicher Männer liegt oftmals nicht nur in ihren eigenen Fertigkeiten, sondern auch in der Fähigkeit, zu verknüpfen und zusammenzuführen, was gewinnbringend erscheint. Also trafen wir uns am nächsten Tag in einem seiner Hotels, wo ich ihm auf seinen Wunsch hin in der Lobby meine Papiere vorlegte, um nachzuweisen, was ich da so alles Interessantes behauptet hatte. Lächelnd blätterte er in meinem schwarzen Ordner und endete nach ein paar Minuten mit dem schlichten Satz: »Ich möchte dich gern jemandem vorstellen. Hast du morgen Vormittag Zeit, an Bord zu kommen?« Und ob ich das hatte!

Um es kurz zu machen: Dies war der Anfang einer ganzen Reihe von Jobs unter und über Wasser, auf die näher einzugehen hier nicht der richtige Platz ist. Es galt beispielsweise, ein Sicherheitsproblem in einem seiner Hotels zu lösen, in dessen Rahmen zuvor bereits ein SEK-Einsatz stattgefunden hatte. Das spannendste Projekt wurde jedoch an jenem Vormittag auf dem Katamaran besprochen, und ich traute meinen Ohren kaum: Mein Hotelier und ein Kompagnon, der mir nur mit Vornamen vorgestellt wurde, waren an angeblich gesicherte Wrackpositionen chinesischer Dschunken gelangt, die vor Ewigkeiten vor Indonesien gesunken waren. Allesamt beladen mit Porzellan, das noch älter war als das weiße Gold der Ming-Dynastie …

Mein anfängliches Misstrauen wich glatter Begeisterung, als ich merkte, dass die beiden es ernst meinten und auch schon einen Reigen illustrer Finanziers im Boot hatten. Unter anderem angeblich ein namhaftes Mitglied aus dem Hause Dräger. Ja, genau die mit den legendären Taucherhelmen. Da meine Referenzen sich interessant lasen, aber Papier bekanntlich geduldig ist, lud man mich zunächst als einzigen Taucher ein, an einem technischen Test in der Flensburger Förde teilzunehmen, bevor man mir ein konkretes Angebot machte.

Es ging dabei um eine Versuchsreihe mit einem sogenannten »Sidescan-Sonar«, das auch in tiefere beziehungsweise festere Sedimentschichten vorzudringen vermag. Dieser Trip sollte dazu dienen, die Praxistauglichkeit dieses Sonargeräts auszuloten und eine eventuelle Kaufentscheidung für die sauteure Apparatur herbeizuführen. Außerdem war es für mich eine Art Feuertaufe. Die beiden wollten feststellen, ob ich den Mund vielleicht zu voll genommen hatte.

Da meine Kontakte zur Marine immer noch allerbestens waren, reiste ich zum verabredeten Termin mit einer Tauchausrüstung an, die zwar mitnichten mir gehörte, aber das Beste war, was man auf diesem Planeten für so einen Zweck auffahren konnte. Inklusive Unterwasserfunksprechanlage, der neuesten Vollgesichtsmaske und dem besten Hightechanzug, den die Marine in Betrieb hatte. Alles in doppelter Ausführung. Selbst mehrere Geräte hatte ich dabei. Als sie die zahlreichen Alukisten sahen und ich erklärte, was sich darin so alles verbarg, knallten meinen neuen Freunden erst einmal die Kinnladen herunter, und ich hatte den Job so gut wie im Sack.

Als alles verladen war, ging es mit dem Katamaran zu einer in den Seekarten vermerkten Wrackposition in der Flensburger Förde, die als Schifffahrtshindernis offiziell vermerkt war. Dort zog ich mit der Sonde des Sonargeräts, das seine Werte nach oben sendete, über dem toten Schiff meine Runden. Während ich mir das Gerippe unten in Ruhe anschaute, werteten die Hightechfreaks an Bord bereits die Ergebnisse aus.

Das Ding wurde gekauft, man bot mir den Job an und ich – ich habe gekniffen.

Zum einen hatte ich nicht genug Kohle, um mich einzukaufen. Richtig reich wären also wie immer nur andere geworden. Zum anderen hatte ich zu dem Zeitpunkt gerade einige andere lukrative Eisen im Feuer. Viel wichtiger aber war, dass meine innere Stimme mir sagte: Lass die Finger davon! Selbst als mich Jahre später – ich war inzwischen Polizist in Berlin und meine erste Tochter bereits auf der Welt – der »Kompagnon« erneut in Berlin besuchte, um mir wieder einen Job anzubieten, zuckte ich zwar kurz, lehnte aber ab. Man war inzwischen fündig geworden, ich staunte nicht schlecht. Es gab jedoch massive Sicherheitsprobleme in Indonesien, rund um die Artefakte. Jetzt brauchten sie keinen Tauchereinsatzleiter mehr, sondern einen Sicherheitschef, dem sie vertrauen konnten. Einen Pistolero ... Meine innere Stimme sagte wieder: Nein.

Meine innere Stimme ist Gold wert! Wäre ich dabei gewesen, säße ich jetzt wahrscheinlich in Indonesien im Knast. Das Letzte, was ich von dem Projekt mitbekam, erfuhr ich aus dem »Spiegel«. Man hatte sich mit der indonesischen Regierung überworfen, las ich da. Ob nun aus Gier oder Dummheit, es wurden wohl die mit den Würdenträgern ausgehandelten Abgaben nicht nach Qualität, sondern nach Quantität abgerechnet, was die Herrschaften erboste. Wo man doch wusste, dass bereits einzelne Sahnestücke ihren Weg über ein englisches Auktionshaus zu finanzkräftigen Privatpersonen gefunden hatten. Der Hotelier, schlauer Fuchs, der er ist, war übrigens rechtzeitig abgesprungen. Ein besonnener, ruhiger Mann, gemacht für die Meere dieser Welt und so ganz anders als die Masse der sportlichen Binnenkapitäne, die ich später in Berlin kennenlernen durfte.

Ich hatte ja bereits angedeutet, dass mir ein ganzes Jahr wertvoller Erfahrung bei der Berliner Wasserschutzpolizei beschieden war. Dabei war ich zu der sicheren Erkenntnis gelangt, dass die allermeisten »Kapitäne« von Sportbooten und die Berliner Wasserschutzpolizei sich durchaus gegenseitig verdient haben.

Ein aufgebrachtes Exemplar dieser gutsituierten privaten Kapitänsmützenträger habe ich jetzt in der Leitung, und er zieht ordentlich vom Leder. Weil er geblitzt worden ist …

Richtig gelesen: »geblitzt«. Die Berliner Wasserschutzpolizei lauert nämlich hinter Uferböschungen und ähnlicher Tarnung, zuweilen mit laserunterstützten Geschwindigkeitsmessgeräten, denjenigen auf, die sich erdreisten, in den Rinnen der Stadt schneller als neun Stundenkilometer zu fahren. Schon wieder richtig gelesen: Es wird in Stundenkilometern gerechnet. Eine kleine Ergänzung ist noch nötig, für die Liebhaber von Feinheiten. Wenn man von dem Laserdingsbums der Wasserschutzpolizei geblitzt wird, blitzt es natürlich nicht … Tricky, oder? Dafür lernt man die Gesetzeshüter normalerweise gleich im Anschluss an die Verfehlung kennen.

»Wegelagerer!«, brüllt er, und ich lächele in mich hinein, weil ich mir schon vorstellen kann, was jetzt noch alles kommt.

»Wie schnell waren Sie denn?«, frage ich, obwohl ich genau weiß, dass ich damit den Finger tief in die Wunde stecke.

»14 km/h! Das müssen Sie sich mal vorstellen: 14 km/h!«, fönt er mich an, als ob ich ihn persönlich gestoppt hätte.

»Na, Sie sind ja ein richtiger Raser«, stelle ich fachkundig fest, und mein Herz erfreut sich sämtlicher Sympathielosigkeit. Gleichgültig, für welche Seite.

»Raser!? Das ist doch wohl nicht Ihr Ernst«, empört er sich.

»Die Wasserschutzpolizei war offensichtlich der Meinung, dass man hinter Ihrem Bötchen bei dieser Geschwindigkeit schon fast Wasserski fahren kann«, mache ich mich weiter bei ihm beliebt.

»Bötchen? Bötchen? Was heißt hier Bötchen? Meine YACHT hat 9,60 Meter und 375 PS«, klärt er mich mit Stolz in der Stimme auf.

Entsprechend devot fällt dann auch mein »Entschuldigung« aus.

»Gleiter oder Verdränger?«, frage ich und treibe ihn damit unbewusst in die Enge.

»Was?«, rutscht es ihm genervt raus.

»Gleiter oder Verdrängeeeer?«, wiederhole ich.

»Ach, jetzt kommen Sie mir nicht so«, outet er sich als das, was ich erwartet habe.

Wenn ich nach dem Preis von dem Kahn frage, haut er ihn mir garantiert wie aus der Pistole geschossen um die Ohren. Heißt bestimmt »Princess« oder »Elouise« oder so …

»Na ja, ist ja auch egal«, komme ich ihm entgegen, kann mir jedoch ein »Weswegen rufen Sie denn nun die 110 an?« nicht verkneifen.

»Weil das hier doch wohl nicht angehen kann, diese Korinthenkackerei«, macht er im gleichen Stil weiter.

»Korinthenkackerei«, zauberhaft. Es läuft also auf das hinaus, was ich hier lapidar als »Unmutsäußerung« dokumentiere. Wenn ich es dokumentiere. Da ich es mir von der Zeit her leisten kann und ich eigentlich recht gute Laune habe, mache ich mir noch einmal die Mühe eines Schlichtungsversuches, obwohl es mir nicht leichtfällt.

»Sie müssen das verstehen«, hole ich aus. »Die Wasserschützer sind bemüht, das Schilf und die Uferbebauung zu erhalten und alle, die darin zu Hause sind.« Klingt doch hübsch, denke ich selbstgefällig, fast wie ein Märchen …

So wirkt es aber auch anscheinend auf ihn, denn er poltert unwirsch weiter: »Unsinn, hören Sie doch auf! Ob ich hier mit fünf, zehn oder fünfzehn Kilometern pro Stunde entlangtuckere, ist doch wohl völlig schnuppe!«

Irgendwie habe ich keinen Bock mehr auf den Mist und lasse mich mit folgender Theorie gehen: »Tja, wenn Sie meine Frage eben, ob Sie einen Gleiterrumpf haben, begriffen und mit Ja beantwortet hätten, würde ich Ihnen den Tipp geben, dass Sie ab einer gewissen Geschwindigkeit überhaupt keine Bugwelle mehr schieben und quasi als Naturschützer unterwegs sind. Wenn da nicht das kleine Problem wäre, dass Sie erst mal in Fahrt kommen müssen.«

»W… wie bitte?«, stottert er überfordert.

Ohne auf seine Frage einzugehen, mache ich nahtlos weiter:

»Oder Sie kaufen sich ein Hoovercraft! Schiebt gar keine Welle. Soll gewaltig teuer sein, so ein Ding. Macht ordentlich was her. Wären Sie in Berlin bestimmt der Trendsetter der Saison.«

»Was, was, was?«, plappert er ungläubig.

Einer geht noch, denke ich mir und lege als Sahnehäubchen obendrauf: »Oder ein Flugboot, das ist doch auch was Feines. Gibt es in Berlin zwar schon einmal, aber immerhin wären Sie einer von zwei. Wenn das nicht exklusiv ist! Allerdings müssten Sie erst noch den Flugschein für den Wasservogel machen, was Ihnen bestimmt schwerfällt, wo doch schon der Binnenmotorbootführerschein wahnsinnig schwierig ist.«

»Sie halten sich wohl für sehr witzig, junger Mann, was?«, schnarrt es da unterkühlt aus der Leitung.

»Na ja, ich hab hier den Spitznamen Beerdigungskomiker. Warum? Fanden Sie meine Vorschläge nicht erbaulich?« Ich halte sauber Kurs.

»Ich werde Ihnen mal was sagen«, droht er mir. »Sie werden

sich für das, was Sie da gerade eben gesagt haben, verantworten müssen.«

»Wenn Sie wüssten, wofür ich mich alles zu verantworten habe, würden Sie staunen«, bleibe ich locker.

»Ich kenne den Polizeipräsidenten«, zischt er mir ins Ohr, was mich dermaßen einschüchtert, dass ich mich zu folgender Frage veranlasst sehe: »Sagen Sie bloß, der fährt auch mit ’nem Kreuzfahrtschiff auf dem Landwehrkanal auf und ab?«

»So, jetzt reicht es mir!«, schnaubt er da. »Sie sagen mir jetzt Ihren Namen und Ihre Dienstnummer«, fordert er barsch.

Automatisch raspele ich runter, was er hören will, und verlege mich anschließend aufs Betteln:

»Ach, nun seien Sie doch nicht so. In mir nagt doch nur der Sozialneid des Unterprivilegierten. Wollen Sie wirklich meine Karriere beenden? Bitte nicht!«

Eigentlich mache ich mich gerade erst warm, aber er antwortet nicht mehr.

»Hallooo?«, rufe ich ins Nichts, aber er hat mich verlassen.

Was für ein eindrucksvoller Kapitän! Der beschwert sich bestimmt und bringt wahrscheinlich gleich seinen Anwalt mit – oder den Polizeipräsidenten. Ob dann wohl beide weiße Kapitänsmützen tragen?

Der Schwangere

»Mann, die macht mich verrückt! Ich halt das nicht mehr aus! Können Sie die Frau nicht einweisen lassen?«, stöhnt es nicht nur entnervt, sondern schon fast zornig am anderen Ende der Leitung.

»Einweisen lassen«, sagt er, und meine Gedanken schweifen ab …

Sehr oft habe ich es hier mit Zwangseinweisungen zu tun. Als Amtshilfeersuchen für den »Sozialpsychiatrischen Dienst«, von uns nur schalkhaft »SPD« genannt, oder wenn es notwendig wird, dass die Funkwagenbesatzung Kunden zum Psychiater kutschiert. Unter »notwendig« rangiert hier, wenn jemand dermaßen frei dreht, dass er eine Gefahr für sich selbst oder andere darstellt, was nicht immer leicht einzuschätzen ist. Erschwerend kommt in diesem Zusammenhang hinzu, dass in Deutschland die Persönlichkeits- und Freiheitsrechte so hoch aufgehängt sind, dass einer durchaus mal mit dem eigenen Kot um sich werfen kann, ohne dass man ihn dafür gleich aus der Öffentlichkeit entfernen würde. Ein »Recht auf Scheißeschmeißen«, sozusagen. Was ja eigentlich fast legitim klingt, wenn man bedenkt, dass es doch schließlich auch ein Recht auf Scheißereden gibt. (Ja, ich weiß, ein Recht auf Scheißeschreiben auch …)

Besonders lustig wird es dann noch, wenn gelehrte Damen und Herren solchen Freaks attestieren, dass sie zwar zu meschugge sind, um für ihr Handeln zur Verantwortung gezogen zu werden, allerdings wiederum nicht bekloppt genug, um dafür irgendwo in Vollpension zu gehen.

Gestern hatte ich einen Mann am Telefon, der mir todernst verklickert hat, der Mieter über ihm pumpe ihm durch die geschlossene

Wohnungsdecke massenweise Vogelspinnen in sein Schlafzimmer, und zwar nur die besonders großen und haarigen. Das war relativ einfach. Wer sich auf so einem fiesen LSD-Trip befindet, springt auch schon mal auf der Flucht vor der Spinnenflut aus dem Fenster oder steckt die Bude in Brand, um die ekligen Biester abzufackeln. Alles schon gehabt. Ergo: einmal mit Tatütata die grünen Kammerjäger hinschicken. Beim Klassiker, den gefährlichen Strahlen vom Handyturm oder aus dem Weltall, wird es schon kniffliger. Zwar kann man es beim technisch fundierten Ratschlag belassen, die gesamte Wohnung von innen mit Alufolie auszukleiden, aber einer von hundert setzt sich dann auch schon mal die Bohrmaschine an die Schläfe, um sich von dem Druck zu befreien, den die Strahlen erzeugen.

Wenn das passiert, ist selbstredend der Polizist schuld, der nicht dafür gesorgt hat, dass sämtliche Bohrmaschinen sichergestellt wurden, und nicht etwa der Seelenklempner, der den Hilti-Fan nach Temperaturmessen und Pupillebeleuchten wieder hat laufenlassen. Im akuten Notfall geht es jedoch um eine gesellschaftlich völlig tolerierte Derangiertheit, weil die nämlich nur Begleiterscheinung ist bei einer … – Na, was? Genau: Schwangerschaft!

Da wir Männer ja bewiesenermaßen die wehleidigste Spezies unter Gottes schöner Sonne sind, neigen wir zu Dünnhäutigkeit und Nervenzusammenbrüchen während der Schwangerschaften unserer Frauen. Wie immer nehme ich mich da selbst nicht aus.

Schon bei der Geburt unserer Ersten, die sich im Krankenhaus partout und stundenlang weigerte, auf die Welt zu kommen, wurde das volle Programm gefahren, inklusive Lachgas. Ich habe irgendwann in einem unbeaufsichtigten Augenblick einen tiefen Zug von dem geilen Zeug genommen. Danach sah ich die ganze Welt erheblich relaxter. Nach einem kurzen, aber sehr lustigen Gespräch mit meiner ungeborenen Tochter im Stile von: »Los, rauskommen,

Polizei!«, habe ich die Sache mal eben geregelt, und anschließend im Kreischsaal war ich auch eine enorme Hilfe. Überhaupt gehen die Meinungen im Nachhinein weit auseinander, ob ich zum Beispiel auf eigenes Bestreben oder auf Wunsch meiner tapferen Frau mit in den Kreißsaal eingezogen bin. Zwar war ich keiner dieser Idioten, die mit Videokamera bewaffnet unter dem grünen Zelt verschwinden, ein tölpelhaftes Hindernis war ich aber allemal! In meiner Erinnerung hat mich meine Frau gebeten, ihr beizustehen, und mir mit Nabelschnur-durchtrennen-und-Winzling-in-Empfang-Nehmen die schönsten Momente geschenkt, die ein Menschenleben zu bieten hat. Schwangerschaftsvorbereitungskurse, wie sie einige meiner Kumpel erlitten haben, hat sie mir allerdings erspart. Wobei ich die Schilderungen der gepeinigten Jungs sehr genossen habe. Stichwort »Hechelatmung durch die Vagina« und so weiter …

Wenn ich eines während dreier Schwangerschaften gelernt habe, dann dies: Die Frau ist das Maß aller Dinge! Subjektiv und objektiv und überhaupt. Unter anderem, weil sie es einfach verdient hat, während dieser enormen physischen und psychischen Belastung nach Leibeskräften unterstützt zu werden. Neulich habe ich zu diesem Thema einen wunderschönen Spruch gelesen: »Der liebe Gott hat die Mütter gemacht, weil er nicht alles allein erledigen kann!« Damit ist eigentlich fast alles gesagt. Sie schenken Leben und geben dafür einen Teil ihres Lebens, ihrer Schönheit oder sogar ihrer Gesundheit. Dass sie in gewissen Umständen schier unfassbare Nervensägen sein können, gilt es schlichtweg stoisch zu ertragen.

Eine Lektion, die unser Anrufer offenbar noch lernen muss. Dass ausgerechnet ich es bin, der ihm dies jetzt beibringen soll, ist für ihn Fluch und Segen zugleich. Segen, weil ich einen Hattrick hinter mir habe und ein Bescheidwisser bin. Fluch, weil dieser reichhaltige Erfahrungsschatz eigentlich nur zu einer einzigen Erkenntnis geführt hat: dass er da einfach durch muss! Aus.

»Die macht mich kirre, die schwangere Auster!«, beschwert er sich und schildert weiter, sehr schön anschaulich: »Meckert den ganzen Tag mit mir, will andauernd was anderes und heult sogar schon beim Werbefernsehen! Überall liegen Papiertaschentücher rum. Sie flennt nämlich nicht nur beim Fernsehen, neeeein: Sie flennt, wenn sie sich im Spiegel sieht, der Briefträger keine Post bringt, die beschissene Primel im Blumentopf den Kopf hängen lässt, es regnet, neblig ist oder die Sonne soooo schön scheint … Ahhhhhhh!!!«

Grinsend und entspannt, in dem wohligen Gefühl, es selbst geschafft zu haben, lasse ich ihn zetern. Zetern hilft. Zumindest der verwundbaren Männerpsyche. Wenn wir aus Schnupfen Ebola machen können oder die Schwangerschaften unserer Mädels zu unseren eigenen und dann auch noch möglichst auf einen gefühlvollen, unkritischen Zuhörer treffen, ist das Balsam für unser spätpubertäres Gemüt. Er ist also schwanger, der arme Kerl. Und noch lange nicht fertig mit der Auflistung seiner Qualen.

»Nicht nur, dass ich den ganzen verkackten Haushalt selber schmeißen darf, nee, nee, nee, nee, nee, meine Telefonrechnung ist auch noch in astronomische Höhen geschnellt, astrooonooomisch!«, beschwert er sich und erklärt mir detailversessen:

»Astro-TV, schon mal gehört? Kennen Sie den Scheiß? Da können Sie anrufen, wenn Sie wissen wollen, wie das Wetter wird, wo der Gartenschlauch geblieben ist oder ob Ihr Baby vielleicht drei Arme kriegt. Die lesen das dann aus'm Kaffeesatz oder kitzeln es aus der Glaskugel raus. Gegen saftige Telefongebühren, versteht sich! Das Tolle ist, dass die da dutzendweise solche Freaks beschäftigen. Man kann also immer wieder anrufen und den nichtssagenden Mist vom Glaskugelspinner mit dem nichtssagenden Mist vom Kaffeedreckleser vergleichen, um es dann noch mal von der Tarotkarten-Tante durcharbeiten zu lassen. Bis die nächste Schicht kommt! Klasse, was? Mann, ich spring hier noch aus 'm Fenster!«

Nicht nur, weil er eben was von »Gartenschlauch« erzählt hat und ich deshalb auf Einfamilienhaus tippe, sage ich:

»Lieber nicht, das bringt nichts.«

»Sie haben gut reden«, kämpft er weiter um mein Mitleid. »Ich hab hier keine ruhige Minute! Die quasselt und schnattert in einer Tour, rund um die Uhr. Quasi 26 Stunden am Tag!«

»Haben Sie keine Freunde oder Familienmitglieder, an die Sie das Plaudertäschchen mal weitergeben könnten?« Ich versuche langsam konstruktiv zu werden, weil er mir sonst noch stundenlang in die Kopfhörer jammert.

»Nein, das ist es ja«, ruft er. »Sie ist Schweizerin, die sind alle da drüben! Ich bin ganz alleine.«

»Schweizerin?«, wundere ich mich. »Sind das nicht eigentlich die, die tendenziell eher beim Reden einschlafen?«

»Ja, toll! Meine nicht«, wischt er meinen Versuch, witzig zu sein, beiseite.

»Wie steht's mit der Hebamme oder ihren Eltern?«, versuche ich mein Glück weiter.

»Neiiin«, blockt er genervt ab, »das Prachtstück geht nur mir auf den Keks!«

Du hast das Prachtstück ja schließlich auch geschwängert, du Pfeife, denke ich und habe ihn langsam satt. Am liebsten würde ich ihm sagen, dass er mal eine Woche mit ihr tauschen sollte, damit er Grund hat zum Nölen. »Einweisen lassen.« Spinner! Da ich aber im Laufe des letzten Jahrzehnts zum weichgespülten Menschenversteher mutiert bin, gebe ich mir noch mal Mühe mit ihm und versuche ihm zu verklickern, wie ich die »tolle Zeit« hinter mich gebracht habe:

»Es hilft alles nichts, Sie müssen da durch! Und das meine ich in aller Konsequenz! Massieren Sie ihr die Füße, lassen Sie ihr ein warmes Vollbad ein, schauen Sie sich die beknackten Soaps auf der Couch mit ihr zusammen an. Hören Sie sich meinetwegen mit 'nem Knopf im linken Ohr Inforadio oder Fußballübertragungen an. Aber diskret bitte! Kaufen Sie ihr eins von diesen großen, langen Schwangerschaftskissen, das sie sich zwischen die Beine klemmen und auch mal würgen kann. Statt ihren Mann! Überhaupt, stopfen Sie ihr Kissen in den Rücken, und legen Sie ihr 'nen Kassettenrekorder auf die Kugel. Aber keinen Ghettokracher und keine Hard-Rock-Mucke, bitte. Wenn sie nämlich starke Rückenschmerzen hat und aufgeregt ist, ist sie noch unausstehlicher! Und dann besorgen Sie ihr, um Himmels willen, zu essen, was immer sie möchte! Erstens kommen Sie mal raus, und zweitens: Wer den Mund voll hat, kann nicht reden, und wer satt ist, schläft.« Und weil ich mich gerade warmgequasselt habe, mache ich noch weiter: »Apropos schlafen – hier noch ein Tipp unter Männern: Während der Schwangerschaft sind die Katzen wunderbar durchblutet im gesamten Unterleib, was dazu führen kann, dass sie spitz sind wie Nachbars Lumpi. Muss nicht sein, aber kann. Sex ist gesund. Nach neuesten wissenschaftlichen Erkenntnissen sogar für alle drei. Blümchensex, wohlgemerkt! Außerdem macht's schon wieder müde. Aber nicht vor ihr einpennen, klar? Wenn gar nichts mehr geht, bleibt nur noch ein Bremsfallschirm: Deponieren Sie an einem geheimen kühlen Ort 'ne Kiste Bier. Mit ohne alkoholfrei. Dabei aber bitte im Hinterkopf behalten, dass Sie den Michael Schumacher geben müssen, wenn die Fruchtblase platzt. Mit 3 Promille im Blut macht sich das nicht so gut ... So, alles klar so weit?«, frage ich, mit Fransen an den Lippen.

Da macht es »klick«, und er hat aufgelegt.

Blödes Arschloch!, denke ich und sehe im Geiste schon wieder einen kleinen Menschen ohne Papa aufwachsen.

Lieber gar keinen als einen schlechten Papa, versuche ich mich zu trösten, aber paradoxerweise stimmt das leider nicht.

9/11

Wo waren Sie, als es passierte? Wir waren in einem Billigschuhgeschäft vor den Toren Berlins, weil meine drei Minichaoten alle neue Treter brauchten. Mitten in der Kinderecke, umgeben von winzigen Möbeln, stand ich, wie immer hilflos und genervt, weil die Biester wieder mit nichts zufrieden waren, direkt vor dem Flachbildmonitor, auf dem normalerweise Benjamin Blümchen in einer Endlosschleife seine Runden dreht, als plötzlich NTV übertragen wurde. Mein Blick streifte kurz den Monitor, dann schaute ich zu meiner Frau, die gerade versuchte, der Mittleren ein Paar Turnschuhe aufzupfropfen. Höchstens zwei Sekunden danach flog mein Kopf wieder nach links, und ich realisierte, was da gezeigt wurde. Mit offenem Mund drehte ich mich frontal zu dem bewegten Bild, das ich zwar sah, aber nicht begreifen konnte, und fast zur gleichen Zeit, als der erste Turm einstürzte, wurden meine Beine weich, und ich sank auf einen kleinen roten Stuhl.

Ich spürte, dass mein Kinn zu zittern begann und mir eine dicke Träne die rechte Wange hinunterrann. Scheiße, ich fing an zu heulen, mitten im Schuhgeschäft, weil irgendwas in mir den Aufschrei Tausender Menschen fühlte und ich damit nicht klarkam. Bis zum heutigen Tage kann ich von keinem Polizeieinsatz oder dem Anblick eines toten Menschen berichten, der mich je so bis ins Mark traf wie diese Bilder. Es ist mir selbst unerklärlich, weil meine stumpfe Seele eigentlich schon schlimmere Anblicke verkraften musste. Sogar jetzt, wo ich diese Zeilen schreibe, fange ich schon wieder an zu heulen. Ich komme mir bescheuert vor …

Das Nächste, woran ich mich erinnere, ist, dass ich die Hand meiner Frau in meiner spürte, bis der Kleine sich zwischen uns drängte und uns beide an die Hand nahm. Meine Mädchen kamen aus verschiedenen Gängen gelaufen und nahmen wie automatisch links und rechts außen unsere Hände. Nicht wegen dem, was im Fernsehen lief, sondern weil sie Papa bis dahin noch nie hatten weinen sehen.

Als mein Verstand wieder klarer wurde, fing ich an zu überlegen, wie viele Feuerwehrmänner und Polizisten wohl in den Turm gerannt sein mochten, bis das Gebäude nachgab, und ich beruhigte mich kein bisschen. Meine Frau musste uns an diesem Tag nach Hause fahren, und ich liebe sie dafür, dass sie sich nicht schämte, mich an der Hand aus dem Einkaufszentrum zu führen …

Warum ich Ihnen das erzähle, wo ich doch bei der Sache nur als beschissenes Weichei dastehe? Kann ich Ihnen sagen. Weil ich möchte, dass Sie an jedem 11. September jener Frauen und Männer gedenken, die an diesem Ort ihr Leben gelassen haben und deren Leichen man größtenteils niemals fand. So als hätte es sie nie gegeben. Und last, but not least, weil ich voller Zorn und Wut über einige Anrufe bin, die ich in jenem September 2001 am Notruf der Berliner Polizei entgegennahm, und es einfach nicht für mich behalten kann! Es riefen mich Menschen an, die ich hier nicht wörtlich zitieren und auch nicht näher beschreiben will, die ihrer Freude und Genugtuung darüber Ausdruck verleihen wollten, was in New York geschehen war. Sowohl in Bezug auf den Fall des Symbols aller freiheitsliebenden Menschen dieser Erde wie auch über den Tod der dort gestorbenen Polizisten. Mehrfach! Ich habe diesen Leuten, deren Aussagen teilweise von Partylärm im Hintergrund untermalt waren, kommentarlos zugehört, weil mir die Worte fehlten, was selten vorkommt …

Holz

UWNAD steht im Marinejargon als Abkürzung für die scrabbletaugliche, aber irgendwie unaussprechliche Wortkreation: Unterwassernahkampfmittelabwehrdienst. Routine zumeist und weit weniger spektakulär, als die Bezeichnung vermuten lässt. Geht es doch in den seltensten Fällen um das Auffinden und Unschädlichmachen von irgendwelchen Kuckuckseiern, die vorzugsweise an den Schwachstellen eines Schiffes – Welle, Propeller- oder Ruderblatt – angeklebt werden, beziehungsweise ähnlich gearteten Sabotageversuchen, als vielmehr um die Funktionskontrolle der unter der Wasserlinie liegenden und für den Kahn lebensnotwendigen technischen Einrichtungen. Schiffsrumpfkontrolle könnte man auch sagen, aber das wäre wohl zu einfach. Wenn wir der Wahrheit die Ehre geben, kann man die Angelegenheit allerdings auch nicht wirklich verallgemeinern. Von »mal eben ein Auge werfen« über »Royal-Navy-Verfahren«, wo sich bis zu acht Taucher, aneinandergebunden mit dem Rücken zum Grund, am Rumpf entlangtasten, bis zu Videokonferenzschaltungen auf die Brücke des Kriegsschiffes hinauf, wo der Kommandant und sein Offiziersstab direkt mit dem eingesetzten Taucher kommunizieren, habe ich schon alles gemacht. Aber am Anfang stand der Ochsenfrosch …

Auf Grund von Querelen in der Kampfschwimmerkompanie, wo ich mich nach acht Monaten mit einem Ausbilder angelegt hatte (… feige Drohne, später dazu mehr), schlug ich irgendwann im Kieler Marinehafen auf, wo man mich der Stützpunkttauchergruppe zugeteilt hatte. Vorspiel dieser »Entförderung« (… aber nur auf den ersten Blick): nach erfolgreich abgeschlossener Hallenausbildung sagte der damalige Leiter des Ausbildungszuges der Kampfschwimmerkompanie Eckernförde in Anwesenheit der übrigen Ausbilder zu mir, Zitat: »Wir haben bei Ihnen das Gefühl, Sie gehen über Leichen.« Eine Einschätzung, die ich damals eher als Kompliment denn als Rüge nahm, obgleich sie wohl als Rüge gemeint war. Zutreffend war sie allemal. Aber bitte: Was hatten sie denn erwartet? Wen glaubten sie da unter Vertrag genommen zu haben? Zu dem Zeitpunkt hatte ich bereits eine bescheidene Karriere als Türsteher und Karateka hinter mir und wahrscheinlich mehr Blut gesehen und geleckt als die meisten meiner blauen Kameraden. Sie quälten uns und setzten uns Situationen aus, die jenseits normaler Vorstellungskraft waren. Wie, dachten sie wohl, reagiert jemand wie ich auf so eine Behandlung? Seit frühester Kindheit habe ich auf Grund von Schmerzen noch nie klein beigegeben, sondern immer nur, wenn die Mechanik versagte oder die Schaltzentrale.

Break

Alle Polizeitaktiker, die dieses Buch in die Hand bekommen: Bitte gut aufpassen! Es gibt nämlich verdammt viele Typen wie mich, und die allermeisten, die ich kennengelernt habe, spielen in der Mannschaft der Bösen. Die nimmt man nicht einfach fest, indem man ihnen den Arm auf den Rücken dreht …

Wenn sie also etwas von mir verlangten, haben sie das auch bekommen. Im Rahmen meiner Möglichkeiten. In der Wahl der Mittel war ich dabei nicht fein und mehr oder minder rücksichtslos. Den anderen gegenüber und mir gegenüber auch.

Beispiel: Sie ließen uns in der Halle, ohne Gerät, um einen am

Grund befindlichen Stuhl kämpfen. Wer als Letzter auf diesem Stuhl saß, hatte sich eine fünfminütige Pause erstritten. In diesem Lehrgang, in dem jede Minute Ruhe wertvoll war, weil man sich den ganzen Tag ausschließlich laufend bewegen musste, eine wahrlich verlockende Aussicht! Also drückte ich Schlagadern ab, quetschte Hoden, setzte die Finger auf Augäpfel und Nervenpunkte oder verlor am Ende schlicht das Bewusstsein und tauchte nicht wieder auf. Diese »Übung« ist komplexer, als man auf den ersten Blick meint. Es geht nämlich nicht nur plump um das Durchsetzungsvermögen. Vielmehr will man sehen, wie weit der Einzelne geht, und man dreht stetig, wie eigentlich während des gesamten Lehrgangs, an der Belastungsschraube, um herauszufinden, wann physisch oder psychisch die Sicherungen rausfliegen. Übrigens sei hier angemerkt, damit kein falscher Eindruck entsteht, dass ich keineswegs der tollste Hecht im Karpfenteich gewesen bin. Im Gegenteil. Unter den wenigen Verbliebenen, wahren Prachtburschen, war ich in puncto Ausdauer, bezogen auf schwimmen und laufen, die größte Flasche. Die Männer um mich herum waren Wasserballer, Triathleten oder ähnliche Kaliber und ließen mich gelegentlich aussehen wie eine Bleiente. Überhaupt entsprachen auch die Ausbilder rein optisch nicht unbedingt dem, was sich der Film und Fernsehen konsumierende Mitbürger so vorstellt. Zähe, lederne Männer waren das. In den meisten Fällen ohne überflüssige und ausladende Muskeln, die versorgt und transportiert werden müssen. Einer von ihnen, Oberbootsmann A., war ein Siebzig-Kilo-Mann mit einem ausgeprägten Hang zum Sarkasmus und vielleicht einer Prise Sadismus. Der »Abt des Todes«. Ich mochte ihn. Allein schon auf Grund seines geringen Körpergewichtes. Sie benutzten uns nämlich gern als »lebenden Teppich«, vorzugsweise bei matschigem Untergrund, indem sie uns über den Bauch marschierten. Selbstverständlich nur, um unsere Bauchmuskeln zu testen. Ein anderer Ausbilder, ein Oberbootsmann, pflegte uns, vornehmlich wenn es an die Substanz ging, immer wieder die beiden selben Fragen entgegenzubrüllen. »Was seid ihr?« und »Was wollt ihr?« hieß es dann, und wir schrien zurück, der Ohnmacht nahe: »Diamanten, Herr Oberbootsmann!« und »Geschliffen werden, Herr Oberbootsmann!« Manchmal träume ich noch davon. Als ich diesen Ausbilder das letzte Mal sah, besuchte ich ihn im Krankenhaus, wo er lag, weil er sich nach einem missglückten Fallschirmsprung den Rücken verbogen hatte. Jetzt hat er, wie ich in der Zeitung las, eine international erfolgreiche Sicherheitsfirma, die sich auf die Bekämpfung von Hochseepiraterie spezialisiert hat. Schuster, bleib bei deinem Leisten …

Na ja, sie hatten uns auf jeden Fall am Ende so drastisch dezimiert, dass das Verhältnis Ausbilder zu Schüler annähernd 1 zu 1 betrug. Jeder von ihnen ließ uns, seinen persönlichen Talenten und Vorlieben entsprechend, auf seinem Fachgebiet die Luft raus, um uns dann an den nächsten Ausbilder weiterzugeben. Was für ein Horror. So kam es, dass ich eines Tages, ausgezehrt und eigentlich auch am Ende meiner Kräfte, gegen einen Ausbilder aufbegehrte. Er war ebenfalls Oberbootsmann. Einen halben Kopf kleiner als ich, aber fast doppelt so breit, weil aufgepumpter Bodybuilder. Bezeichnenderweise habe ich seinen Namen vergessen. Ich stand vor ihm, habe ihn beleidigt und hätte ihm wahrscheinlich auch in die Kehle gebissen, was er wohl gespürt hat. Nicht nur, dass ich mich natürlich in einer Grenzsituation befand, nein, ich hatte schon als Fünfzehnjähriger die Angst und den Respekt vor Bodybuildern verloren. Er ging wenig souverän mit der Situation um. In seiner und meiner Welt gab es eigentlich nur zwei ehrbare Möglichkeiten für ihn zu reagieren. Entweder er nahm den Fehdehandschuh auf und faltete mich an Ort und Stelle nachhaltig, oder er erwirkte, dass mir, wie damals üblich, eine schwere und unhandliche Bombenattrappe umgehängt wurde. Für ein bis zwei Wochen hätte ich dieses Ding 24 Stunden am Tag tragen müssen, bis ich zusammengebrochen wäre oder mich deutlich disziplinierter verhalten hätte. Danach wäre die Sache aus der Welt gewesen. Er aber rannte sofort zu Papa, und kurz darauf saß ich vorm Chef der Kompanie, der mir nahelegte, das Handtuch zu werfen, was ich auch tat. Ich war ohnehin alle. Sei's drum, nach dem Abschluss der Hallenausbildung und dem anschließenden Gespräch, inklusive der trockenen Einschätzung meines Charakters durch den Ausbildungsleiter, habe ich sie gehört, die heiligen Worte des Chefs, als einer von drei Übriggebliebenen, und zwar von so vielen Jungs, dass Sie es mir sowieso nicht glauben würden: »Sie haben den härtesten Lehrgang, den diese Bundeswehr zu bieten hat, überstanden. Wann immer Sie sich zukünftig in Gefahrensituationen befinden werden, können Sie auf diese Erfahrung zurückgreifen und sich sagen: Ich habe es damals geschafft, ich schaffe es jetzt auch!«

Dann band man uns die sündhaft teure IWC-Ocean ums Handgelenk (die ich natürlich umgehend in Hamburg bei Wempe habe schätzen lassen) und beglückwünschte uns. Mein Ego war befriedigt. Zumal ich trotz meines »miesen Charakters«, oder vielleicht gerade deswegen, in die weitere Ausbildung eingesteuert wurde. Offensichtlich glaubte man, diese meine angebliche Wesensart im Sinne der Einheit kanalisieren zu können. Erst machte ich alle möglichen Führerscheine und kämpfte mich dann durch die schier unglaubliche Freiwasserausbildung, bis mir der oben geschilderte Fauxpas unterlief und meine Kohle verbrannt war. Ich kenne einige Kampfschwimmer, die ihr Ziel erst im zweiten oder sogar dritten Anlauf erreichten, aber das war meine Sache nicht. Für so etwas war und bin ich zu stolz oder meinetwegen zu arrogant. Schließlich hatte ich versagt …

Was bin ich dem lieben Gott dankbar, dass er an diesem Scheideweg, wie so oft in meinem Leben, seine Hand schützend über mich hielt und mich die richtige Entscheidung treffen ließ. Denn ich fand mich im Kieler Marinestützpunkt vor einem Mann wieder, der mein Leben entscheidend beeinflussen sollte, weil ich fachlich, wie menschlich so viel von ihm lernen sollte wie zuvor nur von dem Mann in Weiß.

Wie aus dem Ei gepellt und mit Lametta behängt stand ich, im militärischen Gruß arretiert, vor ihm und bellte meine ellenlange Versetzungsmeldung. Er saß dabei vor mir, in einem zweckentfremdeten Toilettengebäude, und versuchte sich schwitzend aus einer Art einteiliger Unterwäsche zu pellen, wie sie die Cowboys im Wilden Westen getragen haben. Dabei hatte er, stilecht und leicht schräg, die militärische Kopfbedeckung auf der Rübe. Der hat 'ne Wampe und 'ne Fellfresse (sprich Vollbart), dachte ich bei mir, was is'n das für 'n Taucher? Der beste Taucher, den ich jemals die Ehre hatte kennenlernen zu dürfen, wie sich herausstellen sollte.

Unter seiner Führung reifte ich zu einem versierten Arbeitstaucher, der selbst bei völliger Dunkelheit und mit schlafwandlerischer Sicherheit Ausrüstungen und Werkzeuge handhaben konnte, die sogar einem James-Bond-Film zur Ehre gereichen würden. Dank ihm bestand ich nicht nur den unfassbar teuren und umfangreichen Helmtaucherlehrgang, was mich zu einem von knapp sechshundert Männern meiner Zunft machte, die die Bundeswehr seit ihrem Bestehen hervorbrachte, sondern ich kam auch durch die Prüfungen der Industrie- und Handelskammer zu Lübeck, was mich in die Lage versetzt, als Spezialist meines Faches auf der ganzen Welt anzuheuern. Es reicht übrigens auch knapp, um bei der Berliner Polizei als Telefonistin zu arbeiten … Viel wichtiger aber ist, dass er mich lehrte, dass reparieren schwieriger ist als zerstören und vor allem ehrenhafter!

»Jetzt sei mal nicht so aufgeregt, Kleiner. Leg deine Sachen in das

Waschbecken hinter dir und setz dich erst mal hin. Martin gibt dir nachher das ganze andere Zeug, das du noch brauchst«, hörte ich das Walross sagen und stellte mit Befremden fest, dass es in dem Laden stank wie im Pumakäfig. »Martin« war die Nr. 2 der Stützpunkttauchergruppe, schweigsam und ehemaliger Minentaucher mit einer riesigen Narbe quer über dem Bauch, auf die er nicht angesprochen werden wollte.

Als sie mich »eingekleidet« hatten, mit dem besten Equipment, das man für Geld kaufen kann, unter anderem einem KV-Anzug von Poseidon (Hallo, Wolfhard. Einen herzlichen Gruß an euch! Ich hoffe, es geht euch gut und ihr schickt mir ein hübsches Präsent für die Schleichwerbung ...), fand ich mich auch schon im Kieler Hafenbecken wieder, um mich an das coole Teil zu gewöhnen. KV steht für Konstantvolumen, was eigentlich Quatsch ist, weil es sich um ein halbgeschlossenes System handelt, das sich mittels externer Zweiliterflasche, in einer Beintasche getragen, und zweier Ventile aufblasen beziehungsweise tarieren lässt. Ziemlich tricky, das Ganze. Wenn man sich nämlich blöde anstellt, so wie ich zunächst, schießt einem die Luft beim Kopfüberabtauchen in die Füßlinge, und man treibt auf wie eine hilflose Boje. Habe durch diese und ähnliche Aktionen für viel Heiterkeit gesorgt, unter den Augen des fachkundigen Publikums. Am dritten Tag hieß es dann auch schon: UWNAD U-BOOT, und ich war der auserkorene »Spezialist«, der die Sache durchführen durfte. Klasse!? Nervös nestelte ich an meinem »Astronautenanzug«, was mein Tauchermeister natürlich bemerkte, und er beruhigte mich mit den Worten: »Pass mal auf, Kleiner. Du gehst einfach runter, nimmst das Boot in deine Arme, streichelst es überall ein wenig, und erzählst uns dann, was dir nicht gefallen hat, wenn du wieder oben bist. Du hast alle Zeit der Welt.« Dann sagte er noch: »Ich verspreche dir im Gegenzug, dass das Sonar nicht aktiv ist und der Propeller sich auch kaum dreht«, und die ganze Truppe brach in schallendes Gelächter aus. Dass ich mit »SONAR-AKTIV« und drehenden Propellern Erfahrung hatte, verschwieg ich beflissentlich, weil ich nicht altklug wirken wollte. Außerdem hatte ich andere Probleme. Wir bestückten also zwei Zodiacs und fuhren in schneidiger Kampfkurve an der Außenmole vor der »Angströhre« vor, hinter der wir an der Pier festmachten, auf der aufgereiht die gesamte U-Boot-Besatzung wartete und zu uns herunterblickte. Da standen sie nun, die »grauen Wölfe«. Allesamt die Hände bis zu den Ellenbogen in den Hosen- und Jackentaschen vergraben, unrasiert und in einem wilden Uniformmix von Olivparka über Katzenfellweste bis Blaumann. Mittendrin »der Alte«, der gar kein Alter war, sondern einer von diesen blitzgescheiten jungen Männern, denen ihre Jungs vertrauen, weil sie es einfach verdient haben. Mein Taucherhelfer, welch Luxus, setzte mir mein Gerät auf, ich zurrte es fest und ließ mich, bemüht professionell wirkend, rückwärts in die kalte braune Soße fallen. Damit beschäftigt, die Luft in meinem Anzug richtig zu verteilen, wuselte ich, mit dem Rücken nach unten, zunächst zum tiefsten Punkt des Rumpfes, der vor sich hin brummte wie ein gelangweilter, aber missmutiger Bernhardiner, dem man besser nicht zu nahe kommt. Hierzu muss man wissen, dass sich Schall im Wasser fünfmal schneller ausbreitet als in der Luft und man im Nahbereich eines Schiffes als Taucher quasi komplett mitvibriert bis in die allertiefste Magengrube. Ein psychologisch sehr belastendes Moment, an dem viele Jungs in der Ausbildung gescheitert sind. Interessanter und wesentlich gemeiner wird die Angelegenheit, wenn man sich im Freiwasser befindet und ein solches Geräusch »spürbar«, aber natürlich nicht sichtbar auf einen zukommt! Als »Saboteur« arbeitet man zumeist mit einem sogenannten »Sauerstoffregenerationsgerät«, welches den Vorteil hat, keine Blasen abzusondern, aber den Nachteil, dass sich der reine Sauerstoff ab einem Partialdruck von mehr als 2 Bar absolut, also jenseits von zehn Metern Wassertiefe, auf den menschlichen Organismus toxisch, sprich giftig auswirken kann. Mehr als einmal schwebte ich mit großen Augen wie der kleine Nemo vor der Entscheidung, auf Tiefe zu gehen, um mich vor dem fetten Dampfer in Sicherheit zu bringen, oder reglos zu verharren und zu hoffen, dass das Ding mir nicht über den Schädel fährt. Die Optionen bei einem größeren Schiff mit entsprechendem Tiefgang sind hierbei also eventuell auszukeksen, wegen des oben beschriebenen Sauerstoffproblems, oder eben – Frosch in Moulinette. Schwarzer Frosch, in diesem Falle. Obwohl, anschließend eher rot …

Mir ist so etwas auch nachts passiert, und ich sage Ihnen verbindlich: Es gibt Situationen, »gefühlte Geräusche« und Entscheidungen, die einen für immer begleiten …

Solche Geschichten wird aber wahrscheinlich auch jeder Elektriker erzählen, der beim Strippenziehen mal unisoliert das falsche Kabel gekappt hat. Wir schweifen ab …

Inzwischen sauber austariert, schwebte ich fast elegant nach achtern, um dort den phantastischen »Flüsterpropeller« mit den Händen in Augenschein zu nehmen. Mit den Händen deshalb, weil in großen Häfen und ähnlichen Gefilden die Sichtweite selten mehr als dreißig bis vierzig Zentimeter beträgt. Im Winter ist sie besser als im Sommer, wo Verschmutzung, durch die vielen Schiffe aufgewühlter Grund, Algenblüte und Quallenpest zwar für Stimmung, aber nicht für Durchblick sorgen. Ein altes Sprichwort der Zunft sagt: »Die Augen des Tauchers sind seine Hände«, und da ist auch wirklich etwas dran. Ich befummelte also zärtlich dieses Prachtstück deutscher Ingenieurskunst, war zufrieden mit dem Bild, das sich dabei in meinem Kopf zusammensetzte, und hangelte mich weiter unten am Kiel entlang, bis ich auf etwas stieß, was ich nicht erwartet hatte. Nein, keine Muräne, kein Hai und auch keine Meerjungfrau, sondern: Holz! Zumindest fühlte und hörte es sich an wie Holz. »Holz?«, dachte ich. »Geht nicht!« Die Außenhaut dieser »Hightech-Angströhre« sollte gefälligst glatt und ebenmäßig sein wie ein Delphin oder Babypopo und sich nicht anfühlen wie eine Hansekogge! Wie eine marode Hansekogge auch noch, denn ich konnte einige der »Holzlatten« zu allem Überfluss auch noch bewegen! Obwohl wir über entsprechende Gerätschaften verfügten, per Draht und sogar ein am Oberschenkel zu tragendes Unterwassersprechfunkgerät mit Mikrophon in der Vollgesichtsmaske, war ich im Moment froh, dass keine Sprechverbindung zum Oberdeck bestand. Man stelle sich vor, ich melde »Holz am Kiel« nach oben!? Ich musste nachdenken … Mein erster Auftrag für die Truppe hier und dann so ein Scheiß!? Vielleicht wollen sie »den Neuen«, marineüblich, kräftig vorführen, überlegte ich … Wäre aber wohl ein bisschen aufwendig und teuer, die Nummer, verwarf ich den Gedanken wieder. Wenn man die Kosten für U-Boot und Tauchereinsatz zusammenzieht, wäre das ein bisschen zu abgedreht für einen blöden Witz!

Nachdenklich planschte ich den Rest von dem Kahn ab und fasste mir dann ein Herz. Irgendwann musste ich ja schließlich wieder auftauchen. Langsam steckte ich den Kopf aus dem Wasser, löste im Zeitlupentempo die Gummispinne meiner Vollgesichtsmaske, legte diese extrem lässig über meine linke Schulter, zog meinen rechten Handschuh aus, wischte mir bedächtig mit der flachen Hand über das nasse Gesicht und blickte in die Runde der erwartungsvollen Gesichter. Dann machte ich meine Meldung, die, verstärkt durch den rüden militärischen Ton, den sie mir eingebrannt haben und den ich bis heute am Leib habe, wenn es ernst wird, noch skurriler klang. Wie zu erwarten war, fing die gesamte U-Boot-Besatzung nahtlos an zu wiehern, wie eine Herde junger Hengste. Die Taucher nicht. Die Taucher sahen sich schweigend an und überlegten. Klar war ich »der Neue«, aber sie hatten meine Taucherdienstbücher gelesen und in den letzten Tagen beim Umziehen an meinen Narben, Muskeln und Verhaltensweisen gesehen, dass ich keine »totale Bleiente« sein konnte. Oder vielleicht doch …? Holz am U-Boot! Ich hätte so einen Quatsch auch nicht geglaubt. Während ich mich darüber ärgerte, dass ich nicht mit Gewalt eine Holzlatte abgebrochen hatte, von ihrer Gurke, um sie ihnen unter die Nase zu halten, näherten sich einige der Spaßvögel vor Lachen der Ohnmacht. Doch plötzlich, auf eine unmerkliche Geste ihres Kommandanten hin, verstummten alle fast gleichzeitig und rieben sich nur noch ein paar Tränen aus den Augen oder schnappten nach Luft. Der Skipper trat einen Schritt nach vorn und richtete, im wahrsten Sinne des Wortes von oben herab, das Wort an mich:

»Junger Mann, dies ist ein Unterseeboot der Deutschen Bundesmarine, das ist nicht aus Holz!« Kaum hatte er ausgesprochen, war es um die Beherrschung seiner Leute gänzlich geschehen, und sie torkelten lachend oben auf der Pier umher, als seien sie besoffen. Ich hätte sie alle killen können, die Scheißer!

Mein Tauchermeister kniff ein Auge zusammen und schaute, im Schlauchboot stehend, zu mir, der ich immer noch bis zum Hals im Wasser war, herunter. Dann fragte er: »Holz?«

»Holz!«, zischte ich mit gekräuselter Nase und gefletschten Zähnen zurück.

»Okay. Komm raus, Kleiner. Ich geh rein«, sagte er, schmiss sich überraschend geschickt ein Gerät über den Kopf auf den Rücken und war auch schon verschwunden. Ich steckte mein Gesicht noch einmal in das eiskalte Wasser und zog mich aufs Schlauchboot. Nach quälend langen Minuten, in denen ich bereits begann, mich zu fragen, ob ich nach den paar Metern schon einen Tiefenrausch hatte, durchbrach plötzlich eine schwarze Neoprenfaust die Wasseroberfläche. Eine Sekunde darauf stieß, noch bevor der Kopf zu sehen war, die zweite Hand nach oben, welche ein circa sechzig

Zentimeter langes, abgesplittertes Stück Kiefernholz fest umklammerte. »Bingo!«, jubilierte ich innerlich und hätte den alten Sack umarmen können. Oben auf der Pier erstarb das Lachen.

Mit den Worten: »Hier, halt mal, Kleiner«, reichte er mir das Teil und robbte auf unseren Gummidampfer. Mit einem scheelen Seitenblick nach oben freute ich mich schon darauf, mit ihm gemeinsam den Knallern heimzuzahlen, dass sie mich und damit letztlich uns ausgelacht hatten. Aber das war nicht sein Stil … Ich hatte den ganzen Köcher voller Giftpfeile! Angefangen von »Gegen wen wollt ihr denn in See stechen?« über »Habt ihr überhaupt 'nen Führerschein für das Ding?« bis »Ihr merkt erst, dass ihr den Bug voll Müll habt, wenn ihr 'ne Eskimorolle dreht« hatte ich einiges auf der Pfanne, um eine saubere Prügelei anzuzetteln. Aber just als ich anfangen wollte zu geifern, legte mein Tauchermeister einen Zeigefinger auf seine Lippen, und ich gehorchte widerwillig. So kam es, dass die Besatzungsmitglieder des Unterseebootes gute Freunde von uns wurden, statt dass der Grundstein gelegt wurde für eine ewig währende Fehde. Zumal wir den Ball und die Informationslage darüber extrem flach hielten, dass Unterseeboot, dem man im Trockendock, in der Werft, hölzerne Schoner unter den Bug gepappt hatte, quer über die Förde geschippert war, um in seinem Heimathafen in guter alter Seefahrertradition mit einem »Beinaheholzschiff« anzulegen. Wir haben ihnen den Krempel abmontiert und noch Jahre später über die Sache gelacht, und zwar gemeinsam. Manche Männer tragen den Titel »Meister« eben zu Recht …

Harald Ebsen ist so ein Mann. Fachlich wie menschlich wurde er dem hohen Anspruch eines »Tauchermeisters« wahrlich gerecht, auch wenn es ihm sicherlich nicht passen wird, dass ich ihn hier namentlich nenne. Allerdings wird er wohl kaum rechtliche Schritte gegen mich einleiten, es sei denn, ich nenne ihn noch einmal »Walross«. Sein Zivilberuf ist Bootsbauer, und auf den ersten Blick hielt ich ihn für einen Couchpotato. Wie sehr ich mit meiner Einschätzung danebenlag, sollte ich schnell merken! Als ich ihn kennenlernte, hatte der beleibte, kälteresistente Mann bereits mehr als ein Dutzend Marathonläufe in respektablen Zeiten hinter sich gebracht und die Angewohnheit, mit »seinen Jungs« jeden Tag laufen zu gehen. Wenn wir nicht gerade ausgeflogen waren. Unsere kleine Gruppe ist nicht in der Verpflegung gewesen, sondern legte täglich um die Mittagsstunden zwischen zehn und fünfundzwanzig Kilometer zurück, je nach Terminplan, um dann anschließend gemeinsam in die Sauna zu gehen. Eine »Annehmlichkeit«, die uns vertragsmäßig zustand und besonders im Winter, wenn das Wasser um die null Grad hatte und die Luft im Minusbereich war, schlicht der Gesunderhaltung diente. Über exzessive »Pflaumenschnapsaufgüsse« und ähnliche Brunftspiele lasse ich mich zu späterer Stunde einmal aus …

Vormittags ausnahmslos Taucheinsätze, meist hochoffizielle Aufträge oder trickreiche Übungen mit teilweise wirklich abgefahrener Ausrüstung, mittags rennen und nachmittags liebevolles Umsorgen des genannten Equipments sowie Flaschenfüllen, technische Wartung etc., damit man den nächsten Taucheinsatz auch überlebte. Da wusste man abends, was man gemacht hatte … So anstrengend das alles auch gewesen sein mag, nach kurzer Zeit war diese Gruppe Männer meine Familie. Vor allem möchte ich die langen Gespräche mit dem Walross (… da war's wieder) während der ewigen Läufe durch die Landschaft nicht missen. Bis zu einer Stunde bin ich, der ich noch halbwegs fit war, in der Lage gewesen, mich locker zu unterhalten, gleichgültig, welche Geschwindigkeit er vorgab. Danach wurde ich giftig, weil ich langsam beißen musste. Im Rahmen dieser Ausflüge entpuppte sich mein neuer Boss als eine Art Holzfetischist und weckte in mir Interesse und Verständnis für seine Sicht der Dinge. Nicht nur in Bezug auf Holz. Aber Holz war »sein Ding«! Er gehörte zu den Typen, denen mit ihren magischen Händen alles zu gelingen scheint. Vielleicht haben sie auch so einen im Familien- oder Bekanntenkreis.

»Drehen aus Scheiße Bonbons«, hat meine Oma immer von diesen behauptet, und genau das traf bei ihm zu … Wir haben keinen, ich wiederhole, keinen einzigen Taucheinsatz aus handwerklicher Sicht negativ abgeschlossen, gleichgültig, ob unsere Ausrüstung dem Problem gerade angemessen war oder nicht. Ich habe erlebt, wie dieser Kerl bei schwerem Sturm, allein im Wasser, einen manövrierunfähigen Frischwassertanker vor Havarie gerettet hat, mit einem einzigen Werkzeug: seinem Tauchermesser. Es ging dabei um einen blockierten Propeller. Irgendwann einmal erzähle ich das genauer.

In endlosen Monologen dozierte er in den Wäldern rund um Kiel über sein Lieblingsthema: Holz. Dass es lebt, dass es warm sei. Dass es Seele und Charakter habe, sich uns Menschen wohl nie ganz ergeben würde, und so weiter, und so weiter … Nach einem halben Jahr hatte er mich so weit, dass ich mir einbildete, so etwas wie Ehrfurcht für dieses Material zu verspüren, und Japaner sowie Kanadier plötzlich ziemlich kacke fand, weil sie dabei sind, die letzten großen Wälder, nur für Blödsinn, plattzumachen. Das Ganze trieb seltsame Blüten. Ich erinnere mich, dass wir einmal bei der Bergung eines riesigen und uralten Eichenbalkens das Bötchen, mit dem wir gerade unterwegs waren, fast versenkt hätten, weil es einfach zu klein war für die Aktion. Aber er wollte ihn unbedingt, und so haben wir, allen physikalischen Prinzipien zum Trotz, das Ding angelandet. Wäre der Kahn dabei auf Tiefe gegangen, hätten wir ihn ohnehin selbst wieder raufgeholt, aber es wäre wohl schwer geworden, die Nummer geheim zu halten. Wir legten also in einem verschwiegenen Eckchen des Hafens mit unserer auffälligen Last an, und er begann mit beseelten Augen davon zu schwärmen, dass er aus diesem »wundervollen Stück Eichenholz« einen prachtvollen Schreibtisch für seinen Sohn fertigen werde. Nachdem das Holz lange und in aller Ruhe abgelagert sei, versteht sich …

Sein Sohn übrigens steht jetzt gerade kurz vorm Kapitänspatent, wie ich hörte, was mich nicht verwundert. Wenn ich ehrlich bin, wäre auch ich, wie man inzwischen sicher herauslesen konnte, gerne der Sohn dieses bescheidenen und integren Mannes gewesen.

Aber ich will mich nicht beklagen, die Jahre an seiner Seite waren wertvoll und prägend für mich. Zum Abschied habe ich ihm, dem »Holzfetischisten«, der kein Freund großer Worte war, ein Buch mit einer persönlichen Widmung geschenkt, die nur aus einem einzigen Wort bestand. Sie ahnen sicher, worum es in diesem Fachbuch ging? Genau. Um Holz!

Einen ähnlichen Menschen, allerdings wohl nur in Bezug auf das Baumaterial unserer Vorfahren, habe ich jetzt am Telefon … Angetrunken, aber nicht betrunken, schwärmt er mir in Sätzen, die mir seltsam bekannt vorkommen, vor, welcher Werkstoff bisher sein Leben bestimmte. Von einer Tischlerei, über Generationen vererbt, erzählt er mir, aus der unzählige ehrliche und beständige Dinge hervorgingen. Von dem Geruch seiner Kindheit und dem Geräusch der Kreissäge, die ihren Blutzoll forderte. Und von Außenständen, die ihm jetzt wirtschaftlich das Genick zu brechen drohen. Sie zahlen ihm nicht, was sie ihm schulden für seine ehrliche Arbeit, und das trifft diesen Mann, in jeglicher Hinsicht, bis tief in seine Wurzeln! So tief, dass er aus Wut, Verzweiflung und Sorge um die wenigen Leute, die bei ihm in Lohn und Brot stehen, dabei ist, eine Kurzschlusshandlung zu begehen, die ich ihm unbedingt ausreden muss.

»Ich schlag dem den Schädel ein, wenn der seine Schulden nicht begleicht«, kündigt er an, und ich nehme seine Drohung ernst. Er ist zu sehr empört darüber, dass man im Begriff ist, seinen Betrieb und damit sein Leben und seine Leidenschaft gleichgültig oder sogar niederträchtig zu zerstören.

»Sie wissen nicht, wie das ist, wenn unter Ihren Händen etwas entsteht, worauf Sie am Abend stolz sein können«, sagt er, und er hat recht.

Ob nun Absicht oder Zufall, mit diesem einen Satz hat er ein Lebensgefühl umschrieben, auf das ich schon immer ein wenig neidisch gewesen bin. Ich will mit meinem Schicksal nicht hadern, aber könnte ich noch einmal starten, würde ich mich an etwas versuchen, was meine Enkel einmal in die Hand nehmen oder ihrerseits weitergeben können. Bis jetzt habe ich meinen Lebensunterhalt maßgeblich verdient, indem ich meine Haut zu Markte trug. Es wird schon meine Bestimmung sein, denke ich, irgendein Sinn dahinterstecken. Aber wer weiß, vielleicht hätte ich bei einem anderen Elternhaus und unter guter Anleitung etwas zuwege gebracht, bei dem ich weniger Menschen weh getan und mir auch selbst ein paar Schmerzen erspart hätte.

»Ich werde diesem Mann helfen!«, nehme ich mir fest vor und überlege, wie man einen konservativen oder nach den heutigen verwirrten Maßstäben altmodischen Handwerker beeinflussen, nein, Verzeihung, überzeugen kann. Mit konservativen oder altmodischen Argumenten, denke ich und appelliere an seine Ehre.

»Lassen Sie sich zu so etwas bitte nicht herab. Bleiben Sie, wer Sie sind«, rede ich auf ihn ein und habe damit offenbar wenig Erfolg.

»Das Schwein schiebt seine Frau als angebliche Firmeninhaberin vor, damit er selbst nicht zu belangen ist. Mein Anwalt sagt, er kann nichts machen«, platzt es aus ihm heraus. Steuerschlupflöcher, Abschreibungsmodelle und Verlustminimierung werden nicht gerade Vokabeln sein, mit denen mein Anrufer täglich jongliert, aber wenn sogar sein Anwalt abbläst, scheint die Karre wirklich im Dreck zu stecken. Das Schiff auf Fakten basierend aus dem

Sturm zu führen scheint mir also zunächst der falsche Weg zu sein. Erstens, weil's mir an Kompetenz fehlt, und zweitens, weil's vielleicht gar keinen Weg gibt ... Wie so oft versuche ich besser erst einmal, mit Emotionen die Wogen zu glätten. Wenn mir das gelingt, fällt mir bis dahin vielleicht noch etwas Schlaues ein, was wirklich hilft.

»Wollen Sie die Ehre und Tradition Ihrer Familie tatsächlich mit Blut besudeln?«, schwafle ich geschwollen daher und greife damit tief in die Trickkiste.

»Ich will meinen Betrieb retten, und zwar um jeden Preis!«, antwortet er mir unerwartet realistisch und beweist mir damit, dass er nicht dämlich ist und in Sachen Überzeugung eine harte Nuss. Kann sein, dass ich doch umschwenken sollte, überlege ich und versuche mich zu sortieren. Schon die bloße Tatsache, dass er mich anruft, ist eigentlich positiv und macht mir Mut. Interessanterweise rufen ganz viele an, die etwas Schlimmes vorhaben, weil sie eigentlich davon abgehalten werden wollen. Sie wissen, oder spüren zumindest, dass es falsch ist, was sie vorhaben, und sind meist keine hoffnungslosen Fälle. Trotzdem ist es nicht immer leicht, die richtigen Knöpfe zu drücken. Wenn ich ihm jetzt verklicker, dass das heutzutage eben alles so läuft und er ja noch mal mit seinem Anwalt reden kann, hobelt er den Typen, der nicht zahlen will, in Streifen ...

Mist, mir fehlt jede Inspiration.

»Schnapp ihn dir und prügel jeden Cent aus ihm raus«, liegt mir auf der Zunge, aber ein Blick in die Runde und an mir selbst herunter erinnert mich daran, dass man von mir bessere Ratschläge erwartet. Außerdem sollte ich deutlich aus dem Alter heraus sein, wo man sich nur von seinem Bauchgefühl leiten lässt, wenngleich das noch nie wirklich mein Problem war. Seltsamerweise gelang es mir schon immer ganz gut, meine Emotionen zu kontrollieren, wenn es ums Geschäft ging oder wirklich ernst wurde. Eine der vielen Lektionen meines Trainers lautete: »Lass dich nicht von Gefühlen leiten, weil es deine Möglichkeiten einschränkt.« Gemünzt war das in erster Linie auf den Wettkampf, lässt sich aber selbstverständlich auf jeden Lebensbereich übertragen und gehört, genau genommen, zu den ewigen Weisheiten des Miyamoto Musashi. So leichtfertig und unbekümmert ich im zwischenmenschlichen Bereich auch gelegentlich sein mag, wenn es um viel oder alles ging, hatte ich stets eine gute Antenne. Gott sei Dank.

Ich gestehe, dass ich als junger Mann hin und wieder recht lukrative Aufträge wahrnahm, wo es um ähnliche Probleme ging wie bei unserem verzweifelten Holzwurm hier und … Nein, ich war nicht als fingerbrechender Geldeintreiber unterwegs, sondern profitierte schon damals in erster Linie von dem gleichen Verhandlungsgeschick, von dem ich auch heute noch zehre. Eine Zeitlang lief es so gut, dass ich bei der IHK in Hamburg vorstellig wurde, betreffs Informationsgespräch zur Existenzgründung auf diesem Gebiet. Ich hatte bereits eine recht homogene Mannschaft zusammen, inklusive Winkeladvokat, einem Freund mit BWL-Abschluss, sowie einem grauen Fuchs, der der Angelegeneit einen seriösen Anstrich verlieh. Firmenmotto: »Legal – illegal – scheißegal!« Na ja, nicht ganz so schlimm vielleicht. Aber ich habe die Sache ohnehin wieder verworfen. Weil man sich, objektiv betrachtet, gleichgültig, wie viel Mühe man sich gibt, ständig in einer rechtlichen Grauzone befindet, in der man auf Dauer nicht bestehen kann. Trotzdem werde ich am Ende unserem Tischlermeister einen Denkanstoß in Richtung Inkasso geben, aber erst mal muss die Kuh vom Eis.

»Nichts wird besser, wenn Sie zu dem Mann gehen, ihn bedrohen oder gar Hand an ihn legen«, mahne ich ihn, im Gegenteil. Sie liefern ihm nur Mittel und Möglichkeiten sich in einem eventuell bevorstehenden Verfahren als vermeintliches Opfer zu positionieren, und das ist kontraproduktiv.« Für einen Augenblick denke ich:

»Arschloch, was seierst du so hochgestochen daher!? Entweder er kann nicht umsetzen, was du ihm sagst, oder er hält dich für einen blöden Wichtigtuer und glaubt dir nicht.« Doch er zerstreut meine Befürchtungen mit einem ruhigen, allerdings fast lethargischen »Meinen Sie?«

»Ja, meine ich«, bekräftige ich mit Nachdruck, und dann kommt sie, die Kardinalfrage, vor der ich mich schon die ganze Zeit herumgedrückt habe:

»Was soll ich denn sonst tun, Ihrer Meinung nach?«, will er wissen, und ich bin froh, dass ich ein wenig Zeit hatte, darüber nachzudenken und in meiner Erinnerung zu kramen.

»Passen Sie auf …«, hole ich aus, »… und berücksichtigen Sie, dass unser Gespräch aufgezeichnet wird: Bitten Sie höflich, aber nicht unterwürfig um ein persönliches Gespräch. Signalisieren Sie Verhandlungsbereitschaft, oder geben Sie ihm zumindest irgendwie das Gefühl, dass für ihn dabei etwas zu holen ist. Wählen Sie einen öffentlichen Ort, in angenehmer Atmosphäre, unter Zeugen. Ein gutes Restaurant beispielsweise, und stellen Sie sich darauf ein, die Rechnung zu übernehmen. Kommen Sie allein, auch wenn abzusehen ist, dass er in Begleitung erscheint. Bringen Sie auf keinen Fall Ihren Anwalt mit, sondern bestenfalls Ihren Sohn, wenn er nicht bedrohlich wirkt. Zum einen, weil sich bei Ihrem Gegenüber, was ich für unwahrscheinlich halte, das Gewissen regen könnte, zum anderen, um unmissverständlich klarzumachen, dass Sie für Ihre Familie kämpfen werden. Dann, und das ist das Wichtigste, gehen Sie vorbereitet in dieses Gespräch. Machen Sie Ihre Hausaufgaben, recherchieren Sie. Geschäftsverbindungen, Vertriebswege, Standorte, Bankkontakte, ja selbst Privates. Alles, was Sie kriegen können! Holen Sie sich dafür notfalls professionelle Hilfe. Finden Sie heraus, ob er im Begriff ist, noch andere in den Abgrund zu reißen. Wenn ja, seien Sie sich selbst der Nächste, und loten Sie Ihre Position aus.

Dann, last but not least, machen Sie ihm ein Angebot. Kein Mafia-Angebot à la Marlon Brando, das er nicht ablehnen kann, sondern reden Sie von Teilerlass. Entweder auf realistischer Grundlage, weil etwas von wenig mehr ist als alles von nichts, rechnen Sie das gut durch, oder setzen Sie extrem niedrig an, um Geldquellen ausfindig zu machen, die sich dann eventuell hochoffiziell erschließen lassen. Ich denke, das ist eine gute Alternative zu dem, was Sie gerade vorhaben, oder?«, schließe ich mit einer Frage, um zu prüfen, wie viel bei ihm angekommen ist.

»Meinen Sie?«, sagt er wieder. Diesmal jedoch in einer erheblich wacheren Art und Weise und mit einer Betonung, die mich hoffen lässt, dass er verstanden hat.

»Das meine ich nicht, das weiß ich!«, behaupte ich im Brustton der Überzeugung und schiebe leicht arrogant nach:

»Erstens, weil fast alles besser ist als das, was Sie gerade vorhatten, und zweitens, weil ich Ihnen verbindlich sagen kann, dass ich als junger Mann auf diese Art einige Male sehr erfolgreich gewesen bin.«

»Warum sind Sie denn dann Polizist geworden?«, knallt er mir da an den Latz, und ich muss schmunzeln über diese berechtigte Frage.

Ja, warum bin ich Polizist geworden?, wiederhole ich im Geiste langsam seine Frage. Wahrscheinlich, weil es nichts Schwierigeres für mich gegeben hat, denke ich, aber ich passe und sage ihm etwas ganz anderes:

»Um Ihnen zu helfen«, antworte ich kurz, und da ich weder Zeit noch Lust habe, irgendwelche philosophischen Ansätze zu vertiefen, grabe ich ihm damit das Wasser für weitere Fragen in der Richtung ab.

»Sie meinen wirklich, das klappt?«, hakt er skeptisch nach.

»Ich weiß nicht, ob das klappt«, antworte ich leicht unwirsch und stelle mit Sorge fest, dass wohl doch nicht so viel bei ihm angekommen ist.

»Das ist keine starre Richtlinie«, führe ich ein letztes Mal aus, »sondern mehr ein Anhalt! Was Sie davon für sich annehmen, bleibt Ihnen überlassen.«

»Was ist denn, wenn er zu dem Treffen nicht kommt oder auf mein Angebot nicht eingeht?«, formuliert er zwei weitere naive Fragen und bestätigt damit meinen Verdacht. Dann hast du verkackt, mein Guter, und alles, wofür du jemals gearbeitet hast, geht den Bach runter, hätte ich fast gesagt, kann mich aber noch bremsen.

»Er muss sich mit Ihnen treffen, das ist das A&O! Ködern Sie ihn, womit auch immer ...«, mache ich noch einen Versuch, ihn wachzurütteln, »... und wenn das erfolglos bleibt, nutzen Sie Ihre hoffentlich umfangreichen Informationen. Mehr kann ich Ihnen dazu nicht sagen, ich habe mich eh schon weit genug aus dem Fenster gelehnt. Vielleicht sollten Sie sich professionelle Hilfe suchen.«

Wie ein großer Junge will er sich dann artig und dankbar von mir verabschieden.

»Moment, Moment, wir müssen erst noch über mein Beraterhonorar sprechen«, stimme ich ihn schon einmal auf den kühlen Ton ein, der ihn erwartet.

»Über Ihr – was?«, entfleucht es ihm erstaunt.

»Über mein Beraterhonorar selbstverständlich!«, drehe ich ihn weiter.

»Nichts auf dieser Welt ist umsonst, das sollten Sie inzwischen gelernt haben!«

»Was ...!?«, ruft er ungläubig in den Hörer, und ich bin zufrieden mit dem Funken Widerstand, der darin liegt.

»Ja, genau so ist es richtig ...«, beruhige ich ihn, »... es kann nicht sein, was nicht sein darf. Genau mit der Einstellung müssen Sie an Ihr Problem herangehen, aber nie ohne Beherrschung. Aber

Spaß beiseite – ich möchte, dass Sie mir drei Dinge versprechen: Erstens, dass Sie Abstand nehmen von jeglicher Kurzschlusshandlung und unbesonnener Gewalt! Zweitens, dass Sie nicht aufgeben, bevor Sie alle sinnvollen Möglichkeiten konsequent ausgeschöpft haben. Lassen Sie sich dabei beraten! Und drittens, dass noch viele schöne Dinge Ihre Werkstatt verlassen. Auch noch in der nächsten Generation!«

»Ich verspreche es Ihnen«, sagt er entschlossen, ich wünsche ihm viel Glück und wir trennen uns.

Er wird es nicht schaffen, denke ich traurig. Und zum ersten Mal seit knapp zwei Jahrzehnten verspüre ich wieder Lust, Schulden zu kaufen …

Hey, Harald Ebsen, ich hoffe, du lebst ewig oder stirbst im Wasser!

Saudade

Ein Portugiese ist in der Leitung. Sympathischer Kerl. Sein Deutsch ist miserabel, mein Portugiesisch quasi nicht existent. Aber wir verstehen uns trotzdem, sonderbar. Haben Sie mal Ihre Kinder im Urlaub beobachtet, wenn sie sich mühelos mit anderen Zwergen verständigen, die vielleicht nicht einmal demselben Kulturkreis entstammen? So ähnlich geht's uns, obwohl die Gestik wegfällt. Mit verwegenem Deutsch und etwas Pidgin-Englisch kommen wir problemlos klar.

Portugiesen sind mir ohnehin irgendwie nahe, oder ich ihnen, wie man's nimmt. Sie haben etwas Eigenes, Besonderes, das zu beschreiben mir schwerfällt. Nicht nur, dass sie eine grandiose Seefahrernation sind. Es schwingen bei ihnen auch oft Bescheidenheit und Herz mit. Die Grabinschrift des Vasco da Gama lautet: »Hier ruht ein Mann, der nicht für seine Worte berühmt wurde, sondern für seine Taten. Für eine Reise, die die Welt veränderte!« Verstehen Sie, was ich meine?

Als ich Angehöriger der Stützpunkttauchergruppe im Kieler Marinehafen war, wurde ich von meinem Tauchermeister gewohnheitsmäßig als »Verbindungsoffizier« missbraucht. Das war Hochstapelei, wo ich doch nur Unteroffizier war. Außerdem waren meine Englischkenntnisse auch nicht viel besser als die der anderen Jungs. Mein »kommunikatives Wesen« war wohl daran schuld. Hinzu kommt, dass ich fremde Menschen einfach interessant finde. Bis sie versuchen, mich zu beklauen oder meiner Frau unter den Rock zu fassen, auf jeden Fall. Diese Veranlagungen führten damals dazu, dass ich mit Marinesoldaten, oft Tauchern, aus der ganzen Welt zusammenkam.

Der erste Anlaufpunkt einer jeden ausländischen Einheit war immer zunächst der Hafenkapitän, dem wir direkt unterstanden. Manchmal gab es aus repräsentativen Gründen eine Einladung auf das fremde Schiff, manchmal wünschten der Kapitän und sein Offiziersstab eine Schiffsbodenkontrolle, weil ihr Kahn zu fett fürs Hafenbecken war und er aufgesetzt hatte. Es kam aber auch vor, dass wir die Initiative ergriffen: wenn uns das Kriegsschiff suspekt war, weil es aus einem Land kam, das wir als sicherheitsrelevant einstuften, und wir es deshalb genau, auch unter Wasser, in Augenschein nahmen. Natürlich hatten die allermeisten Zerstörer, Fregatten und ähnliche schwimmende Kampfsterne ihre eigenen mehr oder weniger kompetenten Taucher an Bord. Aber erstens genießen wir weltweit einen guten Ruf, weil der deutsche Marinetaucher nicht nur stark, dumm und wasserdicht ist, sondern auch noch funktioniert, wenn es extrem kalt, dunkel, tief und strömungsbelastend wird. Und zweitens ließen wir aus militärisch-taktischen Gründen logischerweise keine fremden Froschmänner unbeaufsichtigt in unser Hafenbecken. Die Förde war unser Froschteich!

Wer jetzt glaubt, ich würde auf den Busch klopfen, dem sei versichert: Ich untertreibe. Locker könnte ich hier von Einsätzen berichten, die man getrost im Bereich »spisazern« ansiedeln kann, wenn sie nicht schrecklich geheim wären: spionieren, sabotieren, zersetzen – für alle, die nicht vom Fach sind.

Die See spülte also Männer aus aller Welt in den Kieler Marinehafen. Frauen übrigens auch, zumeist aus skandinavischen Ländern. Oft heiße Geschosse, bis rauf zum Offiziersstab. Im Laufe der Zeit hatte ich es mit Italienern, Südkoreanern (die einzige unangenehme Erfahrung), US-Amerikanern, Spaniern, Norwegern und anderen zu tun. Wenn sie es wünschten und es mir angetragen wurde, zeigte ich ihnen durchaus auch mal als Fremdenführer die Stadt. Nicht weiter verwunderlich, waren eines Tages auch zwei Portugiesen darunter, beide Marinetaucher, um die ich mich zu kümmern hatte. Auffallend ruhig, freundlich und bescheiden waren sie. In ihrem Heimathafen Lissabon, der mindestens ebenso verdreckt, gefährlich und undurchsichtig ist wie die großen Häfen unserer Gefilde, waren sie für ähnliche Dinge zuständig und verantwortlich wie meine Einheit. Ob sie Helmtaucher waren, weiß ich nicht mehr, aber furchtlos waren sie, daran kann ich mich genau erinnern.

Wir waren nämlich zusammen unter Wasser, als eine deutsche Einheit in den Hafen einlief und uns gefährlich nahe kam. Die Portugiesen verfügten nicht über meinen Informationsstand und waren trotzdem die Ruhe selbst. Mir war klar, dass die Besatzung, die gerade auf uns zubrummte, zu 150 Prozent Kenntnis von unserer Anwesenheit im Wasser hatte. Wir Deutschen sind so. Sie ahnen gar nicht, wer alles Bescheid weiß und verantwortlich gegenzeichnen oder tonbanddokumentiert per Funk bestätigen muss, bevor wir uns nass machen. Wenn es um einen offiziellen Einsatz geht zumindest. Würde sich auch irgendwie schlecht machen und so gar nicht gastfreundlich wirken, wenn wir ausländische Gäste durch einen deutschen Schiffspropeller ziehen würden. Meine zwei Freunde suchten lediglich Blickkontakt zu mir, was einem Schulterschluss gleichkam, aber ihre Atemfrequenz erhöhte sich kein bisschen! Tolle Kerle!

So gab es denn am Abend auch gleich etwas mehr zu erzählen, was uns näher zusammenbrachte. Sie hatten etwas in den Augen, was traurig und fröhlich zugleich wirkte. Klingt bescheuert, ich weiß. Damals trank ich noch keinen Alkohol, aber es wurde eine lange Nacht, und sie ließen mich ein wenig hineinblicken, in die »portugiesische Seele«.

Der Portugiese am Notruf hat offensichtlich die gleiche »Volkskrankheit«. Sein Problem ließe sich in aller Kürze mit einem Wort ausdrücken: Heimweh. Ob das nun ausreichend Grund ist, den Notruf der Berliner Polizei zu wählen, mag jeder für sich entscheiden. Die wenigen Minuten meiner Zeit ist er mir wert. Es ist tief in der Nacht, und die Leitungen sind nicht voll.

»Du musst sehen unsere Sonnenuntergang, wuuunderschön, schöner wie hier«, schwärmt er, und ich lasse ihm das Vergnügen, obwohl ich dagegenhalte:

»Aber es ist doch dieselbe Sonne wie bei uns, und wenn sie unsere Nordsee küsst, ist das auch wunderschön anzusehen.«

»Ach«, wischt er meinen Einwand beiseite und fragt mich:

»Kennst du Fado?«

»Ja«, sage ich und bin wohl schlagartig sein bester Freund in diesem Land!

»Du kennst Fado?«, ruft er begeistert und etwas ungläubig.

»Ja doch …«, beruhige ich ihn.

»Und du magst?«, will er wissen.

»Ja, sehr«, versichere ich ihm und sage die Wahrheit, weil von dieser Musik eine wirklich wundervolle Melancholie ausgeht. »Junge, komm bald wieder« in einer viel feinfühligeren und facettenreicheren Art und Weise, wie sie wohl nur ein portugiesisches Herz in Musik umsetzen kann.

»Oh, my friend, I'm happy to hear this«, schwenkt er ins Englische und beklagt sich: »You know, I'm tired and sick … homesick. I don't like this cold country and it does not like me. Cold weather, emotions – I'm really sad. I miss my family, the music, the food, the sunset, everything! E o amigo de que te falei …«

»I think, I know this feeling«, gehe ich auf ihn ein. »Long ago, I was in the Navy and everytime when I left the harbour, it felt like a good-bye forever. But you will come back, like me. I'm sure.«

»When I would go home now, I would be a loser«, setzt er an, aber ich unterbreche ihn:

»No, no, no. No one is a loser in the arms and in the eyes of his own family! Go home! Go home and make just another try. Take a ship, not a plane. Look in the sky, choose a star, make a wish and when you arrive in your harbour, take a deep breath. Everything will be all right, believe me. It works. I tried.«

»What's the colour of your hair?«, will er wissen, und als ich ihm antworte: »Blond«, ist er erstaunt und behauptet:

»But your heart is blue, like mine, isn't it?«

»Maybe, my friend. Now I have to work. This is the emergency call, you know. Okay?«, komplimentiere ich ihn aus der Leitung.

»That's okay, sailor, thank you, for listening.« Er ist verständnisvoll, wie ich es erwartet hatte.

Ich entlasse ihn in der ruhigen Gewissheit, dass ich mit ihm keinen »Selbstmordkandidaten« im Stich lasse. Portugiesen bringen sich nicht um. Mag sein, dass sie in Selbstmitleid und Melancholie versinken, aber sie steigen jedes Mal wieder daraus empor, wie Phönix aus der Asche. Gestärkt. Sonderbar. Wunderbar!

Mit Mühe krame ich die wenigen Worte zum Abschied hervor, die ich in dieser schönen Sprache zu kennen glaube:

»Bom viagem, amigo«, sage ich und hoffe, dass ich mich nicht blamiere. Aber mit meiner Absicht und dem kurzen Gespräch gerade eben im Rücken kann ich mich gar nicht blamieren. Dieses Gefühl gibt er mir zumindest, als er mit Freude und Pathos antwortet:

»Muito obrigado, meu amigo!«

Dann legt er auf.

Wenn ich bei ihm gewesen wäre, hätten wir uns zum Abschied sicher umarmt …

Tut mir leid

»Gutenrath, Sie sind ein Querulant!« Mann, was habe ich diesen Satz schon oft gehört.

Kapiert, was eigentlich damit gemeint war, habe ich selten. Was ist das, ein Querulant? Jemand, der »quer« liegt? Besser als daneben! Bremst man alles, wenn man »quer« liegt, oder lenkt man nur in eine andere Richtung? Bricht man irgendwann, wenn man »quer« liegt und dem Druck nicht mehr standhält? Knickt man ein und wird Beamter?

Keine Ahnung. Überhaupt keine Ahnung. Es steckt auf jeden Fall kein System dahinter. Was wollen die alle? Dass man ihnen nach dem Mund redet?

»Methodik der Ausbildung« hieß das Lehrfach, und ich war Schüler der Unteroffiziersschule der Bundesmarine im schönen Plön, Schleswig-Holstein. »Sie, meine Herren, erstellen jetzt einen Leitfaden zur Rekrutenschulung, wie ich es Ihnen beigebracht habe«, bellte ein Oberbootsmann im Lehrsaal. »Thema beliebig. Aber wehe, die Struktur stimmt nicht!«

Kannst du haben, du Brüllaffe, dachte ich und legte los. Warum, weiß ich auch nicht, aber es drängte sich mir folgendes Thema auf: »Die Banane als Nahkampfmittel«. Unterteilt in folgende Kategorien: 1. Die Banane als Hieb- und Stichwaffe, 2. Die Banane als Wurfgeschoss auf Kurzdistanzen, und 3. Die Banane als passives Nahkampfmittel (taktisch provoziertes Ausrutschen etc.). Auweia, gab das einen Ärger! Als zu benennenden Ausbildungsort gab ich das Fünfkampfgelände an, als Ausbildungsmaterial fünf bis sechs

Stauden Bananen pro Affe, äh, Soldat, natürlich. Unter »Quellen und Fachliteratur« ließ ich mich über Kochbücher und den Disney-Film »Das Dschungelbuch« aus.

Kaum waren die Prüfungsbögen ausgewertet, fand ich mich auch schon vorm Ausbildungsleiter wieder. Mit so ziemlich gar keinem Humor brachte man mir empfindlich deutlich bei, dass ich mich nicht im Kindergarten befinde. Da ich so etwas wie ein Wiederholungstäter war, stellen Sie sich einfach die gemeinsten Disziplinierungsmaßnahmen vor, die Sie aus schlechten Filmen kennen, das trifft es dann in etwa. War schon 'ne prima Zeit …

Beim Waffendrill erwischte mich einer der Ausbilder beim Kaugummikauen und schrie mich an, wieso ich Kaugummi kaute. Steilvorlage.

»Aus zahnhygienischen Gründen, Herr Bootsmann«, brüllte ich dem verdutzt dreinblickenden Ausbilder ins Gesicht, der interessanterweise ein Hustenbonbon lutschte.

»Hat Ihnen Ihr Zahnarzt denn dieses Kaugummi verschrieben?«, blökte mich der Kommisskopp daraufhin mit gefühlten 80 Dezibel an. Wieder eine Steilvorlage.

»Nein. Hat Ihnen denn Ihr Hausarzt Ihren Hustenbonbon verschrieben?«, kläffte ich zurück, und die Jungs ringsherum fingen an zu prusten. Oh, oh …

Zehn Minuten später stand ich mal wieder vorm Häuptling, der mir eröffnete, besagter Ausbilder hätte sich durch mich verscheißert gefühlt. Schwupp, hatte ich mir erneut ein Wochenende bei der Marine verdient.

Vorher sollte ich mich noch beim Bonbonlutscher entschuldigen. Ging leider auch nicht ganz glatt über die Bühne. Was ich mich erdreiste, ihn vor der Front verarschen zu wollen, föhnte er mich an. Dass es mir selbstredend fernlag, ihn verscheißern zu wollen, versicherte ich zackig, und dass ein zukünftiger deutscher Unteroffizier auf jede noch so dämliche Frage eine Antwort zu wissen habe und ich deshalb eben dies geantwortet hätte. Brachte leider nicht viel, dieser gefühlvoll vorgetragene Entschuldigungsversuch. Außer dass mein Wellness- und Freizeitprogramm fürs Wochenende noch einmal deutlich überarbeitet wurde. Hurra!

Manche lernen es eben nur auf die harte Tour. Und manche gar nicht. Ich gehöre zu Letzteren, die einfach ihr Maul nicht halten können. Weder Ärger noch Schmerz haben das je ändern können.

Ob's die Bluse auch für Männer gebe und ob ich ihm meine Jacke leihen solle, habe ich gestern Abend den Hauptkommissar gefragt, der sich im Umkleideraum neben mir stolz sein neues Hawaiihemd zuknöpfte. Ich werde das Gefühl nicht los, damit den Grundstein gelegt zu haben für eine wundervolle neue Freundschaft.

»Gutenrath, du Kotzbrocken, ich kann nichts dafür, dass du dir so ein Seidenhemd nicht leisten kannst, und wenn ich so eine Jacke wie deine brauch, bedien ich mich aus dem Altkleidercontainer«, hat mir mein Schranknachbar übrigens geantwortet, womit die Runde wohl an ihn ging. Verdient hab ich's ja, aber Sie hätten den Fummel sehen sollen …

Einfach mal die Fresse halten, Göttergatte, sagt meine Holde bisweilen, und sie hat sicher recht. Genau wie die meisten Polizisten. Die haben auch immer recht. Strotzen vor Selbstvertrauen, wo immer es auch herkommen mag, sagen einem ständig, was man tun und lassen soll. Selbst wenn sie nicht recht haben, haben sie recht. Ätzend! Meine Frau und meine älteste Tochter sagen, ich sei auch so einer. Solche Typen, genau wie alle anderen selbsternannten Autoritätspersonen, können doch gut mal ein bisschen Gegenwind vertragen, oder? Eben! Normalerweise liege ich mit meinen kleinen Liebenswürdigkeiten oder sonstigen verschrobenen Ansichten beim Adressaten richtig. Nebenbei verspüre ich weder Lust noch sehe ich die Notwendigkeit, hektisch in jeden frei werdenden Arsch zu kriechen. Selbst wenn er meinem zukünftigen Chef gehört. By the way, ich spare jetzt auch für ein Hawaiihemd!

Normalerweise liege ich richtig …

Heute lag ich falsch! Ich lag falsch, und es drückt auf mein Gewissen. Es gibt keine Entschuldigung, ja nicht einmal eine Erklärung. Keine ehrliche.

Es hat heute jemand geweint, weil ich gemein zu ihm war. Weder war ich laut, noch habe ich einen Kraftausdruck benutzt, aber bissig war ich, und ich schäme mich.

Schon wieder stehe ich vor dem Dilemma, keine deutlichen Fakten rauspusten zu können, weil ich damit erneut etwas falsch machen würde. Trotzdem wäre es schön, wenn diese Zeilen, mit etwas Glück, vielleicht ankommen, und zwar wie ich sie meine: als Bitte um Verzeihung. Angehörige können nichts dafür, was Bruder, Schwester oder Vater tun. Angehörige sind traurig, aufgebracht, ungehalten, ungeduldig oder sogar beleidigend. Angehörige dürfen so sein, ab einer gewissen Tragweite des Sachverhaltes. Das müsste ich eigentlich wissen und damit angemessen umgehen können. Immer! Ausnahmslos.

Heute habe ich für einen kurzen Moment, ähnlich wie bei einem fehlenden Schulterblick im Straßenverkehr, verrissen und einem Menschen, dessen Sohn auf geradezu absurde Weise ums Leben gekommen ist, sehr weh getan. Gleichgültig, wie man sich mir gegenüber verhalten hat: Ich habe einen Fehler gemacht! Es tut mir leid. Sehr!

Epilog

»Sie unterzeichnen bitte hier, hier und hier«, werde ich angewiesen. Ich mache meine Kringel und frage lakonisch: »Und, wann wird die Waschmaschine geliefert?« Aber statt einer Antwort gibt es nur einen Stapel extrem wichtiger Briefe.

Ich stehe mal wieder im Fadenkreuz. Strafanzeige und Disziplinarverfahren winken. Schreckliches soll ich getan haben. Einen jungen Mann, vielleicht Ende zwanzig, mit aufgepumptem Ego und Oberarm, soll ich – und jetzt kommt's – geduzt haben! Böswillig, mehrfach und natürlich als Erster.

Natüüüürlich. Nicht Arschloch, Vollidiot oder Hackfresse soll ich zu ihm gesagt haben, nein, du. Als er gemerkt hatte, dass er dieses Mal an jemanden geraten war, der sich nicht einschüchtern lässt, hat sein Gehirn an einer Ausweichstrategie gearbeitet. Herausgekommen ist dabei eine Beleidigungsanzeige wegen »du«. Stark, was?

Was alles geht … Ein echter Schenkelklopfer!

Obwohl, die Idee hat schon was. Im Bekannten- und Familienkreis haben wir schon Tränen gelacht, weil ich angekündigt habe, Herrn Ikea für die Frechheit, mich von jedem Werbeplakat herab zu duzen, vor Gericht zu ziehen. Es sei denn, er lässt sich auf einen Vergleich ein: Billy-Regale und Kotzpuller für alle – und zwar auf Lebenszeit! Aber wer weiß, vielleicht vergeht mir das Lachen noch, und sie verknacken mich. Heutzutage ist alles möglich. Ehebrecher werden Parteivorsitzender, einer christlichen Partei, gefährliche Strafgefangene werden freigelassen, weil Europa es so will, und Zartbitterschokolade schmeckt nach Chili …

Kein schöner und motivierender Gedanke, mit dem ich im Begriff bin, mich von Ihnen zu verabschieden. Sorry, aber ich krieg's bestimmt noch hin. Auch wenn ich gerade selbst mehr oder weniger hart »aufgeprallt« bin. Erstens durch den Quatsch mit dem »du«, wofür sie mich bestrafen wollen. Zweitens hat mich meine Chefin, besser Exchefin, menschlich sehr enttäuscht. Zwar habe ich sie nie wirklich gemocht, aber trotzdem habe ich ihr aufgrund ihrer vermeintlichen Geradlinigkeit vertraut. Eine Weile habe ich mit mir gerungen, ob ich die wenigen sie betreffenden Sätze am Anfang dieses Buches streiche oder revidiere. Aber ich denke, es ist interessanter, wenn ich es so lasse, wie es ist.

Aus Hubschraubern bin ich gesprungen und von den Kommandobrücken großer Schiffe, selbst mit Motorrädern bin ich ein paarmal gestürzt. Jedes Mal war die Landung recht unsanft. Einen »Aufprall« der oben genannten Art finde ich trotzdem viel schlimmer! Den »Bullenhasser« muss ich allerdings enttäuschen, und »Sympathisanten« kann ich beruhigen: So was ist vielleicht geeignet, mich für kurze Zeit nachdenklich zu stimmen – meiner guten Laune oder gar meinem Humor kann das kein bisschen schaden!

So, jetzt ist aber Schluss mit fiesen Anekdoten. In den letzten paar Zeilen werde ich mal aufs vertrauliche »Du« schwenken. Schließlich haben wir ja einiges zusammen durchgemacht. Bin mal gespannt, ob mich noch einer anzeigt …

Na, habe ich euer »Bullenbild« ein wenig durcheinandergebracht? Oder nur Klischees bestätigt? »Polizisten haben zwei Kinder und rauchen Milde Sorte, denn das Leben ist schon hart genug …« Genauuuu: Extrabreit!

Haben das Thema, das Buch und ich euren Vorstellungen entsprochen? Wie gern würde ich ein wenig in eure Köpfe gucken. Sorry, Berufskrankheit. Leider habe ich keine Emil-Adresse, an die ihr schreiben könnt, wie beknackt ihr die Schwarte und mich findet oder wie super.

Trotzdem wüsste ich schon ganz gerne, ob die Menschen, denen wir gemeinsam begegnet sind, auf euch genauso gewirkt haben wie auf mich. Kommt aber bitte bloß nicht auf die Idee, deshalb die 110 zu wählen. Wenn ihr deshalb den Notruf »missbraucht«, fliege ich hier raus, und um noch einmal kurz sentimental zu werden: Das möchte ich nicht, weil ich diesen Job wirklich gerne mache. Außerdem niemals vergessen: Es sterben uns vielleicht Menschen weg, wenn die Leitungen nicht frei sind.

Aber wisst ihr, welchen Gedanken ich hübsch finde? Wenn ihr eine Frage habt oder ein Statement loswerden wollt, gleichgültig ob positiv oder negativ, und euch die Sache wirklich bewegt und wichtig genug ist: Schickt mir doch einfach einen altmodischen Brief oder eine Postkarte über meinen Verlag.

Cid Jonas Gutenrath
c/o Ullstein Buchverlage
Friedrichstraße 126
10117 Berlin

Wird dann schon bei mir landen. Wenn ich kann, werde ich euch antworten. Notfalls in Buchform.

Zum Abschluss mache ich noch mal den Betbruder. Nicht böse sein, ihr habt's gleich geschafft.

Mein Name ist El Cid Jonas Gutenrath. Das ist arabisch/spanisch und hebräisch/jüdisch. Meine Augen sind blau und meine Haare blond. Mich dürfte es eigentlich gar nicht geben.

Wenn jemand wie ich irgendetwas auf die Reihe bekommen hat, dann schaffst du das auch, Mehmet aus Neukölln oder Rico, white trash, aus Marzahn! Heyyyy, ruhig Blut! Ich bin auch nur »white trash«, bloß dass mein Marzahn Mümmelmannsberg heißt und im Süden von Hamburg liegt.

Wenn ihr einmal kapiert habt, dass es ein viel besseres Gefühl ist, nach Regeln zu gewinnen, als sich durch Beschiss einen Vorteil zu verschaffen, macht ihr euren Weg. Also kommt aus dem Arsch und hört auf mit den beknackten Ausreden. Beschissene Kindheit, kaputtes Elternhaus, Tsunami, Tiefdruckgebiet – alles Banane!

Ihr seid das, was ihr wollt! Basta!

Und an euch, liebe Schlips- und Entscheidungsträger, Bäcker, Busfahrer, Kindergärtner, Verkäufer, Nachbarn und Rentner, der naiv klingende Appell: Wenn wir den Nachwuchs hängenlassen, dürfen wir uns auch in Zukunft über No-go-Areas und überfüllte Gefängnisse nicht beschweren. Mir habt ihr geholfen, und ich war's eigentlich auch nicht wert. Oder?

Wir bestimmen, in welcher Welt wir leben. Jeder Einzelne! Wenn wir erst merken, dass nebenan etwas nicht stimmt, wenn's aus der Wohnung süßlich stinkt oder wieder ein Baby im Müll liegt, sind wir alle schuld! Nicht nur die anderen. Heldentaten sind überhaupt nicht wichtig, sondern nur Humor und ein Quäntchen Mitgefühl. Phantasie und Kleinigkeiten reichen aus, um Menschen Würde zu geben oder zu erhalten. Es ist überhaupt nicht schwer, über seinen eigenen Schatten zu springen. Was Lucky Luke und Peter Pan schafften, können wir alle. Ob man dabei Uniform trägt, einen weißen Kittel oder Bermuda-Shorts spielt keine Rolle.

Hört sich an wie das Gerede eines weltfremden Spinners, was? Bin ich nicht. Spinner vielleicht, aber weltfremd bestimmt nicht!

Deshalb auch noch einmal an dich, der du gerade knietief durch Scheiße watest und meinst, es geht nicht mehr weiter: Es geht immer weiter!

Wer noch Schmerzen spürt und schreien kann, hat auch Kraft durchzuhalten. Es steckt viel mehr in dir, als du denkst.

So, der Laienprediger hat fertig.

Lucky Luke und Peter Pan –, klasse, was? Man merkt: Umgang formt den Menschen! Dann schließen wir doch am besten auch mit einem Satz des besten Freundes meines kleinen Sohnes, Bob dem Baumeister, der an Weisheit und Aussagekraft kaum zu übertrumpfen ist:

»Jo, wir schaffen das!«

Danksagung

Ein tolles Wort! Habe weder Lust noch Veranlassung, mich bei irgendjemandem zu bedanken, außer bei denen, die ich bereits erwähnte. – Bei dem schlanken Satz wollte ich es eigentlich belassen, bis mir auffiel, wie dämlich das wäre. Manchmal brauche ich halt ein wenig länger, aber wenigstens kriege ich meistens noch die Kurve.

Dem Berliner an sich gebührt Dank, für seine vordergründige Kumpelhaftigkeit und latente Hilfsbereitschaft während meiner ersten Tage in dieser aufgewühlten Stadt. Wann immer ich orientierungslos einen Eingeborenen ansprach, begegnete man mir raubeinig, aber herzlich! Dass Sätze wie »Da staun ick aba!« oder »Wat willste, Großer?« auch durchaus Aggressionspotential in sich bergen, lernte ich erst viel später.

Drei auch im menschlichen Sinne hochrangige Berliner Beamte möchte ich erwähnen, auch wenn ich mir nicht sicher bin, ob sie sich freuen, ihre Initialen an dieser Stelle zu finden: die Herren E., G. und P.

Den beiden Erstgenannten habe ich maßgeblich zu verdanken, dass ich den kleinen Bären auf der linken Schulter tragen darf, und dem Letztgenannten, dass ich noch immer eine der Stimmen an der Notrufannahme der Berliner Polizei bin.

Außerdem möchte ich meinen direkten Boss, Bernd Zänker, hier auflisten, bei dem ich so etwas wie Seelenverwandtschaft spüre. Ein Hüne mit traurigen Augen, der es wohl wert wäre, dass man über ihn ein eigenes Buch schreibt. Danke, Skipper. Für alles!

Überhaupt danke dafür, dass ich bis zum heutigen Tage das Vertrauen der Berliner Polizei genieße (das meine ich wörtlich) und es hoffentlich mit diesem Buch nicht beschädigt habe.

Danke auch an den »großen« Falk, dessen Sachverstand und Freundschaft dieses Buch und mein Leben bereichert haben.

Danke für die bedingungslose Liebe meiner Frau und die Protektion vom allerhöchsten Boss, der mich bisher alle meine Leichtsinnigkeiten hat überstehen lassen.

Abschließend möchte ich mich von ganzem Herzen bei jedem einzelnen 110-Anrufer bedanken, der mir gestattete, lange genug in der Leitung zu bleiben, um zu helfen, und bei all denen, die sich vielleicht in diesem Buch wiedererkennen.

Niemals war es meine Absicht, auch nur einen einzigen Menschen bloßzustellen oder zu verunglimpfen. Denn für all jene, die es am Klang meiner Stimme nicht bemerkt haben sollten: Ich brauche euch fast genauso sehr wie ihr mich!

Auf Wiederhören und mein Versprechen:

»... der Bulle hört zu!«

Inhaltsverzeichnis